·毛泽东谈文论史全编·

顾 问：龙新民 郑欣淼 陈 晋 阎晓宏

# 评点中国古代名诗赏析

MAOZEDONG PINGDIAN ZHONGGUO
GUDAI MINGSHI SHANGXI

**9**

毕桂发 主 编
陈锡祥 副主编

中国文史出版社

# 目　录

## 清　诗

清 诗

# 吴伟业

吴伟业（1609—1672），字骏公，号梅村，太仓（今江苏太仓）人，清初诗人。师事张溥，为复社成员。明崇祯辛未（1631）赐进士第二人，官左庶子。弘光朝任少詹事。入清后官国子祭酒。其诗多寄寓身世之感，也有些篇章暴露统治者对人们的残酷压榨。早期作品风华绮丽，明亡后多激荡苍凉之音，尤善七律和七言歌行。《圆圆曲》《楚两生行》等篇较有名。也工词曲书画。有《梅村家藏稿》《梅村诗余》等。

## 【原文】

## 雪中遇猎

北风雪花大如掌<sup>(1)</sup>，河桥路断流渐响<sup>(2)</sup>。愁鸥饥雀语啁啾<sup>(3)</sup>，健鹘奇鹰姿飒爽<sup>(4)</sup>。将军射猎城南隅<sup>(5)</sup>，软裘快马红氍毹<sup>(6)</sup>。秋翎垂头西鼠暖<sup>(7)</sup>，鸦青径寸装明珠<sup>(8)</sup>。金鹅箭褶袍花湿<sup>(9)</sup>，挏酒驼羹马前立<sup>(10)</sup>。锦靴玉貌拨秦筝<sup>(11)</sup>，瑟瑟鬒多好颜色<sup>(12)</sup>。少年家住贺兰山<sup>(13)</sup>，碛里擒生夜往还<sup>(14)</sup>。铁岭草枯烧堠火<sup>(15)</sup>，黑河冰满渡征鞍<sup>(16)</sup>。十载功成过高柳<sup>(17)</sup>，闲却平生射雕手<sup>(18)</sup>。漫唱千人《敕勒歌》<sup>(19)</sup>，只倾万斛屠苏酒<sup>(20)</sup>。今朝仿佛李陵台<sup>(21)</sup>，将军喜甚围场开<sup>(22)</sup>。黄羊突过笑追射<sup>(23)</sup>，鼻端出火声如雷。回去朱旗满城阙<sup>(24)</sup>，不信沟中冻死骨<sup>(25)</sup>。犹有长征远戍人<sup>(26)</sup>，哀哀万里交河卒<sup>(27)</sup>。笑我书生短褐温<sup>(28)</sup>，蹇驴箬笠过前村<sup>(29)</sup>。即今莫用《梁园赋》<sup>(30)</sup>，扶杖归来自闭门。

## 【毛泽东圈评等情况】

吴伟业之诗，雄于一时。

吴以官清故，每对苍雪（王瀚）若有痛惭者然，其意常于其往来诗中见之。然吴亦有所逼耳，母老一也，清法严二也。……

王士祯，字贻上，号阮亭，山东新城人。诗为前清一代正宗。吴、王并称。天下事物，万变不穷。

[参考]《讲堂录》，中共中央文献研究室等：《毛泽东早期文稿》，
湖南人民出版社 1990 年版，第 583、582 页。

### 《雪中遇猎》

| | |
|---|---|
| 鹘 | 音骨，鹰属 |
| 罽紤 | 织毛褥、衬鞍之类 |
| 秋翎 | 孔雀翎，前清冠饰 |
| 西鼠 | 冠也，即貂帽 |
| 挏酒 | 酒也。以马乳为酒，撞挏乃成也 |
| 驼羹 | 紫驼之峰，其味甚美 |
| 瑟瑟 | 女饰，碧珠也 |
| 擒生 | 擒其生也 |
| 铁岭 | 奉天铁岭，县治 |
| 黑河 | 里遂（东）黑河、外遂黑河，均在牧场东南 |
| 高柳 | 故城，今大同府阳高县西 |
| 射雕手 | 邢子高曰：斛律金真射雕手也。《北齐书》 |
| 敕勒歌 | 北齐神武使斛律金歌《敕勒》 |
| 屠苏酒 | 酒也，饮能御寒 |
| 李陵台 | 燕然山有李陵台 |
| 黄羊 | 兽也，出关右塞上，无角，色同獐鹿 |
| 交河 | 古西域车师城名 |
| 蹇驴 | 蹇，跛也。蹇驴，言无用之驴也 |
| 箬笠 | 箬，草名。箬笠，箬作之笠也 |

[参考]《讲堂录》，中共中央文献研究室等：《毛泽东早期文稿》，
湖南人民出版社 1990 年版，第 594 页。

清
诗

**【注释】**

（1）北风雪花大如掌，从唐李白《北风行》"燕山雪花大如席"化用而来。

（2）流澌，亦作"流凘"，江河解冻时流动的冰块。《楚辞·九歌·河伯》："与女游兮河之渚，流澌纷兮将来下。"王逸注："流澌，解冰也。"

（3）鸱（chī），鸢属，鸱鹰。明李时珍《本草纲目·禽四》："鸱似鹰而稍小，其尾如舵。极善高翔，专捉鸡雀。"啁啾（zhōu jiū），鸟鸣声。唐王维《黄雀痴》："到大啁啾解游飏，各自东西南北飞。"

（4）鹘（gǔ），鸟类的一科，翅膀窄而尖，嘴短而宽，上嘴弯曲并有齿状突起，飞得很快，善于袭击其他鸟类，也叫隼。唐杜甫《义鹘行》："斯须领健鹘，痛愤寄所宣。"飒爽，矫健挺拔之状。唐杜甫《丹青引赠曹将军霸》："褒公鄂公毛发动，英姿飒爽犹酣战。"

（5）隅（yú），角落。《诗经·邶风·静女》："静女其姝，俟我于城隅。"

（6）裘（qiú），用毛皮制成的御寒衣服。《诗经·豳风·七月》："一之日于貉，取彼狐狸，为公子裘。"唐徐坚《初学记》卷二引汉班固《白虎通》："古者缁衣羔裘，黄衣狐裘，禽兽众多，独以狐羔，取其轻暖。"氍毹（qú yù），一种毛织或毛和其他材料混织的毯子，可用作地毯、壁毯、床毯、帘幕等。《乐府诗集·相和歌辞十二·陇西行》："请客北堂上，坐客毡氍毹。"

（7）秋翎，秋天的鸟羽毛。翎，鸟的翅毛或尾上长而硬的毛，此指清代官帽上用来做装饰和区别品级的孔雀尾毛、鹖尾毛等，通称孔雀翎、鹖尾翎。西鼠，即貂鼠，也就是貂，古代以貂为鼠类动物。《说文·豸部》："貂，鼠属。"这里西鼠实指貂冠，饰有貂尾的冠冕。

（8）鸦青，暗青色。径寸，径长一寸。常用以形容圆形物之细小。

（9）金鹅，金制的鹅形酒器。宋钱易《南部新书》辛："贞观末，吐蕃献金鹅，可盛酒三斗。"箭褶，古代的一种骑服。

（10）挏（dòng）酒，即挏马酒，马酪。因取马奶制成，故称"挏马"；因马酪味如酒，故称"酒"。《汉书·礼乐志》："给大官挏马酒。"颜师古注："马酪味如酒，而饮之亦可醉，故呼马酒也。"驼羹，用驼峰或驼蹄做的羹。元傅若金《送苏伯修侍郎分部扈跸》："马酒来官道，驼羹出御厨。"

（11）锦靴，锦制的靴子。玉貌，美言，美女的容貌。秦筝，古秦地（今陕西一带）的一种弦乐器，似瑟，传为秦蒙恬所造，故名。三国魏曹丕《善哉行》："齐侣发东舞，秦筝奏西音。"

（12）瑟瑟，碧色玉石。《周书·异域传下·波斯》："（波斯国）又出白象、师子……马瑙、水晶、瑟瑟。"明沈德符《野获编·外国·乌斯藏》："其官章饰，最尚瑟瑟；瑟瑟者，绿珠也。"鬟，古代妇女的环形发簪，亦代指婢女。宋梅尧臣《听文都知吹箫》："欲买小鬟试教之，教坊供奉谁知音？"

（13）少年，古称青年男子，与老年相对。贺兰山，一名阿拉善山，即今宁夏中部的贺兰山。唐王维《老将行》："贺兰山下阵如云，羽檄交驰日夕闻。"

（14）碛（qì），沙漠。擒生，活捉敌人。

（15）铁岭，今辽宁铁岭。堠（hòu）火，烽火。唐项斯《边游》："天寒明堠火，日晚裂旗风。"

（16）黑河，今河北沽源东南，有里遂、外遂二河。外遂黑河，土人呼为阿禄遂黑河，源出兴安山，北流经齐伦巴尔哈逊城而涸；里遂黑河，土人呼为额伯里遂黑河，亦出兴安山，东南流至龙潭会白河。

（17）高柳，在今山西阳高西北，汉置高柳县治此。

（18）平生，一生，此生，有生以来。《陈书·徐陵传》："岁月如流，平生几何？"射雕手，射雕的能手，亦借指才智出众的人。《北齐书·斛律光传》："尝从世宗于洹桥射猎，见一大鸟，云里飞飏，光引弓射之，正中其颈。此鸟形如车轮，旋转而下，至地乃大雕也。世宗取而观之，深壮异焉。丞相属邢子高见而叹曰：'此射雕手也。'"

（19）漫唱，随意唱。《敕勒歌》，乐府杂谣歌辞篇名，北朝民歌。史载北齐高欢攻北周玉璧城不克，士卒死者十有四五。欢圭愤，疾发，勉强坐起见诸贵，使斛律金唱《敕勒歌》以激励士气。歌词本鲜卑语，译文为："敕勒川，阴山下，天似穹庐，笼盖四野。天苍苍，野茫茫，风吹草低见牛羊。"

（20）万斛，极言容量之多。古代以十斗为一斛，南宋末年改为五斗为一斛。屠苏酒，药酒名。古代风俗，于农历正月初一饮屠苏酒。南朝梁宗懔撰《荆楚岁时记》："（正月一日）长幼悉正衣冠，以次拜贺，进椒柏酒，饮桃汤，进屠苏酒……次第从小起。"

（21）李陵台，即今内蒙古正蓝旗南黑城，元时地当大都至上都交通要道。

（22）围场，旧时围起来专供皇帝、贵族打猎的场地，也指围猎。

（23）黄羊，野生羊的一种，毛黄白色，腹下带黄色，故名，生活在草原和沙漠地带。明李时珍《本草纲目·兽一·黄羊》："黄羊出关西、西番及桂林诸处。有四种，状与羊同，但低小细肋。腹下带黄色，角似羖羊。喜卧沙地，生沙漠。"因东汉阴识用黄羊祭祀灶神致富，后世用以为典，表示祭灶的供品。

（24）朱旗，红旗。城阙，城门两边的望楼。《诗经·郑风·衿》："佻兮达兮，在城阙兮。"孔颖达疏："谓城之别有高阙，非宫阙也。"亦指都城，京城。汉张衡《东京赋》："肃肃习习，隐隐辚辚，殿未出乎城阙，旆已返乎郊畛。"

（25）不信沟中冻死骨，反用唐杜甫《自京赴奉先县咏怀五百字》中"朱门酒肉臭，路有冻死骨"句意。

（26）长征，远地征戍、征伐。唐李颀《古意》："男儿事长征，少小幽燕客。"远戍人，戍守边疆的人。远戍，戍守边疆。汉蔡邕《述行赋》："勤诸侯之远戍兮，侈申子之美城。"

（27）哀哀，悲伤不已之态。《诗经·小雅·蓼莪》："哀哀父母，生我劬劳。"郑玄笺："哀哀者，恨不得终养父母，报其生长己之苦。"交河，城名，在今新疆吐鲁番西北雅尔湖村附近。自西汉至北魏，车师前王国皆都于此。元末城废。

（28）书生，读书人，古时多指儒生。《东观汉记·赵孝传》："（孝）常白衣步担，尝从长安来，过直上邮亭，但称书生，寄止于亭门塾。"短褐，粗布短衣，古代贫贱者或僮竖之服。《墨子·非乐上》："昔者齐康公，兴乐万，万人不可衣短褐，不可食糠糟。"孙诒让《墨子闲诂》："短褐，即裋褐之借字。"按：裋（shù）褐，粗陋衣服。

（29）蹇驴，跛蹇驽弱的驴子。《楚辞·东方朔〈七谏·谬谏〉》："驾蹇驴而无策兮，又何路之能极？"王逸注："蹇，跛也。"箬笠，用箬叶及篾编成的宽边帽。

（30）《梁园赋》，汉司马相如作（一作枚乘作）。梁园，亦称梁苑、兔园，西汉梁孝王刘武所建的东苑，故址在今河南开封东南，一说在今河南商丘东。园林规模宏大，方三百余里，宫室相连属，供游览驰猎。梁孝王在其中广纳宾客，当时名士司马相如、枚乘、邹阳等均为座上客，并由司马相如撰《梁园赋》记规模宏伟、游猎盛况。

## 【赏析】

此诗见于《梅村家藏稿》卷十一。据《梅村先生年谱》卷四载："（顺治）十三年（1656），上（指顺治帝）驾幸南海子，遇雪大猎，先生恭纪七律一首。"这首诗记述了顺治皇帝在南海子雪天打猎的盛况，抒发了诗人怀才不遇的感慨。顺治，即爱新觉罗·福临（1638—1661），清朝皇帝，年号顺治，即清世祖，公元1643—1661年在位。顺治十三年时年方十九岁，所以打猎时顺治正是一个风华正茂的青年。打猎之地南海子，即南苑，在今北京南部，清齐召南有《南园大阅恭纪》，张英南有《南苑讲武恭纪》。吴伟业于清顺治十年（1653），被迫赴京出仕。初授秘书院侍讲，后升国子监祭酒。三年后奔母丧南归，从此隐居故里直至去世。由此可以推断此诗当写于清世祖顺治十三年冬（1656）作者离京奔母丧前不久国子监祭酒任上，此时诗人年已六十五岁，所以诗中末句说"扶杖归来自闭门"。国子监是我国封建时代的教育管理机关和最高学府。国子祭酒为国子监的主管官，其地位不高，当无随皇帝游猎之荣幸，所以诗题《雪中遇猎》，不期而遇碰上顺治帝打猎写下了这首诗，因而颇多感慨。

这是一首七言歌行，作者最为擅长，其艺术风格确如《四库全书总目提要》所称"格律本乎四杰，而情韵为深；叙述类乎香山，而风华为胜"，且文词清丽，音节谐调，而委婉含蓄，又沉着痛快，显示了吴氏诗歌特别是七言歌行的艺术特色。

清
诗

此诗计三十二句，每四句为一节，可分八节。开头四句为第一节，写顺治雪天射猎的环境。北风劲吹，大雪纷飞，河中流淌着冰块，路断人稀，猫头鹰和麻雀饥饿难耐，只有健鹘奇鹰英姿飒爽，跃跃欲试，为顺治出猎营造了很好的氛围。

"将军射猎城南隅"四句为第二节，写顺治帝在北京南郊射猎。将军即顺治帝，名爱新觉罗·福临，此次射猎为顺治十三年，当时顺治才十九岁，所以下文称之为"少年"，即青年，这是符合实际的。顺治帝雪天在北京南苑射猎，身穿轻裘，骑着骏马，营帐中铺设红色毯子，头戴饰有貂尾的冠冕，一寸长的鸦青色囊中装着宝珠。这俨然是一位王者的装束。

"金鹅箭褶袍花湿"四句为第三节，写顺治帝随行人员的装束，进一步张扬他的排场。他的随员身穿骑服，手提金制的鹅形酒器，盛着挏马酒和驼羹，站立在马前侍奉着。更有穿着锦制靴子、云鬟上饰有宝石的妙龄女郎拨弹着秦筝，奏乐为欢。这就进一步从随从和侍女两方面写出了顺治帝狩猎时的豪奢。

"少年家住贺兰山"四句为第四节，写顺治帝的战斗经历。少年，古指青年，此指顺治帝。顺治帝为爱新觉罗氏，满族，先世受明王朝册封为建州左卫（明中叶以后在今辽宁新宾境），以后统一东北。贺兰山，在今宁夏境内，古为匈奴、西夏等少数民族聚居之地，这里说"少年家住贺兰山"，意谓顺治帝是个少数民族人士。因所住贺兰山在大漠之南，相距不远，所以说在沙漠里擒捉敌人当夜可以回来，说明他的武功高强。铁岭在今辽宁境，黑河在今河北境内，均是清人入关前的主要活动区域。这里指顺治帝曾在这些地方的征战中立有赫赫战功。

"十载功成过高柳"四句为第五节，写顺治帝平定天下的文治武功。"十载"当指顺治帝继位至此次狩猎，计十三年，说"十载"是举其成数。高柳，在今山西阳高西北，东汉时曾为代郡郡治，秦汉以后，代郡都是中原汉王朝与北方少数民族贵族征战之地。如今顺治帝经过十多年的征战，平定了天下，经过这自古以来的征战之地高柳，这位武功突出的人也闲着无事可做。上千官兵齐唱《敕勒歌》，尽情痛饮屠苏酒欢庆胜利。这是对顺治帝武功文治的赞颂。

"今朝仿佛李陵台"四句为第六节，写顺治帝南苑射猎。李陵（？—前74），字少卿，名将李广之孙，西汉陇西成纪（今甘肃秦安）人。善骑射。武帝时，为骑都尉，率兵出击匈奴奴隶主贵族，战败投降。李陵台当是李陵投降之处，在今内蒙古正蓝旗南黑城。在顺治帝这个征服者的眼中，北京南苑仿佛就是李陵台，如今围起来专供皇帝、贵族打猎。打猎时他一马当先，追射黄羊，鼻端出火吼声如雷。这是写顺治帝射猎的英姿。

　　"回去朱旗满城阙"四句为第七节，写顺治帝狩猎后回京。顺治帝猎后回京时，满城红旗飘扬，一片太平景象，他哪里还想到在这"朱门酒肉臭"的繁华掩盖下，犹"路有冻死骨"呢？他更忘了在边疆戍守的人，和远在新疆交河悲伤不已的边防士兵。这是作者的感慨。感慨之中寄寓着诗人对民生疾苦的关心。

　　末四句为第八节，则是诗人对自身怀才不遇的感叹。相比之下，自己是一介书生，穿着粗布短袍，头戴箬笠，骑一头瘦弱的瘸腿毛驴从前村经过，得以见到顺治帝射猎。但如今的顺治帝却不像汉代梁孝王刘武那样，喜招文士，大修园林，并让司马相如写下著名的《梁园赋》，记述梁园规模宏伟，游猎之威，那么自己即使文才再高，也就无所效其技了，所以只有"扶杖归来自闭门"了，怀才不遇的感喟溢于言表。

　　毛泽东在1913年10月至12月于湖南省立第四师范读书时听国文教员袁仲谦讲解了这首《雪中遇猎》，并作了详细的笔记，称"吴伟业之诗，雄于一时"，还把吴伟业和王士祯并称，认为是其"诗为前清一代正宗"，毛泽东表示认同。（毕桂发）

# 钱 曾

钱曾（1622—1701），字遵王，号也是翁，常熟（今江苏常熟）人，清代诗人。谦益族孙，为谦益注《初学》《有学》二集。尝秋夜宿破山寺赋绝句十二首，谦益选入《吾炙集》。有《读书敏求记》《述古堂书目》等。

## 【原文】

## 梅村先生枉驾相访酒间商榷绥寇纪闻有感赋此

迢然影事莫能忘[1]，郑重停车问草堂。

借箸漫言山聚米[2]，引杯兼笑海生桑[3]。

秦关鹿走当年火[4]，吴苑乌啼此夜霜[5]。

指点旧京愁历历，为公枨触恨偏长[6]。

## 【毛泽东圈评等情况】

毛泽东读清沈德潜编选《清诗别裁集》卷八时圈阅了此诗。

[参考] 张贻玖：《毛泽东评点、圈阅的中国古典诗词》，中国工人出版社1992年版，第263页。

## 【注释】

（1）影事，佛教语，指尘世间一切事情皆虚幻如影。《楞严经》卷五："纵灭一切见闻觉知，内守幽闲，犹为法尘分别影事。"后亦泛指往事，此指镇压李自成、张献忠农民起义事。

（2）借箸，指代人策划。《史记·留侯世家》载，楚汉相争时，郦食其劝刘邦立六国后代，共同攻楚。刘邦正在吃饭。张良以为此不可行，说："臣请藉前箸为大王筹之。"漫言，随便说。山聚米，汉马援用米布列成山谷，用以说明作战部署，后用此典指摆列成阵，策划作战（见《后汉书·马援传》）。此指明军将领镇压农民军的战略战术策划。

（3）引杯，持杯。海生桑，沧海变桑田之意。典出晋葛洪《神仙传·王远》，神仙麻姑与王远席间闲谈，说她已看到东海三度变为桑田，而今蓬莱海水又浅了，也许又将变为陆地。后用此典形容世事变迁翻覆，此指李自成居然攻灭明王朝。

（4）秦关鹿走，典出《史记·淮阴侯列传》：谋士蒯通曾劝韩信自立为王，与刘邦、项羽三分天下。后来刘邦抓住蒯通，要处死他，蒯通说："秦失其鹿，天下共逐之，于是高才捷足者先得焉。"后用此典形容对国家政权的争夺与战争，此指镇压李自成、张献忠的战争。当年火，指项羽攻入秦都咸阳后，火烧秦王宫事。

（5）吴苑，苏州为春秋时吴地，有宫阙苑囿之胜，后因以吴苑代苏州。吴伟业是太仓人，古属吴地。

（6）公，指吴伟业，敬辞。枨（chéng）触，触动，感触。


**【赏析】**

本篇为抒志之作。钱曾作为清初的进步作家，深怀亡国之痛，反清复明的民族意识强烈。吴梅村也是明代的遗民，与钱牧斋、龚鼎孳同为"江左三大家"。由此可知，"酒间商榷绥寇"之事也就是共议抗清复明的大业。清代文人的社集很盛，由于经历了明代覆亡的重大变动，文人多在诗中寄托他们怀念故国的情绪。杨凤苞说："明社既屋，士之憔悴失职，高蹈而能文者，相率结为诗社，以抒写其旧国旧君之感。"《秋室集》又加上清初大兴文字狱，又严禁文人结社，以压制思想上的反抗。"豪杰由来须际会，寒灰他日定重燃"便是对这种压制的反抗。这种强烈的民族意识，促使了地火的奔涌，这首七言律诗便是这种思想的反映。《绥寇纪闻》的内容当是写明王朝镇压李自成起义的。

"迢然影事莫能忘，郑重停车问草堂"，首联写相访。"迢然影事"就是亡国破家的耻辱就像影子那样时刻萦绕在诗人的脑际，虽然时间已经过去很久了，但新仇旧恨并没有随着时间的流逝而消失，反而更加剧了失国之痛。这种失去故国刻骨铭心的耻辱，爱国诗人一刻也不敢忘掉。为感谢梅村先生光临寒舍，诗人便略备一杯薄酒以酬谢先生的殷勤相访。

"借箸漫言山聚米，引杯兼笑海生桑"，颔联写酒间商量如何写作绥寇纪闻之事。"借箸"和"聚米"是用典，都是指筹划军事行动。"漫言"和"兼笑"则写出了宾主气氛融洽、畅所欲言的情景。"我们"一边喝酒一边谈笑风生，共商如何镇压李自成起义军的大计，仿佛在谈笑间，明朝已土崩瓦解了。这里诗人以明指清。"沧海横流，方显英雄本色"，这里，诗人踌躇满志，引杯兼笑，对自己的事业充满了希望，颇有那种"谈笑间，樯橹灰飞烟灭"的气势和胆略，写得很有感染力。

"秦关鹿走当年火，吴苑乌啼此夜霜"，颈联两句借古讽今，表明诗人必胜的信念。"秦关鹿走"是指当年楚汉战争时，刘邦和项羽逐鹿中原的事。项羽力量比较强大，但却被势力单薄的刘邦打败，这里暗指抗清力量的星星之火最终要形成燎原之势，光复明朝。"吴苑乌啼"是指春秋吴越争霸之事。刚开始吴国打败了越王，但后来越王勾践卧薪尝胆，励精图治，终于又打败了吴国。诗人以古喻今，说明明朝虽被灭亡了，但它的臣民却没有屈服，仍在积极为抗清复明而流血牺牲。这里，诗人把咏史与抒情结合起来，借古喻今，表达一种必胜的信念与决心。

但我们知道，在清初统治者的残酷镇压下，人们的反抗斗争往往都以失败而告终。诗人明显地意识到这种反抗的悲剧性，而这的确是一种"知其不可为而为之"的悲剧性的反抗，因而诗人禁不住满怀愁绪，悲从中来，尾联"指点旧京愁历历"正是这种心情的写真。"旧京"就是指明都北京。作为明的遗民，诗人对故国怀有深深的眷恋之情，"指点旧京"的历历之愁，亡国破家的切肤之痛使诗人禁不住喟然长叹，这种痛切，正是辛稼轩那种"西北望长安，可怜无数山"式的愁怨，因而收复旧国的愿望也就更加强烈；但同时，面对着清朝日益加强的统治，诗人对这种地火的奔涌所感到的已不是欣喜，而是无限的忧虑，"为公枨触恨偏长"一句使这种感情显得更加忧愤深广。

全诗感情凝练、集中，奔涌着一腔爱国主义的热血；格调悲壮沉郁，体现了一种崇高之美，诗人的殷殷故国之情也尽在其中了。（郭振生）

# 吴物荣

吴物荣，字慎庵，江南吴县（今江苏苏州）人，诸生。清代诗人，有《锦峰樵稿》。

## 【原文】

## 山　居

世事山居尽[1]，衰年懒更加。

鸟啼方梦觉[2]，酒熟正梅花[3]。

天地容双鬓，渔樵共一家[4]。

溪边聊晚眺，倚杖数归鸦。

## 【毛泽东圈评等情况】

毛泽东读清沈德潜编选《清诗别裁集》卷八时圈阅了此诗。

[参考] 张贻玖：《毛泽东评点、圈阅的中国古典诗词》，

中国工人出版社 1992 年版，第 263 页。

## 【注释】

（1）世事，当代的事。《史记·屈原贾生列传》："上称帝喾，下道齐桓，中述汤武，以刺世事。"

（2）梦觉（jué），梦醒。

（3）梅花，梅树的花。早春先叶开放，花瓣五片，有粉红、白、红等颜色。

（4）渔樵，渔人和樵夫。

**【赏析】**

吴物荣的这首五言律诗《山居》描写了遁世隐居的恬淡生活，表现出一种闲适悠远的心境和超然物外的情调。

"世事山居尽，衰年懒更加"，首联身居深山，世间诸事已全然不顾，随着年岁的增长，对"世事"愈加淡泊。表面看来诗人隐居山林，寄情山水，好像完全脱离了现实，但实际上，诗人目睹当时政治腐败，既无力扭转乾坤，又不愿同流合污，便只好濯足清流，洁身自好，躬耕于山水田园之间，过着宁静、安闲、平淡的生活。诗人的这种心境与陶渊明的"心远地自偏"异曲同工，于平淡中显出一种愤世嫉俗的情绪。可见，"凡作清淡古诗，须有沉至之理，朴实之理，以为之骨，乃可不朽；非然，则山水清音，易流于薄……"（清施朴华《岘佣说诗》）。

"鸟啼方梦觉，酒熟正梅花"，颔联突出表现了山居悠闲的生活情趣。二句中的"方"与"正"二字，为炼之炼，是为诗眼。"鸟啼方梦觉"似由"春眠不觉晓，处处闻啼鸟"二句中生发而来，好酒酿成时正当黄梅花浓，"鸟啼""梅花"写出了生活环境之清悠高雅，"梦觉""酒熟"写出了自己的闲适心情。鸟语花香，梦甜酒醐，流露出归隐后的愉悦之情。

"天地容双鬓，渔樵共一家"，颈联既写出了人与物的关系，又写出了人与人之间的关系。"天地容双鬓"一句是诗人"曾经沧海难为水，除却巫山不是云"的人世沧桑的感喟。诗人经过几番人世沉浮的挣扎，最终选择了退隐的道路，与渔民、樵夫"共一家"，"把酒话桑麻"，其乐也融融。置身于这青山绿水之中，有鸟啼，有酒香，有梅花，更有渔樵为伴，诗人自然找回了一份超脱与空灵。

"溪边聊晚眺，倚杖数归鸦"，尾联说诗人毕竟是因为憎恶世俗污浊而遁入山林的，他虽然超脱了世俗却超脱不了他自己，一旦孤身一人时，孤独寂寞便时时侵扰着诗人。傍晚，溪边挂杖踱步时聊以眺望远方，隐约感到应有所期待，然而在他的视野范围内，仅有的是几只暮归的乌鸦。这里一个"聊"字表达了诗人一种无可奈何的寂寞心绪和难以驱逐的惆怅，而这种寂寞和惆怅，恐怕是鸟鸣、酒香无法填补的。（郭振生）

# 许孙荃

许孙荃，字四山，又字荪友，号星洲，江南合肥（今安徽合肥）人，清代诗人。清圣祖康熙庚戌（1670）进士，旋举鸿博，官至翰林院侍讲、陕西学使。嗜学，工古诗文词。诗风激昂悲壮，多燕赵之声。有《慎墨堂诗集》。

【原文】

## 万　里

万里驱车亦壮哉，西征咫尺是轮台[(1)]。

无边晴雪天山出[(2)]，不断风云北极来[(3)]。

关到玉门中土尽[(4)]，槎浮博望使星回[(5)]。

犹看定远封侯道[(6)]，却忆嫖姚佐汉才[(7)]。

【毛泽东圈评等情况】

毛泽东读清沈德潜编选《清诗别裁集》卷九时曾圈阅此诗。

[参考] 张贻玖：《毛泽东评点、圈阅的中国古典诗词》，
中国工人出版社 1992 年版，第 263 页。

【注释】

（1）咫尺，周制八寸为咫，十寸为尺，谓接近或刚满一尺，形容距离近。轮台，古地名，在今新疆轮台东南。汉武帝时为轮台国，被汉将李广利攻灭。

（2）天山，一名燕然山，即今蒙古国境内的杭爱山。或指今新疆天山山脉。二者皆可。

（3）北极，北方边远之地。《庄子·大宗师》："禺强得之，立乎北极。"

（4）玉门，即玉门关，在今甘肃，古代是中原出西域要隘，故说"中土尽"。

（5）博望，古县名，治所在今河南方城西南。汉武帝时派张骞出使西域，使西域各国臣服，封博望侯。使星，指张骞。

（6）定远，城名，东汉班超封地。班超因出使西域之功被封为定远侯，其地在今陕西镇巴（见《后汉书·班超传》）。

（7）嫖姚，指霍去病。汉霍去病曾为嫖姚校尉。南朝梁范云《效古》："昔事前军幕，今逐嫖姚兵。"

## 【赏析】

此诗为七言律，乃咏史之作，作者通过对历代将士征战壮举的描述，抒写自己的志向，表现一种建功立业、积极进取的精神。

首联咏史，写万里出征的壮观场面。轮台，这里是指汉武帝时李广利西征西域时灭掉的轮台国。"万里驱车"给我们展现出了一幅"车辚辚，马萧萧，行人弓箭各在腰"的宏伟壮观的场面，旌旗猎猎，战鼓声声，金戈铁马，气吞万里。"壮"是诗人由衷的赞叹，"西征轮台"写出了万里驱车的原因。这两句是场面描写，极写壮士出征，气吞山河的壮观场面，渲染出一种"风萧萧兮易水寒，壮士一去兮不复还"的悲壮气氛，也暗含了作者对古代英雄业绩的向往。

颔联写景，写出了万里驱车的艰辛。"无边晴雪"和"不断风云"写出了环境的恶劣凶险。山高路远，狂风肆虐，风沙弥漫，气候变化无定，因此也引出了颈联"关到玉门中土尽，槎浮博望使星回"。这里"槎（chá）浮"是传说中来往于海天之间的木筏，"博望"是用典，指博望侯张骞出使西域的事。正是将士们的万里出征，浴血奋战，才沟通了西域同内地的交通，从此丝绸之路畅通无阻，就像"槎浮"那样连接了海天。无疑，诗人对西征轮台的将士和槎浮博望的张骞是怀着万分崇敬的心情的。在这四句中，作者将写景、咏史和抒情融为一体。通过写景烘托气氛，突出古代英雄的业绩，通过咏史抒发自己的幽愤和对功业的向往。这正是中国古代知识分子一种普遍的心理。

尾联抒怀，表达一种思古的幽情与感慨。作者的素志并不仅仅是做一个翰林院的侍讲，而是向往那种铁马冰河、建功立业的生活，他渴望能被朝廷重用，从而施展自己的才能。但面对当时的社会现实，他实在无能为力，因此，只好徒发感慨。"犹看定远封侯道"一句传达出一种无可奈何的心绪，"却忆嫖姚佐汉才"既是诗人怀才不遇，有志无成的不平，也是他积极进取的一种表现。"嫖姚"指西汉名将霍去病，杜甫《后出塞》之二："借问大将谁？恐是霍嫖姚"，这里，诗人由人推己，抒发了一种年将半百而功业无成的感慨。但这种感情的抒发并不是消极的，相反，诗人抚今思昔，感情的基调却是昂扬激进的，充满了乐观主义精神。

有人曾评价许孙荃的诗"激昂悲壮，多燕秦之声"。他的诗场面宏大，气势磅礴，意境开阔，于沉郁中见悲壮，忧愤中见进激，把咏史、写景与抒情有机结合在一起，曲折隐现，传达出自己渴望建功立业却又奋飞无力的感慨，但我们从这首诗中却感觉不到作者消极遁世的思想，相反，慷慨悲歌、积极进取却是这首诗的主旋律。（郭天昊）

# 张　英

张英（1637—1708），字敦复，号乐圃，桐城（今安徽桐城）人，清代诗人。清圣祖康熙丁未（1667）进士，改庶吉士，授编修。以编修充日讲起居注官，入值南书房，民生疾苦，四方水旱，知无不言。官至文华殿大学生，兼礼部尚书，谥文端。清世宗雍正初，赠太子太傅。生平酷好看山种树，淳淳以务本力田随分知足为戒。有《存诚堂诗集》《笃素堂文集》等。尝以乐天、放翁自拟。《四库全书提要》称其鼓吹升平，黼黻廊庙，无不典雅和平。至于言情赋景之作，又多清微淡远，抒写性灵。台阁、山林二体，古难兼擅，张英乃兼而有之。

## 【原文】

### 千里修书只为墙

千里修书只为墙[1]，让他三尺又何妨。

长城万里今犹在[2]，不见当年秦始皇[3]。

## 【毛泽东圈评等情况】

汉朝有个贾谊，写过一篇《鹏鸟赋》，我读过十几遍，还想读，文章不长，可意境不俗。不少人就是想不开这个道理，人无百年寿，常存千岁忧，一天到晚想那些办不到的事，连办得到的事情也耽误了。秦皇、汉武都想长生不老，到头来，落得个"万里长城今犹在，不见当年秦始皇"。其实，任何事物都不过是一个过程，人的一生也不过如此，有始必有终。

[参考]《毛泽东的晚年生活》，载人民日报社《大地》1992 年第 7 期。

**【注释】**

（1）修书，写信。南朝宋刘义庆《世说新语·雅量》："饷米千斛，修书累纸，意寄殷勤。"

（2）长城万里，即万里长城。

（3）秦始皇（前259—前210），即嬴政，战国时秦国君、秦王朝的建立者，公元前246—前210年在位。

**【赏析】**

清人张英在京城做官。一次，其家人修治府第，因地界不清，与方姓邻居发生争执，告到官府。因双方都是高官望族，县令不敢贸然决断。张英在京，接到家信，得知这件事情，援笔成诗，以诗代简：

> 千里修书只为墙，让他三尺又何妨。
>
> 长城万里今犹在，不见当年秦始皇。

张家得诗后，遵嘱立即让出三尺地，以示不相争；方姓人家也效法张家让出三尺地，于是成了一条六尺巷道。此事后传为佳话。

张英这首七绝写得直截了当，又很有说服力。"千里修书只为墙"，首句叙事，开门见山，说出了事情原委：家人千里迢迢写来书信，只是因为修治府第筑墙与邻居发生争执。"让他三尺又何妨"，次句议论，诗人说出自己对处理此事的意见：给邻居让出三尺之地。"又何妨"，轻描淡写，不以为意，表明诗人态度之决绝。"长城万里今犹在，不见当年秦始皇。"三、四句说理，对家人进行开导，便使得自己的意见有理有据，增加了说服力量。长城是我国修筑的供防御用的绵亘不绝的城墙，战国时齐、楚、魏、燕、赵、秦和中山等国相继兴筑。秦始皇灭六国统一全国后，为了防御北方匈奴的南侵，将秦、燕、赵三国的北边长城予以修缮，连贯为一。故城西起临洮（今甘肃岷县），北傍阴山，东至辽东，俗称"万里长城"。长城大部分至今仍基本完好，是世界历史上伟大的工程之一。经过两千多年的洗礼，万里长城至今仍然巍然挺立，对它有兴修之功而又企图长生不老的秦始皇却"早已三泉下，金棺葬寒灰"（李白《古风·秦王扫六合》）了。这说明了人的生命的有限，事业的永恒，从而高屋建瓴地阐明了自己的观点，令人心服口服。

　　大约在 20 世纪 60 年代，毛泽东从贾谊的《鹏鸟赋》谈到"人无百年寿，空怀千岁忧"，"一天到晚想那些办不到的事，连办得到的事情也耽误了"时，援引了张英这首诗的后两句，予以肯定并发挥说："其实，任何事物都不过是一个过程，人的一生也不过如此，有始必有终。"这就把这个问题上升到哲学的高度来观察，赋予它更加普遍而深刻的意义。（毕桂发）

# 彭宁求

彭宁求（1649—1700），字文洽，号瞻庭，江南长洲（今江苏苏州）人。清代诗人。清圣祖康熙壬戌（1682）赐进士第三人，由翰林院编修历侍讲，勤于其职。母忧归，服除不起。后诏补侍读，直畅春苑，以劳卒。有《历代山泽征税记》。

【原文】

## 送大兄南还

重到承明半载余[1]，匆匆襆被返衡庐[2]。

营巢每笑逢秋燕，纵壑真同避钓鱼[3]。

三径春风侍童冠[4]，一帘花雨润琴书。

故乡自足林泉趣[5]，最荷君恩许遂初[6]。

【毛泽东圈评等情况】

毛泽东读清沈德潜编选《清诗别裁集》卷十三时圈阅了此诗。

[参考] 张贻玖：《毛泽东评点、圈阅的中国古典诗词》，

中国工人出版社 1992 年版，第 262 页。

【注释】

（1）承明，古代天子左右路寝（天子、诸侯的正室）称承明，因承接明堂之后，故称。明堂为古代帝王宣明政教的地方，凡朝会、祭祀、庆赏、选士、教学等大典均在此举行。这里代指朝廷。

（2）襆（fú）被，用包袱包扎衣被，即整理行装。襆，包袱。衡庐，衡山小屋，言其简陋，多指隐者所居，亦用以谦称自己所居房舍。

（3）纵壑，即纵壑鱼之略语，纵游于川壑中的鱼。语出汉王褒《圣主得贤臣颂》："千载一会，论说无疑，翼乎如鸿毛遇顺风，沛乎若巨鱼纵大壑。"后用此比喻身处顺境，所至如意。

（4）童冠，指青少年，年将及冠（古代男子年满二十岁时举行加冠仪式，以示成人）的童子。

（5）林泉趣，此指退隐。林泉，山林与泉石，亦指隐居之地。

（6）遂初，遂其初衷，指去官归隐。汉代刘歆徙五原太守，不得意，曾作《遂初赋》。荷，承受。

## 【赏析】

这是一首送别诗。大兄，当指作者的从兄彭定求。定求字南止，江南长洲（今江苏苏州）人，清圣祖康熙二十五年（1686）一甲一名进士，授为编撰，历官翰林院侍讲，"二十八年以外艰归，遂不再起"（《清诗纪事初编》）。定求之父彭珑，为顺治十六年进士，曾做过广东长宁知县，为官清正，深受时人嘉许，后被诬弹劾，丢官归乡后致力于学，一生以主敬为宗，自称"信好老人"，署其室曰"志炬斋"。定求从小受到严教，曾师事为官清正的汤斌，学业上以陆、王为宗，不立门户，提倡名节，以不欺为本，以践行为要，被尊为"真儒"。彭氏父子虽在科场上一度春风得意，但仕途并不畅达。然而，他们均不以此为念，而是随遇而安，为官则恪守其责，退隐则讲究名节操行。这正是封建文人所尊崇的理想人格。彭宁求的这首七言律诗，一方面表现出与从兄相聚时间短暂的隐隐怅惘之情，另一方面想象从兄南归故乡、自适惬意的乡园生活，颇有钦羡渴慕之意。

首联二句言聚而复别。承明，古代天子左右路寝（天子、诸侯的正室）。承是承接，明即明堂。明堂为古代帝王宣明政教的地方，凡朝会、祭祀、庆赏、选士、教学等大典均在此举行。本句的"承明"代指朝廷。襆被，襆即包袱，襆被就是用包袱包扎衣背，意即整理行装。衡庐，衡山小屋，借指江南故乡旧居房舍。此二句是说，自己与从兄在朝中供职，相聚刚刚半载，兄长便要匆匆南归了。前句写出相聚之短暂，后句极言分离之匆忙。离别亲人的惆怅在字里行间隐隐透出。

颔联二句写从兄离朝回乡，从此不再受官场功名荣辱的羁绊，可以如鱼纵游于大川，如秋燕营巢自乐。纵壑鱼，以鱼纵游于大川比喻所至如意。这两句与首联格调不同，它在描述从兄南返、得遂初衷的同时，流露出作者的向往与羡慕。

颈联二句是想象从兄故园称心如意、无拘无束的生活。三径，典出晋代赵岐《三辅决录·逃名》。西汉末年，王莽专权，兖州刺史蒋诩告病辞官，隐居乡里，在院中辟三径，只与求仲、羊仲来往。后常用三径代指家园。童冠，年将及冠（古代男子年满二十岁时举行加冠仪式，以示成人）的童子。故园春风和煦，孩童陪从，隔帘鲜花竞放，细雨蒙蒙，滋润万物，琴声悠扬，书声琅琅，这是一幅令人神往的绝妙图画。尘世的喧嚣，官场的倾轧，全都销声匿迹。这对一个不慕荣利、恬淡自守、讲究操行的贤达者来说，不啻是世外桃源！在这里，人才是自我的主宰，才能充分享受生命的乐趣，享受造化所赋予人类的一切。

尾联二句言从兄退隐故乡，自得其乐，承受君恩，得遂初愿。林泉，山林与泉石，此指退隐。遂初，谓去官归隐，遂其初衷。汉代刘歆徙五原太守，不得意，曾作《遂初赋》。又据《世说新语·言语》载，晋代孙绰少与高阳、许询俱有高尚之志，居住会稽，优游于山水间十余年，作《遂初赋》自言见止足之分。作者以古代高人隐居林泉之趣来称许从兄返回乡园之乐，渴慕之情溢于言表。

本诗不同于一般的送别诗。柳耆卿有"自古多情伤离别"的千古佳句，"悲莫悲兮生离别"也成为人所共知的名言。但本诗并无消沉凄苦的格调，也见不出多浓的"斩不断、理还乱"的缠绵情思，读后并不让人感到沉闷，而是在对未来的憧憬中，看到作者对归去的钦慕之情。构思别致，立意新颖，匠心独运，别具一格。此外，本诗风格疏朗，境界明晰，画面开阔，用典自然熨帖。（张进德）

# 孔传铎

孔传铎（1673—1732），字振路，号牗民，孔子第67代孙，袭封衍圣公。清代诗人。好读书，通礼乐，工诗词，精研理学，博求律吕之书，深于乐理。有《申椒集》等。

## 【原文】

### 秋日杂咏

玉露萧森万壑幽$^{(1)}$，凄清天气独登楼。

三更鹤唳惊回梦$^{(2)}$，万户砧声送到愁。

但使读书充腹笥$^{(3)}$，莫悲身世似传邮$^{(4)}$。

浮生几个成闲坐$^{(5)}$，且向花间判酒筹$^{(6)}$。

## 【毛泽东圈评等情况】

毛泽东读清沈德潜编选《清诗别裁集》卷十三时圈阅了此诗。

[参考] 张贻玖：《毛泽东评点、圈阅的中国古典诗词》，中国工人出版社1992年版，第262页。

## 【注释】

（1）"玉露"句化用了唐杜甫《秋兴八首》"玉露凋伤枫树林，巫山巫峡气萧森"的句意。

（2）鹤唳，汉王充《论衡·变动》："夜及半而鹤唳。"

（3）笥（sì），藏书的竹器。腹笥，语出《后汉书·边韶传》："边为姓，孝为字，腹便便，五经笥。"后因称腹中所记之书籍和所有之学问为腹笥。

（4）传邮，传送书信的使者。

（5）浮生，人生。《庄子·刻意》："其生若浮。"闲坐，闲暇时坐着没事做。

（6）酒筹，饮酒计数的工具。


【赏析】

在我国文学发展的历程中，咏秋之作多不胜数。宋玉的《九辩》，首次将秋日之悲愁情怀抒发得淋漓尽致，以后的文人骚客，写下了大量的感秋、悲秋篇什。孔传铎的这首七言律诗，表达的就是秋日登高、顿生惆怅、愁绪满怀、聊以诗酒自慰的内容。

"玉露萧森万壑幽，凄清天气独登楼"，首联写登楼所见。玉露，晶莹的露水。萧森，阴晦的样子，它给人的是一种凄凉、荒芜、寂寞的感觉，晋代张景阳"碛礰无人迹，荒楚郁萧森"（《杂诗》之九）的诗句可征。这里化用了杜甫《秋兴八首》之"玉露凋伤枫树林，巫山巫峡气萧森"二句。"独登楼"三字，写出了诗人的孤独、寂寞，无所依傍。陈子昂独登幽州台，唱出了"前不见古人，后不见来者。念天地之悠悠，独怆然而涕下"（《登幽州台歌》）的千古绝调，所抒发的怀才不遇、寂寞悲伤的感情为历来失意的封建文人所共鸣。本诗的作者在凄怆、冷清的秋日独自登楼，摄入眼帘的是默无声息的玉露、迷茫错列的山峰、纵横幽深的沟壑，面对此景，诗人不由得愁从衷来，产生万千思绪。

"三更鹤唳惊回梦，万户砧声送到愁"，颔联写登楼所闻。鹤唳，鹤鸣。汉王充《论衡·变动》曰："夜及半而鹤唳。""砧声"，捣衣声。南朝宋人谢惠连《捣衣》诗曰："桐高砧响发，楹长杵声哀。"颔联是说，夜半三更，声声鹤鸣，将诗人从聊以慰藉的梦中惊醒；千家万户，悬望征人，盈盈愁思，都寄寓在彻夜不绝的捣衣声中，这更使秋夜独自登楼的诗人哀增三分。

"但使读书充腹笥，莫悲身世似传邮"，颈联是诗人自慰。笥（sì），藏书的竹器，腹笥，即以腹比笥。传，传递。邮，送信的人。这两句是说，只要能日有所学，腹中的知识丰富宏博，也就可以自慰了；不要总是悲哀自己的身世沉浮不定，犹如传书送信者那样终日到处奔波。虽为自慰之语，但其中寓含的辛酸不言自明。

"浮生几个成闲坐，且向花间判酒筹"，尾联是诗人想象的解脱之道。浮生，指人生，出自《庄子·刻意》"其生若浮"句。老庄认为人生在世，虚浮无定。酒筹，饮酒计数的工具。此二句意为，人生在世，往往为物所累，苦心经营，你争我夺，有几人能够安闲自适、尽情享受呢？且向花间开怀畅饮吧，那样才能使人摆脱一切苦恼，忘掉所有忧愁。

本诗抒发了诗人秋日登高所产生的苦闷、愁思，寄寓了作者的身世之感，其中也不乏消极情绪的流露。全诗结构严谨，层次井然。四联分述登高所见、所闻、自慰及解脱之法，两句一层，层层相扣。前两联意境鲜明，用典贴切；后两联感情深沉，语言质朴。全诗情景浑然一体，能引起读者的共鸣。（张进德）

# 汪 绎

汪绎（1671—1706），字玉轮，号东山，江南常熟（今江苏常熟）人。清代诗人。清圣祖康熙庚辰（1700）赐进士第一，授翰林院修撰。年少高科，文词瞻敏，而谦退不矜，蕴藉多风韵。做官十年告假归，校《全唐诗》而卒于扬州。有《秋影楼集》。

**【原文】**

## 望 岱

矫首原从万仞论，千年汉畤上公尊<sup>(1)</sup>。

峥嵘直上疑无路，呼吸通天尚有门。

独立岩岩真气象，满前叠叠尽儿孙。

闲云莫恋山头住，四海苍生正望恩<sup>(2)</sup>。

**【毛泽东圈评等情况】**

毛泽东读清沈德潜编选《清诗别裁集》卷十八时圈阅了此诗。

[参考] 张贻玖：《毛泽东评点、圈阅的中国古典诗词》，
中国工人出版社 1992 年版，第 262 页。

**【注释】**

（1）畤，古代祭天地、五帝之处。秦有四畤（密畤、上畤、下畤、畦畤），汉有一畤（北畤）。秦汉后历代帝王都把封禅（帝王祭天地的典礼）作为国家大典。上公，汉制，太傅位在三公（大司马、大司徒、大司空）之上，称为上公，这里是借代泰山。

（2）四海苍生，指天下的老百姓。《清诗别裁集》在本诗下注："此

殿撰（按：状元之别称）计偕（按：赴会试）时望岳而作，隐然以第一人
自命。结意欲霖苍生，原非忘世也。"

## 【赏析】

这首诗是作者赴京会试时所作，为七言律。岱，泰山的别名，又称岱
山。因其为五岳之首，又称岱宗，又缘"王者禅代所祠，因曰岱岳也"
（《淮南子·地形》注）。

"矫首原从万仞论，千年汉畤上公尊"，首联总领全诗。前句言泰山
之高，后句赞泰山之尊。矫首，抬头而望。仞，长度单位，古时以七尺或
八尺为一仞。畤，古代祭天地、五帝之处，即"天地、五帝所基址祭地"
（《说文》）。秦有四畤（密畤、上畤、下畤、畦畤），汉有一畤（北畤）。
秦汉以后，历代封建帝王都把封禅（帝王祭天地的典礼）作为国家大典，
而泰山作为封建帝王祭天之所在，地位便日益显贵。上公，汉制，太傅位
在三公（大司马、大司徒、大司空）之上，称上公。这里以汉代以来上公
的地位来比拟泰山，极言泰山之尊也。举头望去，泰山拔地而起，壁立万
仞，而且它又为四岳所宗，还为历代封建帝王所尊崇。首联是总写，以下
六句便围绕泰山之"高"与"尊"而逐层铺陈。

"峥嵘直上疑无路，呼吸通天尚有门"，颔联承"万仞"而来。泰山高
入云霄，叫人心疑无径可达；而耸入云表的峰顶直连高天，又使人觉得有门
可通（南天门）。这两句运用比喻的手法，从人的感觉着笔，极写泰山之高。

"独立岩岩真气象，满前叠叠尽儿孙"，颈联前句承前，后句启后，
过渡巧妙，衔接自然。岩岩，高峻貌。叠叠，重叠状。泰山峰立岩悬，气
象万千的自然景象令人目不暇接；峰前重峦叠嶂，犹如儿孙满堂。泰山不
仅为四岳所宗，就是作为"万物灵长"的人类，从平民到帝王，哪一个不
跪拜在它的脚下呢？

"闲云莫恋山头住，四海苍生正望恩"，表面意思是说，悠闲的白云，
莫要留恋峦峰而不散去，天下的百姓都企盼承受你的恩惠呢。实际上作者
在这里是借题发挥，表达出自己愿济苍生、造福百姓的不凡抱负。《清诗
别裁集》于本诗下注："此殿撰（按：状元之别称）计偕（按：赴会试）

时望岳而作，隐然以第一人自命。结意欲霖苍生，原非忘世也。"可惜的是，作者在清圣祖康熙三十九年（1700）中了状元，年少擢高第后，谦退不矜，三年后告归，康熙四十四年（1705）奉命校全唐诗，第二年便去世了。还未来得及施展他的济世怀抱，过早地辞世，这不能不说是个很大的遗憾。

泰山以其雄伟峻拔而著称于世，历代文人也为我们留下了大量的咏岱之作，其中颇多传世名篇。但如汪绎的这首诗作，以岱自喻，抒发怀抱的却不多见。可以说，本诗立意上是比较新颖的。结构上先总提后分述，比喻、拟人手法并用，显得匠心独运，形象具体。（张进德）

## 【原文】

# 秋柳次韵

短长亭畔暗销魂<sup>(1)</sup>，无复丝丝映绿门。
千缕冷风余倦态<sup>(2)</sup>，满梢清露尚啼痕。
萧萧去马斜阳路<sup>(3)</sup>，点点归鸦落叶村<sup>(4)</sup>。
独立寒潭倍惆怅<sup>(5)</sup>，婆娑生意不堪论<sup>(6)</sup>。

## 【毛泽东圈评等情况】

毛泽东读清沈德潜编选《清诗别裁集》卷十八时圈阅了此诗。

[参考]张贻玖：《毛泽东评点、圈阅的中国古典诗词》，
中国工人出版社1992年版，第262页。

## 【注释】

（1）短长亭，短亭和长亭的并称。宋苏轼《送运判朱朝奉入蜀》："梦寻西南路，默数短长亭。"销魂，灵魂离开肉体。南朝梁江淹《别赋》："黯然销魂者，唯别而已矣。"

（2）余倦态，只剩下凋残之状。

（3"）萧萧去马"句，语出《诗经·小雅·车攻》："萧萧马鸣，悠悠旆旌。"萧萧，马叫声。又，李白《送友人》："挥手自兹去，萧萧班马鸣。"

（4）点点，小而多。归鸦，返巢的乌鸦。

（5）惆怅，因失意或失望而伤感、懊恼。《楚辞·九辩》："廓落兮，羁旅而无友生；惆怅兮，而私自怜。"

（6）婆娑，柳树在冷风中萧瑟的样子。

## 【赏析】

清王士祯《菜根堂诗集序》云："顺治丁酉（1657）秋，予客济南，诸名士云集明湖，一日会饮水面亭。亭下杨柳千余株，摇落之态，予怅然有感，赋诗四章。"这四首诗在当时流传很广，和者甚众。有的认为是为南明福王宫中歌伎亡国后流落济南者而作（高炳谋《秋柳诗释），有的认为是写南明亡国之事，有的认为是凭吊明朝的济南王的（石遗室诗话）。汪绎的《秋柳次韵》便是一组著名的和作。和作亦应四首，这首诗和的是王作的第一首，原诗是："秋来何处最销魂？残照西风白下门。他日差池春燕影，只今憔悴晚烟痕。愁生陌上黄骢曲，梦远江南乌夜村。莫听临风三笛弄，玉关哀怨总难论。"次韵，旧时作诗方式之一，亦称步韵，即依照所和诗中的韵及其用韵的先后次序写诗。本诗就是严格地用原韵写作的。

古人极重离别之情。因为"柳"与"留"谐，所以人们在分手之时往往折柳相送，借袅袅依依的柳条垂丝，萦牵离愁别绪，以表绵绵情意。因此，古典诗歌中便出现了大量的咏柳之作。不过，诗人们大多是着意于对吐翠舒眉、含情展黛、婀娜多姿、饶有情致的春柳的吟咏，而写秋柳的篇什却并不多见。汪绎的这首七言律诗，借咏秋柳倾诉隐衷，是一首立意比较新颖的咏柳佳篇。

首联"短长亭畔暗销魂，无复丝丝映绿门。"短长亭，旧时于城外五里处设短亭，十里处设长亭，供行人休憩，亲友远行也常常在此钱别。生长在这短亭、长亭之侧，千古以来，人们在此分手言别，令人黯然销魂的场景接踵而至，况今又值清秋，作为人生离别见证的秋柳，也似乎为情所感，犹如魂魄离散，纡郁难释；婀娜多姿、葱茏翠绿、柔条垂拂、绿柳映门的春日气象已找不到一点痕迹。首联运用拟人的手法，写出了秋柳的萧条，并用春柳之妩媚多姿，反衬出了秋柳的枯凋憔悴。

颔联"千缕冷风余倦态，满梢清露尚啼痕。"写秋柳在冷风霜露中的零落凄凉。春风拂柳生绿，春雨洒柳增色，而秋风嗖嗖，冷意习习，给柳带来的只有倦怠、凋残；那布满树梢的清露，也不会给人以圆润、晶莹的感觉，反而却让人觉得它仿佛是秋风摧残后所留下的啼痕，感伤、悲叹的情调充溢于字里行间。

　　颈联"萧萧去马斜阳路，点点归鸦落叶村。"萧萧，马鸣声。点点，指鸦。这两句是说，天已黄昏，行人离去，萧萧的马鸣声从斜阳晚照的古道上传来，令人撕心裂肺，肝肠寸断；点点归鸦，盘旋在秋风阵阵、树叶零落的村舍上空，使人悲愁顿生，痛苦欲绝。此联既是写秋柳的哀楚，更是写人的感受，沈德潜在《清诗别裁集》中评价此联说："取题之神，咏物诗需得此事外远致。"见地颇为独到。李商隐在诗中咏叹秋柳道："如何肯到清秋日，已带斜阳又带蝉"（《柳》），而汪绎在这里移秋蝉为归鸦，与李作有异曲同工之妙。

　　尾联"独立寒潭倍惆怅，婆娑生意不堪论。"寒潭，指大明湖。婆娑，秋柳在冷水中晃动的样子。面对此情此景，秋柳独立于寒潭之侧，备感惆怅；婆娑摇动的柳枝似乎诉说哀楚，简直让人不忍开口评说。这里表面上是写秋柳，实际上是在借秋柳自叹，作者心情之惨苦于此隐约可见。

　　清代王士祯在《带经堂诗话》中说："咏物之作，需如禅家所谓不粘不脱，不即不离，乃为上乘。"汪绎的这首诗作，句句写柳，但通篇未见一个"柳"字；处处写景，但无处不有诗人的惨怆之情。因此，它表面上是一首咏物诗，但也可以说是一首言怀诗。（张进德）

## 【原文】

# 寄庭仙

五年心事共谁论，惜别胥江日色昏[1]。
水底须眉终有相[2]，雪中指爪已无痕[3]。
秋风鲈脍江南味[4]，春雨梅花处士魂[5]。
毕竟家山贫亦好，知君亦厌孟尝门[6]。

【毛泽东圈评等情况 】

毛泽东读清沈德潜编选《清诗别裁集》卷十八时圈阅了此诗。

[参考] 张贻玖：《毛泽东评点、圈阅的中国古典诗词》，

中国工人出版社 1992 年版，第 262 页。

【注释 】

（1）胥江，在今江苏苏州西南。

（2）水底须眉终有相，指水底留下了友人的倒影。

（3）雪中指爪，即雪中鸿爪，雪泥鸿爪，鸿雁在雪地上走过的脚印。语出宋苏轼《和子由渑池怀旧》："人生到处应何似？应似飞鸿踏雪泥。泥上偶然留指爪，鸿飞那复计东西？"后用以指往事遗留的痕迹。

（4）秋风鲈脍，用张季鹰见秋风而思故园归隐的故事。典出《世说新语·识鉴》。

（5）处士，未仕或不仕的士人。梅花处士魂，化用元末王冕及北宋林逋事。王冕于元末见天下将乱，携妻儿隐居九里山，植梅千株，自号梅花屋主。北宋诗人林逋，终生不仕不娶，人谓"梅妻鹤子"。

（6）孟尝，孟尝君，战国齐国贵族，姓田名文，以好客著称，门下食客至数千人，孟尝君为其谥号。

【赏析 】

这是一首寄赠诗，为七言律。庭仙，生平事迹不详。不过，从清沈德潜批注说："初看似讽庭仙归老"和诗中"惜别胥江""知君亦厌孟尝门"云云，当是诗人在苏州为庭仙送别，而庭仙则是一位依附豪门的食客或依附官宦的幕僚。他大概是一位不慕名利、无意仕进、恬淡自守的人。

"五年心事共谁论，惜别胥江日色昏"，首联写诗人与庭仙的分别与别后的惆怅。人事沧桑，韶光易逝，忆往昔，日暮时分，在胥江之滨，自己与庭仙两情依依，不忍离别。滔滔江水，似在诉说无穷的哀怨；斜阳黄昏，薄暮初降，更为即将分手的友人平添哀愁。如今白驹过隙，弹指五载，诗人与庭仙天各一方，心事重重，感慨填胸，欲语无人。对庭仙的殷

殷思念之情，于感慨中更见真挚。

"水底须眉终有相，雪中指爪已无痕"，颔联是对昔日与庭仙相聚的追觅。"雪中指爪"，指往事遗留的痕迹。相聚之时，朋友间无话不谈；二人曾徜徉于胥江之畔，清澈的水底，留下了友人的倒影。但时至今日，山水阻隔，往事难觅，感时抚事，令人神伤。水底无相而觅相，往事无痕而追索，一则见出作者对故人的悬悬在念，萦牵不忘，二则表现出诗人离别故人后的百无聊赖，纡郁难释。

"秋风鲈脍江南味，春雨梅花处士魂"，颈联写庭仙的乡居自适生活。鲈脍，鲈鱼脍，即用鲈鱼作的脍。秋风鲈脍典出《世说新语·识鉴》："张季鹰（翰）辟齐王东曹掾，在洛，见秋风起，因思吴中菰菜羹、鲈鱼脍曰：'人生贵得适意尔，何能羁宦数千里以要名爵！'遂命驾便归。"处士，未仕或不仕的士人。梅花处士魂，化用元末王冕及北宋林逋事。王冕于元末见天下将乱，携妻儿隐居九里山，植梅千株，自号梅花屋主。北宋诗人林逋，不趋名利，结庐西湖孤山，终生不仕不娶，所居多植梅蓄鹤，客至则放鹤致之，人称"梅妻鹤子"。此联表面上以古代高人的岩林之趣来比拟庭仙的超尘拔俗、超然物外，实际上也写出了诗人自己的虚名薄利的襟怀和旨趣。

"毕竟家山贫亦好，知君亦厌孟尝门"，尾联承颈联而来，作者的襟抱更加爽然。孟尝，孟尝君，战国齐国贵族，姓田名文，以好客著称，门下食客至数千人，孟尝君为其谥号。汪绎于清圣祖康熙三十九年（1700）考中状元，授为修撰，但仅三年即告归。告归之因虽不详，但有人推断"其告归度必有挤之者"（近代邓子诚《清诗纪事初编》）。联系来看，作者在此明写庭仙的不慕荣利，不恋功名，厌恶世俗交往，誓志居乡守贫，实际上也是在表明自己立身处世的态度。沈德潜在《清诗别裁集》中评价此诗曰："初看似讽庭仙归老，实则全写自己襟抱也。玩末句爽然，东山之不出，已决于此。"看来深中肯綮。

本诗语言质朴，用典自然，感情比较真挚。题为寄赠，实为抒怀。（张进德）

【原文】

## 首夏同青门雪航以宁允恭叔度宴集秋水阁即事限韵

凭高风物欲凌秋[(1)]，门外平湖碧似油。

暝色已归鸦背外[(2)]，斜阳犹恋柳梢头。

疏疏远岫屏间画[(3)]，点点轻帆镜里鸥。

不尽萧条东涧水，至今呜咽为谁流？

## 【毛泽东圈评等情况】

毛泽东读清沈德潜编选《清诗别裁集》卷十八时圈阅了此诗。

[参考] 张贻玖：《毛泽东评点、圈阅的中国古典诗词》，中国工人出版社 1992 年版，第 262 页。

## 【注释】

（1）凭高，凭借高处。风物，风光景物。凌秋，越秋，过秋。

（2）暝色，暮色，夜色。

（3）远岫（xiù），远山。岫，峰峦。

## 【赏析】

这是一首初夏时在秋水阁与友人宴集、登高望远之作，为七言律。首夏，始夏，初夏青门，泛指退隐之处。雪航、以宁、允恭、叔度当是几位隐士。即事限韵，以当前事物为题材按规定韵脚作诗的一种方式。

"凭高风物欲凌秋，门外平湖碧似油"，首联是写秋水阁的高峻、开阔。风物，风光景物。秋水阁拔地而起，站在阁上凭高远眺，风光悦目，景色怡人；阁外湖水碧绿，一望无际，阁与水相映成趣，画面开阔明晰。

"暝色已归鸦背外，斜阳犹恋柳梢头"，颔联写首夏傍晚凭阁仰望的奇异景致。暝色，夜色。这两句是说，夜色即将降临，乌鸦黄昏归巢，天地苍茫一片，但在高高的柳树枝头，那穿过暮云的一缕斜阳的光辉还恋恋不舍，迟迟不肯离去。颔联写出了时间的推移，以及凭高观赏到的景色变化。

"疏疏远岫屏间画，点点轻帆镜里鸥"，颈联写远眺之景。疏疏，稀疏。岫（xiù），峰峦。这两句是说，站在秋水阁极目远望，稀疏的峰峦映入眼帘，与碧绿的湖水相映成趣，犹如一幅绝妙的图画；湖面上轻帆点点，银鸥翱翔，映照于犹如明镜般的湖水之中。

　　"不尽萧条东涧水，至今呜咽为谁流"，尾联抒慨。萧条，闲逸。呜咽，水流声。此二句意为，东涧之水在两山之间不停流淌，水声潺潺，日夜不息，它究竟为谁而竟日奔走呢？这两句似乎有所依托，表达了诗人的感慨。

　　这首诗写景善于从不同的视觉着墨，有远景，有近景，有仰望，有远眺，意境比较开阔。作者将高阁、湖水、斜阳、昏鸦、柳梢、远岫、轻帆、银鸥、涧水等组织在一幅图画中，显得比较和谐。作者又运用了比喻、拟人等手法，给人以具体、生动之感。（张进德）

## 【原文】

## 项　羽

一炬咸阳火未残，楚人真是沐猴冠[(1)]。
英雄岂学书生算[(2)]？也作还乡昼锦看[(3)]！

## 【毛泽东圈评等情况】

　　毛泽东读清沈德潜编选《清诗别裁集》卷十八时圈阅了此诗。

　　[参考] 张贻玖：《毛泽东评点、圈阅的中国古典诗词》，
中国工人出版社 1992 年版，第 262 页。

## 【注释】

　　（1）一炬咸阳，据《史记·项羽本纪》载："项羽引兵西屠咸阳，杀秦降王子婴，烧秦宫室，火三月不灭……说者曰：'人言楚人沐猴而冠耳，果然。'项王闻之，烹说者。"

　　（2）英雄，指项羽。

（3）还乡昼锦，项羽说富贵不还乡，如锦衣夜行，此处反用其意以讽之。

## 【赏析】

本诗取材于《史记·项羽本纪》。项羽（前232—前202），名籍，秦末下相（今江苏宿迁西）人，力能扛鼎，才气过人。秦末与叔父项梁在吴中（今江苏苏州）起义。项梁战死，项羽率领其军与秦军交战，所向无敌。秦亡后自立为西楚霸王，封刘邦为汉王。后与刘邦争夺天下，进行了四年的楚汉战争，战无不利。双方约定以鸿沟为界平分天下，楚兵东归。刘邦用张良、陈平计，会合韩信、彭越军，将他追袭、围困于垓下（在今安徽灵璧东南）。项羽夜闻四面皆楚歌，以为刘邦已尽得楚地，乃突围至乌江，拔剑自刎。这首七言绝句批判了项羽的残忍暴虐，讽刺了他的目光短浅、胸襟狭隘，抒发了作者的感慨。

"一炬咸阳火未残，楚人真是沐猴冠"，前二句是吟咏史实。据《史记·项羽本纪》载，项羽与刘邦在鸿门（今项王营，在陕西临潼东）宴上面对面较量，项羽放走了刘邦，数日后，"项羽引兵西屠咸阳（秦都城，故址在今陕西西安东之渭城故城），杀秦降王子婴，烧秦宫室，火三月不灭；收其货宝、妇女而东。人或说项王曰：'关中阻山河，四塞，地肥饶，可都以霸。'项王见秦宫室皆以烧残破，又心怀思欲东归，曰：'富贵不归故乡，如衣绣夜行，谁知之者！'说者曰：'人言楚人沐猴而冠耳，果然。'项王闻之，烹说者。"沐猴即猕猴。沐猴冠即沐猴而冠，猕猴戴帽，徒具人形，以喻人之虚有仪表，实无人性。诗中的意思是指项羽没有远大的志向。这两句诗对项羽放火焚烧秦宫、诛杀无辜的暴行进行了谴责，并嘲讽他目光狭隘短浅，成不了大的气候。

"英雄岂学书生算？也作还乡昼锦看"，后二句是作者所抒发的感慨。英雄，此指项羽。还乡昼锦，指富贵还乡，典出《史记·项羽本纪》。这两句的意思是，作为一个想称霸天下的盖世豪杰，怎么能像书生那样考虑问题？竟然想要昼锦还乡，夸饰炫耀于故里，这真是太荒唐，太狭隘了。作为一个年少高第、谦退不矜的书生，能有如此见解，足见作者不凡的胸襟和抱负。《清诗别裁集》的编纂者沈德潜评价此诗时,认为它"书生见解,一笔扫尽",深为切中肯綮之言。

此作以议论入诗,直抒胸臆,言简意赅,笔墨酣畅,毫不遮掩。(张进德)

## 【原文】

# 饮陈雪川同年桐庐署斋

## 其 一

将离开后几回春,一夜秋帆趁白蘋[1]。
盘有嘉鱼尊有酒[2],可知长吏未全贫[3]。

## 其 二

邑有城廓但渔船[4],满眼江山不值钱。
青草暗生公座下[5],白鸥时到县衙前[6]。

## 其 三

清才犹自混风尘[7],众里空惊鹤立身。
莫叹地偏官未显,羊裘老子是州民[8]。

## 【毛泽东圈评等情况】

毛泽东曾圈阅此诗。

[参考]张贻玖:《毛泽东评点、圈阅的中国古典诗词》,
中国工人出版社1992年版,第262页。

## 【注释】

(1)白蘋,亦作"白萍",水中浮草。

(2)尊,古代酒器。青铜制,形似觚而中部较粗,鼓腹,侈口,高圈足。圆形或作方形,形制较多,用以盛酒。盛行于商代和西周初期。后泛指一切酒器。

（3）长（zhǎng）吏，旧称地位较高的官员，亦指州县长官的辅佐。《汉书·百官公卿表》："（县）有丞、尉，秩四百石至六百石，是为长吏。"

（4）邑，旧时县的别称，此指桐庐，在今浙江境。城郭，城墙。城指内城的墙，郭指外城的墙。《礼记·礼运》："大人世及以为礼，城郭沟池以为固。"孔颖达疏："城，内城；郭，外城也。"但，只，仅。

（5）公，对尊长或平辈的敬称，此指陈苌。

（6）县衙，即今之县政府。衙，旧时官署之称。《旧唐书·舆服志》："诸州县长官在公衙亦准此。"

（7）清才，品行高洁的人。南朝宋刘义庆《世说新语·赏誉》："太傅府有三才；刘庆孙长才，潘阳仲大才，裴景升清才。"风尘，宦途，官场。晋葛洪《抱朴子·交际》："驰骋风尘者，不愿建德业，务本求己。"

（8）羊裘，羊皮做的衣服。汉严光少有高名，与刘秀同游学，后刘秀即帝位，光变名隐身，披羊裘钓泽中。见《后汉书·逸民传·严光》。老子，对老年人的泛称。《三国志·吴志·甘宁传》："（宁）夜见权，权喜曰：'足以惊骇老子（指曹操）否？'"

## 【赏析】

这是一组赠人诗，一共三首七言绝句，见于诗人《敬业堂诗集》卷八《释耒集》。诗题中的陈雪川即陈苌，字玉文，江南吴江（今江苏苏州吴江区）人，清代诗人。康熙丁丑（1697）进士，官桐庐知县。著有《雪川诗稿》。同年，是旧时科举制度中对同科考中的人的称谓。汉代以同举孝廉为同年。唐代以同举进士为同年。明、清乡试、会试同时考中者皆称同年。汪绎为清圣祖康熙庚辰（1700）科进士，比陈苌晚三年（一科），就是说会试他们二人不同科，所以，所谓"同年"应是江南乡试中同时考中的举人。桐庐，即今浙江桐庐。署斋，指县衙中的客堂。这组诗赞扬了陈苌作桐庐知县时生活简朴，为官清正，勤政爱民，不兴狱讼的优良品行。

我们先看第一首："将离开后几回春，一夜秋帆趁白蘋。"前两句叙事，是说这次造访老朋友即将结束，陈苌为之设宴饯行，这次离别不知道又要经过几年才能再相见，离开时他要乘坐一叶小舟离去。首句叙事中惜别之情已见。"秋帆趁白蘋"点明时令是在秋季。"盘有嘉鱼尊有酒",正面写钱别,点醒题目。县令设宴送别老朋友,只是有鱼有酒,未免有点寒酸,然由此亦可见出陈苌经济并不富裕,所以末句云:"可知长吏未全贫。"一个县令,即使不贪污受贿,也有他的俸禄,用有鱼有酒的便饭招待一下朋友,应该还是有这个能力的。但陈苌如果是个贪官,发了横财,那就可能是山珍山味的丰盛宴会了。所以第一首于陈苌设宴送别自己的描写中见出他是一位清正廉明的官员。

第二首则正面写陈苌在桐庐的政绩。"邑有城廓但渔船,满眼江山不值钱。"一、二句描写兼议论。首句描写,是说桐庐是一个既有内城又有外城的县城,它坐落在风景如画的富春江边,放眼望去尽是渔船,不仅写出了桐庐县城的特点,而且暗示此地乃是靠渔业为生的贫瘠之地,物产并不富庶,所以次句议论说:"满眼江山不值钱。"桐庐境内山水胜景天下独绝。南朝梁文学家吴均在《与朱元思书》对从富阳至桐庐沿途景色有一段精彩的描写:

> 风烟俱净,天山共色。从流飘荡,任意东西。自富阳至桐庐,一百许里,奇山异水,天下独绝。水皆缥碧,千丈见底;游鱼细石,直视无碍。急湍甚箭,猛浪若奔。夹岸高山,皆生寒树。负势竞上,互相轩邈,争高直指,千百成峰。泉水激石,泠泠作响;好鸟相鸣,嘤嘤成韵。蝉则千转不穷,猿则百叫无绝。鸢飞戾天者,望峰息心,经纶世俗者,窥谷忘返。横柯上蔽,在昼犹昏;疏条交映,有时见日。

这段对富春江沿岸山光水色的出色描写,可见桐庐境内富春江山光水色之美。如果是现在,当是旅游的热门地区,为当地带来不菲的收入。而在当时却与穷山恶水无异,不能给当地民众带来经济收入,所以说"满眼江山不值钱"。在这样百姓贫困之地为官,如果再巧取豪夺,贪污受贿,民众便没有活路了。幸而陈苌是位清官,把桐庐治理得井井有条:"青草暗生公座下,白鸥时到县衙前。"后二句抓住"青草""白鸥"两种生物写陈苌在桐庐的政绩。你看,陈公办公问案的座椅之下竟然生出了青草,说明他不常坐，狱讼很少；富春江上的白鸥竟然时不时地飞到县衙门前，说明县衙门可罗雀，人员来往稀少。这一首诗生动形象地刻画了陈苌体恤民情、关爱民众的廉吏形象。

第三首是诗人对同年陈苌的勉励，算是临别赠言。"清才犹自混风尘，众里空惊鹤立身。"二句皆是用典，上句"清才"，指品行高洁的人。用《世说新语·赏誉》中"裴景升清才"之典，是说陈苌是位品行高洁的人。下句"鹤立身"，即鹤立鸡群之意。《世说新语·容止》："有人语王戎曰：'嵇延祖（嵇绍）卓卓如野鹤之在鸡群。'"是说陈苌在污浊的官场中像仙鹤站立，比喻其才能超过一般的官员。二句意谓，陈苌在官场中是位品行高洁、才能出众的人，理应得到重用，不断升迁。而事实却不是这样，他不过在偏僻的山区做一个小小的七品县令，难免有不平之气。所以诗人勉励说："莫叹地偏官未显，羊裘老子是州民。"上句议论，是对同年的宽慰，下句用典，是说桐庐虽偏僻，但民风淳朴，治下之民自古就有像东汉著名隐士严光那样的人，说明在此地为官，也是堪以告慰的。（毕桂发　英男）

# 徐昂发

徐昂发，字大临，江南昆山（今江苏昆山）人，清代诗人。清圣祖康熙庚辰（1700）进士，官翰林院编修，工骈体文，善诗。有《畏垒山人诗集》。

## 【原文】

### 集秀野草堂醉后作

飞扬意气未磨砻<sup>(1)</sup>，五岳崚嶒方寸中<sup>(2)</sup>。

草木尚生无患子<sup>(3)</sup>，男儿那作可怜虫<sup>(4)</sup>。

逢花茗芋为愁饮<sup>(5)</sup>，结柳逡巡叹学穷。

至竟文章成底事<sup>(6)</sup>，莫临辽海哭秋风<sup>(7)</sup>。

## 【毛泽东圈评等情况】

毛泽东读清沈德潜编选《清诗别裁集》卷十九时圈阅了此诗。

[参考] 张贻玖：《毛泽东评点、圈阅的中国古典诗词》，
中国工人出版社 1992 年版，第 264 页。

## 【注释】

（1）磨砻，摩擦，比喻锻炼、钻研。唐韩愈《答吕毉山人书》："以吾子自山出，有朴茂之美意，恐未磨砻以世事。"

（2）崚嶒，高峻重叠之状。南朝齐谢朓《游山》："坚崿既崚嶒，回流复宛潬。"方寸，指心。

（3）无患子，木名，圆果，子坚，黑色或紫红色。梁陶弘景注《本草古今注》说此树可以杀鬼辟邪，僧人取以为数珠，称"菩提子"。

（4）《乐府诗集》卷二十五《梁企喻歌》："男儿可怜虫，出门怀死忧。"

（5）茗艼（dǐng），同"酩酊"，大醉之态。

（6）底事，何事。

（7）哭秋风，吟风弄月，无病呻吟。唐李贺《南园十三首》之六："不见年年辽海上，文章何处哭秋风。"

## 【赏析】

清初顾嗣立与徐昂发为同乡好友，皆少存大志。嗣立辟秀野园，水木亭台之胜甲吴下，常集友人于草堂，饮酒论诗，风流文雅，照映一时。而徐昂发文酒自豪，常倾四座。这首七言律诗即为徐昂发早年与友人集秀野草堂醉后而作的一首牢骚诗。

此诗分上下两部分。

首联、颔联四句，写诗人少年之壮志，飞扬之意气。少年时期，由于诗人没有经过世事的磨炼，诗人豪迈的气概和崇高的理想常常飞扬于眉宇间。他胸襟广阔，抱负高远，就是峥嵘峻叠的五岳也可纳于方寸之中。草木中尚且生无患子，作为一个志在四方的男儿，怎么能作一出家门就怀有死忧的可怜虫呢？无患子，木名，圆果，子坚，黑色或紫红色。《本草古今注》说此树可以杀鬼辟邪。僧人取以为数珠，称"菩提子"。可怜虫，《乐府诗集》卷二十五《梁企喻歌》："男儿可怜虫，出门怀死忧。""草木"二句对仗工巧，深得金元遗山律诗神髓。《遗山集》卷九《出都诗》有"神仙不到秋风客，富贵空悲春梦婆"之句，清沈德潜认为昂发这二句诗全从遗山的对法中学来。

颈联、尾联四句，写不遇之感慨。诗人在前四句极力渲染少年飞扬的意概，接下来，诗笔陡然一转，由虚到实，收住理想的翅膀，回到眼前的环境。"逢花茗艼为愁饮"句是说：在春光明媚的秀野园中，他们这些有抱负的朋友们说文谈诗，但功业无就、愁肠郁结，借酒浇愁，竟个个酩酊大醉。"结柳逡巡叹学穷"是讲，他们虽然学识渊博，造诣很深，却进身无门，找不到出路，只好迟疑徘徊，欲行又止，叹息之余，唯有与柳结伴，学习陶潜而归隐田园，去做"五柳先生"了。

尾联二句，诗人对自己不能报效国家，在此空谈诗文，发出了深沉的叹息。辽海，即辽东，我国辽河流域南临渤海，所以又称辽海，那里经常发生战争，因此又泛指边地古战场。哭秋风，吟风弄月，无病呻吟。这二句是说：到底文章能成就什么大事呢？请不要到辽海去写什么吟风悲秋的文章，无病呻吟了吧。此句是从李贺《南园》诗"不见年年辽海上，文章何处哭秋风"中化来，所不同的是李贺通过对当时寻章摘句无济于事的腐儒的批判，抒写了自己要求献身疆场的抱负，而昂发抒发的则是自己抱负不能实现、壮志难酬的悲哀。

全诗前后两部分形成鲜明对比，诗人以工整的对句和恰切的用典，抒发了早年壮志未酬时的怨愤之情。（王树林）

## 【原文】

# 城南二首次宋五嘉升韵

## 一

汉室曹瞒是猿枭<sup>(1)</sup>，猘儿年少欲横挑<sup>(2)</sup>。

刀围玉帐筹公瑾<sup>(3)</sup>，花簇珠屏舞大乔<sup>(4)</sup>。

水上神书才息焰<sup>(5)</sup>，床头明镜旋生妖<sup>(6)</sup>。

蟠龙门外牛羊墓<sup>(7)</sup>，荞麦粘天似雪飘。

## 二

东风倚棹木兰舠<sup>(8)</sup>，旧事淮张剩野蒿<sup>(9)</sup>。

人吊夕阳花作雨<sup>(10)</sup>，鸟啼初月水平篙。

江陵故老怜萧铣<sup>(11)</sup>，陇首荒宫记隗嚣<sup>(12)</sup>。

亡国有魂归不得，驱狼填海漫呼号。

## 【毛泽东圈评等情况】

毛泽东读清沈德潜编选《清诗别裁集》卷十九时圈点了此两首诗。

[参考]张贻玖：《毛泽东评点、圈阅的中国古典诗词》，

中国工人出版社1992年版，第264页。

**【注释】**

（1）曹瞒，即曹操，其小字阿瞒，故称。獍（jìng），恶兽名。枭，鸟名。传说獍食父，枭食母，后用以称不忠不孝之人。

（2）猘（zhì）儿，喻少年勇猛之人，此指孙策。《三国志·吴志·孙策传》注引《吴历》：曹操"闻策平定江南，意甚难之，常呼'猘儿难于争锋也。'"

（3）"刀围"句，孙策在戒备森严、刀枪围护的中军大帐，与周瑜饮酒谈兵，运筹帷幄。公瑾，周瑜，字公瑾，东吴大将。

（4）大乔，孙策妻。乔，又作"桥"。《三国志·吴志·周瑜传》："（瑜）从攻皖，拔之。时得乔公二女，皆国色也。策自纳大乔，瑜纳小乔。"

（5）水上神书，指孙策大胜黄祖后，于长江船中给汉献帝草撰报捷的表书。

（6）"床头"句，写孙策死事。《三国志·孙策传》注引《搜神记》："策即杀于吉，每独坐，仿佛见吉在左右，……而引镜自照，见吉在镜中，顾而弗见，如是再三。因扑镜大叫，创皆崩裂，须臾而死。"

（7）蟠龙门，指建业（今江苏南京）城门。因南京形势雄伟险要，有龙蟠虎踞之称。

（8）木兰舠（dāo），木兰木造的小船。舠，小舟。

（9）"旧事"句，意为在江淮叱咤风云的张士诚坟头长满了蒿草。张士诚（1321—1367），原贩盐，元末起兵反元，据有江淮一带，两度称王建号，后为明将徐达等擒送金陵，自缢死。《明史》有传。

（10）人，诗人自指。

（11）萧铣，后梁宣帝曾孙，隋末为罗川令，大业末董景珍等起兵叛隋，推铣为梁王，僭皇帝位，徙都江陵。唐兵讨之，败降。送京师，斩于市。

（12）隗（wěi）嚣，后汉天水成纪人，王莽末年据陇西，自称西州上将军。汉光武帝西征，隗嚣弃西城而死。《明史·张士诚传》载，明太祖遗书张士诚有"昔隗嚣称雄于天水，今足下亦擅号于姑苏，声势相等"语。《清诗别裁集》沈德潜编后评语："此咏张士诚也，比以萧铣、隗嚣，恰如分量。"

**【赏析】**

徐昂发生长于江南，少有异才。这里出现在历史上的英雄人物，常引发他思古之幽情，这两首次友人韵的怀古诗即是。宋五嘉升，即宋聚业，行五，字嘉升，江南长洲（今江苏苏州）人。清圣祖康熙丁丑（1697）进士，官吏部文选司郎中，著有《南国诗稿》。《清诗别裁集》选其诗三首。

这组七言律诗的第一首是咏汉末三国吴国的基业开创者孙策的。

汉末天下大乱，曹操挟天子想霸天下，并有篡汉自立之心。这在封建文人看来是大逆不道的。诗人没有跳出这一历史局限，首联第一句把汉室衰败、军阀纷争的局面归罪在曹操身上。曹瞒，即曹操。曹操小字阿瞒，故云。獍枭，恶兽、鸟名。传说獍食父，枭食母，后世多称不忠不孝之人。这一句为少年英雄孙策的出场作了背景的交代。接着诗人笔锋一转，推出了本诗的主旨："猘儿年少欲横挑"。第二句是说，既然曹操篡乱汉家天下，那么天下英雄必然有勇敢之人站出来与之对抗，这个挑战者就是年少骁勇、英气勃发的孙策。猘儿，喻少年勇猛之人，此指孙策。是时袁绍强盛，曹氏无暇顾及江南，孙策郁勃而起，并江东而驭之。曹操"闻策平定江南，意甚难之，常呼'猘儿难于争锋也。'"（《三国志·孙策传》注引《吴历》）时策年仅二十四五岁。"横挑"二字，不仅形象地刻画了孙策英勇骁猛的风采，同时起统领下文作用。

颔联中的"刀围"句中，公瑾，周公瑾，即孙策同年好友周瑜。瑜随策共谋定江南，战功卓绝，年二十四，吴中皆呼为周郎。此句写孙策在戒备森严、刀枪围绕的中军大帐，与好友周瑜饮酒谈兵，运筹帷幄。"花簇"句中，大乔，孙策妻，吴中美人。《三国志》载："策欲取荆州，以瑜为中护军，领江夏太守，从攻皖，拔之。时得乔公二女，皆国色也。策自纳大乔，瑜纳小乔。"这二句，上句写英雄，下句写美人。写英雄以周瑜作衬，通过玉帐觞饮，表现了孙策临阵从容、指挥若定的英雄风度。写美人在"花簇珠屏"间为策起舞称殇，实际也是以美人烘托英雄，显示了孙策英姿勃发、少年得志的英雄风貌。

颈联中的"水上神书"句，写孙策大胜黄祖后，于长江船中给汉献帝草撰报捷的表书。表中云：策领大军，"越渡重堑，迅疾若飞，火放上风，兵激烟下，弓弩并发，流矢雨集，日加辰时，祖乃溃烂。锋刃所截，焱火所焚，前无生寇，惟祖逬逃。"但战火"才息"，孙策正在功业建造之时，却不幸夭逝。"床头明镜旋生妖"句，即写策死之事。《三国志·孙策传》注引《搜神记》曰："策即杀于吉，每独坐，仿佛见吉在左右，意深恶之，颇有失常。后治创方差，而引镜自照，见吉在镜中，顾而弗见，如是再三。因扑镜大叫，创皆崩裂，须臾而死。"

以上短短四句，概括了孙策的一生。

尾联写诗人由对古人的怀念，回到了眼前的现实。作者没有对英雄直接评说，而是通过眼前景物的描写，来暗寓诗人无限的遐思。诗人站在南京城南门外，想到历史一去不返，英雄留下的陈迹已不可辨认，只有牛羊在荒冢边啃草，满地荞麦与天相接，荞麦花像雪花一样漫天飘舞，那纷纷扬扬的荞麦花，不正是诗人纷乱无穷的思绪吗？诗人在想些什么呢？没有说，给读者留下了无限想象的空间……沈德潜在《清诗别裁集》中评此诗说："此咏吴桓王也。英气勃勃，千载如生。"

第二首咏元末偏霸吴越的张士诚。

诗首联抓住了江南水乡特有风光的一个镜头：一只木兰舠（小船）在水面上划行，船棹依仗着春风，击起阵阵涟漪，向远方缓缓驶去。这水中远航的小船不正是人类社会在历史长河中的行进吗？这句诗既点出了节令，也寓意着历史的发展。所以第二句，诗人就一语破的，点出本诗的题旨："旧事淮张剩野蒿"，淮滨张士诚就是在这片土地上叱咤风云、名扬一时。但旧事如烟，已经了无痕迹，剩下的只是遍地的野蒿蔓草。

此情此景，诗人一定会有无穷的遐思和深沉的人生感喟，但诗人接下来颔联二句不是直抒胸臆，仍然用自然景物的描绘，来寓蕴无限的情思。"人吊夕阳"的"人"，指诗人自己，也泛指一般的人。这二句是说：在这飞红如雨、落英遍地的暮春天气里，人站在夕阳返照之下，凭吊着历史的陈迹，一直到啼鸟归巢、夜月初上，还在久久地伫立。这时东风停止了脚步，白天忙碌的小船也系缆岸边，船篙漂浮在平静的水面上。读者不难看出，这平静的夜景背后，正蕴含着诗人不平静的历史反思。

颈联"江陵故老怜萧铣"二句，诗人借历史上萧铣、隗嚣的故事作比张士诚，以发感慨。萧铣，后梁宣帝曾孙，隋末为罗川令，大业末董景珍等起兵叛隋，推铣为梁王，僭皇帝位，徙都江陵。唐兵讨之，败降。送京师，斩于市。隗嚣，后汉天水成纪人，王莽末年据陇西，自称西州上将军。汉光武帝西征，隗嚣弃西城而死。《明史·张士诚传》载：明太祖遗士诚书有"昔隗嚣称雄于天水，今足下亦擅号于姑苏，事势相等"语。这二句表面上是说，江陵的故老至今哀怜萧铣的败没，陇首的荒宫犹记忆着隗嚣的功业。言外之意是，诗人在说江南的故老乡亲，江南的山山水水无不在记忆着张士诚在那一段历史上的旧事。读到此，我们不能不感叹诗人用典的贴切，无怪沈德潜评价说："此咏张士诚也，比以萧铣、隗嚣，恰如分量。"

尾联二句写对张士诚亡国的感叹。《明史·张士诚传》载："士诚既据有吴中，承平久，户口殷盛，渐奢纵，怠于政事，上下嬉娱，以至于亡。……城破被擒，舁出葑门，入舟，不复食，至金陵，自缢死。"张士诚因奢纵嬉娱，误国而亡，有魂而无处可归，就像驱狼填海，徒然听到呼号而已。（王树林）

# 查嗣瑮

查嗣瑮（1653—1734），字德尹，号查浦，查慎行之弟，海宁（今浙江海宁）人，清代诗人，清圣祖康熙三十九年庚辰（1700）进士，官翰林院侍讲。以兄嗣庭案株连受谪遣，卒于戍所。著有《查浦诗钞》等。

【原文】

## 贾太傅祠

陈书痛比秦庭哭[(1)]，作赋情同楚奏哀[(2)]。

已遣长沙忧不返，如何宣室召空回[(3)]?

身逢明主犹嗟命，天夺中年亦忌才[(4)]。

此日题诗还下拜，也如君吊屈原来。

【毛泽东圈评等情况】

毛泽东读清沈德潜编选《清诗别裁集》卷十九时圈阅了此诗。

[参考]张贻玖：《毛泽东评点、圈阅的中国古典诗词》，

中国工人出版社1992年版，第264页。

【注释】

（1）陈书，贾谊的《陈政事疏》，痛陈"可为痛哭者一，可为流涕者二，可为长太息者六"等事。秦庭哭，用申包胥哭秦的故事。吴伍员攻破楚都城，楚臣申包胥奔秦求救兵，哭了七天七夜，秦王感动，终于出兵救楚。此典表现了贾谊救国扶危之心。

（2）作赋，贾谊作《吊屈原赋》。此指贾谊像屈原一样抒发内心遭陷害而不能自明的悲愤，等于为楚国唱了一首哀歌。楚奏，《左传·成公九

年》：楚钟仪被俘，囚于晋。晋侯命仪奏琴，仪操南音。晋大臣范文子说："钟仪乐操土风，不忘旧也。"后因以"楚奏"谓奏楚地音乐，寓思乡怀旧之意。

（3）宣室，汉未央宫前有宣室殿，是皇帝斋戒的地方。孝文帝曾于宣室见贾谊，问鬼神事，而不问治国安邦之策，故曰"召空回"。

（4）天夺中年，贾谊死时三十三岁，中年早逝。

## 【赏析】

古代诗坛上，咏古诗可谓多矣，而咏屈原、吟贾谊则是诗人们借古自况、寄寓怀才不遇之感的滥熟题材。在这首七言律诗中，查嗣瑮以深郁的情思，深刻精当的评议使全诗意旨深邃，悲怆感人，在咏古诗中独具魅力。

"陈书痛比秦庭哭，作赋情同楚奏哀"。首联就将贾谊的传世名作《过秦论》和《吊屈原赋》引出，意在表明贾谊才情过人，诗文盖世，也显示出贾谊对朝廷的一片忠心。

"已遣长沙忧不返，如何宣室召空回？"颔联引征史实，集中描述贾谊怀才不遇、壮志难酬的情状。贾谊二十多岁，就已表现出卓越的政治远见和文学才华，文帝特别喜欢他，一年之内就将他越级提拔为太中大夫。当时许多重要法令的修改和某些重大政治决策，都出自贾谊的建议。后来文帝想让他担任公卿职位，但周勃、灌婴等人处心积虑、竭力谮毁，文帝听信谗言，疏远了贾谊，贬为长沙王太傅。贾谊出任太傅后，盼望文帝能有所醒悟，辨明是非，召他回宫，但未能如愿。后来，文帝将他从长沙召回长安，在未央宫正殿宣室接见他。当时文帝刚举行过祭神仪式，正在接受神的福祐，因而向贾谊询问神的本原。贾谊详细说明了这方面的道理。到了深夜，文帝听得入了神，不自觉地将膝盖前移，以便和贾谊靠得更近些。接见结束时，文帝说："我很久没有见到贾先生了，自以为已经超过了他，现在看来，还是不如他啊！"这个情节《史记》作了详细记载。在一般封建文人心目中，"宣室夜对"往往被理解为君臣遇合的盛事，但查嗣瑮却抓住事情的本质。"召空回"三个字道出了文帝召贾谊回宫并非重用，而只不过问问鬼神之事而已。贾谊的政治才能，满腹经纶，仍然是空无用场。

颈联"身逢明主犹嗟命，天夺中年亦忌才"，隐寓着尖刻的讽刺和强烈的悲愤，这里既是说贾谊，也包含着自己的感受。身逢明主却怀才不遇、遭历贬谪。能怪谁呢？万岁爷是怪罪不得的，只能更加嗟叹命运的不公。无可奈何之中包藏了一腔悲怨。贾谊33岁，中年夭折，作者不明说是抑郁悲痛所致，却说这是上天忌恨贾谊的才能，不让他活在人间。这是指桑骂槐的反讽。沈德潜评此诗时说："逢明主而不用，前人屡言之矣。'天夺中年亦忌才'，人意中事而未及言也。一经属对，便成名作。"表明沈翁对此诗的盛赞。

尾联二句"此日题诗还下拜，也如君吊屈原来"。直抒胸臆，缅怀贾生，抒己郁愤。此时此刻，祠前凭吊贾生，此情此景，却如贾生凭吊屈原。作者内心的情感已可想而知。

查嗣瑮所以咏贾谊，是和他自身的经历分不开的。诗人康熙庚辰进士，官翰林院侍讲，诗名与其兄慎行相当。后因其兄嗣庭获罪，阖门连坐。嗣瑮谪遣关西，在郁抑苦闷中度过一生。查嗣瑮的经历使他对贾谊的不幸在感情上有了深刻认同，故而推己及人，以人度己，感受愈深，表达愈真。因此，这首诗写得如此悲切感人，也在情理之中了。（彭国栋）

# 徐永宣

徐永宣，字学人，一字辛斋，号茶坪，江南武进（今江苏常州武进）人，清代诗人。清圣祖康熙庚辰（1700）进士，授部曹，不赴任。诗学东坡，有晚唐风韵。有《云溪草堂诗抄》《茶坪诗抄》等。

【原文】

## 竹垞先生留宿枫桥慧庆寺夜话追悼陆文孙

朔风号怒纸窗前[(1)]，忆旧僧房感逝川[(2)]。

乡曲公怜杨狗监[(3)]，天涯吾悼李龟年[(4)]。

雪深院落凄无絮，叶拥阶除突少烟。

此夜枫青灯影黑，鼓寒霜重不成眠。

【毛泽东圈评等情况】

毛泽东读清沈德潜编选《清诗别裁集》卷十九时圈阅了此诗。

[参考] 张贻玖：《毛泽东评点、圈阅的中国古典诗词》，

中国工人出版社 1992 年版，第 264 页。

【注释】

（1）朔风，北风。

（2）逝川，指一去不返的江河之水。语出《论语·子罕》："子在川上曰：'逝者如斯夫！不舍昼夜。'"

（3）乡曲，乡里，公，指朱彝尊。朱、陆二人是同乡。杨狗监，汉武帝狗监杨得意，因与司马相如同乡，最重乡曲之情，曾荐司马相如于汉武帝。

（4）天涯，指陆文孙死于粤东，古为边远之地，故曰天涯。李龟年，唐代乐师，通音律，能撰曲，开元中供职官中。安史乱后，流落江南，不知所终。杜甫有《江南逢李龟年》诗。陆文孙亦善音律，又流落客死天涯，故用李龟年作比。

## 【赏析】

这首七言律诗的主题是悼友，悼友的方式是"夜话"，悼友的地点是苏州西之枫桥慧庆寺，悼友者不仅诗人自己，还有竹垞先生，是因竹垞留宿慧庆寺而引起的。竹垞，清初著名文人朱彝尊之号。所悼之友陆文孙，浙江秀水人。诗人自注云："陆与先生同里，善音律，流寓常州，卒于粤东。"

首联首句勾勒出悼友时的自然环境：朔风号呼，发怒似地吹打着窗纸。这恶劣的天气，渲染了悼友时悲凉、凄惨的气氛。第二句"忆旧僧房感逝川"，由自然环境的描写转入了本诗的题旨，点出"夜话"的内容。两个老朋友坐在僧房里，窗外是北风号怒，窗内是款款而语，他们回忆着往事，感叹着流去的光阴。这两句诗先染后点，读者伴随着诗人的笔触，进入了"夜话"悼友的意境。

颔联、颈联四句，正面抒写对陆文孙的追悼。颔联中的"乡曲"句，有双重含义：一是说，竹垞因与文孙有乡曲之谊，对文孙之死，言语中带有无限哀伤怜悯之意。杨狗监，汉武帝狗监杨得意，因与司马相如同乡，最重乡曲之情，曾荐司马相如于汉武帝。作为竹垞同乡的陆文孙，以狗监相称，实是对陆重友情乡情的怀恋和称道。另一层是，诗人将杨狗监以比陆文孙，还兼有感伤竹垞零落失意遭遇之意。竹垞年逾五十，才以布衣应博学鸿儒而入仕，不久又被劾降级，后乞假归里，伏居乡间以终。一生失意不在司马相如之下，而学问文采又与相如等，所以诗人以杨比陆，暗寓有以彝尊比司马相如之意。"天涯"句，写诗人自己对友人的追悼。李龟年，是唐玄宗时著名乐师，安史乱后，流落江南。而文孙亦善音律，又流落客死异地。职业、遭遇皆相似，所以诗人以李龟年比。"天涯"二字，则点出诗人与文孙的友情。王勃有"海内存知己，天涯若比邻"诗句，诗人与文孙正是为"天涯"知己也。"雪深院落"二句，通过文孙冬、秋两种不同景况的描写，以景寓情，展现了文孙贫困潦倒、孤苦凄凉的一生。

尾联中的"此夜"二字，由对文孙的不尽怀念、哀悼，拉回到眼前的景象。"枫黑""影黑"，以环境的阴冷进一步对追悼气氛进行渲染，而"鼓寒霜重"四字，象征着"夜话"二人追悼亡友之余的沉痛心情。

尾联二句不言文孙而写夜景，不仅呼应首联，使整个结构严谨，更重要的是收到了意在言外的艺术效果。清沈德潜在《清诗别裁集》中评此诗曰："通体意在文孙，故于竹垞从略。第三语伤竹垞之溘落，下俱言文孙之贫而没也。结意黯然。"颇为得当。（王树林　何广恩）

## 【原文】

# 舟行即事用香山韵

秋深酷爱水云空，兴到五湖东复东[(1)]。

船泊荻花全白处，酒沽枫叶半红中[(2)]。

贵人翁仲埋荒草[(3)]，浮世宾鸿逐断蓬[(4)]。

何似素心晨夕共[(5)]，诗签茗碗得相同[(6)]。

## 【毛泽东圈评等情况】

毛泽东读清沈德潜编选《清诗别裁集》卷十九时圈阅了此诗。

[参考] 张贻玖：《毛泽东评点、圈阅的中国古典诗词》，
中国工人出版社 1992 年版，第 264 页。

## 【注释】

（1）五湖，指太湖。

（2）酒沽，即沽酒，买酒。

（3）翁仲，传说秦始皇初并天下，有长人见于临洮，其长五丈，足迹六尺，仿写其形，铸金人以象之，称为"翁仲"。见《淮南子·氾论训》高诱注。后遂称铜像或石像为"翁仲"。

（4）浮世，人间，人世。旧时认为人世间是浮沉聚散不定的，故称。

三国魏阮籍《大人先生传》："逍遥浮世，与道俱成。"

（5）素心，心地纯洁。陶潜《移居二首》之一："闻多素心人，乐与数晨夕。"

（6）诗谶，一作"诗谶"，古人称所赋诗无意中预示后事的征兆。典出《南史·侯景传》："初，简文《寒夕诗》云：'雪花无有蒂，冰镜不安台。'又《咏月》云：'飞轮了无辙，明镜不安台。'后人以为诗谶，谓无蒂者，是无帝。"

## 【赏析】

这是一首抒写舟旅感慨之作，为七言律。香山，白居易号香山居士。用韵，是用原诗韵的字而不依照其次序。诗人用的是白居易《自河南经乱，关内阻饥，兄弟离散，各在一处。因望月有感，聊书所怀，寄上浮梁大兄，于潜七兄、乌江十五兄，兼示符离及下邽弟妹》一诗的韵脚。原诗：

> 时难年荒世业空，弟兄羁旅各西东。
> 田园寥落干戈后，骨肉流离道路中。
> 吊影分为千里雁，辞根散作九秋蓬。
> 共看明月应垂泪，一夜乡心五处同。

徐永宣虽登进士，但长期伏居里门，不乐仕进，厌恶浮虚无定的尘世，向往淳朴自然的生活，酷爱江南的青山绿水。这首诗就表现了诗人的这种情怀。

首联首句点出舟行的时令。江南冬、春、夏季多阴雾天气，只有到了秋天，才天高气爽。诗人用一"酷"字，点出对"深秋"江南"水云空"的挚爱程度。第二句则点出舟行的地点。乘兴到太湖游赏，现又驾着小船从太湖之东继续往东行去。

首联领起自然，清新明快，将读者一下子带进了一个清秋绿水的美景之中。

额联二句，是对船泊处所见自然景物的描写。船泊的岸边是"荻花全白处"，岸上则是酒店在枫林中掩映，枫叶在半红之中。诗人以工巧的对仗，通过"白"的荻花、"红"的枫叶色彩鲜明的对比，描绘了一幅风光清旷的岸泊秋景图。

以上四句中的自然景物，皆为诗人旅况所见，额联二句诗意美妙，诗人之所以对景物体验得那么真切，主要来自"酷爱"的真情。不过从诗整体情绪发展的脉络来看，如果说前两句表现了诗人主观感情的强烈，那么额联则更多的带上诗人对客观景物观察的严肃了，这严肃的观察，必然引起诗人对社会人生的严肃的思考，所以下面四句，诗人由以景物描写为主，转为以抒情为主。

颈联"贵人"句，是说岸上富贵人家墓道上的石像（翁仲），由于没人管理，已经埋没在荒烟蔓草之中了。"浮世"句，是说年年春秋易地，像宾客一样的鸿雁，在这虚浮不定的世界上，追逐着断梗飘蓬。二句都是诗人登岸所见，但已含有浓郁的主观感情色彩。这里不仅有诗人对历史流变的沉思，也有对现实人生的感叹。那设有翁仲墓道的墓主，他可能在历史上显赫一时，死了以后还想不朽，但历史就是这样无情，随着社会的变迁和时光的流逝，现在还有几人记得他呢？象征着不朽的翁仲，不是也任其埋没于荒草之中无人过问吗？人生正像这来去匆匆的鸿雁，追名逐利，不正像追逐这飘落无定的断蓬吗？又有什么用处呢？

尾联承接上句，得出沉思后的结论：何如抛却世网，与心底纯正、忠厚朴实的友人晨夕相共，什么预示后事的诗签，或与友共品的茗碗不都一样吗？"何似"句，源于陶潜《移居》"闻多素心人，乐与数晨夕"的诗句，但诗人化用自然贴切，无丝毫雕琢痕迹。

全诗前四句用白描手法描绘旅况秋景，自然清新，意境优美；后四句由景入情，采用寓意手法，深沉含蓄，耐人寻味；结句得出诗题"即事"主题，与首句"酷爱"意脉贯通，既显得水到渠成，又结构严谨。（王树林）

**【原文】**

# 秋日访朱锡鬯先生

沈尤村僻绝尘寰<sup>(1)</sup>，千个筼筜水一湾<sup>(2)</sup>。

学道著书无个事<sup>(3)</sup>，满庭黄叶对秋山。

**【毛泽东圈评等情况】**

毛泽东读清沈德潜编选《清诗别裁集》卷十九时圈阅了此诗。

[参考] 张贻玖：《毛泽东评点、圈阅的中国古典诗词》，

中国工人出版社 1992 年版，第 264 页。

**【注释】**

（1）尘寰，人世间。唐李群玉《送隐者归罗浮》："自此尘寰音信断，山川风月永相思。"

（2）筼筜（yún dāng），一种皮薄、节长而竿高的竹子。汉杨浮《异物志》："筼筜生水边，长数丈，围一尺五六寸，一节相去六七尺，或相去一丈，庐陵界有之。"

（3）学道，指研究儒家之道。个事，一事。无个事，无别的事，只此一事。杨万里《晓坐卧治斋》："日上东窗无个事，送将梅影索人看。"

**【赏析】**

这是一首访友诗，为七言绝句，诗中赞扬了朱彝尊专心著述的清贫生活。朱彝尊，字锡鬯（chàng），号竹垞，浙江秀水（今浙江嘉兴）人，清文学家。清圣祖康熙十八年（1679）进士，以布衣授翰林院检讨，入直南书房，曾参加纂修《明史》。后曾出典江南省试。三十一年（1692）归里，专事著述。这首诗当写于朱彝尊晚年在家著书之时。朱彝尊为著名学者，他博通经史，擅长诗词古文，诗与王士禛齐名，时称"南朱北王"。他笔力雅健，然铺排典实过多，清新处不如王。于词主张"醇雅"，奉姜夔、张炎为正宗。以他为代表的浙派（一称"浙西派"）和以陈维崧为代

表的阳羡派，在词坛并峙称雄。著有《经义考》、《曝书亭集》等，编有《明诗综》《词综》等。可以说他既是一位诗词大家，又是一位学富五车的学者。对这样一位朋友，徐永宣是很尊敬的，所以前去拜访他。

"沈尤村僻绝尘寰，千个篔筜水一湾。"一、二句写朱彝尊家居的地理环境。首句点出朱氏所居村名并指出其极其偏僻与世隔绝的特点；次句具体描写山村的环境：千竿高大的竹子围护，村旁还有一湾流水。这是一个山明水秀的小山村，为人物的出场营造了气氛。"学道著书无个事，满庭黄叶对秋山。"三、四句写朱彝尊在家乡著述。三句写朱彝尊精心研究孔孟之道，撰写书籍，心无旁骛；末句点明诗人造访正值秋天，所以朱氏庭院中黄叶纷飞，正对着秋天的山岭。清沈德潜在《清诗别裁集》中评此诗说："先生清节，一语写景中传出，令读者如或遇之，此种微妙，难为外人道也。"沈氏所评，要言不烦，颇为精当。（毕桂发）

# 蔡 岌

蔡岌（réng），字甘泉，江南江宁（今江苏南京）人，清代诗人。清圣祖康熙庚辰（1700）进士，官瓯宁知县。

## 【原文】

## 送卓子任之大梁

中原天接大河长，驻马夷门又夕阳[1]。

客路半生心似雪，风人未老鬓先霜[2]。

屠沽事业传公子[3]，词赋声名重孝王[4]。

此去梁园千里处[5]，不因怀古自悲凉。

## 【毛泽东圈评等情况】

毛泽东读清沈德潜编选《清诗别裁集》卷十九时圈阅了此诗。

[参考] 张贻玖：《毛泽东评点、圈阅的中国古典诗词》，

中国工人出版社1992年版，第264页。

## 【注释】

（1）夷门，大梁城东门，在城内东北隅，因夷山而得名，即今曹门。《史记·魏公子列传》："吾过大梁之墟，求问其所谓夷门。夷门者，城之东门也。"

（2）风人，诗人。《三国志·魏志·陈思王植传》："雍雍穆穆，风人咏之。"

（3）屠沽，战国时魏侠客朱亥，大梁人，隐于屠肆。秦兵围赵国，信陵君计窃兵符，又使朱亥至边境椎杀晋鄙，夺得兵权救赵国。屠沽事业指

此而言（见《史记·魏公子列传》）。公子，即魏公子无忌，封信陵君，重用朱亥，窃符救赵获得成功。后为上将军，率五国兵，大破秦军（见《史记·魏公子列传》）。

（4）孝王，汉梁孝王刘武，筑梁苑，当时名士司马相如、枚乘、邹阳皆为座上客，"词赋声名"即借指此。

（5）梁园，即梁苑，在今河南开封东南，一说在今河南商丘东。此借指大梁。


【赏析】

历代文人墨客、仕宦公卿给我们留下了大量送别诗，有的是表达依依惜别的离情，有的则表达诚挚的祝福或热忱的激励。蔡望的这首送别诗却透出一种悲凉与彻悟。卓子任，即卓尔堪，字子任，江南江都（今江苏扬州）人。其先人卓敬在明建文初密疏请徙燕王于南昌，事败被杀。

这是一首七言律诗。首联"中原天接大河长，驻马夷门又夕阳"，巧借元马致远《秋思》的意境，奠定了全诗的感情基调。这里"大河"指黄河；"夷门"指大梁（今河南开封）的城门，史载大梁城东北有夷山，夷门旧指城东门。诗人此处首先用虚写之笔，幻化出友人到达大梁时的情景。在夕阳西下的黄昏，友人伫立城下，人地生疏，荒风凛冽，空阔的中原，悠悠的黄河，无不给人一种孤寂和苍凉之感，映衬出天涯沦落人的情状。

颔联"客路半生心似雪，风人未老鬓先霜"，则由虚转实，从切身体验出发，表达了对跻身仕途的厌倦和寒心。此句是全诗的中心，也是理解本诗的关键。"客路半生心似雪"饱含着仕途险恶的悲怨，为官半生，只落得心冷齿寒。"风人未老鬓先霜"充满着人性被扭曲的遗憾。"风人"指古代采诗官，此处暗寓诗人喜好文墨，诗心未老，但仕宦尘风吹得他身心衰钝，雅致全销。

"屠沽事业传公子，词赋声名重孝王。"颈联承接第二联，更进一步阐发自己对仕宦生活的认识与理解。诗人谆谆告诫友人，后世子孙最好能做些实际的营生，哪怕杀猪卖酒，也休要误入仕途。同时，借梁孝王之典，表达了作者对词赋声名的热爱和崇仰。古代梁孝王非常喜好诗文，当时邹

清

诗

阳、枚乘、司马相如等许多文人骚客云集门下，形成一个社团。大家一起议论政事，吟诗作赋，饮酒唱和，其乐融融。只可惜那情景已同逝水一去不返，今日驻马大梁，也只能是望古兴叹，心中不觉又添了一层感慨。

"此去梁园千里处，不因怀古自悲凉。"尾联收束全诗，既点明了赠别的题旨：梁园千里，相见无期，再道一声珍重，同时也再次强调对仕途冷暖的无限感慨。

通观全诗，作品艺术上显得自然圆熟，意旨环环相扣，层层深入，却又顺情入理。由景及情，情理并显，思想深刻明晰，既有怀古的韵致，又兼讽世的旨趣。读完全诗，不由得感悟颇多。（彭国栋）

# 查慎行

查慎行（1650—1720），初名嗣琏，字夏重，后更名慎行，字悔余，号初白，又号查田，浙江海宁（今浙江海宁）人，清代诗人。清圣祖康熙癸未（1703）进士，官翰林院编修。查生平敬慎笃实，见重内廷，以诗受知于康熙。曾从黄宗羲、钱澄之学。诗宗宋人，古体学苏轼，近体似陆游，为清代诗坛大家。少年从军黔、滇，中年遍览江南胜迹，故集中多登临怀古之作。有《敬业堂诗集》《补注东坡编年诗》等。

## 【原文】

## 拂水山庄

松园为友河东妇[1]，集里多编倡和诗[2]。
生不并时怜我晚[3]，死无他恨惜公迟[4]。
峥嵘怪石苔封洞，曲折虚廊水泻池。
惆怅柳围今合抱[5]，攀条人去几何时？

## 【毛泽东圈评等情况】

毛泽东读清沈德潜编选《清诗别裁集》卷二十时圈阅了此诗。

[参考]张贻玖：《毛泽东评点、圈阅的中国古典诗词》，
中国工人出版社1992年版，第262页。

## 【注释】

（1）松园，明末清初诗人程嘉燧，号松园。河东妇，指钱谦益夫人柳如是。柳如是乃明末秦淮八艳之一。河东为柳氏郡望，切指柳如是。

（2）倡和（hè），一人首唱，他人相和，互相应答。语出《诗·郑

风·蒹葭》："叔兮伯兮，倡予和女。"后亦指诗词相酬答。

（3）"生不"句，沈德潜评："重其积学。"并时，同时。

（4）"死无"句，沈德潜评："惜其失身。"钱谦益，明末曾为东林党魁，后仕南明礼部尚书。清人南下，钱又降清为礼部侍郎。时人多以钱"奔竞热中，反复无端"，讥讽他"才名满天下，所欠唯一死"（钱泳《履园诗话》）。此论失之偏颇。

（5）柳围今合抱，南朝宋刘义庆《世说新语·言语》："桓公北征经金城，见前为琅琊时种柳，皆已十围，慨然曰：'木犹如此，人何以堪！'攀枝执条，泫然流泪。"后用此典慨叹年华易逝，光阴迅速。


## 【赏析】

这首七言律诗乃讥讽清初诗人钱谦益之作。钱谦益明末曾为东林党魁，后仕南明礼部尚书。清人南下，谦益无奈又降清为礼部侍郎，后归隐于拂水山庄。时人多以为谦益"奔竞热中，反复无端"，方苞等"诋之曰其秽在骨"（近代邓之诚《清诗纪事初编》），尤其尖刻。但是，平心而论，谦益之降清，"乃不得已，欲有所为也"。其"仕清仅五月，即回里，与海上遗臣暗中通声援，毁家纾难者，不止一二次。"清初黄宗羲、归庄、吕留良、屈复等人，"皆密与来往，规划排满者。"（现代钱仲联《梦苕盦诗话》）章太炎、陈寅恪等近代学者已指出钱谦益亦为清初坚守气节的晚明遗民。所以，查慎行这首《拂水山庄》，讥嘲钱谦益"才名满天下，所欠唯一死"（钱泳《履园诗话》），显然有失偏颇，过于苛求于人。

"松园为友河东妇，集里多编倡和诗。"首联概述了钱谦益的生活。松园，指明末诗人程嘉燧，能诗善画，一直隐于园林，号松园诗老。河东妇，指钱谦益的夫人柳如是，柳如是乃明末秦淮八艳之一。诗人此处是借用苏轼"龙丘居士亦可怜，谈空说有夜不眠，忽闻河东狮子吼，拄杖落手心茫然"的诗句，取"河东"为姓柳的郡望的本义，来暗指钱谦益的夫人姓柳。钱谦益隐居常熟拂水山庄后，与程嘉燧相友，有柳如是这样绝色美姬相伴，和朋友诗酒歌和，其生活之闲适可想而知。

"生不并时怜我晚，死无他恨惜公迟。"颔联以议论出之，上句"重其积学"，下句"惜其失身"，"讽刺以和婉出之"，委婉含蓄。如前所述，钱谦益是明末清初最负盛名的诗人和学问家，查慎行言恨不与之同时，确是心中至诚之语，而查慎行对钱谦益的讽刺，恐是诗人受当时政治的影响所致。

"峥嵘怪石苔封洞，曲折虚廊水泻池"，颈联笔锋一转，写景如在目前，用语却极为工稳。其中"苔封洞"之语，写出今日拂水山庄之荒凉，与往昔之繁盛恰好形成鲜明的对比。

"惆怅柳围今合抱，攀条人去几何时。"尾联暗用东晋桓温感叹"树犹如此，人何以堪"的典故，感叹岁月流逝，老之将至，眼见曾经显赫一时的钱谦益已无处寻觅，只留下拂水山庄的一片残景遗迹任人凭吊，诗人的心中充满了浓郁的感伤。

所以，尽管此诗偏颇地对钱谦益未能为明室殉节多有微词，但诗的主题却是抒写诗人对往事的感伤，加上其艺术上纯以白描取胜，用语委婉含蓄，仍是一首值得诵读的好作品。（曾广开）

## 【原文】

# 秦邮道中即目

不知淫潦啮城根<sup>(1)</sup>，但看泥沙记水痕。
去郭几家犹傍柳<sup>(2)</sup>，边淮一带已无村<sup>(3)</sup>。
长堤冻裂功难就，浊浪横侵势易奔。
贱买河鱼还废箸<sup>(4)</sup>，此中多少未招魂<sup>(5)</sup>

## 【毛泽东圈评等情况】

毛泽东读清沈德潜编选《清诗别裁集》卷二十时圈阅了此诗。

[参考] 张贻玖：《毛泽东评点、圈阅的中国古典诗词》，
中国工人出版社 1992 年版，第 262 页。

## 【注释】

（1）淫潦（lǎo），久雨积水为灾，这里指大水。啮（niè），咬，引

申为侵蚀。

　　（2）去郭，离城。郭，外城。

　　（3）边淮，淮河边上。

　　（4）废箸，放下筷子，意谓吃不下饭。箸（zhù），筷子。

　　（5）未招魂，未被招慰的在水灾中被淹死者的亡灵。

## 【赏析】

　　这首七言律诗作于清圣祖康熙三十五年（1696）。据《清史稿》卷四十《灾异一》所载，康熙三十二年七月，三十三年十二月，江苏高邮连续发大水，水灾波及周围数百里。康熙三十四年（1695），作者在江南漫游，次年经过高邮，有感于前年的水患，写下了这首同情百姓疾苦的诗篇。诗题中的"秦邮"，即江苏高邮的别称。据清祝穆《方舆纪胜》云："高邮，一名秦邮，秦因高邮置邮传为高邮亭。"即目，眼前所见。

　　诗中前六句纪实，回忆往昔高邮发生水灾时的情景。首联二句"不知淫潦啮城根，但看泥沙记水痕。"诗人叙写洪水来去时的情景：大水突来，百姓只有据城固守，洪水侵蚀着城墙的底部，水退之后，城墙上留下道道水痕。首联中一个"啮"字，一个"记"字，写出洪水之威，洪水"啮咬"坚固的城墙，划出道道痕迹。

　　颔联两句"去郭几家犹傍柳，边淮一带已无村。"写洪水退后郊外的荒芜。城郭边上尚存几户人家，稍远处的淮河岸边早已荒无人烟。据史书记载，当时洪水泛滥，郊外房屋被洪水淹没冲毁，诗中运用白描手法，写出了当时水祸的严重。

　　"长堤冻裂功难就，浊浪横侵势易奔。"五、六两句感叹洪水过后，河堤被毁，至今尚未修好，洪水若是泛滥，南岸地势比较低，更易受到洪水的威胁。诗人直叙其事，实际上是在指斥朝廷官员不恤下情，根本不知道百姓处于水深之中的痛苦，讽喻之意委婉而含蓄。

　　诗的尾联两句，诗人以自己的亲身感受抒发了对民生痛苦的深切同情："贱买河鱼还废箸，此中多少未招魂"，诗人来到高邮，虽说所食河鱼价格极低，可是诗人一想到百姓的痛苦，想到这河中的鱼也许就是被水灾淹死的老百姓所化，自然就放下筷子，难以下咽。据古书上说，江河泛滥，《左传·昭公元年》："微禹，吾其鱼乎！"，也就是毛泽东说的"人或为鱼鳖"（《念奴娇·昆仑》），故有人溺水而死化为鱼鳖的说法。所以诗人巧妙运用这个传说，把自己的忧民情怀融入叙事议论之中。

查慎行的诗，自觉地以杜甫、白居易的现实主义传统为指归，反映民生疾苦，这与杜甫"致君尧舜上，再使风俗淳"（《自京赴奉先县咏怀五百字》）的精神是一脉相承的，所以，当时就有人称"查某每饭不忘君，杜甫流也"（昭梿《啸亭续录》）。显然，查慎行这首诗是其现实主义诗歌的代表作之一。（曾广开）


## 【原文】

# 与顾梁汾舍人次阁学韩公韵

不是微之定牧之<sup>(1)</sup>，紫薇亭擅舍人辞<sup>(2)</sup>。

十年未就归田赋<sup>(3)</sup>，众口犹传赴洛诗<sup>(4)</sup>。

往事相关棋已散，秋风才到鬓先知。

怪来东阁留宾地<sup>(5)</sup>，难遣深情是酒卮<sup>(6)</sup>。


## 【毛泽东圈评等情况】

毛泽东读清沈德潜编选《清诗别裁集》卷二十时圈阅了此诗。

[参考] 张贻玖：《毛泽东评点、圈阅的中国古典诗词》，

中国工人出版社 1992 年版，第 262 页。


## 【注释】

（1）微之，唐诗人元稹，字微之。牧之，唐诗人杜牧，字牧之。

（2）紫薇亭，即紫微省，也就是中书省。唐玄宗开元元年取天文紫微垣之义，改中书省为紫微省。省中种紫薇花，故亦称紫薇省。旧时中央政府办事机构。舍人，中书舍人，官名，在内阁中掌缮写文书。

（3）"十年"句，顾梁汾是清圣祖康熙举人，为国史院典籍。曾因父

丧归家居丧，后复入京，共九年，十年是举其成数。归田赋，旧时辞官回乡务农为归田，此指顾回乡为父守丧。汉张衡有《归田赋》。

（4）赴洛诗，指西晋陆机《赴洛道中作》二首。

（5）东阁，宰相招致款待宾客之所。顾贞观入京后，馆纳兰（明珠）相国家，与其子性德交契。

（6）酒卮（zhī），酒杯。卮，盛酒的器皿。

## 【赏析】

这是一首送顾梁汾入中书省的赠别诗，为七言律。顾梁汾，即清代词人顾贞观，梁汾是他的号。次阁，即入阁。韩公，即唐代文学家韩愈，谥文，故世称韩文公。顾贞观（1637—1714），字华峰，号梁汾，无锡（今江苏无锡）人，清词人。清圣祖康熙五年（1666）举人，官内阁中书。善填词。后曾在宰相明珠家课馆，与明珠子纳兰性德知交。康熙二十三年（1684）归里，读书终老。顾氏与吴江吴兆骞相交笃甚。兆骞以顺治丁酉科场案谪戍宁古塔，贞观为之求援于性德。未即许，贞观作《金缕曲》二阕寄兆骞。性德见之泣下，为言于明珠，兆骞遂得生还。著有《积书岩集》《弹指词》等。

"不是微之定牧之，紫薇亭擅舍人辞。"首联赞扬顾贞观的文才与政绩。首句用典，以唐代著名诗人元稹和杜牧比拟顾氏，二人既是诗人，又为官有政绩，元稹官至同中书门下平章事，杜牧官终中书舍人，皆在中书省做官，而这次顾氏也要入中书省做官，所以从两个方面来说，用元、杜二人比拟顾氏都极贴切。

"十年未就归田赋，众口犹传赴洛诗。"颔联继续用典，继续赞扬顾贞观的德行和文才。《归田赋》为东汉张衡晚年的作品。当时汉安帝已死，顺帝幼弱无能，宦官把持朝政，结党营私，肆行残暴。张衡虽屡次上书伸张正义，终恐为宦官谗害，所以有意远离罪恶渊薮，以求独善其身。赋中表达了对黑暗现实的不满，以及渴望归隐田园的心情，想象归田后逍遥于良辰美景，沉湎于吟啸弋钓，尽情于琴书著述的乐趣，感情真挚，主题鲜明，结构自然严谨，历来为人们所称道取法。归田本指辞官回乡务农，此指顾回乡为父守丧。赴洛诗则用西晋陆机的典故。陆机的祖父陆逊是三国时吴国的丞相。父亲陆抗是大司马。在吴国灭亡后，他于晋武帝太康十年（289），即二十九岁时，与弟弟陆云离开家乡吴郡吴县华亭（今上海松江）赴京都洛阳。《赴洛道中作》二首作于他赴洛阳途中。诗人怀着国破家亡的痛苦和生离死别的悲哀踏上赴洛阳的征途，沿途险恶的自然环境，激起他无限的愁思，孤独、失意、怀乡、自怜的感情油然而生。前途茫茫，他感到惆怅迷茫。这两首诗语法精练，善于写景，即景抒怀，具有情景交融的艺术效果，因而成为陆机诗中传诵较广的佳作。此用以比顾贞观自江南故里赴京途中所写之诗。二句既肯定了顾氏的才能，又赞扬了他的志节。

"往事相关棋已散，秋风才到鬓先知。"颈联叙事兼描写，叙述顾氏笃于友情救诗友兆骞事及其垂老将至。诗人把相关的"往事"比作一盘棋，说"已散"，是说问题已解决了。往事，指诗人之友吴兆骞，为顺治丁酉举人，以科场案流放宁古塔二十余年。顾氏言于纳兰性德，后经性德父明珠（宰相）营救，得赎还。这是顾氏笃于友谊、勇于救人的义举，所以诗人特别叙及，下句说鬓角已添了白发，这明指顾氏，当包括被他救还的吴氏，耐人寻味。

"怪来东阁留宾地，难遣深情是酒卮。"尾联抒情，结以送顾氏入中书省。东阁，一作"东合"，东向的小门。《汉书·公孙弘传》："弘自见为举首，起徒步，数年至宰相封侯，于是客馆，开东阁以延贤人。"王先谦补注引姚鼐曰："此阁是小门，不以贤者为吏属，别开门延之。"后因以称宰相招致款待宾客之所。当时纳兰性德之父明珠是宰相，顾氏在其家课馆，并与性德为知交。故顾氏得以被推荐入中书省，性德置酒为其饯别。这便是末二句之意，深情厚谊，洋溢于字里行间。诗人热情地赞扬了纳兰性德与顾贞观的友谊。

这首诗融叙事、用典、抒情于一体，自然和谐，天衣无缝，应视为赠别诗中的佳作。（毕桂发）

**【原文】**

# 重过齐天坡

十月新寒瘴已轻，万峰湿翠雨初晴。

人来天际斜阳影，马蹋云中落叶声。

杼轴谁怜民力尽[(1)]，邮亭遥数戍烟生[(2)]。

半年游迹悉重到，何计云山慰客情。

**【毛泽东圈评等情况】**

毛泽东曾圈阅此诗。

[参考]张贻玖：《毛泽东评点、圈阅的中国古典诗词》，
中国工人出版社1992年版，第262页。

**【注释】**

（1）杼轴，枢要，指中央政府。

（2）邮亭，古时设在沿途，供送文书的人和旅客歇宿的旅舍。《汉书·黄霸传》："使邮亭、乡官皆畜鸡豚。"戍烟，边防地的营垒、城堡燃起的烟火。

**【赏析】**

诗题《重过齐天坡》。齐天坡，即齐天山，在今湖南麻阳东南五十里，与西晃山连麓别峰。峰峦高出云表，天晴则秀色愈见，故名齐天山。

这是一首记游诗，为七言律。当写于诗人少年从军西南期间。这首诗写重过齐天坡时的境况及其感慨。

"十月新寒瘴已轻，万峰湿翠雨初晴。"首联写过齐天坡的景况。十月，点明时间和季节，十月已是初冬，故南方亦有"新寒"。瘴已轻，谓山中瘴气已很轻了。瘴，即瘴气，指我国南部、西南部地区山林湿热地区林间蒸发能致病之气。《后汉书·南蛮传》："南州水土湿暑，加有瘴气，致死者十必有四五。"又唐刘恂《岭表录异》卷上："岭表山川，盘郁结

聚，不易疏泄，故多岚雾作瘴。人感之，多病腹胀成蛊。"初冬以后，山间这种致人疾病的毒气已很稀少，所以才好过。山雨初晴后，万峰如洗，苍翠欲滴，景色宜人。起首二首写出齐天坡是个风景宜人之处。

"人来天际斜阳影，马蹄云中落叶声。"颔联点题，写翻越齐天坡的情状。夕阳西下，人好像从天上落下来一样，拖着很长的影子，马匹踏云得雾，落叶沙沙作响。二句写过坡情状，极为生动，对仗工稳，形声兼备。

"杼轴谁怜民力尽，邮亭遥数戍烟生。"颈联抒发感慨。杼轴，枢要，指中央政府。二句说明末清初以来，战乱频仍，老百姓财物耗尽，不远处的邮亭戍烟已冉冉升起，说明战乱仍未停止，老百姓还要承担更多的人力物负担。此联表现了诗人对民间疾苦的关怀。

"半年游迹悉重到，何计云山慰客情。"尾联抒情。二句是说半年以来诗人随军征战，现在又一次翻越齐天坡，令人生愁，山光水色又怎么能使诗人得到慰藉呢？诗至此而止，恰到好处。（毕桂发）

# 陈至言

陈至言（约 1720 年前后在世），字青厓，浙江萧山（今浙江萧山）人。清代诗人。清圣祖康熙癸未（1703）进士，官至翰林院。著有《青菀堂集》。

## 【原文】

## 咏白丁香花

几树瑶花小院东<sup>(1)</sup>，分明素女傍帘栊<sup>(2)</sup>。
冷垂串串玲珑雪，香送丝丝麗颖风<sup>(3)</sup>；
稳称轻奁匀粉后<sup>(4)</sup>，细添薄鬓洗妆中；
最怜千结朝来坼，十二阑干玉一丛<sup>(5)</sup>。

## 【毛泽东圈评等情况】

毛泽东读清沈德潜编选《清诗别裁集》卷二十时圈阅了此诗。

[参考]张贻玖：《毛泽东评点、圈阅的中国古典诗词》，
中国工人出版社 1992 年版，第 262 页。

## 【注释】

（1）瑶花，亦作瑶华，玉白色的花。《楚辞·九歌·大司命》："折疏麻兮瑶华，将以遗兮离居。"王逸注："瑶华，玉华也。"指白丁香花。

（2）素女，传说中与黄帝同时的神女名，或言其长于音乐（《史记·封禅书》），或言其知阴阳天道（《吴越春秋·勾践伐吴外传》），或言其善房中之术（《论衡·命义》），或言其为天河神女（《搜神后记》）。

（3）麗颖（lù sù），同"簏簌"，下垂的样子。

（4）稳称，适合，适度。轻奁（lián），精巧的妆奁。奁，古代盛梳妆用品的器具，亦泛指盒匣一类的盛物器具。

（5）阑干，同"栏杆"。十二，虚指，多。

## 【赏析】

这是一首咏物之作，为七言律。丁香，一名丁子香，又称鸡舌香，夏季开花，聚伞花序。其花蕾果实，晒干后有辛郁香味，可入药。原产印度尼西亚马鲁古群岛，我国广东、广西也有栽培。

"几树瑶花小院东，分明素女傍帘栊"，首联写丁香花生长之地，并赞其绰约多姿。素女，传说中与黄帝同时的神女名，或言其长于音乐（《史记·封禅书》），或言其知阴阳天道（《吴越春秋·勾践伐吴外传》），或言其善房中之术（《论衡·命义》），又有人认为素女为天河神女。晋代谢端于邑下得到一个大螺，归家后贮瓮中畜之。一日早出潜归，在篱外偷偷窥视，见到一少女从瓮中走出，谢端问其从何而来，女子答曰："我天汉中白水素女。"事见《搜神后记》。尽管记载不一，但素女是个美丽漂亮的女子则没有疑问。此二句是说，几株丁香生长在小小庭院的东侧，它分明就是美丽的素女倚傍帘栊而默默站立。一个"瑶"字，写出丁香的光明洁白；"分明"二字，写出了作者对丁香的赞赏、喜爱。

"冷垂串串玲珑雪，香送丝丝䉤颖风"，颔联承首句而来，咏丁香的洁白晶莹，清香怡人。玲珑，精巧空明的样子。䉤颖，同"䉤籢"，下垂貌。串串洁白的丁香闲悠地下垂，玲珑剔透，晶莹如玉；徐徐清风吹拂而过，给人送去丝丝清香，使人如饮甘露，心旷神怡。它给人带来的不光是官能的愉悦，而且是精神上的陶醉。

"稳称轻奁匀粉后，细添薄鬓洗妆中"，颈联承第二句而来。稳称，犹言适度、适合。奁，古代女子梳妆用的镜匣及盛其他化妆品的器皿。"轻奁"即精巧的妆奁。洗妆，犹言化妆。丁香花美到何种程度呢？犹如素女取奁对镜，涂粉描鬓，涂得均匀适度，描得细薄自然。素女本来就是天生丽质，花容月貌，那么再进一步加以修饰打扮，就更是倾城倾国、千娇百媚了。此联以素女的洗梳打扮、光彩照人作比，进一步赞颂丁香的芬芳馥郁。文人之作，大多以鲜花来比喻女子的容貌，而这里是以女子的容貌来赞美鲜花，显得别致新颖，它与苏轼"欲把西湖比西子，浓妆淡抹总相宜"（《饮湖上初晴后二首》其二）的名句有异曲同工之妙。

"最怜千结朝来坼，十二阑干玉一丛"，尾联写丁香朝来炸蕾怒放、争奇斗妍的奇异景色。坼（chè），裂开。阑干，同"栏杆"。十二，是虚指，言多之意。丁香花最为人所怜爱的，是它千枝万条，在一夜之间竞相绽放，繁花似锦，把大地装扮成玉琢的世界。尾联是描写丁香绽放的瞬间，犹如一个特写的镜头，使人充分领略它的娇美洁白，诗人对丁香的赞颂也于此达到了顶点。

本诗结构上颇具特点。首联总领全诗，颔联、颈联分承一、二句具体描绘，尾联再作一聚焦，将感情推到极致，使人既看到了花的洁白美丽，又感觉到了花的香气袭人，还领略到了鲜花绽放的一刹那间的奇异之景。在赞美丁香花时，白描与比拟相结合，形象具体。作者并没直说自己多么喜爱丁香花，但喜爱之情充溢于字里行间。（张进德）

# 喻成龙

喻成龙（生卒年不详），字武功，奉天（今辽宁沈阳）人。清代诗人。官至刑部侍郎。诗学杜甫。有《塞上集》等。

## 【原文】

### 闻 笛

梦里悠扬横笛声[1]，高天露下共凄清。

愁来江汉人何处[2]？望里关山月倍明[3]。

万里孤云随绝漠[4]，十年羸马更长征[5]。

谁知一曲终宵怨，霜雪无端两鬓生。

## 【毛泽东圈评等情况】

毛泽东读清沈德潜编选《清诗别裁集》卷二十时圈阅了此诗。

[参考] 张贻玖：《毛泽东评点、圈阅的中国古典诗词》，中国工人出版社1992年版，第262页。

## 【注释】

（1）横笛，笛子，即今七孔横吹之笛，与古笛之直吹者相对而言，唐张巡《闻笛》："旦夕危楼上，遥闻横笛音。"宋沈括《梦溪笔谈·乐律一》："后汉马融所赋长笛……李善为之注云：'七孔，长一尺四寸'。此乃今之横笛耳。太常鼓吹部中谓之横吹，非融之所赋者。"

（2）江汉，长江和汉水。北周庾信《周柱国大将军纥干弘神道碑》："江汉之间，不惊鸡犬；樊襄之下，更多冠盖。"

（3）望里，望日，指月圆之时，即农历每月十五日。

（4）绝漠，横度沙漠。《后汉书·西域传序》："浮河绝漠，穷破虏庭。"李贤注："沙土曰漠，直度曰绝也。"

（5）羸（léi）马，瘦马。

## 【赏析】

这是一首反映征人军旅生活的七言律诗。

首联二句"梦里悠扬横笛声，高天露下共凄清"，紧扣题目"闻笛"，是以环境气氛来烘托笛声。征人身在军中，远离家乡亲人，夜难成寐，好不容易刚刚入眠，期望与远隔千山万水的家人梦中团聚，可飘忽起伏的笛声在寂静的夜晚回荡，惊醒了好梦难圆的征人。醒来外望，只见高天空明，晨星寥落，露珠满地。在这凄怆、冷清的环境气氛中，笛声更是显得悲凉哀怨，呜咽低回。表面上看，首联只是描写景物、写笛声，但实际上是以征人为中心，从征人的所见所闻着笔的。字里行间，无不渗透着征人的情感。

"愁来江汉人何处？望里关山月倍明"，颔联直接写征人之哀愁。江汉，本指长江和汉水，但这里用以形容征人的绵绵愁绪。望里，望日，指月圆之时，即农历每月十五日。这两句是说，远离亲人，久在军中，愁思阵阵袭来，犹如江汉之水，滔滔不尽，绵绵不绝，而亲人在何处呢？如今只能见到玉兔挂空，月光皎洁，关山萧瑟，使人倍感凄凉。月圆，是人团聚的象征，可如今征人有家难归，月圆人不得圆，更进一步加深了悲凉的情感。颔联紧承首联而来，它所表达的愁思是由"笛声"而引起的。笛声惊梦之后，拨动征人心弦，牵引征人之愁，既显得顺理成章，又自然地将读者引入征人的情感世界。

"万里孤云随绝漠，十年羸马更长征"，颈联是对戎马岁月的回顾与概括。征人披坚执锐，戎马倥偬，常年奔波于边庭要塞，所见到的是万里孤云，横贯荒漠；坐骑随军十年，业已瘦弱、疲病，但它仍得继续随军远行，征戍奔驰。马由肥壮而羸弱，而人又如何呢？这两句虽然征人没有出现，但读者完全能够体察出作者的用意并不在于写战马，而在于通过写战马而衬托征人的军旅之苦、憔悴不堪。唐代郭震《塞上》诗曰"久戍人将老，长征马不肥", 王昌龄《从军行》中也有"秦时明月汉时关, 万里长征人未还"的名句, 本联与它们意思相近, 所不同的, 只是前者直露, 后者含蓄罢了。

尾联"谁知一曲终宵怨, 霜雪无端两鬓生", 与首联相呼应。悲怨凄凉的笛声彻夜不绝, 使征人愁上添愁, 竟夜难眠; 一宿之间, 竟使得他霜雪满鬓, 发丝银白。本联是全诗感情的高潮, 由闻笛而引发的愁思至此达到了顶点。

这首诗作感情的表达步步推进, 层层加深。诗人将高天、露下、圆月、关山、孤云、绝漠、羸马、征人等编织成一个和谐、空明的画面, 创造出一种凄凉、哀怨的意境, 表现出征人典型的心绪。风格苍劲悲凉, 结构严密紧凑。(张进德)

# 曹 寅

曹寅（1658—1712），字子清，号荔裳，又号楝亭，满洲正白旗包衣，祖籍丰润（今河北丰润），一说辽阳（今辽宁辽阳）。清文学家。官至通政使，管理江宁织造，兼巡视两淮盐政。诗出入白居易、苏轼。能诗及词曲，有《楝亭诗抄》《词抄》《续琵琶记》等，曾主持刊刻《全唐诗》。

## 【原文】

### 读洪昉思稗畦行卷感赠一首兼寄赵秋谷宫赞

惆怅江关白发生[1]，断云零雁各凄清[2]。

称心岁月荒唐过，垂老文章忧患成[3]。

礼法世难拘阮籍[4]，穷愁天欲厚虞卿[5]。

纵横捭阖人间世[6]，只此能销万古情[7]。

## 【毛泽东圈评等情况】

毛泽东读清沈德潜编选《清诗别裁集》卷二十时圈阅了此诗。

[参考] 张贻玖：《毛泽东评点、圈阅的中国古典诗词》，
中国工人出版社 1992 年版，第 262 页。

## 【注释】

（1）江关，长江的关埠，此指南京。曹寅长期任江宁织造。

（2）断云零雁，比喻书信稀少。古有"鸿雁传书"之说。

（3）忧患，一本作"恐惧"。

（4）世难拘，一本作"谁尝轻"。

（5）虞卿，战国时赵孝成王上卿，离赵后在穷愁中著书。《史记·平原君虞卿列传》："然虞卿非穷愁，亦不能著书以自见于后世云。"诗人以阮籍、虞卿为比，来安慰洪昇和赵执信。

（6）纵横捭阖（bǎi hé），战国时策士游说诸侯的政治主张和方法。纵横，即合纵连横；捭阖，开合。此指政治上分化和争取的手段。

（7）能销万古情，由李白《将进酒》中"与尔同销万古愁"诗句化出。

## 【赏析】

这首七言律诗大概作于清圣祖康熙三十八年（1699）左右。康熙二十七年（1688），洪昇的《长生殿》脱稿，轰动一时，到处传抄、搬演。第二年，因为在佟皇后的丧期内演唱《长生殿》，据说被御史黄六鸿弹劾，惹起一场轩然大波，洪昇也被革去国子监监生。从此他离开北京，回到故乡，过着郁郁寡欢的生活，写下《稗畦集》《稗畦续集》等诗集来抒写自己的穷愁落魄。曹寅这首诗，就是读过洪昇的《稗畦集》后有感而作。

诗题中的"洪昉思"，即洪昇："赵秋谷"，即诗人赵执信，官至右赞善。赵执信也是因在佟皇后丧期内在洪昇处观演《长生殿》而被革职，故曹寅借此诗来劝勉洪昇和赵执信二人。"稗畦行卷"中的"行卷"，原指向他人投赠的书卷，这里指《稗畦集》的稿本。

首联曹寅概述自己与洪昇的交往，感叹故人分别后音讯稀少。曹寅当时任江宁织造，年纪已超过四十，所以有"惆怅江关白发生"的说法。但实际上，曹寅深受康熙皇帝的宠信，仕途得意，无须"惆怅"，此二字或许是为情造文。断云零雁，比喻书信稀疏，古语有"鸿雁传书"的说法，云雁零落，自然是书信少通。各凄清三字，写出曹寅与洪昇等的交情及别后的相思。

"称心岁月荒唐过，垂老文章忧患成"，颔联诗人以自己为喻，劝慰朋友莫要为眼下的穷愁担忧。诗人说自己虽然仕途顺利，但却是一事无成，根本没有专心向学，现在年已老，写诗文有忧患之感，故亦无有著述。两相比较，孰得孰失？诗人的用意不言自明。

颈联"礼法世难拘阮籍，穷愁天欲厚虞卿"，诗人以阮籍、虞卿为比，来安慰洪昇和赵执信，以为其挫折，未尝不可看作上天要成全其著作事业的厚意，"诗穷而后工"，洪昇和赵执信的罢职，身陷穷苦，或许是上苍有意成全。阮籍，魏晋时著名诗人，以纵酒谈玄、藐视礼法著称。虞卿，战国时赵孝成王上卿，离赵后在穷愁中著书。《史记·虞卿列传》："然虞卿非穷愁，亦不能著书以自见于后世云。"曹寅举阮籍、虞卿为喻，同时也表现了曹寅对洪昇和赵执信二人的倾慕。

"纵横捭阖人间世，只此能销万古情"，尾联化用李白《将进酒》"与尔同销万古愁"之语句，认为世事变化无常，只有著作可以遣愁。纵横捭阖，战国时策士游说诸侯的政治主张和方法。这里既是对洪、赵二人的勉励，也是对洪昇《稗畦集》的称赞，认为洪昇的《稗畦集》，抒写了诗人自己的忧愁，具有泄导人情的作用。

这是一首赠答诗，虽然诗中也有一些为情造文的地方，但整首诗情意深切，表现出曹寅对友人的关怀和同情，加上语言质朴，用典贴切，更有力地表现了主题。（曾广开）

# 沈受宏

沈受宏，字台臣，号白漊，另署"余不乡后人"，江南太仓（今江苏太仓）人，清代诗人。岁贡生，终生不遇，胸怀坦然，诗承吴伟业指授，吐辞渊雅。有《白漊文集》。

**【原文】**

## 渡　海

一观沧海失江河，捩柂扬帆发浩歌[(1)]。

地到尽时天不断，人能来处鸟难过。

风如黑雾奔腾急，浪比银山簸荡多。

却叹田横心力苦，此中曾复弄兵戈[(2)]。

**【毛泽东圈评等情况】**

毛泽东读清沈德潜编选《清诗别裁集》卷二十时圈阅了此诗。

[参考] 张贻玖：《毛泽东评点、圈阅的中国古典诗词》，
中国工人出版社 1992 年版，第 264 页。

**【注释】**

（1）捩柂（liè duò），转舵。捩，扭转。柂，同"舵"。苏辙《入峡》："捩柂破溃漩，畏与乱石遭。"浩歌，放声高歌，大声歌唱。《楚辞·九歌·少司命》："望美人兮未来，临风怳兮浩歌。"

（2）兵戈，兵器，借指战争。

## 【赏析】

据《清诗纪事·康熙朝卷》介绍沈受宏："弱冠以诗受知于吴伟业，比伟业没，乃于枢前执贽称弟子。家贫不事进取，橐笔走四方，恃脡脯为俯仰之资。尝再至京师，北自齐、鲁，南及闽粤。才华既富，登临游览，足以发其藻思，多感慨咏叹之什。"这首七言律诗，正是诗人"登临游览""发其藻思""感慨咏叹"之作。

首联紧扣诗题。渡海必先到海边看到海，故诗首句先写"观海"，沧海茫茫，无边无际，大江大河，顿然消失。次句写开始渡海，渡海人心情激荡，一边扭转航舵，一边扬帆高歌。掀，扭转。柁，同"舵"。

颔联和颈联极力赋海。颔联写开始渡海时，远望的海上景象和感受，大海与天末相连，无边无际，飞鸟难渡。颈联写到了海中，近望风浪的情景，"风如黑雾""浪比银山""奔腾急""簸荡多"。这两联写出了海上景色的壮阔和风浪的险恶。

尾联由海上风浪的险恶，联想到古代有节操的志士田横。田横（？—前202），秦末狄县（今山东高青东南）人，本是齐国贵族，秦末从兄田儋起兵复齐。楚汉战争中自立为齐王，不久为汉军击破，投彭越。汉朝建立后，率徒五百余人逃到海上。汉高祖命他到洛阳，被迫前往，又在途中自杀，表示不愿向汉称臣。留在海岛的五百壮士也全部自杀。田横的用心良苦和节操，历来受到人们的赞扬。这个结尾是全诗的主旨，隐约透露出诗人对复明志士的怀念和崇敬。（徐全太）

## 【原文】

### 许九日闽归

万里归家白发新，秋风重得饱鲈莼。

脱身戎马怜今日，回首关山哭故人。

跌宕七言才更健<sup>(1)</sup>，萧条八口业长贫。

一杯同把松窗酒<sup>(2)</sup>，坐看天边战伐尘<sup>(3)</sup>。

**【毛泽东圈评等情况】**

毛泽东读清沈德潜编选《清诗别裁集》卷二十时圈阅了此诗。

[参考] 张贻玖：《毛泽东评点、圈阅的中国古典诗词》，
中国工人出版社1992年版，第264页。

**【注释】**

（1）跌宕七言，指诗歌写作。跌宕，指音调抑扬顿挫。七言，七言诗，代指诗歌。

（2）松窗，临松之窗，多指别墅或书斋。唐顾况《忆山中》："蕙圃泉浇湿，松窗月映闲。"

（3）坐看，旁观而无行动。战伐，征战，战争。

**【赏析】**

这首七言律诗写打算在重阳节从福建归家的感想。六朝以来诗题为九日者，一般都指农历九月九日重阳节。闽是福建的简称。

"万里归家白发新，秋风重得饱鲈莼。"首联叙事，写从闽归家。万里，状从福建归家路途之远。新生白发，状其已入老境。叶落归根，暮年回家，总是一件令人高兴的事。更令人高兴的是自己又能得饱鲈莼之美肴。饱鲈莼系用张季鹰思吴中莼菜羹、鲈鱼脍典。诗人亦吴中人，用此典甚切。

"脱身戎马怜今日，回首关山哭故人。"颔联抒情，写自己悲喜交加。喜的是自己得以从军队中脱身，自此远离战争，今天才过上和平生活；悲的是，回过头去望那些关隘和山川，而有些朋友已葬身于此，永不得归，令人痛苦。二句对比写自身的喜悦和对老友的痛惜，感情复杂。

"跌宕七言才更健，萧条八口业长贫。"颈联叙事，设想归家后的生活。自己是诗人，归家后当然不废吟哦，用七言诗写作音调抑扬顿挫，更能显出才力的健旺；但诗人不能整日写诗，还要养家糊口，可是八口之家，家业萧条，十分贫寒。这就是说回家后生活并不是没有问题，但毕竟是归家好。所以作者最后写道："一杯同把松窗酒，坐看天边战伐尘。"尾

联抒情，写归家可以远离战火。二句是说，归家之后，家人在书斋中一同举起酒杯共饮，庆贺我的归来，从此以后，我就坐在家里远远地观看远在天边发生的战争。侥幸得归故里的欣喜之情溢于言表。（毕桂发）

## 【原文】

### 武林杂感

宝石峰头语塔铃<sup>(1)</sup>，夜深鬼火映沙汀<sup>(2)</sup>。

春山遍作祁连塚<sup>(3)</sup>，芳草年年不肯青。

觱篥高城夜月明<sup>(4)</sup>，军中少妇忆南征。

可怜七里滩头水<sup>(5)</sup>，流到钱塘是哭声<sup>(6)</sup>。

## 【毛泽东圈评等情况】

毛泽东读清沈德潜编选《清诗别裁集》卷二十时圈点了此两首诗。

[参考] 张贻玖：《毛泽东评点、圈阅的中国古典诗词》，
中国工人出版社 1992 年版，第 264 页。

## 【注释】

（1）宝石峰，即宝石山，在浙江杭州钱塘门外，西湖西北，又名巨石山。山上有保俶塔。

（2）鬼火，磷火，迷信者以为是幽灵之火，故称。汉王逸《九思·哀岁》："神光兮颎颎，鬼火兮荧荧。"沙汀，水边或水边的平沙地。南朝齐梁江淹《灵丘竹赋》："郁春华兮石岸，舣夏彩于沙汀。"

（3）祁连，即祁连山，匈奴语意为"天山"。广义的祁连山是甘肃西部和青海东北部边境山地的总称，绵延一千公里。狭义的祁连山是指最北的一支。《汉书·霍去病传》："去病至祁连山。"颜师古注："祁连山即天山也，匈奴呼天为祁连。"塚，坟墓。

（4）觱篥（bì lì），古簧管乐器名，以竹为管，管口插有芦制哨子，有九孔，又名"笳管""头管"。本出西域龟兹，后传入内地，为隋唐燕乐

及教坊乐的重要乐器。

（5）七里滩，即七里濑，在今浙江桐庐西南严陵山西。

（6）钱塘，古县名，治即在今浙江杭州。这里是杭州的别称。

## 【赏析】

武林是旧时对杭州的别称，因有武林山而得名。《浙江通志》："武林山者，灵隐、天竺诸山之总名也。杭州旧称武林，以山得名。今山间有南北二涧，东注西湖，即武林水矣。"这两首七言绝句抒发了诗人对杭州遭受战争破坏的感慨。

杭州，隋唐皆置州、郡，五代时钱镠建吴越国，都杭州，南宋亦都杭州。它地处钱塘江下游北岸，当京杭大运河终点，为全浙扼要地。城垣甚广，旧分内外二城。外城周三十五里有一千尺，开十门。内包吴山，西临西湖，风光明媚，灵秀甲于天下。交通便利，商贾云集，经济发达，自古是我国东南重镇。唐白居易《忆江南》云："江南忆，最忆是杭州：山寺月中寻桂子，郡亭枕上看潮头。何日更重游？"宋柳永《望海潮》也写道："东南形胜，三吴都会，钱塘自古繁华。烟柳画桥，风帘翠幕，参差十万人家。……重湖叠巘清嘉。有三秋桂子，十里荷花。……"诗人们把杭州的地理形胜、经济繁荣、风光旖旎写得更是令人神往。但就是这样一个繁华都市，历经宋、元、明、清数百年的战乱，如今已变得残破不堪、阴森可怕。请看诗人的具体描绘。

我们先看第一首："宝石峰头语塔铃，夜深鬼火映沙汀。"一、二句描写武林阴森可怖的夜景：宝石山上的保俶塔檐铃叮咚作响，沉沉黑夜，西湖边的沙地上鬼火明灭。二句一摹声，一拟形，声容并茂，写出战后武林的阴森可怖。"春山遍作祁连塚，芳草年年不肯青。"三、四句议论，是对战乱的愤怒谴责。春山应是山花烂漫的，如今全都像祁连山一样变成了战死者的坟墓，香草应该是"春风吹又生"（唐白居易语）的，如今却是年年不肯发青。因为战乱未止，芳草生出仍难免要遭践踏，故不肯重生，这里对战乱所造成的灾难的揭露十分深刻。

再看第二首，"羁篥高城夜月明，军中少妇忆南征。"一、二句写军中少妇夜忆南征。南征当是指清初福建平叛之战。这是一个月明星稀之夜，高高的城头觱篥呜咽作响，其声悲凄，勾起随军的少妇对南征的回忆。那大概是一场非常惨烈的战争，自今忆起仍然悽恻难耐。"可怜七里滩头水，流到钱塘是哭声。"三、四句借景抒情，写少妇悲哀难抑。七里滩所在的桐庐境内，是浙江中山明水秀、风光宜人的一段，写此以代浙江，浙江至杭州附近称钱塘江，由杭州湾入海。二句是说那么可爱的七里滩水，流到钱塘以后变成了哭声。山明水秀，流水叮咚，本应该逗人欢笑的，如今却让人痛哭不止。言外之意，昔日人间天堂的杭州，如今变成了人间地狱，怎么让人觉得无情流水也变成了有情的哭声呢？（毕桂发）

## 【原文】

# 同钱太史泛舟东湖座有女郎湘烟戏题

酒绿灯青夜语中，家乡同隔海云东。

伤心一种天涯客<sup>(1)</sup>，卿是飞花我断蓬<sup>(2)</sup>。

## 【毛泽东圈评等情况】

毛泽东读清沈德潜编选《清诗别裁集》卷二十时圈阅了此诗。

[参考] 张贻玖：《毛泽东评点、圈阅的中国古典诗词》，

中国工人出版社 1992 年版，第 264 页。

## 【注释】

（1）"伤心"句，化用白居易《琵琶行》："同是天涯沦落人，相逢何必曾相识"句意。

（2）卿，指歌女湘烟。断蓬，断根蓬草，随风旋转不止，喻漂泊不定。

## 【赏析】

钱太史，名金甫，字越江，上海人，清圣祖康熙己未（1679）进士，官翰林院编修。太史，官名。西周、春秋时太史掌管记载史事、编写史书、

起草文书，兼管国家典籍和天文历法等。秦汉曰太史令，汉曰太常，掌天时星历。魏晋以后，修史之职归著作郎，太史专掌历法。隋改为太史监，唐改为太史局。宋有太史局、司天监、天文院等名称。元改为太史院。明清称钦天监，修史之职归于翰林院，故俗称翰林为太史。东湖之名甚多，就诗中"家乡同隔海云东"之句，当指今江苏苏州吴江附近的东太湖，诗人家乡太仓正在太湖之东。诗题中女郎湘烟大约是一位侑酒的歌伎，诗人对她四处飘零的身世表示深切的同情。

这是一首七言绝句。"酒绿灯青夜语中，家乡同隔海云东。"一、二句叙事，写泛舟夜饮时与侍女湘烟交谈中得知其籍贯。人们常用灯红酒绿形容热闹的饮宴场面，泛指奢侈豪华的生活情景。诗人改"灯红"为"灯青"，谓灯焰显出低暗的青蓝色，境界又自不同。唐李贺《伤心行》："灯青兰膏歇，落照飞蛾舞。"王琦汇解云："灯久膏将尽，则其焰低暗作青色。"所以首句不仅写出了诗人与钱太史夜泛东湖饮宴已久，而且交代了诗人与侍女湘烟交谈的事实，这就自然引出次句的"家乡同隔海云东"，一下拉近了两个邂逅素不相识之人的距离，为其下抒怜爱之情张本。湘烟看来是一位侑酒的歌女，漂泊无定，承人欢颜，饱尝人间辛酸，其处境颇易引起正直的人的同情。

诗人也正是这样，所以后两句写道："伤心一种天涯客，卿是飞花我断蓬。"三、四句抒情，是诗人对湘烟的同情，也是自伤。上句化用白居易《琵琶行》中"同是天涯沦落人，相逢何必曾相识"句意，是说二人都是沦落天涯的人，伤心是一样的，末句连用飞花、断蓬比喻二人，卿我对举，对湘烟的怜悯与对自己的哀伤浑然一体，发挥到了极致。清人沈德潜在《清诗别裁集》中评此诗云："'我未成名君未嫁'，感旧也。此则暂时相遇，而飞花断蓬同伤漂泊，于无关合处生出关合，一往情深。"沈氏所评甚独到。在评语中他引用的是唐罗隐《赠妓云英》中的诗句。原诗为："钟陵醉别十余春，重见云英掌上身。我未成名君未嫁，可能俱是不如人。"毛泽东在《罗昭谏集》中，对此诗的后两句字字都画了密圈。在《甲乙集》中，对此诗除圈点外，还批注道："十上不中第。"不仅对罗诗十分欣赏，而且对罗隐的屡试不第深表同情。毛泽东对白居易的《琵琶行》

也十分欣赏。在一本《注释唐诗三百首》中《琵琶行》这首诗的天头上，毛泽东批注说："江州司马，青衫泪湿，同在天涯。作者与琵琶演奏者有平等心情。白诗高处在此，不在他处。其然岂其然乎？"并在标题上连画三个大圈。毛泽东还手书过这首长诗。毛泽东指出《琵琶行》这类诗作者的高明之处在于他们对下层人物有"平等心情"。也就是说作者作为一个封建士大夫，他同情劳动人民，替下层人物说话，是古代文学人民性的表现，是值得肯定的。沈受宏的这首诗虽然不及白诗、罗诗深刻，但亦属同类作品，不愧为一首佳作。（毕桂发）

## 【原文】

# 送　春

> 客舍长安十丈尘<sup>(1)</sup>，闭门终日苦吟身<sup>(2)</sup>。
> 一花一草何曾见，却道今朝是送春<sup>(3)</sup>。

## 【毛泽东圈评等情况】

毛泽东读清沈德潜编选《清诗别裁集》卷二十时圈阅了此诗。

[参考] 张贻玖：《毛泽东评点、圈阅的中国古典诗词》，
中国工人出版社 1992 年版，第 264 页。

## 【注释】

（1）长安，今陕西西安，汉唐故都。此指清代都城北京。

（2）"闭门"句，写诗人在旅舍中刻苦写诗。苦吟，反复吟诵，雕琢字句。唐杜牧《残春独来南亭因寄张祜》："仲蔚欲知何处在，苦吟林下拂诗尘。"

（3）送春，旧时立春日的一种风俗。近代胡朴安《中华全国风俗志·山东·惠民县之岁时》："立春日，官吏各执彩仗……制小春牛遍送缙绅家，谓之送春。"

**【赏析】**

这首七言绝句是诗人描写其客居京师期间，刻苦读书的情形。

诗的头两句是叙事。意思是说，诗人在京师客居期间，终日闭门刻苦读书，屋子里的灰尘很多，也顾不得打扫，客人也不会见。这里的"长安"是京师的代称，实指北京。第三、四句是抒情。意思是说，由于闭门刻苦读书，一个春天一花一草未曾见到，但并不令人感到遗憾，因为自己并没有虚度光阴，不知不觉今日已是送春了！这最后两句，不仅进一步表现了诗人读书的刻苦，而且突出了诗的主旨，表达了自己"陶然有以自乐"的情趣。（徐全太）

# 方登峰

方登峰，字凫宗，号屏垢，江南桐城（今安徽桐城）人，清代诗人。清圣祖康熙贡生，官工部主事，以友人负罪牵连谪戍黑龙江多年，后遇赦，但已先殂于塞外戍所。有《述古堂诗》。

## 【原文】

### 与毛会侯

耆英洛社旧登坛<sup>(1)</sup>，四十归来早罢官。

赴召有谁谗贾谊<sup>(2)</sup>，输租今已累儿宽<sup>(3)</sup>。

休嫌华发功名薄，毕竟青山岁月难。

诗酒柴桑堪闭户<sup>(4)</sup>，文章千古不凋残<sup>(5)</sup>。

## 【毛泽东圈评等情况】

毛泽东读清沈德潜编选《清诗别裁集》卷二十时圈阅了此诗。

[参考] 张贻玖：《毛泽东评点、圈阅的中国古典诗词》，中国工人出版社1992年版，第264页。

## 【注释】

（1）耆英洛社，宋代元丰五年，文彦博留守西京洛阳，仿唐代白居易九老会，聚集洛阳年老的士大夫十二人，在富弼宅第置酒，聚会作乐。十二人中惟司马光一人不及七十，聚宴时尚齿不尚官，时人称洛阳耆老会。耆英，年老优异的人。

（2）"赴召"句，意谓毛会侯的罢官因谗言所致。贾谊（前200—前168），洛阳（今河南洛阳东）人，西汉政治家、文学家，时称贾生。年轻时即受文帝召为博士，不久迁太中大夫，为大臣周勃、灌婴等所排斥，贬为长沙王太傅。后为梁怀王太傅。死时年仅三十三岁。

（3）"输租"句，是说毛会侯是为了老百姓减少租税而被罢官的。兒（ní）宽，西汉千乘人，为廷尉属官，常以古法断狱。武帝时先任左内史，奏开六辅渠；后为御史大夫，和司马迁共定太初历。这些事都对百姓有好处（见《汉书·兒宽传》）。

（4）柴桑，古县名，治所在今江西九江西南，为东晋诗人陶渊明故里。

（5）"文章"句，杜甫《偶题》："文章千古事，得失寸心知。"


**【赏析】**

　　这是一首友人间的互勉诗，为七言律。毛会侯，遂安（今浙江淳安）人，清圣祖康熙戊戌进士，为彰德推官，廉明不阿，历城固祥符令长，以邑宰罢官。后应鸿博之召，又不遇，放归，肆志于诗、古文。登峄也因戴名世案牵连罢官谪戍。诗人与毛会侯同病相怜。诗中，一方面感叹朋友遭遇之不幸；另一方面又劝朋友要淡功名，重诗文，保持高尚的气节，立言以不朽。

　　为了说明毛会侯早年就有建树，诗人在首句借用洛阳耆英会典。第二句，则直破题旨，对友人的罢官表示无尽的感慨和无限的惋惜。当年耆老会的成员，皆为朝廷命官，且都年逾古稀，而今刚刚四十的你，正值年富力强，仕途无限，大有作为之时，却被罢官放归。这和耆老会的成员相比岂不太早！首联两句，诗人借典起兴，感叹朋友遭遇之不幸，为全诗定下了抒情的基调。

　　紧接着，颔联诗人又以贾谊遭谗、兒宽被累的典故，写出了朋友被放归的原因及为官廉明、恤民爱民、深为人民爱戴的高尚品质。以贾谊比毛氏，赞扬他年少有为；以兒宽比友，一方面赞扬友人为官廉正不阿，另一方面说明友人因爱民而被累，进一步指出罢官的原因。

　　至此，诗人借典起兴，不仅感叹毛会侯不幸的遭遇，同时又高度赞扬了毛会侯廉正不阿的高尚品格。

　　颈联诗人由对友人不幸遭遇的描写，转为议论的生发和感慨的抒写。

诗人劝勉朋友，不要觉得如今已满头华发，却不能身居高官，为民分忧。尾联是说青山虽然不老，可人生的岁月往往多艰难坎坷，并不是一帆风顺的。要像陶渊明那样，不为五斗米折腰，隐居柴桑（今江西九江西南），以诗酒自娱，鄙弃功名，保持崇高的气节。显赫的功名只是身外之物，不能流芳百世，只有优美的诗文才能千古不朽。到此，点出诗的主旨，要朋友学陶潜淡名利，立言传世。

此诗对仗工整，用典贴切，浓烈的感情融入叙述之中，增加了诗的广度和内容的深度，体现了诗人苍健、隽永的诗作风格。（英男）

# 严遂成

严遂成（1694—？），字崧瞻，一作崧占，号海珊，乌程（今浙江湖州吴兴）人，清代诗人。清世宗雍正二年（1724）进士，乾隆元年（1736）举博学鸿词，后官云南嵩明州知州。能诗，诗以咏史为工，七律尤畅达豪健，善于议论，后人以与厉鹗、钱载、王又曾、袁牧、吴锡麟并列为"浙西六家"。有《海珊诗钞》等。

【原文】

## 三垂冈

英雄立马起沙陀[1]，奈此朱梁跋扈何[2]。
只手难扶唐社稷[3]，连城犹拥晋山河[4]。
风云帐下奇儿在[5]，鼓角灯前老泪多。
萧瑟三垂冈下路，至今人唱《百年歌》。

【毛泽东圈评等情况】

田家英同志：

近读《五代史》后唐庄宗传三垂冈战役，记起了年轻时曾读过一首咏史诗，忘记了是何代何人所作。请你一查，告我为盼！

毛泽东
十二月二十九日

三垂冈诗一首：

英雄立马起沙陀，奈此朱梁跋扈何。只手难扶唐社稷，连城犹拥晋山河。风云帐下奇儿在，鼓角灯前老泪多。萧瑟三垂冈下路，至今人唱《百年歌》。诗歌颂李克用父子。

[参考] 毛泽东 1964 年 12 月 29 日致田家英信，《毛泽东和他的秘书田家英》，中央文献出版社 1989 年版，第 113 页。

## 【注释】

（1）英雄，指李克用，沙陀人。黄巢起义，李克用率沙陀军助唐镇压，攻入长安，封晋王（见《五代史·唐武皇纪》）。沙陀，西突厥的别部，居新疆天山北路，唐德宗时，李克用父朱邪赤心率族人内附。

（2）朱梁，唐藩镇朱温夺取唐朝政权后，建国号为梁。朱温与李克用为争夺地盘而长期作战。跋扈（hù），专断不听指挥。

（3）社稷，古代帝王诸侯所祭祀的土神和谷神。社，土神；稷，谷神。旧时用为国家的代称。

（4）"连城"句，说李克用无法抑制朱温篡唐自立，只能保持自己的驻地。连城，据有数个城池的诸侯。《史记·平津侯主父列传》："今诸侯或连城数十，地方千里，缓则骄奢易为淫乱，急则阻其强而合从以逆京师。"此指李克用。晋山河，指李克用据有的今山西一带地方。

（5）"风云"以下四句，《新五代史·唐庄宗传》："初，克用破孟方立于邢州，还军上党，置酒三垂岗，伶人奏《百年歌》，至于衰老之际，声辞甚悲，坐上皆凄怆。时存勖在侧，方五岁，克用慨然捋须，指而笑曰：'吾行老矣，此奇儿也。后二十年，其能代我战于此乎？'"克用死后，存勖继立为王。公元 907 年，又败梁军于上党，过三垂冈，感叹地说："此先王置酒处也。"

## 【赏析】

这首七言律诗，是诗人路过三垂冈时，有感于李克用当年事而作的一首怀古诗。三垂冈，在今山西屯留东南。李克用，原是沙陀人，他父亲原名朱邪赤心，曾帮助唐朝镇压庞勋起义，有功，赐名李国昌。李克用也曾帮助唐朝镇压起义军，封为晋王。后其子李存勖建立后唐，尊他为太祖。三垂冈之战，是后唐庄宗李存勖在其父李克用病死后继位晋王之初发生的一场战役。唐哀帝天祐五年（908），李存勖率军埋伏在山西上党附近的三垂冈下，乘天有大雾，攻破后梁拥占的夹城，斩万余人，俘虏将领数百人。

"英雄立马起沙陀，奈此朱梁跋扈何。"首联两句是说李克用是沙陀族的英雄，他极力维护唐王朝的统治，反对朱温的篡唐夺权，但却无奈于朱温势力浩大，无奈于朱温的专横。李克用虽对唐王朝忠心耿耿，但也无力挽回其灭亡的命运。

"只手难扶唐社稷，连城犹拥晋山河。"颔联两句紧接上句"奈此朱梁跋扈何"，是写李克用自己虽无力扶持唐王朝的统治，无力抑制朱温夺取帝位，但他尚且还能维持自己的驻地。

"风云帐下奇儿在，鼓角灯前老泪多。"颈联写李克用的感慨。"风云"在这里指代时势。在封建社会，社会时局动荡不安，战争此起彼伏，这里作者借变幻莫测的"风云"指代连年不断的军阀混战。"帐下"这里特指军营。在那动荡的战争年代，许多战将的后代，从小也就随父辈生活在军营，有不少孩儿，从小也就显示出他们非凡的才干，这里是专指李存勖而言。"老泪多"是指李克用伤悲自己已老，而感叹人生的兴衰。《新五代史·唐庄宗纪》："初，克用破孟方立于邢州，还军上党，置酒三垂岗，伶人奏《百年歌》，至于衰老之际，声辞甚悲，坐上皆凄怆。时存勖在侧，方五岁，克用慨然捋须，指而笑曰：'吾行老矣，此奇儿也，后二十年，其能代我战于此乎？'"克用死后，李存勖继立为王，公元907年，又败梁军于上党，过三垂冈，感叹地说："此先王置酒处也。"

"萧瑟三垂冈下路，至今人唱《百年歌》。"尾联抒情。当诗人路过三垂冈时，秋风萧瑟，一派凄凉景色，诗人与李克用一样对人生的兴衰有着同样的感受。"至今人唱《百年歌》"即抒发出诗人自己对人生兴衰的感叹。李克用父子可称为一代英雄，虽然李克用曾镇压过农民起义，李存勖在历史上也以杀掠与贪财著名，但他们的有些作为毕竟是为了王朝的统一，或许正是因为如此，诗人才借诗称颂李克用父子。

全诗语言畅达豪健，寓意深广，耐人寻味，确是一首佳作。

毛泽东非常喜欢这首诗。所以他在读《五代史·后唐庄宗传》中对三垂冈战役的叙述时，便记起了年轻时读过的严遂成的《三垂冈》一诗，因而写信给他的秘书田家英让帮他查一下，并凭记忆写下了这首诗。逄先知在《古籍新解，古为今用——记毛泽东读中国文史书》一文的边注中，说毛泽东凭记忆下来的《三垂冈》诗，只有两个错字：将"且"作"犹"字，将"畔"作"下"字（见《毛泽东的读书生活》，第218页，三联书店1979年版）。陈晋认为这两个"错"字是根据《海珊诗钞》确定的："根据现存的《海珊诗钞》查对，毛泽东凭记忆写下的《三垂冈》与《海珊诗钞》中的《三垂冈》有两字不同；即第四句'连城犹拥晋山河'中的'犹'字在《海珊诗钞》中为'且'字；第七句'萧瑟三垂冈下路'中的'下'字在《海珊诗钞》中为'畔'字。"陈晋还认为"在清人袁枚的《随园诗话》卷二第六十二则中，袁枚所引的这首《三垂冈》诗，恰好与毛泽东记忆中的一样，即将'且'字写作'犹'字，将'畔'字写作'下'字。"据此陈晋认为："有两种可能：一种可能是，毛泽东是从《随园诗话》中读到并记下这首《三垂冈》的；另一种可能是，毛泽东和袁枚所见到的是同一种版本的《海珊诗钞》或收录了严遂成《三垂冈》诗的某种书。"（《毛泽东读书笔记解析》，第1454页，广东人民出版社1996年版）。这个推断自然不错。不过，我查《随园诗话》（人民文学出版社1960年5月版）卷二第六二则中所引《三垂冈》诗，与毛泽东所记的还有一字不同：毛书第三句中的"只手"，在《随园诗话》中为"赤手"。

又：早在1962年12月22日，毛泽东曾将这首《三垂冈》诗写在12月14日出版的第109期《宣教动态》（中共中央宣传部编印）最后一页的空白处，并批注道："古诗一首。咏后唐李克用和其儿子后唐庄宗李崇（存）勖诗。"（参见《建国以来毛泽东文稿》，第十册，第224—225页，中央文献出版社1996年版）这次毛泽东书写《三垂冈》一诗，除了上面指出的三个字外，还将"萧瑟"的"萧"字写成"飒"字。

1975年5月16日，毛泽东对身边女医生小李说："我送你两句话：'风云帐下奇儿在，鼓角灯前老泪多。'"说着，指着后一句话说："这就是我此时此刻的心情！"这里毛泽东拿诗中形容李克用心情的诗句来比拟自己晚年的心情，也是一种认同吧！（毕桂发）

# 濮淙

濮淙，字澹轩，浙江桐乡（今浙江桐乡）人，清代诗人。

## 【原文】

### 闻梁蘧玉已寓京口

容易相逢尚未逢，老年亲故喜相从。

已辞野店中山酒[1]，望断烟江北固峰。

一夜梦游千里月[2]，五更霜落万家钟[3]。

莫言人远天涯近[4]，书到楼头第几封。

## 【毛泽东圈评等情况】

毛泽东读清沈德潜编选《清诗别裁集》卷二十时圈阅了此诗。

[参考] 张贻玖：《毛泽东评点、圈阅的中国古典诗词》，

中国工人出版社 1992 年版，第 264 页。

## 【注释】

（1）中山酒，传说产于中山的一种名酒，又称千日酒。晋张华《博物志》卷五载："刘玄石于中山酒家沽酒，酒家与千日酒，忘言其节度。归至家当醉，而家人不知，以为死也，权葬之。酒家计千日满，乃忆玄石前来沽酒，醉向醒耳。往视之。云：'玄石亡来三年，已葬。'于是开棺，醉始醒。"此泛指美酒。

（2）"一夜"句，化用李白《梦游天姥吟留别》中"一夜飞渡镜湖月"诗意。

（3）"五更"句，语出唐张继《枫桥夜泊》："月落乌啼霜满天，江枫渔火对愁眠。姑苏城外寒山寺，夜半钟声到客船。"

（4）"莫言"句，化用王勃《送杜少府之任蜀州》"海内存知己，天涯若比邻"诗意。

## 【赏析】

这是一首怀友诗，为七言律。诗题"闻梁蓬玉已寓京口"，即为诗的缘起。闻听老友梁蓬玉已在京口（今江苏镇江）寓居，与自己相去不远，人至暮年，亲朋故旧能够相互追随，还有什么比这更能让诗人高兴呢？处易逢之地，于未逢之时，一个"喜"字成为诗人心情的最好写照，这也是本诗首联的情感核心。

颔联"已辞野店中山酒"句写的是老友的行踪，指其告别野居乡间的生活，寓居京口之事。中山酒，是传说产于中山的一种名酒，又称千日酒。晋张华《博物志》卷五载："刘玄石于中山酒家沽酒，酒家与千日酒，忘言其节度。归至家当醉，而家人不知，以为死也，权葬之。酒家计千日满，乃忆玄石前来沽酒，醉向醒耳。往视之。云：'玄石亡来三年，已葬。'于是开棺，醉始醒。"在此句中，诗人以中山酒代指梁蓬玉曾沉醉的乡间生活，寓居京口，辞酒而去也就是醉梦后的清醒，句中流露出对老友行动的赞同。"望断烟江北固峰"句中，北固峰为京口山名，此代京口。诗人即以"望断"二字对老友的行动进行呼应。老友距自己愈近而急于见到他的心情就愈加迫切，"望断"实为情切之词。这两句前写老友，后写自己，彼呼我应，恰切地表达了诗人与梁蓬玉的深厚友谊。在写法上，实写行动虚写情意，虚实相生，落脚点乃是"情"字。

颈联二句则将诗人的感情带入一种意态朦胧的境地。前面表达的欣喜、急迫的心情在这里沉淀为绵长的思念。古人以为明月可寄相思，故有"明月千里寄相思""但愿人长久，千里共婵娟"的名句，而诗人将身心融于月光，梦游于千里月色之下与老友相会，更渲染了这朦胧月光下流动的无尽思念。"五更霜落万家钟"句更使这绵绵情思从空灵的月空飘进霜落五更的千家万户。在皎皎的月光里，在凄清的晨霜里，在寂寥的钟声里，诗人的思念静静地飘荡，弥漫在天地之间，浸润着这月光，这晨霜，这钟声……这两句从月夜到晨霜，景中含情，情中有景，情景交融，展现了一种扑朔迷离之美。作者的诗情在这里也由外露的急迫进入低徊之境，显得深沉含蓄，从而扩大了诗的情感空间，使其伸缩有方，具有较大弹性，诗的审美空间也由此得以扩大。这两句诗实属点睛之笔，被沈德潜誉为诗中名句。

诗写到这里，诗人思念友人的感情也表达得很充分了，再按原有线索去写就恐有蛇足之嫌，于是诗人在尾联换了角度，变抒情为议论，借议论来抒情。"莫言人远天涯近"是翻王勃"海内存知己，天涯若比邻"之意而用，诗人以"莫"二字将其轻置一边，看似"莫言"，情意却尽在不言中。"书到楼头第几封"句以询问方式再次点出自己心情的急迫，思念的炽烈，与诗的前部呼应，使全诗成为有机的整体。至此，诗人的感情表达得淋漓尽致，意尽而笔收，全诗结束。（何学军）

# 杨 宾

杨宾，字可师，号耕夫，晚号大瓢山人，山阴（今浙江绍兴）人，清代诗人，为人作幕，其父坐事长流宁古塔，请代父戍不许，与弟先后出塞省父。习其地理沿革、山川道里、风土人情，著《柳边纪略》，塞外人称"杨夫子"。有《塞外诗》。工金石碑刻，有《金石源流》等。

【原文】

## 出威远边门

黄沙漠漠暗乾坤[1]，威远城头欲断魂[2]。

芦管一声催过客[3]，柳条三尺认边门[4]。

乱山雪积人烟绝，老树风回虎豹蹲。

从此征鞍随猎马，东行夜夜宿云根[5]。

【毛泽东圈评等情况】

毛泽东读清沈德潜编选《清诗别裁集》卷二十时圈阅了此诗。

[参考] 张贻玖：《毛泽东评点、圈阅的中国古典诗词》，

中国工人出版社 1992 年版，第 264 页。

【注释】

（1）乾坤，《周易》中的两个卦名，乾之象为天，坤之象为地，引申为天地。

（2）"威远"句，化用杜牧《清明》诗"路上行人欲断魂"句意。

（3）芦管，乐器名，截芦制造。白居易《追欢偶作》："石楼月下吹芦管，金谷风前舞柳姿。"

（4）柳条，柳条边，又名盛京边墙、柳墙、柳城、条子边。清康熙朝以来陆续修造的一条柳条篱笆，禁止一切居民越篱笆打猎、放牧、采参。从辽宁凤城至山海关为老边，从开原东北至吉林北为新边，分别由奉天、吉林将军管辖。初设边门二十一，后减为二十。每门常驻官兵数十人，稽查出入。

（5）云根，深山高远云起之处。

**【赏析】**

　　清圣祖康熙初年，杨宾之父安城"为友人累戍守宁古塔"，诗人与其弟"请代不许"，准其"往侍"。这首七言律诗就是写诗人出威远城，去宁古塔的路上所见的情景、所生的感慨。威远，即威远堡，在今山西右玉南。

　　首联写诗人站在威远城门楼上所见之景。诗人居高临下，翘首东望，看到在辽阔无边的大漠里黄沙翻飞，昏天暗地。这一句是对关外恶劣的自然环境的形象描写，一是为了预示诗人路途之险恶，二是为以下诗句定下悲凉的情调。第二句，诗人就将笔触收回，转而描写自己威远城头远眺的复杂情怀。面对"黄沙漠漠"，诗人感到了个人力量之渺小。诗人为自己注定要踏过这漫漫长途而感到凄凉、悲哀。然而，这种命运是谁造成的？是诗人的父亲造成的？显然不是。因为诗人的父亲遭受了比这更悲苦的命运。在这里，诗人显然是要借景抒发一种对于社会现实的不满之情。对于现实的愤慨，对于险恶路途的恐惧，以及对于累戍边方的亲人的挂念，这些正是诗人"欲断魂"的原因。

　　颔联具体写诗人出威远边门时的情景。"芦管一声"，吹者无意，可听者有心。诗人怀着极为复杂的情感，所以，芦管之声在他听来，就好像是催促过客赶路的信号。可见诗人急于到达宁古塔、急于见到自己父亲的心情。"过客"一词具有双重意义：一是暗示诗人在此之前就已走过了很长的路程，二是预示诗人仍然要走很长的路程。这样，路途的困苦、劳顿，就在不言之中了。"柳条三尺认边门"，用的是拟人化的手法，除了更明白地暗示此时正值春天外，主要借柳条对威远城门的依依不舍之貌来反衬诗人的离家背井、远走他乡之苦。是写景，也是在抒情。

颈联是写诗人从威远城一路出发所见到的路旁的萧萧景观。第一句是写远景，极目而望，乱山积雪，人烟飘渺。第二句是写近景，在怒吼的狂风中，路旁的千年老树根错藤绕，凶猛待噬的虎豹踞道旁，煞是吓人。这两句与首联第一句相照应，而又与颔联所写恰成鲜明对比，路途之险恶、困顿再次得到表现，凄凉愁苦之情也因而得到深化。

尾联。"从此""夜夜"诸字都是暗示空间和时间的无限。"宿云根"三字不仅写出了路途之险恶、辛苦，也暗含有诗人去乡离国的凄冷之情。

这首七言律诗，以错落有致的笔触，表达了诗人"辛苦愁惨之音"。诗以诗人行程的先后为线索，运用暗喻、拟人、反衬、借代等多种修辞方法，借景抒情，因景缘情，从而达到了叙事、写景、抒情三者的统一，不失为一首耐人咀嚼的佳作。（左怀建）

# 顾希喆

顾希喆（zhé），字有典，江南长洲（今江苏苏州）人，清代诗人。太学生。师事汪琬（字钝庵），精通五经，偶然作诗，吉光片羽，弥为宝贵。

## 【原文】

### 姑苏杨柳枝词

行春桥下午风和<sup>(1)</sup>，画舫楼船次第过。
一面青山三面水，不知何处柳阴多？

越国佳人旧有名<sup>(2)</sup>，吴中娇舞不胜情<sup>(3)</sup>。
柳腰合是芳魂化<sup>(4)</sup>，长向胥台一路生<sup>(5)</sup>。

## 【毛泽东圈评等情况】

毛泽东读沈德潜编选《清诗别裁集》卷二十时圈点了此两首诗。

[参考] 张贻玖：《毛泽东评点、圈阅的中国古典诗词》，
中国工人出版社 1992 年版，第 265 页。

## 【注释】

（1）行春桥，在今江苏吴县西南，跨越来溪上。

（2）越国佳人，指春秋时越国著名美人西施。

（3）吴中，旧时对吴都城苏州一带的别称，此指西施被献给吴王夫差，为其歌舞。

（4）柳腰，旧时形容女子腰肢柔软，像柳条一样。韩偓《频访卢秀才》："柳腰莲脸本忘情。"

（5）胥台，又叫姑苏台，春秋时吴王阖闾所建，夫差扩建，在今江苏苏州西南姑苏山上。夫差使宫女数千人，造千石酒作长夜歌舞。

## 【赏析】

姑苏，即姑苏城，今江苏苏州，以其地有姑苏山得名。杨柳枝词，汉横吹曲有《折杨柳枝》。唐变作新声，教坊曲有《杨柳枝曲》，本唐人七绝，自中唐刘禹锡、白居易依其体制风韵创作新词以来，历代文人多有拟作。"杨柳枝词"之前冠以"姑苏"二字，是说它有姑苏地区特色。这里选录的顾氏所作二首，应系奉和其师汪琬（钝翁先生）同题之作而成。汪氏原唱，沈德潜赞之曰"全以韵胜"，并称当时"和者甚多"，唯顾氏和作与原作"风神摇曳"，无有逾者。汪琬原诗：

腊尽寒威尚未销，浅黄轻碧影迢迢。
费他烟雨知何限，只替东风染柳条。

白玉堂前发数枝，妆成每自下阶墀。
中庭不是无花看，独为清阴立少时。

师徒二人同题之作，均切合题旨，咏柳遣兴，所不同的是，汪氏全用赋体，而顾氏则赋比兼用，由形及神，古今贯串，引人遐想，逸韵绵绵。

第一首，与汪琬咏柳题旨遥相呼应，由泛舟吴江，游春赏景入手，自然过渡到咏柳赞柳，收到沿波讨源、绿柳生春之效。起句写诗人与师友于风和日丽、暖意融融的午间荡舟江上，欣赏沿江三春好景。"行春桥下"，揭出诗人放舟游春的愉悦之情，"午风和"，进一步写出诗人对拂面春风的亲切感受。"和"不仅仅是指惠风和畅，而且应包含着诗人祥和熨帖之心境。对句照应起句，展示苏州士人泛舟赏春之盛况，将自身之游赏纳入吴下行春时尚之中，衬映出春色之令人陶醉。"画舫楼船"透露出一派繁华景象，"次第过"更给人以画船毗连、游人如织之直感。后半幅由起唱一句直贯而下，括尽泛舟游赏的新鲜感受，借助数字组合而成的山水画面，凸显诗人对沿江绿柳的赞赏钟爱之情。"一面青山三面水"活画出江南水乡山清水秀的迷人风采，"不知何处柳阴多"的巧妙设问，不啻于把读者引向了山环水绕、岸柳成行、绿荫霭霭的人间蓬莱，令人无限神往。

　　第二首，变赋体为比兴，由赞柳之形转为咏柳之神。诗人驰骋想象，由柳枝之婀娜纤细联想到专宠吴宫的越女西施，进而突生奇思：轻柔妙曼的"柳腰"该是西施"芳魂"所化吧？诗的前半幅由咏赞浣纱美人起兴，"吴中娇舞不胜情"重现当年西施专宠吴宫，以娇美柔弱的舞姿取怜于吴王夫差的场景。后两句自西施纤弱柔美的腰肢生发开去，以"柳腰"二字把眼前绿柳与美人西施结合在一起，将物象与喻象合而为一，升华为亦人亦物的美妙意象，尔后用"合是芳魂化"将本体与喻体融为形神兼备的艺术形象，让读者从"长向胥台一路生"的婆娑烟柳中依稀一睹古越美人之芳姿。胥台，即姑苏台。据梁代任昉《述异记》载："吴王夫差筑姑苏之台，三年乃成。周璇诘屈，横亘五里，崇饰土木，殚耗人力。宫妓数千人，上别列春宵宫为长夜之饮，造千石酒钟。夫差作天池，池中造青龙舟，舟中盛陈妓乐，日与西施为水戏。"吴王夫差贪恋女色，专宠西施，堕入越人巧设的"美人计"中，导致国亡身死；越王勾践得西施之助，"十年生息，十年教养"，终于灭掉吴国，称霸吴越。人们在泛舟吴江、乘兴赏柳之际，是否对西施这位以身救国的苎萝浣纱女产生由衷的钦敬呢？也许正缘于此，沈德潜才慨然评曰："风神摇曳，无逾二作"吧！（张大新）

# 沈绍姬

沈绍姬（生卒年不详），字香岩，浙江钱塘（今浙江杭州）人。清代诗人。旅居淮右，垂老不归。诗作不多。

## 【原文】

### 钱塘怀古

城上黄云锁戍楼(1)，城头古木叫钩辀(2)。

地从江底分吴越，天向栏前挂女牛。

尚有荒祠题伍员，曾无杯酒祀钱镠。

可怜人事今萧索，花草依然发故丘。

## 【毛泽东圈评等情况】

毛泽东读清沈德潜编选《清诗别裁集》卷二十一时圈阅了此诗。

[参考] 张贻玖：《毛泽东评点、圈阅的中国古典诗词》，

中国工人出版社 1992 年版，第 262 页。

## 【注释】

（1）黄云，边塞之云。塞外沙漠地区黄沙飞扬，天空常呈黄色，故称。戍楼，边防驻军的瞭望楼。南朝梁元帝《登堤望水》诗："旅泊依村树，江槎拥戍楼。"

（2）钩辀（zhōu），鹧鸪鸟的鸣叫声。

## 【赏析】

钱塘即今浙江杭州。这首七言律诗通过凭吊往古，抒发了山河变迁、朝更代移、人事沧桑之感。

"城上黄云锁戍楼,城头古木叫钩辀。"首联写钱塘城的荒凉孤寂。戍楼,守卫城池的堡垒。钩辀,鹧鸪鸣叫声。昔日繁华的钱塘城,如今是什么样子呢?抬头仰望,孤零的戍楼被黄色的云烟所笼罩,隐隐约约,难以辨清;远眺城头,古木参天,阒无人声,只有"钩辀格磔"的鹧鸪鸣叫回荡四野,摄人心魄,显得更加凄凉萧条。一个"锁"字,形象地写出戍楼云罩烟埋的情景;一个"古"字,不仅使人想到千年古木,而且让人的思绪由今推到往古,紧扣"怀古"题旨。诗中又特意点出鹧鸪鸟鸣,使本已显得萧条的古城显得更加凄凉,因为鹧鸪的鸣叫与猿的悲啼同样凄惨,在古人作品中它们也往往是同时出现的,如唐李德裕有"鹧鸪起兮钩辀,白猿悲兮断续"(《斑竹笔管赋》)的句子,韩愈有"鹧鸪钩辀猿叫歇,杳杳深谷攒青枫"(《杏花》)的诗句。浓密的黄云,古旧的戍楼,参天的古树,凄惨的鸟鸣,组成了一个令人生悲、诱人产生往古幽思的典型场景。

　　"地从江底分吴越,天向栏前挂女牛。"颔联写钱塘的地理位置。吴越,吴国和越国。女牛,牛郎星和织女星。这两句是说,钱塘江将吴、越两国截然分开,牵牛、织女二星高挂在栏前的天空之上。女、牛的隔银河相望,暗寓着吴、越的隔江对峙。想当年,吴越两国你攻我伐,相互杀戮,彼此征战,没个休止,但兴也好,亡也罢,如今都成了历史的陈迹;只有那汩汩的江水,闪烁的星座永恒不变。作者在这里寄寓的感慨隐隐可见。

　　历史王朝如此,而当年踌躇满志、建功立业的臣僚们又如何呢?"尚有荒祠题伍员,曾无杯酒祀钱镠。"颈联作者回答了这一问题。伍员(?—前484),字子胥。春秋吴国大夫,楚大夫伍奢次子。楚平王七年(前522),伍奢被杀,伍员经历宋、郑等国入吴,后来帮助阖闾刺杀吴王僚,夺取了王位,并帮助治理吴国,使吴强盛,不久攻破楚国,为父报仇,以功封于申,人称申胥。吴王夫差时,劝夫差拒绝越国求和并停止伐齐,渐被疏远。后来夫差听信伯嚭谗言,赐剑命他自尽。钱镠(852—932),字具美,唐末临安人,五代时吴越国的建立者。唐末从董昌镇压黄巢起义军。昭宗时拜为镇海镇东军节度使,拥兵两浙,旋封越王。唐亡,后梁开平元年(907),朱温封他为吴越王。在位期间,曾征发民工,修建钱塘江海塘等。颈联吟咏钱塘古迹的蛛网尘封,破败不堪。伍员的祠堂,如今荒凉孤寂，人迹罕至；作为一代英杰的钱镠，如今甚至连一杯薄酒的享祀也得不到。他们尽管曾经在历史上叱咤风云，建立了赫赫功业，然而随着岁月的流逝，他们早已被世人忘却。古冢荒祠，如今无不成了狐窟兔穴。

"可怜人事今萧索，花草依然发故丘。"尾联是作者抒发的感慨。日月如梭，朝更代移，沧海桑田，物在人非，一切都一去不复返了，唯有那荒丘上的花草年复一年地萌芽抽绿，开花结籽。它们与江水、女牛一样永恒。弦外之音，无疑是感叹人生世事的虚化无常。感情颇为深沉。

本诗意境萧索，画面苍凉，很适宜于表达怀古幽思。先写城上、城头，次写江底、天空，再写荒祠、废冢，尾以感慨作结。全诗层次分明，条理清晰。"锁""叫""分""挂""发"等动词的运用也都准确精当，形象生动。（张进德）

## 【原文】

# 寄怀查伊璜先辈

亭亭绝巘结萧斋(1)，高崎龙门百尺阶。

苏晋堂前宜绣佛(2)，马融帐后有金钗(3)。

凄凉歌板怜君僻(4)，磊落文章与世乖。

爱我巴歌长击节(5)，汝南月旦愧齐谐(6)。

## 【毛泽东圈评等情况】

毛泽东读清沈德潜编选《清诗别裁集》卷二十一时圈阅了此诗。

[参考] 张贻玖：《毛泽东评点、圈阅的中国古典诗词》，中国工人出版社1992年版，第262页。

## 【注释】

（1）萧斋，典出唐李肇《唐国史补》卷中："梁武帝造寺，令萧子云飞白大书一'萧'字，至今一'萧'字存焉；李约竭产自江南买归东洛，匾于小亭以玩之，号为'萧斋'。"后沿用为书斋之称，兼取萧瑟之义，犹言寒斋。

（2）苏晋，古代潇洒的名士。蓝田（今陕西蓝田）人，举进士及大礼科，皆上第。唐玄宗先天中为中书舍人。玄宗监国，所下制令，多晋稿。屡直言谏劝，累迁吏部侍郎，典选事，有时誉，终太子左庶子。绣佛，以彩丝绣成的佛像。

（3）马融，东汉经学家、文学家，字季长，右扶风茂陵（今陕西兴平东北）人。编注《周易》《尚书》《毛诗》《论语》等经书。生徒常有千余人。常坐高堂，施绛纱帐，前授生徒，后列女乐，不受礼教羁绊。金钗，本是妇女用的头饰，这里代指妇女。

（4）歌板，即拍板，又叫檀板，打击乐器，用以定歌曲的节拍。

（5）巴歌，古楚地有下里巴人歌，后泛指楚地的民歌以及被封建正统文人所轻视的里巷市井之歌。节，一种用竹编成的、可起和弦作用的古乐器。打击，就是调节乐曲。

（6）汝南月旦，《后汉书·许劭传》载：东汉许劭字子将，汝南平舆人，与从兄许靖俱有高名，二人常在一起评论乡党人物，每月辄更其品题，故汝南俗有“月旦评”，后称品评人物为“汝南月旦”。齐谐，《庄子·逍遥游》曰：“齐谐者，志怪者也。”后世志怪之书多用“齐谐”为书名。

## 【赏析】

本诗为寄怀之作。表面上看，这首七言律诗是在赞颂先辈查伊璜的逸世独立、洒脱不拘，实际上也表达了诗人自己萧然物外、旷达不羁的胸襟和志趣。查伊璜，名继佐，浙江海宁人，明末举人。性耽音律，晚年流连声律以终。

首联“亭亭绝巘结萧斋，高峙龙门百尺阶。”写查伊璜结庐龙门，远离尘世。“巘（yǎn）”，大小两截的山。“绝巘”意为陡峭的山峰。“萧斋”，典出李肇《唐国史补》卷中：“梁武帝造寺，令萧子云飞白大书一‘萧’字，至今一‘萧’字存焉；李约竭产自江南买归东洛，匾于小亭以玩之，号为‘萧斋’。”后沿用为书斋之称，兼取萧瑟为义，犹言寒斋。百尺阶，喻极高之阶。首联意思是，查伊璜结庐于高峻陡峭、百尺阶外的龙门山巅，独居斋舍，自得其乐。

颔联"苏晋堂前宜绣佛，马融帐后有金钗"，描绘查伊璜生活的无拘无束。苏晋，古代潇洒的名士。绣佛，以彩丝绣成的佛像。杜甫《饮中八仙歌》云："苏晋长斋绣佛前，醉中往往爱逃禅。"可见苏晋一面耽禅斋戒，一面又嗜酒狂饮，不受佛门戒规的拘束。马融，东汉经学家、文学家，字季长，右扶风茂陵（今陕西兴平东北）人，曾任校书郎、议郎、南郡太守等职，编注《周易》《尚书》《毛诗》《论语》等经书，使古文经学达到成熟的境地，生徒常有千余人。常坐高堂，施绛纱帐，前授生徒，后列女乐，不受礼教羁绊。颔联运用苏晋、马融典故，比喻查伊璜的逍遥自乐，不受尘世功名利禄及琐碎之事所累，羡慕、敬仰之情溢于言表。

颈联"凄凉歌板怜君僻，磊落文章与世乖。"赞扬查伊璜的不同俗流。歌板，即拍板，又叫檀板（因常用檀木制作），打击乐器，用以定歌曲的节拍。这两句是说，查伊璜居住荒僻之所，知音难觅；听到他孤独凄凉的高歌，不由得让人产生悲悯之心；人们从他那表现自己洒脱不拘、直率开朗胸怀、与世俗相乖悖的文章中，看到了他胸襟的磊落坦荡，又使人产生无限崇敬之情。颈联在赞扬查伊璜的同时，也流露出作者对其落魄不遇遭遇的深深同情。

尾联"爱我巴歌长击节，汝南月旦愧齐谐。"是歌颂查伊璜的我行我素，不随流俗沉浮。巴歌，古楚地有下里巴人歌，后用以泛称楚地的民歌以及被封建正统文人所轻视的里巷市井之歌。节，一种用竹编成的、可起和弦作用的古乐器，击节，即用手或拍板调节乐曲。汝南月旦，据《后汉书·许劭传》载：东汉许劭字子将，汝南平舆人，与从兄许靖俱有高名，二人常在一起评论乡党人物，每月辄更其品题，故汝南俗有"月旦评"，后称品评人物为"汝南月旦"。齐谐，《庄子·逍遥游》曰："齐谐者，志怪者也。"成玄英《疏》云："姓齐名谐，人姓名也；亦言书名也，齐国有此俳谐之书也。"后世志怪之书多用"齐谐"为书名。此二句意为，查伊璜击节高唱自己所喜爱的、为世俗所轻视的"下里巴人"之歌，乐在其中；依据自己的标准去褒贬世人，评论世事，让那些荒诞不经的志怪之作感到羞愧。

本诗语言凝练，使事用典不落俗套。结构上先交代人物所居，次描写

人物生活，再赞扬人物之磊落，末以歌颂人物的不凡志趣、孤标独步作结，层层紧扣，浑然一体。（张进德）

## 【原文】

# 寄家人

归来偕隐计犹虚<sup>(1)</sup>，垂老他乡叹索居<sup>(2)</sup>。

别久乍疑前劫事，路歧才得去年书<sup>(3)</sup>。

梦如柳絮飞无定，愁似芭蕉卷未舒。

记得小园亲手植，一栏红药近何如<sup>(4)</sup>？

## 【毛泽东圈评等情况】

毛泽东读清沈德潜编选《清诗别裁集》卷二十一时圈阅了此诗。

[参考] 张贻玖：《毛泽东评点、圈阅的中国古典诗词》，中国工人出版社 1992 年版，第 262 页。

## 【注释】

（1）偕隐，一起隐居。《左传·僖公二十四年》："其母曰：'能如是乎？与女偕隐。'"后代诗文中"偕隐"一语，是用东汉鲍宣桓少君夫妇同归乡里的典故："妻乃悉归侍御服饰，更著短布衣，与宣共挽鹿车归乡里。"（《后汉书·鲍宣妻传》）

（2）垂老，将近老年。唐杜甫《垂老别》："四郊未宁静，垂老不得安。"索居，孤独地散居一方。《礼记·檀弓上》："吾离群而索居，亦已久矣。"郑玄注："群，谓同门朋友也；索，犹散也。"

（3）路歧，歧路，岔道。《初学记》卷十六引晋王廙《笙赋》："发千里之长思，咏别鹤于路歧。"

（4）红药，芍药花。南朝齐谢朓《直中书省》："红药当阶翻，苍苔依砌上。"

## 【赏析】

这首七言律诗是思乡客子的家书，表达了作者客居他乡、落魄江湖的哀愁隐忧以及拳拳在怀、挂肚牵肠的桑梓之念。

"归来偕隐计犹虚，垂老他乡叹索居。"首联言偕隐之甫能，叹索居之孤寂。偕隐，共同退隐，不去做官。垂老，将老。索居，独居、散居。作者寄迹淮右，垂老不归，一生蹉跎，知音难觅，满腹的落寞、忧愁不言自明。归乡携亲人共同隐居，想来尚不现实，只有自己老死异乡，自我叹息，居穷守约而已。首联饱含了作者的凄怆之情，这既是向家乡亲人的陈述诉说，也是诗人的自怨自怜。

"别久乍疑前劫事，路歧才得去年书。"颔联写久别忆前事，顿生疑虑；路歧得去年的家书，聊以自慰。路歧，大道上分出小路，在诗中可理解为生活中的逆境、波折。前劫事，不详，大约是指家中曾发生过的灾难之事。久居他乡，家事杳无音讯，但作者身居异乡，心念桑梓，往昔家里所发生的各种事情常常萦绕在心，清晰可见，不由使人疑虑顿生；在境遇多舛，流落不偶的窘困中，得到家书一封，欣喜若狂之状自然不难想见。但睹书思人，落魄之愁加上思乡之情，更让人肝肠寸断，痛不欲生。

"梦如柳絮飞无定，愁似芭蕉卷未舒。"颈联直抒胸中之愁。得到家中书信，思极难以入眠，好不容易进入梦境，期望梦归乡园，与家人欢聚，谁料难遂其愿，梦竟也如同身一样，似柳絮飘飞不定；醒来更加失意，愁绪如同卷叶的芭蕉难以展舒。可见，不闻家讯生愁恨，见了家书愁更愁。

"记得小园亲手植，一栏红药近何如？"尾联是思极之语。叹索居、疑前事、得家书、梦无定、愁难舒，千头万绪，竟无从表达，而忆自己于小园中亲手种植的一栏芍药，讯问其荣悴，真如神来之笔，别具匠心，摄人心魄。

本诗语言质朴无华，平易晓畅，很符合"家书"的特点。作为家书，作者并没讯问家中的情况如何如何，没有用思念之类的词语，而是铺陈自己的孤独寡居，别久忆旧、梦如柳絮、纡郁难释，尾联又以讯问手植之红药荣悴作结，但读者既可见出作者对亲人的真挚思念，又可窥见作者对乡园故土的拳拳关注。感情充沛，颇为感人。（张进德）

# 【原文】

## 蚊

斗室何来豹脚蚊<sup>(1)</sup>？殷如雷鼓聚如云<sup>(2)</sup>。

无多一点英雄血，闲到衰年忍付君！

# 【毛泽东圈评等情况】

毛泽东读清沈德潜编选《清诗别裁集》卷二十一时圈阅了此诗。

[参考] 张贻玖：《毛泽东评点、圈阅的中国古典诗词》，
中国工人出版社 1992 年版，第 262 页。

# 【注释】

（1）豹脚蚊，蚊子的一种，以脚有花纹，故名。《尔雅·翼·释虫三》"蚊"："其生草中者，吻尤利，而足有纹彩，吴兴号为豹脚蚊子。"

（2）殷，本指雷声，《诗经·召南·殷其雷》："殷其雷，在南山之阳。"毛传："殷，雷声也。"这里形容蚊子的声音。

# 【赏析】

这是一首咏物诗，为七言绝句，抒发了作者时乖命蹇、落魄不偶，怀才不遇、老死蓬蒿的感叹。

"斗室何来豹脚蚊？殷如雷鼓聚如云"，是咏蚊。斗室，谓极小之室。豹脚蚊，蚊之一种，以脚有花纹，故名。苏轼《次韵周开祖长官见寄》诗有"风定轩窗飞豹脚，雨余栏槛上蜗牛"句，诗下注曰："湖州多蚊，豹脚者尤毒。"殷，本指雷声，这里用以形容蚊声。这两句是说，小小陋室，从哪里飞来这么多豹脚蚊呢？嗡声如响雷鸣鼓，如云聚集，赶轰不散。诗人本来就为自己才高运蹇、怀才不遇而自伤自艾，毒蚊的嗡鸣聚集，犹如火上浇油，更使诗人愁苦不堪。

"无多一点英雄血，闲到衰年忍付君！"是诗人的激愤之语。作者空怀远志，终老户牖，满腹才学而无人赏识，常以英雄自喻但闲居困顿，既

然这一腔热血难以派上用场，干脆将它付与毒蚊享用算了！这是诗人的不平之鸣，也是对扼杀人才的社会的控诉！

这首诗慨当以慷，感情深沉，激愤之语借咏蚊而泻出。读罢此诗，定会激起人们对埋没人才的黑暗社会的无比愤慨，并对诗人抱才终老的坎坷命运产生深深的同情。（张进德）

# 冷士嵋

冷士嵋，字又嵋，江南丹徒（今江苏镇江丹徒区）人，清代诗人。有《江冷阁文集》。

## 【原文】

### 寄刘令言

关河霜冷雁南游，云物凄凉属暮秋。
万里飘蓬犹作客<sup>(1)</sup>，三年戎马更登楼。
艰难阮籍穷途返<sup>(2)</sup>，憔悴江淹去国愁<sup>(3)</sup>。
为报他山摇落尽<sup>(4)</sup>，风尘惟有敝貂裘<sup>(5)</sup>。

## 【毛泽东圈评等情况】

毛泽东读清沈德潜编选《清诗别裁集》卷二十一时圈阅了此诗。

[参考] 张贻玖：《毛泽东评点、圈阅的中国古典诗词》，
中国工人出版社 1992 年版，第 265 页。

## 【注释】

（1）"万里"句，化用杜甫《登高》中"万里悲秋常作客，百年多病独登台"诗意。

（2）阮籍穷途返，用晋代诗人阮籍途穷而哭典故。据《晋书·阮籍传》载：籍"时率意独驾，不由径路，车迹所穷，辄恸哭而反"。

（3）"憔悴江淹"句，南朝齐梁文学家江淹《别赋》："至如一赴绝国，讵相见期？视乔木兮故里，决北梁兮永辞。"

（4）摇落，语出宋玉《九辩》："悲哉，秋之为气也！萧瑟兮，草木

摇落而变衰；憭慄兮，若在远行。"

（5）敝貂裘，用战国策士苏秦不遇事，语出《战国策·秦策一》。

## 【赏析】

这首七律，是客居异乡的诗人深秋感怀念远之作。首联点破暮秋思归题旨，孤独凄凉之绪弥漫于字里行间。"关河霜冷"与"云物凄凉"相互生发，写出诗人处境之荒漠冷寂，"雁南游"与"属暮秋"时节，边地之辽远，游子怀乡之情，在南游的雁阵中无限伸展；北雁尚不耐"关河霜冷"之"凄凉"，纷纷"南游"，远离故乡的边地游子更何以堪！颔联化用杜甫"万里悲秋常作客，百年多病独登台"（《登高》）诗意，申足首联暮秋感怀思归之意，以地域上的离乡"万里"与时间上的"三年"戍边相对举，构成一个空旷寥落的宇宙空间，极尽"戎马"边塞的"飘蓬"之叹。透过"犹作客""更登楼"的字面，读者油然忆及安定城头"虚垂泪"的李义山和登上当阳城楼"悲旧乡之壅隔兮，涕横坠而弗禁"的王仲宣。"犹作客""更登楼"的诗人与白帝城上慨叹"常作客""独登台"的杜陵老人可以说是千年同悲，异代相知。

颈联紧承颔联而来，以穷途而哭的阮籍与因伤别而"黯然销魂"的江淹自喻，向友人诉说壮志不酬、沉沦戎幕的悲愁。据《晋书·阮籍传》载：籍"时率意独驾，不由径路，车迹所穷，辄恸哭而反"。诗人以身处浊世，生计艰难的嗣宗自况，对"英雄无用武之地"的时事的感慨与怨尤隐约可见。"憔悴江淹去国愁"句与上句互为表里，进一步抒泄离乡背井、寄身戎幕的悃郁。江淹《别赋》有云："至如一赴绝国，讵相见期？视乔木兮故里，决北梁兮永辞。"诗人之所以自比憔悴去国的江淹，正在于其流落边关的凄凉悲郁与《别赋》所咏毫无二致。

尾联与颈联相毗连，且照应绾合首联命意，借景抒怀，淋漓写出悲秋穷愁之绪。他山，即异乡山河，此处当指边地。摇落，语出宋玉《九辩》："悲哉，秋之为气也！萧瑟兮，草木摇落而变衰；憭慄兮，若在远行。"初唐陈子昂《感遇》诗有曰："岁华尽摇落，芳意竟何成。""敝貂裘"系咏叹苏秦不遇事，语见《战国策·秦策一》："说秦王书十上而说不行，黑貂之裘弊，黄金百斤尽，资用乏绝，去秦而归。"时当草木摇落之暮秋，潦倒边关的诗人，壮志成空，不由自主地想到游秦未果的苏秦，内心里涌出无尽酸涩苦悲，脱口吟道："为报他山摇落尽，风尘惟有敝貂裘。"乍一看，似有几分诙谐自嘲的兴味；为答谢边关之肃杀冷落，我别无选择，只好像苏秦那样，身着破旧的皮裘，风尘仆仆地踯躅在荒凉的边关。读者诸君细心咀嚼，只好向悒郁悲吟的诗人报以含泪的苦笑。（张大新）

# 王丹林

王丹林（约1692年前后在世），字赤抒，浙江钱塘（今浙江杭州）人，清代诗人。官中书舍人。诗学杜牧、温庭筠，有《野航诗集》。

## 【原文】

### 白桃花次乾斋侍读韵

相逢不信武陵村，合是孤峰旧托根[1]。

流水有情空蘸影[2]，春风无色最销魂[3]。

开当玉洞难知路[4]，吹落银墙不见痕[5]。

多恐赚他双舞燕[6]，误猜梨院绕重门。

## 【毛泽东圈评等情况】

毛泽东读清沈德潜编选《清诗别裁集》卷二十一时圈阅了此诗。

[参考] 张贻玖：《毛泽东评点、圈阅的中国古典诗词》，
中国工人出版社1992年版，第265页。

## 【注释】

（1）"合是"句，写白桃花仿佛梅花。孤峰，今浙江杭州西湖的孤山，多梅树；或指天台山山峰。旧托根，言白桃花前身是梅花。

（2）空蘸影，言流水有情，也只能留下白桃花的影子。此句暗中反用"落花有意，流水无情"之意。

（3）"春风"句，化用唐崔护《题都城南庄》中"人面不知何处去，桃花依旧笑春风"诗意。

（4）"开当"句，言白桃花假若开在武陵洞中，更会使人迷不知路。玉洞，岩洞的美称，亦指仙道或隐者的住所，指武陵桃源洞。《桃花源记》写

武陵渔人离开桃花源后，重寻其地，"遂迷，不复得路"。这里暗用其典。

（5）"吹落"句，写白桃花之"白"，不易辨认。银墙，白墙。

（6）"多恐"二句，言燕子要把白桃花误认为梨花，而在种植白桃花的院子门前飞来绕去了。多恐，实在担心。赚，欺骗。

## 【赏析】

诗题《白桃花次乾斋侍读韵》。陈元龙字广陵，号乾斋，与王丹林同乡。侍读，侍奉皇帝读书的官员。陈元龙，清圣祖康熙二十四年（1685）曾为侍读，清代翰林院、内阁均置有侍读，是侍奉皇帝讲论文史的官员。康熙三十四年（1695）曾作《白桃花》诗六首，其一云："净洗铅华谢俗喧，妖红队里结琼根。梨云一片曾同梦，梅花三分与借魂。人面相看春有恨，渔舟重过月无痕。不逢幽赏谁知重，漠漠含情尽掩门。"

这首依韵奉和的白桃花诗为七言律，诗构思巧妙，想象丰富，读来神思飞越，韵味悠长。首联由眼前盛开的白桃花荡开思路，联类而及于刘晨、阮肇入天台山采药，误入桃源洞，与仙女邂逅的古老传说，给全诗笼上一层迷离奇幻的烟云。出句"相逢不信武陵村"，由观赏白桃花切入题旨，以否定之否定的口气，指出这一派胜景并非陶潜笔下武陵桃花源。对句即道破意念之所钟："合是孤峰旧托根"。两句大意是说：面对着一片晶莹如雪的白桃花，直觉地感到这里并非武陵渔人所到的桃花源，而应是植根于天台孤峰的仙境旧物。据《太平广记·天台二女》："刘晨、阮肇入天台山采药，远不得返。经十三日，饥，遥望山上有桃树，子熟，遂跻险援葛至其下。啖数枚，饥止体充。"诗人将这一富有浪漫情趣的传说融入诗篇，给全诗抹上了几许奇幻的色彩。

颔联紧承首联，虚实相参，想象飞驰，读来兴味隽永，心荡神移。"流水有情空蘸影"，是说天台山下的溪水深深流淌，沾带着桃花空灵的倩影。流水虽然自作多情，只不过徒然裹挟几许桃花的影子，哪能有刘、阮遇仙的福分呢？诗句不着痕迹地将刘、阮溪边与仙女相识的传说融入其中，唱叹之际，不免心旌摇荡，难以自已。"春风无色最销魂"，与出句互相生发，借对神话境界的向往表达对春风碧桃的赞美之情。

颈联以承作转，由形通神，描绘白桃花缤纷鲜洁的丽形俏影。"开当玉洞难知路"，仍契合天台人神相恋事。玉洞，即神女居住的桃源洞，难知路，即难辨归路。全句大意是说，仙洞四周开满了晶莹如雪的白桃花，沉迷其中的刘、阮难以寻觅归路。"吹落银墙不见痕"，着意渲染白桃花莹白飞坠的花瓣。上文言"玉洞"，对句自然以"银墙"相衬，花之白与墙之白，浑然融成一色，故有"不见痕"之叹赏。

尾联突发奇想，由在花丛中翩翩起舞的双燕展开奇妙的联想：筑巢在梨园深处的小燕子，何以在白桃花丛中飞上舞下，兴许是把桃花林误作梨园了吧？诗人似乎是在不经意之中赋予眼前春色以无限的生机，白桃花与雪白的梨花互相映衬，穿梭般飞翔在花丛中的双燕更给万花竞放的满院春色平添几许诱人的景象。难怪归愚老人于篇末欣然评曰："无剪刻痕，有天然趣。"（张大新）

## 【原文】

### 乾斋再赋白桃花重和

亚水仍宜晓涨时[1]，似无姿处最多姿。
融融和露逢三月，皎皎临风见一枝。
缟袖未依秦隐士[2]，蕊宫休遇汉偷儿[3]。
红尘拂面何曾染，枉赋刘郎紫陌诗[4]。

## 【毛泽东圈评等情况】

毛泽东读沈德潜编选《清诗别裁集》卷二十一时圈阅了此诗。

[参考] 张贻玖：《毛泽东评点、圈阅的中国古典诗词》，
中国工人出版社 1992 年版，第 265 页。

## 【注释】

（1）"亚水"句，写白桃花枝在小河涨水时低拂水面。亚水，花枝低拂水面之状。白居易《晚桃花》："一树红桃亚拂池，竹遮松荫晚开时。"

（2）缟袖，洁白的衣袖，借喻白桃花。秦隐士，暗用陶渊明《桃花源记》中源中人"自言先世避秦时乱，率妻子邑人来此绝境"之典，赋予白桃花不肯随波逐流的清高品格。

（3）蕊宫，即珠蕊宫，泛指仙人所居之地，此处借指天台二仙女所居之所。汉偷儿，指刘晨、阮肇。刘晨、阮肇入天台山采药，遇二仙女前，曾偷摘山上桃子充饥，其事在东汉明帝永平五年（62），故诗中戏称其为"汉偷儿"（见刘义庆《幽明录》）。

（4）"红尘"二句，化用刘禹锡《戏赠看花诸君子》"紫陌红尘拂面来"句意，二句意谓白桃花何曾被红尘沾染，刘梦得徒然写诗嘲俗。

## 【赏析】

与上首次韵奉和的白桃花诗相较，这首重和的七律变化中以赋为主，侧重于正面描摹白桃花皎洁繁茂的芳姿，更具毫无矫饰的天然风韵。诗的前半幅紧紧围绕旭日初上时分白桃花临风和露的动人形象，展开由全景到局部的传神摹写，给读者以亲临其境的直观感受。首联为诗人远观全景所获得的整体印象：早晨，溪水涨起了微微的春潮，一枝枝晶莹如雪的白桃花低拂在绿波之上，交相衬映，令人悦目赏心。亚水，即花枝低拂水面之貌；亚，低、俯义。白居易《晚桃花》诗有云："一树红桃亚拂池，竹遮松荫晚开时。""亚水仍宜晓涨时"，意谓白桃花花枝披拂，恰与初涨的溪水亲切地吻接，两两相称，十分熨帖。"似无姿处最多姿"紧承出句而来，对拂水桃花的婀娜鲜洁由衷赞美：枝枝白桃花轻拂溪水，乍看似无甚动人之处，细细审视，春花与绿水相亲，煞是动人，真可谓"道是无情却有情"！

领联紧扣"似无姿处最多姿"的状貌特征，依春和景明的三春美景为依托，由整体到部分地展示含情带露的白桃花的绰约风姿。"融融和露逢三月"，照应起唱句之"亚水仍宜晓涨时"，将白桃花置入惠风和畅、万木争荣的阳春三月背景之下，凸显其沾露含笑沐浴朝日的和乐之态。"皎皎临风见一枝"进一步将镜头移近，由全景式展现变为细部的特写。皎皎，洁白光明貌。白桃花本已洁白璀璨，在晓风吹拂之下沾露含笑的花枝更令人倾倒。

颈联由描绘白桃花外部形态的绰约多姿转向对其晶莹独立品格的发掘与赞美。"缟袖未依秦隐士",暗用陶渊明《桃花源记》中源中人"自言先世避秦时乱,率妻子邑人来此绝境"之典,反衬白桃花矫首独立,不肯依托他人随波逐流的清高品格。缟袖,即洁白的衣袖,用以借喻白桃花,赋予其皎然独立的人格精神。"蕊宫休遇汉偷儿",将刘、阮入天台攀岩摘桃的传说融入诗中,既突出白桃花的非同凡花,又披露了诗人对玲珑剔透的白桃花的无限珍爱之情。蕊宫即珠蕊宫,泛指仙人所居之地,此处借指天台二仙女所居之桃源洞。据南朝宋人刘义庆所撰《幽明录》载,剡县刘晨、阮肇入天台采药遇仙乃在东汉明帝永平五年(62),诗中故戏其为"汉偷儿"。

尾联化用唐刘禹锡《戏赠看花诸君子》诗句(全诗:紫陌红尘拂面来,无人不道看花回。玄都观里桃千树,尽是刘郎去后栽。)反衬白桃花品格高洁,不为"红尘"所染。言外之意约有两端:一曰白桃花不像红桃花那样附和流俗,加入紫陌红尘的大合唱;二曰桃花如能都像白桃花这样晶莹如雪,一尘不染,何劳刘梦得煞费苦心吟诗嘲俗呢?诗人于题咏白桃花之余,巧妙地将个人高尚的情操融入其中。(张大新)

## 【原文】

# 题桃叶渡江图

细雨横塘记昔过[1],画图开处奈愁何!

桃花一簇红无主[2],春水三篙绿始波[3]。

解珮清狂余仿佛[4],溅裙宿约竟蹉跎[5]。

由来兰桨无情物,锦瑟华年送已多[6]。

## 【毛泽东圈评等情况】

毛泽东读清沈德潜编选《清诗别裁集》卷二十一时圈阅了此诗。

[参考]张贻玖:《毛泽东评点、圈阅的中国古典诗词》,

中国工人出版社1992年版,第265页。

（1）横塘，古堤名，三国时吴沿秦淮河南筑堤至长江口，称横塘，在今江苏南京。唐崔颢《长干曲》："君家住何处？妾住在横塘。"桃叶渡比邻横塘，此句写桃叶渡江事。

（2）"桃花"句，化用杜甫"桃花一簇开无主"诗句。

（3）"春水"句，由周邦彦词句"愁一箭风快，半篙风暖"点化而成。

（4）解珮，指郑交甫江皋遇仙事（见刘向《列仙传》）。清狂，指王献之。

（5）溅裙，据《北齐书·窦泰传》载，泰母有娠，期而不产，大惧。有巫曰："渡河溅裙，产子必易。"泰母从之，俄而生泰。后以溅裙指妇女怀孕至水边洗裙，以利分娩。李商隐《拟意》："濯锦桃花水，溅裙杜若洲。"宿约，旧约。

（6）"锦瑟"句，李商隐《锦瑟》："锦瑟无端五十弦，一弦一柱思华年。"

【赏析】

诗题《题桃叶渡江图》。桃叶，东晋名士王献之（字子敬）姬，子敬曾作《桃叶歌》，催桃叶渡江，其辞曰："桃叶复桃叶，渡江不用楫。但渡无所苦，我自迎接汝。"这段流传广泛的风流韵事，历代文人多有题咏。以桃叶渡江为题材的画幅，亦代有名作。王丹林这首七律，名为题画，实则是由赏画而勾起的一段伤心恋情的追忆和叹惋，可以说是借古人之酒杯，浇自己之块垒。

首联"细雨横塘记昔过，画图开处奈愁何！"诗一开头，就掩饰不住地披露了由观赏《桃叶渡江图》而牵动的一腔愁绪。出现在画面上的桃叶渡，毗邻横塘，那里曾是诗人在细雨蒙蒙之中与情人泣别之所。桃叶渡江，是一对有情人别离后的欢会，这对于由欢合而离散的失恋者无疑是强烈的精神刺激，难怪他开卷观赏之际立刻愁绪万斛，难以自持了。提起横塘，诗人情不自已地忆起贺方回"凌波不过横塘路，但目送、芳尘去"（《青玉案》）的幽怨词句，有着同样痛苦体验的诗人可谓是他的隔代知音。

　　"桃花一簇红无主，春水三篙绿始波。"颔联化用前人诗词语句，由"奈愁何"而勾起当年与情人洒泪分袂时暮春景色的追忆。"桃花"句系由杜甫诗句"桃花一簇开无主"变换而来，情感由欣悦一变而为感伤。"春水"句似由周邦彦词句"愁一箭风快，半篙风暖"点化而成。"绿始波"实为"波始绿"的倒装。两句互相生发，具象表达诗人伤春叹逝的怨情离思。

　　"解珮清狂余仿佛，溅裙宿约竟蹉跎。"颈联嵌入"解珮""溅裙"两个典故，以无限惋惜的心情重温昔日热恋场景，好景不长，宿约成空，惟余叹息和伤悼。解珮，指郑交甫江皋遇仙事，见刘向《列仙传》："江妃二女……出游于江汉之湄，逢郑交甫。见而悦之，不知其神人也……交甫下请其佩，遂手解佩与交甫。交甫悦受，而怀之当心。趋去数十步，视佩，空怀无佩。顾二女，忽然不见。"诗人运用此典，显系借此遥忆当年与恋人定情始末。清狂，乃诗人以郑生自比。余仿佛，是说昔年与情人易物定情细节至今仍历历在目，依稀可见。溅裙，指李商隐与柳枝相恋事：洛中少女柳枝仰慕义山才华，因义山堂兄而知义山居于毗邻，遂"抱立扇下，风障一袖"，与义山约曰："后三日，邻当去溅裙水上，以博山香待，与郎俱过。"后来义山友人戏盗其卧装而去，一对有情人终成悬隔。溅裙是古时一种洗裙酹酒、祓除灾厄的宗教仪式。宿约，即事先的密约。竟蹉跎，惋惜追悔之情难以言喻：一段美满恩爱竟然中途颠蹶，好不伤感！

　　"由来兰桨无情物，锦瑟华年送已多。"尾联将诗人伤别叹逝之情与桃叶渡江事绾合在一起，集中抒发流年似水、青春不再的人生悲慨。李商隐有诗曰："锦瑟无端五十弦，一弦一柱思华年。"贺铸《青玉案》词亦慨惜"锦瑟年华谁与度"，在人生与爱情的体验上，从古到今有多少人产生过强烈的情感共鸣啊！（张大新）

# 顾嗣协

顾嗣协，字迂客，号依园，又号楞伽山人，江苏长洲（今江苏苏州）人。清代诗人。官新会知县，为官清廉。《清诗别裁集》录存其诗三首。

## 【原文】

### 杂 兴

骏马能历险<sup>(1)</sup>，力田不如牛<sup>(2)</sup>。

坚车能载重<sup>(3)</sup>，渡河不如舟。

舍长以就短<sup>(4)</sup>，智者难为谋<sup>(5)</sup>。

生材贵适用<sup>(6)</sup>，慎勿多苛求。

## 【毛泽东圈评等情况】

1945 年重庆谈判期间。

一天，毛泽东给在身边工作的几个小伙讲《水浒传》中浪里白条张顺智斗黑旋风李逵的故事。他讲，张顺为发挥自己嬉水如蛟龙的本领，让李逵到水中搏斗，其结果，黑旋风的威风在水中一扫而尽，被张顺轻而易举大获全胜。讲到这里，毛泽东背诵了清顾嗣协的一首诗：

骏马能历险，力田不如牛。

坚车能载重，渡河不如舟。

舍长以就短，智者难为谋。

生材贵适用，慎勿多苛求。

[参考] 李清华：《雾都较量》，中共中央党校出版社 1994 年版，第 129 页。

## 【注释】

（1）骏马，良马。《韩非子·十过》："垂棘之璧，吾先君之宝也；屈产之乘，寡人之骏马也。"唐杜甫《李鄠县丈人胡马行》："丈人骏马名胡骝，前年避胡过金牛。"

（2）力田，努力耕田，亦泛指勤于农事。

（3）坚车，好车。《墨子·辞过》："当是之时，坚车良马，不知贵也。"按，《后汉书·皇后纪上·和熹邓皇后》："今末世贵戚食禄之家，温衣美饭，乘坚驱良。"唐李贤注："坚谓好车，良谓善马也。"

（4）舍长以就短，舍其所长，留其所短。就，留。

（5）智者，有智谋或有智慧的人。《韩非子·主道》："明君之道，使智者尽其虑。"谋，谋虑，谋划。唐陈子昂《答制问事·明必得贤科》："智者不为愚者谋，勇者不为怯者死。"

（6）生材，养植竹木，亦用以比喻培植人材。《周礼·地官·大司徒》："颁职事十有二于邦国都鄙，使以登万民……九曰生材，十曰学艺。"郑玄注："生材，养竹木者。"适用，适合使用。

## 【赏析】

杂兴（xìng）是一种有感而发、随事吟咏的诗歌形式。唐宋都有以"杂兴"为题的诗篇。如唐李颀《杂兴》，唐储光羲《田家杂兴》，唐王昌龄《杂兴》，宋范成大《四时田园杂兴》等。

这是一首哲理诗。哲理诗是阐明宇宙和人生原理的一种诗歌。这首五言律诗阐释了对人才不能苛求的人生原理。"骏马能历险，力田不如牛。"首联将骏马与牛作对比，说明骏马有长处，也有短处。首句先说骏马的长处：它能经历艰难险阻，使主人转危为安，这只有良马才能做到，而一般的马便无能为力了，这显然是一个很大的优点。但寸有所长，尺有所短。事物总是一分为二的，长处和短处也总是紧密相连的。次句说骏马也有短处：如果让它干农活，比如犁地、耙地、拉车等，它就不如黄牛了。对比之下，骏马的优长和短缺，十分清楚。"坚车能载重，渡河不如舟。"颔联再拿坚车作喻，它有长处和短处。好车的长处是承载重物，这是和一般的车子比较，显出它的优点，但如果换一种比较的对象，让它和船相比，渡起河来它就远不如舟船了，岂但不如，简直是不能，这正是坚车的短处所在。经过上面两组大家熟知的事物的比较，便阐明了一种事理："舍长以就短，智者难为谋。"颈联议论，是由上面所列举事物的比较而生发出的道理。二句是说，如果舍去事物的长处而保留其短处，再有智慧的人是也难于为它谋划。这就是说，任何事物都应该用其所长，避其所短，才于事物有所裨益，而不是相反。所以诗人最后写道："生材贵适用，慎勿多苛求。"尾联继续议论，涵盖面更广，意义更深刻。诗人最后归结到培养人才应该以适合应用为准，千万不可过分地要求。对人应该用其所长，避其所短，不应求全责备，这便是诗的题旨。而这一题旨的揭示，作者先以两组人们所熟知的事物作喻，再后加以合理推论，得出的结论便水到渠成，很有说服力了。

1945 年国共两党重庆谈判期间，毛泽东有一天先向身边工作人员讲述了《水浒传》第三十八回中浪里白条（跳）张顺智斗黑旋风李逵的故事。李逵去抢鱼下酒，遇见张顺，二人在岸边厮打，张顺不是李逵的对手。后张顺驾了只船，引诱李逵上船，然后把他翻入江中，略识水性的李逵，哪里是"踏着水浪，如行平地"的张顺的对手，被张顺淹得死去活来。两人的打斗，在陆地与在水里，输赢相反，都是扬长避短的结果。这说明用人一定要用其所长、避其所短。讲完这个故事后，毛泽东又背诵了上面所讲顾嗣协的那首诗，说的这正是这样一个道理。因为在重庆谈判期间，毛泽东面对着各种各样的人：国民党、赫尔利·马歇尔、各民主党派、无党派民主人士，这里人各有各的用处，要团结一切可以团结的力量，共同对付国民党反动派，才能取得胜利。这个道理并不是每一个在重庆工作的同志都懂的，所以毛泽东讲给身边工作人员听，以教育全党。

（毕桂发）

# 王　锡

王锡，字百朋，浙江仁和（今浙江杭州）人，清代诗人。邑诸生。著有《啸竹堂集》。

## 【原文】

## 春江花月夜

　　春江两岸百花深，皓月飞空雪满林。为爱良宵清似昼，独来江畔试幽寻。东风送冷春衫薄，花月堪怜难掷却。孤月何能夜夜圆，繁花易遣纷纷落。搔首踟蹰江水滨[(1)]，月明忽遇弄珠人[(2)]。红妆笑入花丛去[(3)]，并作江南肠断春。月转江亭花影动，数声娇鸟枝头弄。侵晓分途踏月归[(4)]，连宵应作春江梦[(5)]。

## 【毛泽东圈评等情况】

毛泽东读清沈德潜编选《清诗别裁集》卷二十一时圈阅了此诗。

[参考]张贻玖：《毛泽东评点、圈阅的中国古典诗词》，
中国工人出版社1992年版，第265页。

## 【注释】

　　（1）搔首踟蹰，抓头，挠发，来回走动，焦急而有所思之状。《诗经·邶风·静女》："爱而不见，搔首踟蹰。"

　　（2）弄珠人，指作者属意之女。弄珠，玩珠，用郑交甫在汉皋遇二仙女事。《文选·张衡〈南都赋〉》："耕父扬光于清泠之渊，游女弄珠于汉皋之曲。"李善引注《韩诗外传》："郑交甫……乃遇二神女，佩两珠，大如荆鸡之卵。"

（3）红妆，亦作"红粧"，指女子的盛妆，因妇女妆饰多用红色，故称，亦指美女。

（4）侵晓，拂晓。

（5）连宵，通宵。

## 【赏析】

这首诗采用的是乐府旧题，乃模仿唐代张若虚《春江花月夜》之作。歌诗音韵宛转，意境深邃，"风神去原辞未远"（沈德潜《清诗别裁集》卷二十一）。

全诗分四节。开头四句为第一节，紧扣"春江"二字，写江边"百花"盛开，"皓月"在空，月华如水。诗人"为爱良宵清似昼"，江畔独步，寻求幽静闲雅。其中"春江两岸百花深，皓月飞空雪满林"两句，写景清新如画。一个"深"字，写出春花如簇之景，"雪满林"三字，暗喻月光之皎洁。

"东风送冷春衫薄"以下四句为第二节，诗人叙写自己江岸漫步，眼见繁花皓月，心中顿生无限的感伤，如此良辰美景，但恐岁月飘零，胜景难再，"花月堪怜难掷却"，传神地摹写出诗人惜春伤春的心情。接着，诗人把自己的这种感伤升华为人生无奈的喟叹："孤月何能夜夜圆，繁花易遣纷纷落"，感叹月无长圆，繁花易落，人生充满着无穷的烦恼和缺憾，语言如此优美，意境是那样深沉，确如张若虚《春江花月夜》一样，有着强烈的艺术感染力。

"搔首踟蹰江水滨"以下四句为第三节，诗人徘徊江岸，心中的伤春伤怀与男女之间的相思又融为一体。弄珠人，显见乃诗人之所思。"红妆笑入花丛去，并作江南肠断春。"落花有意，流水无情，确实是"笑渐不闻声渐悄，多情却被无情恼"（苏轼《蝶恋花·花褪残红青杏小》），美人"红妆"素裹，笑入花丛，宛如惊鸿一现，可望而不可追，诗人至此，怎能不肠断江南！其人生之无奈早已具体化为相思之难解，抒情、写景、议论融为一体，风情摇曳，情趣隽永。

最后四句为第四节，诗人叙写月轮西坠，花影移动，诗人踏月而归，

"春江花月夜"之情景长留脑海，魂系梦牵，诗中有"月"，有"花影"，有花下弄影之人，处处关合"春江花月夜"之题，写出了诗人的无限情思。

这首诗，虽说仅有十六句，比张若虚的《春江花月夜》的篇幅要小得多，但其意境、内容和语言风格都与张作相去无几，足可追步唐贤，给人以美的感受和陶冶。（曾广开）

## 【原文】

## 冷泉亭

小憩空亭恋翠微<sup>(1)</sup>，上方日暮客过稀<sup>(2)</sup>。

春秋阅尽水长冷，风雨到来山欲飞。

岭半树高猿每挂，林间云暝鹤知归。

炎天坐久寒生骨，思向僧家借衲衣<sup>(3)</sup>。

## 【毛泽东圈评等情况】

毛泽东读清沈德潜编选《清诗别裁集》卷二十一时圈阅了此诗。

[参考] 张贻玖：《毛泽东评点、圈阅的中国古典诗词》，

中国工人出版社1992年版，第265页。

## 【注释】

（1）小憩（qì），短暂休息。憩，休息，歇息。翠微，形容山光水色青翠缥缈。《文选·左思〈蜀都赋〉》："郁蓝蓝以翠微，崛巍巍以峨峨。"刘逵注："翠微，山气之轻缥也。"

（2）上方，佛寺住持僧所居内室，借代佛寺。

（3）衲（nà）衣，僧衣，因其常用许多碎布拼缀而成，故称。

## 【赏析】

诗题《冷泉亭》。冷泉亭，在今浙江杭州灵隐寺前飞来峰下。冷泉，昔时深广可通舟，宋绍兴中曾建闸蓄水，泉上有亭。亭原为唐刺史元建。

白居易有记。

这首七律是一首写景妙入禅理的佳作，诗中写景意象阔大，音韵和畅，自然成趣。

首联叙事中寓有议论，借写冷泉亭环境之幽静表现诗人心境之清寂。诗人"小憩"冷泉亭，时至黄昏，游人散去，冷泉亭中空空荡荡，诗人眷恋冷泉亭四周的水光山色，不忍离去，其中，一个"恋"字，情形毕现。诗中所谓"上方"，即佛寺。亭在佛寺之中，愈见清幽。

"春秋阅尽水长冷，风雨到来山欲飞"，颔联上句妙语双关，借水喻人。亭号"冷泉"，阅历人世沧桑，任他春夏秋冬，水自长冷；诗人以此自喻，自己饱受尘世困扰，如今彻悟，其心亦如泉水。下句写四周山势，惊警跳脱，气象颇为壮阔。冷泉亭之寂静，衬以山之飞动，眼前现成之景，摹写极为生动。

颈联写景，"岭半树高猿每挂，林间云暝鹤知归。"诗人选取最能表现山林寂静的两组意象组合，"岭半"高树与悠闲自在的猿猴，"林间"暮云与傍晚归巢的白鹤，交织成一幅禅寂之境，提醒诗人远离喧嚣的红尘。

所以，尾联笔锋一转，"炎天坐久寒生骨，思向僧家借衲衣。"表面上看，似乎是诗人因久坐冷泉亭，渐觉寒气袭气，欲向僧人借衣御寒，实际上则是诗人欲传高僧之衣钵，表示其慕道禅修之志。

此诗艺术上也颇为成熟，诗中结构井然有序，语言飞走流动，浅而能深，颇类白居易、陆游的律诗风格，可见诗人学宋诗之圆熟处。（曾广开）

# 黄中坚

黄中坚（1649—？），字震生，号蓄斋，江南吴县（今江苏苏州）人。清代文学家。清世祖顺治间贡生，后弃举之业，以古文而扬名，诗不如文。有《蓄斋文集》。

## 【原文】

### 题马云遴像

故国苍凉天地秋<sup>(1)</sup>，谁将肝胆托清流<sup>(2)</sup>？

狂澜已向东南倒<sup>(3)</sup>，正气偏于草莽留<sup>(4)</sup>。

愤似安民悲刻石<sup>(5)</sup>，厚同齐相赎孤囚<sup>(6)</sup>。

画工只貌须眉古<sup>(7)</sup>，一片丹心未易求。

## 【毛泽东圈评等情况】

毛泽东读清沈德潜编选《清诗别裁集》卷二十一时圈阅了此诗。

[参考] 张贻玖：《毛泽东评点、圈阅的中国古典诗词》，

中国工人出版社1992年版，第265页。

## 【注释】

（1）故国，已经灭亡的国家或前代王朝，此指已亡的明王朝。

（2）清流，指德行高洁、负有时望的清高的士大夫。

（3）狂澜，汹涌的波涛，喻剧烈的社会变动或大的动乱。这里指明王朝。

（4）草莽，草野，民间，与朝廷、廊庙相对。《孟子·万章下》："在国曰市井之臣，在野曰草莽之臣，皆谓庶人。"赵岐注："民会于市，故曰

市井之臣；在野居之曰草莽之臣。"这里指马云逵。

（5）安民，宋代长安石工。《宋史·司马光传》载：蔡京撰写《元祐党籍碑》，颁令刻石于州县。安民被征刻石，坚辞不准，因其不同意蔡京对司马光等人的贬词，故请求免刻自己的名字于碑末。作者在此句诗下自注："官为魏阉立碑，命镌石，君先期远避去。"

（6）"厚同齐相"句，用春秋时晏婴的典故。晏婴为春秋时齐大夫，后于景公时任宰相。《晏子春秋·内篇杂上》曰："晏子之晋，至中牟，睹弊冠反裘负刍，息于涂侧者，以为君子也，使人问焉。曰：'子何为者也？'曰：'我越石父也。'……晏子曰：'可得赎乎？'对曰：'可。'遂解左骖以赠之。"作者于本句下自注："魏忠愍公子濂以诬赃追比，君劝募入金，得免。"

（7）貌，描绘。古，指书画文章等功力深厚，不同时俗。


## 【赏析】

《题马云逵像》是诗人赞颂马云逵的一首七律。马云逵，生平事迹不可详考，据本诗自注及一些零星资料推断，他大约是明代晚期人，精于镌刻，且极富正义感，痛恨阉党魏忠贤的祸国殃民，政治上倾向于东林党，是个有骨气、讲气节的人。

首联撇开题目，以故国苍凉、清流不幸肇端。故国，指已亡的明王朝。清流，指负有时望的清高的士大夫。这里指马云逵。天地之间，秋色迷茫；故国苍凉，令人哀不自胜。"谁将肝胆托清流"，言外之意，是如今谁还会理解马云逵这样的崇尚气节之士、与其肝胆相照呢？这两句诗含义丰厚，既有对故国沦陷、民族危难的哀痛，也有对正义之士的崇敬，还蕴含有对那些奸佞之臣、屈节之士的批判。用反诘语句，显得感情充沛，表达出作者的深深感慨。

"狂澜已向东南倒，正气偏于草莽留。"颔联言朝更代移之际，正气唯留于草莽之人身上。狂澜，汹涌的波涛，常以喻社会潮流，这里指明王朝。正气，刚正之气。草莽，犹草茅，比喻在野，这里指马云逵。这两句是说，由于奸佞擅权，国政不修，致使明政权如既倒之狂澜，经不住满清贵族的一击。统治者仓皇南逃，在东南建立南明政权，但很快就遭到了覆亡的厄运。在国破家亡之际，能保持刚正之气的唯有马云逵这样的草野之士了。与那些只图保全性命妻子、一味荒淫享乐的统治者及权贵们相比，马云逵的品格更令人钦敬，形象显得更加高大。

颈联直接取材于马云逵事，对其品格进行赞扬。"愤似安民悲刻石"，运用宋人安民之典。安民为宋代长安石工。据《宋史·司马光传》等记载，蔡京撰写《元祐党籍碑》，颁令刻石于州县。安民被征应役刻石，他坚辞不获批准，因他不同意蔡京对司马光等人的贬词，故请求免刻自己的名字于碑末。作者于此句诗下自注曰："官为魏阉立碑，命镌石，君先期远避去。"可见马云逵在这方面与安民相似。他痛恨魏忠贤的祸国殃民，故远避而不为其镌石刻碑。"厚同齐相赎孤囚"，用了春秋时晏婴之典。晏婴为春秋时齐大夫，齐灵公二十六年（前 556），其父晏弱死后继任齐卿，后相景公。《晏子春秋·内篇杂上》曰："晏子之晋，至中牟，睹弊冠反裘负刍，息于涂（途）侧者，以为君子也，使人问焉。曰：'子何为者也？'曰：'我越石父者也。'晏子曰：'何为至此？'曰：'吾为人臣，仆于中牟，见使将归。'晏子曰：'何为为仆？'对曰：'不免冻饿之切吾身，是以为仆也。'晏子曰：'为仆几何？'对曰：'三年矣。'晏子曰：'可得赎乎？'对曰：'可。'遂解左骖以赠之，因载而与之俱归。"作者于本句诗下自注云："魏忠愍公子濂以诬赃追比，君劝募入金，得免。"马云逵不顾个人安危，仗义搭救危难之人，实在可敬。这两句诗用典恰切自然，歌颂了马云逵刚直不阿的铮铮骨气，以及主持正义，将自己的安全置之度外的可贵品质。

"画工只貌须眉古，一片丹心未易求。"尾联归结到画像上，切入题目。貌，描绘。古，指书画文章等功力深厚，不同时俗。此二句意为：画工只能描绘出马云逵须眉外表的不同时俗，怎能轻易画出他的一片赤诚之心呢？本联充分表达了作者对马云逵的颂扬、崇拜之情。沈德潜在《清诗别裁集》中评此诗曰："官命镌魏阉功德碑，云逵曰：'安民乞免镌名固善，然亦污吾手矣。'遁之浙西以免。又魏忠愍被逮，至胥江，周忠介欲以女妻其孙，无人为媒，云逵独任之，此又诗中未及详者。"此评对马云遂的事迹有所补充。

本诗颇有论赞的风格，议论称颂的成分较浓。作者能够以议论驾驭史事及人物所为，加上议论本身所具有的浓郁的感情色彩，所以并不给人以枯燥抽象之感。使事用典时，能将与所称颂人物的行事非常相似的古人古事来作类比映衬，既显得熨帖自然，又有力地衬托出主人公的形象和品格。全诗气势充沛，感情饱满，雄健稳当。（张进德）

# 李 绂

李绂（1675—1750），字巨来，号穆堂，江西临川（今江西抚州）人，清代诗人。清圣祖康熙己丑（1709）进士，累官工部侍郎，乾隆初召授户部尚书。博闻强识，下笔千言，诗不事修饰，而境界阔大。著有《穆堂类稿》《穆堂续稿》《穆堂别稿》等。

【原文】

## 秋山学圃为张韦斋明府题

庄舄经春只越吟<sup>(1)</sup>，菜根滋味忆山林。

夕阳千树鸟声寂，凉月一庭花影深。

窣堵波原难作宅<sup>(2)</sup>，磨兜坚已自题箴<sup>(3)</sup>。

惟余结习残书在<sup>(4)</sup>，窥见羲皇以上心<sup>(5)</sup>。

【毛泽东圈评等情况】

毛泽东读清沈德潜编选《清诗别裁集》卷二十二时圈阅了此诗。

[参考] 张贻玖：《毛泽东评点、圈阅的中国古典诗词》，中国工人出版社 1992 年版，第 265 页。

【注释】

（1）庄舄（xì），战国时越国人，仕于楚，病中思越而吟越声（见《史记·张仪列传》）。后以"庄舄越吟"指怀乡之咏与感伤之情，此指韦斋明府动了思乡之情。

（2）窣堵波，梵语 stūpa 的音译，即佛塔，名僧圆寂后葬身之所。唐玄奘《大唐西域记·呾蜜国》："诸窣堵波及佛尊像，多神异，有灵鉴。"

唐黄滔《大唐福州报恩定光多宝塔碑记》："释之西天谓之窣堵波，中华谓之塔。塔制以层，增其敬也。"难作宅，意思是韦斋虽暂居江右佛寺，却无心参禅打坐，自然不能成佛。

（3）磨兜坚，也作"磨兜鞬"，戒人慎言之意。唐段成式《酉阳杂俎·广知》："邓城西百余里有谷城，谷伯绥之国，城门有石人焉，刊其腹云：'摩兜鞬，摩兜鞬，慎莫言。'"自题箴，写下自我规诫的座右铭。

（4）结习，佛教称烦恼。《维摩经·观众生品》："时维摩诘室有一天女，见诸大人，闻所说法，便现其身，即以天华散诸菩萨大弟子上。华至诸菩萨，即皆堕落，至大弟子便着不堕……结习未尽，华着身耳。结习尽者，华不着也。"残书，未读完的书。

（5）窥见，隐约可见。羲皇以上心，化用陶渊明"北窗下卧，遇凉风暂至，自谓是羲皇上人"（《与子俨等疏》）语。羲皇上人，太古的人。羲皇，指伏羲氏。古人想象伏羲以前的人，无忧无虑，生活安闲。


【赏析】

这首题赠友人的七律，盛赞友人淡泊功名，激流勇退，潜心向佛的超旷情怀，隐约透露出对官场是非迭起的担忧，对诵书闲居的隐逸生活产生由衷的向往。张韦斋，江南嘉定（今上海嘉定）人，作者同第好友张大受之弟，名字未详。沈德潜《清诗别裁集》于此诗后题记曰："韦斋，匠门（张大受号）弟也。识穆堂（李绂号）于未遇时。去官后暂留江右佛寺，穆堂作诗赠之。"从这节简记中可知，李绂与韦斋相识已久，二人最初接触大约在李绂未第之前、"来吴问字于匠门"之际。若干年后，李绂与张大受同为朝列，而韦斋先生已是罢官闲居的退休县令了。明府，指县令。

首联"庄舄经春只越吟，菜根滋味忆山林。"破题以富贵不忘故园，吟唱越国的歌寄托乡思的庄舄作比，称誉韦斋先生在仕宦生涯中眷念故园，有着真淳朴实的乡土之思。越吟喻指思乡之歌，"只越吟"足见韦斋先生乡思之执着单纯。"菜根滋味忆山林"，意即常常忆起山林贫苦时以菜根充饥的艰难时光。上下句联系起来，实际上是称赞韦斋先生富而不骄，贵不忘本，乡思深挚，情操不移。

"夕阳千树鸟声寂，凉月一庭花影深。"颔联承上而来，写韦斋先生离职之后，暂居江右佛寺，过上了远离宦海的幽寂生活。傍晚，夕阳在山，千树肃立，众鸟投林，一片寂静；入夜，月上柳梢，凉风习习，空庭前洒下斑驳的花影。这种与喧闹扰攘的官场迥然异趣的佛寺，也许更易让人勾起对故乡山居生活的追忆。

"窣堵波原难作宅，磨兜坚已自题箴。"颈联切合韦斋暂留佛寺闲居事，连用两个佛典，借以说明友人小住寺中并非有意遁入空门，他的辞官闲居毋宁是参悟了人生与仕途之后的谨慎抉择。窣堵波，梵语佛塔，名僧圆寂后葬身之所。王安石《与道原过西庄遂游宝乘寺》诗曰："周颙宅作阿兰若，娄约身归窣堵波。"难作宅，意谓韦斋本无心参禅打坐，立地成佛。磨兜坚，也作"磨兜鞬"，谓慎言。唐段成式《酉阳杂俎·广知》："邓城西百余里有谷城，谷伯绥之国，城门有石人焉，刊其腹云：'摩兜鞬，摩兜鞬，慎莫言。'"此亦同太庙金人《缄口铭》。自题箴，犹言写下自我规诚的座右铭。题箴自戒，谨言慎行，正可见出世道之险恶，人心之难测。这一点，诗人与其友人应有同感。

"惟余结习残书在，窥见羲皇以上心。"尾联揭出题旨：跳出宦海，读书自娱，追步陶潜，隐逸自适。结习，本为佛教语，指人世的欲望等烦恼，后来引申为积习和长期形成的习惯。残书，即断简残编义。窥见，意即隐约可见。羲皇以上心，系化用陶渊明"北窗下卧，遇凉风暂至，自谓是羲皇上人"（《与子俨等疏》）语，赞美韦斋激流勇退，畅道隐逸，俨然三代高士再现。

这首诗在构思上的突出特点是：结合题赠对象暂居之佛寺，融佛境、佛语、佛理入诗，将佛境之清净超旷与主人公淡泊高蹈之志融成一体，互相映衬，互相生发，让读者在领悟诗意的基础上，参透人生与仕途，深得"不着一字，尽得风流"之三昧。（张大新）

**【原文】**

# 驿南铺不寐

草舍摧颓早戒更，旅人静夜倍凄清。

沉沉戍鼓楼头动，宛宛参旗天半横<sup>(1)</sup>。

短槎一空鸡绝唱<sup>(2)</sup>，败槽百啮马多声。

十年梦想公车路<sup>(3)</sup>，支枕连宵白发生<sup>(4)</sup>。

**【毛泽东圈评等情况】**

毛泽东读清沈德潜编选《清诗别裁集》卷二十二时圈阅了此诗。

[参考] 张贻玖：《毛泽东评点、圈阅的中国古典诗词》，
中国工人出版社 1992 年版，第 265 页。

**【注释】**

（1）宛宛，盘旋屈曲之状。参（shēn）旗，星名，属毕宿，共九星，在参星西，又名"天旗""天弓"。何晏《景福殿赋》："参旗九旒，从风飘扬。"

（2）槎，当作"榤（jié）"，同"桀"，小木桩。《诗经·王风·君子于役》："曷其有佸，鸡栖于桀。"朱熹集传："桀，杙。"《尔雅·释宫》："鸡栖于弋为榤。"

（3）公车，官车。汉代以公家车马递送应征的人，旧时因以"公车"为举人应试的代称。

（4）支枕连宵，整夜枕着胳膊睡觉。支，"肢"的古字。《易·坤》："君子黄中通理，正位居体，美在其中，而畅于四支。"此指上肢。

**【赏析】**

这是诗人李绂赴京应试途中旅宿南铺驿舍即兴抒怀的一首七律。全诗直抒胸臆，不涉典故，困顿之慨，功名之念，淋漓诉出，宛然可见天下士子在科举取士的道路上艰难跋涉的坎壈委顿之态。

首联"草舍摧颓早戒更，旅人静夜倍凄清。"首联破题即开门见山，揭出旅次凄凉难寐题旨。驿舍破败不堪，刚刚入夜，店门就早早关闭，以防不测；环堵萧然，四周寂然，蜷曲床箦，倍感凄凉。摧颓，毁废。戒更，犹戒夜。戒，戒备，警戒。两句以驿舍之荒凉冷寂，写出"不寐"之因，领起全诗，为全诗笼上一层黯淡阴冷的惨云愁雾。

颔联"沉沉戍鼓楼头动，宛宛参旗天半横。"承接首联而来，在更大的范围内突出诗人对驿舍冷落沉寂的心理体验：夜长无寐，城头上间歇传来沉重聒耳的更鼓；透过疏窗，隐约可见一面高旗在夜空中飘荡。环境的冷漠，戍鼓的骚扰，又给不寐的旅人带来无端的烦恼。

颈联"短堞一空鸡绝唱，败槽百啮马多声。"自戒夜的锣声响起，诗人一直辗转反侧，城头上断续响起的更鼓，一次次扰乱了应试士子的睡意，唯愿鸡鸣四野，黎明早早到来，捱过这凄凉的长夜。也许是这座小镇屡遭盘剥洗劫，鸡笼内早已空无一鸡，四周竟听不到一声报晓的鸡鸣，耳旁边只有马厩中不时传来马啮破槽的杂乱声响。"短堞一空"，足见百姓们生计艰难，官府的搜刮可以说是敲骨吸髓，无所不用其极。"败槽百啮"只能表明驿舍内困窘到连旅人役马的草料也难以供给。诗人夜宿客舍，深切地感受到民间的贫困，这贫困他不仅仅是感同身受，而且相反相成地刺激了他对科举仕进的强烈欲望。

尾联"十年梦想公车路，支枕连宵白发生。"驿舍的凄冷，固然是诗人长夜不寐的外在原因，但更深一层的原因却在于他对应举取仕前景的焦灼与担忧。多少年来，他始终在梦想着一举成名，脱白换绿，身登显贵，光耀门楣，可等待着他的，却是一次次场屋失利的惨重打击。此行吉凶，尚在未卜之中，百忧俱集，忐忑不安，他如何能在荒村野店泰然入眠呢？公车，举人入京应试的代称。"十年梦想"，诗人胸中郁积着多少失望与悲愁？"支枕连宵"，年年如此，夜夜如斯，难怪他容颜憔悴，鬓生白发了。

（张大新）

# 允 禧

允禧（1711—1758），原名胤禧，因避雍正讳而改名。字谦斋，号紫琼，别号紫琼崖道人、春浮居士等。自署春浮居士，清圣祖玄烨二十一子，封慎郡王。勤政之暇，礼贤下士，卒谥靖。画宗元人，诗宗唐人，多能游艺。著有《花间堂诗抄》《紫琼岩诗抄》等。

## 【原文】

### 邦均野寺

僧罢夕阳钟，客怀正孤绝[1]。
山鸟下空林，自啄茅檐雪。

## 【毛泽东圈评等情况】

毛泽东读清沈德潜编选《清诗别裁集》卷三十时圈阅了此诗。

[参考] 张贻玖：《毛泽东评点、圈阅的中国古典诗词》，中国工人出版社 1992 年版，第 264 页。

## 【注释】

（1）孤绝，孤立无助，亦谓孤零，孤单无伴。唐薛能《一叶落》："无双浮水面，孤绝落关头。"

## 【赏析】

诗题《邦均野寺》。邦均，即邦均镇，在今北京西南，路通三河。野，郊外，离城市较远的地方。《诗经·邶风·燕燕》："之子于归，远送于野。"毛传："郊外曰野。"寺，佛教庙宇之称。这首诗写诗人在北京郊外邦均镇一个佛寺的所见所感，是一首记游诗。

这是一首五言绝句。"僧罢夕阳钟，客怀正孤绝。"一、二句写诗人到邦均野寺的时间和感受。僧，俗称和尚。罢，停止，即敲过之意。夕阳钟，傍晚时寺院敲的钟。首句说寺里和尚已敲过了傍晚的钟，表示一天佛事活动已结束。一个小寺，本来僧人不多，晚钟敲过，佛事已毕，寺内更显得寂静无声。首句不仅写出了诗人到寺的时间，而且烘托了气氛。这是就主人来说，次句便写客人，也就是诗人自己。在这种氛围中诗人只身一人来到寺院，更感到极其孤零，所以说"客怀正孤绝"。夕阳西下，夜幕降临，晚钟已罢，整个寺院似乎只有一主一客，而主人和客人又未交一言，写得整个寺院寂无声息，没有一点活气。

"山鸟下空林，自啄茅檐雪。"三、四句写诗人在寺内所见。百无聊赖的诗人在寺内东张西望，终于发现了一只山鸟落在空树林中，然后又飞到茅檐上，啄食房檐上的积雪。雪只能解渴，不能充饥，这只饥饿的小鸟如果觅食，应该去寻觅祭品。看来这个荒僻野寺，香火不盛，贡品很少，所以这只小鸟才只能以雪充饥。一个小鸟啄雪的细节，写得荒凉冷僻之至，但确是诗人的独特发现，信笔所至，感人至深。沈德潜在《清诗别裁集》中评此诗说："五言绝唐人以古淡胜，此又以清瘦见长。"指出了此诗的风格特色，所评甚是。（毕桂发）

## 【原文】

# 七　夕

银河脉脉渡云轺[1]，未拟穿针倚画屏[2]。
独向闲阶风露下，夜深无语拜双星[3]。

## 【毛泽东圈评等情况】

毛泽东读沈德潜编选《清诗别裁集》卷三十时圈阅了此诗。

[参考] 张贻玖：《毛泽东评点、圈阅的中国古典诗词》，
中国工人出版社 1992 年版，第 264 页。

**【注释】**

（1）云軿，神仙所乘之车，以云为之，故云。軿（píng），有帷幕的车。云軿，此指织女所乘坐的车。

（2）穿针，七夕之夜乞巧之意。

（3）双星，指牛郎星和织女星。

**【赏析】**

诗题《七夕》。七夕，节日名，即农历七月初七日夜。古代神话传说牛郎织女每年此夜在天河相会。旧俗妇女于是夜在庭院中进行乞巧活动。见南朝梁宗懔《荆楚岁时记》。这首诗写七夕之夜一个女子不学乞巧而遥拜双星的心理活动，流露了她对爱情的企盼。

这是一首七言绝句。"银河脉脉渡云軿"，首句写女子仰望织女乘车渡银河。银河，晴天夜晚，天空呈现的银白色的光带。银河由大量恒星构成，古亦称云汉，又名天汉、天河、星河、银汉。脉脉，凝视之态。《汉书·东方朔传》："跂跂脉脉善缘壁，是非守宫即蜥蜴。"颜师古注："脉脉，凝视也。"《古诗十九首·迢迢牵牛星》："盈盈一水间，脉脉不得语。"云軿，神仙所乘之车，以云为之，故云。南朝梁沈约《赤松涧》："神丹在兹化，云軿于此陟。"軿，有帷幕的车子。《后汉书·袁绍传》："士无贵贱，与之抗礼，辎軿紫毂，填接巷陌。"李贤注："《说文》曰：'軿车，衣车也。'"这句说，七夕之夜，女子凝视天上织女乘坐有帷幕的车子渡过天河而去。但女子并不想向织女乞巧，而是脉脉无言悠闲地倚着彩绘的屏风出神，次句"未拟穿针倚画屏"写女子沉思默想的神态。穿针，即乞巧之意。旧时习俗，农历七月七日夜（或七月六日夜）妇女在庭院向织女乞求智巧，称为"乞巧"。《太平御览》卷三一引南朝梁宗懔《荆楚岁时记》云："七月七日为牵牛织女聚会之夜。是夕，人家妇女结缕，穿七孔针，或以金银鍮石为针，陈瓜果于庭中以乞巧，有喜子网于瓜上则以为符应。"乞巧，又称女儿节，是女子乞巧的大好时机，但这位女子根本就没有打算向织女乞巧，而是在闺中闲倚画屏出神。沉思默想了一阵子之后，这女子便有了行动："独向闲阶风露下"，她独自一人走到院中，在浓重的雾气中站在空无一人的台阶上。人们不禁要问：这个女子采取这个行动又是为了什么呢？"夜深无语拜双星"，末句作了回答。双星，指牛郎、织女二星，神话中是一对恩爱的夫妻，传说每年七月七日喜鹊架桥，让他们渡过银河相会。这一对恩爱夫妻聚少散多，七夕一会便弥足珍贵，真是"金风玉露一相逢，便胜却人间无数"（秦观《鹊桥仙》）。在夜深人静之时，这女子不单拜织女乞巧，而是默默无语飘飘下拜牛郎、织女二星，想望自己也能得双星一样的爱情和幸福的心理跃然纸上，诗的题旨便昭然若揭了。（毕桂发）

# 曹雪芹

曹雪芹（？—1764？一作1763？），名霑，字梦阮，号雪芹、芹圃、芹溪，清代伟大小说家。为满洲正白旗包衣人。自曾祖起，三代为江宁织造，其祖曹寅尤为清圣祖康熙信用。清世宗雍正初年，在统治者内部斗争中，父被免官，家被抄，随家迁居北京。晚年居北京西郊，贫病而卒。著有长篇小说《红楼梦》。

## 【原文】

### 石上偈

无材可去补苍天<sup>(1)</sup>，枉入红尘若许年<sup>(2)</sup>。
此系身前身后事<sup>(3)</sup>，倩谁记去作奇传<sup>(4)</sup>？

## 【毛泽东圈评等情况】

毛泽东手书过这首诗。

[参考] 中央文献研究室编：《毛泽东手书选集·古诗词（下）》，
北京出版社1996年版，第242—243页。

## 【注释】

（1）补苍天，神话传说，女娲炼五色石补天，斩鳌足来支撑天的四极，用芦灰堵住泛滥的洪水，使万民得以安生（见《淮南子·览冥训》）。此暗指清王朝的统治秩序有待修补。

（2）枉，白费，徒然。李白《清平调》："一枝红艳露凝香，云雨巫山枉断肠。"红尘，车马扬起的飞尘。汉班固《西都赋》："红尘四合，烟云相连。"亦指繁华之地。南朝陈徐陵《洛阳道》之一："绿柳三春暗，红尘百戏多。"

（3）"此系"句，是说这是石头身前和身后所经历的故事。《红楼梦》中顽石"幻形入世"，化为通灵宝石，由宝玉衔着来到人间，经历了一番悲欢离合之后，仍化作顽石，回归到青埂峰下。系，是。

（4）倩（qiàn），请，央求。奇传，即传奇，为押韵而颠倒，意为奇异故事可以流传者。

## 【赏析】

这首诗见于《红楼梦》第一回"甄士隐梦幻识通灵　贾雨村风尘怀闺秀"。作者虚构空空道人见青埂峰下有一块顽石，上面叙述它被携往尘世后的经历见闻，后面有一偈，就是这首七绝。偈（jì），佛经中的唱词，也泛指佛家的诗歌。偈是音译佛教"偈陀"的略称，义译是"颂"，就是佛经中的唱词。本诗诗题为编者所拟。

这是作者依托神话形式表明《石头记》创作缘由和思想的一首七言绝句。他在小说的楔子中虚构了此书抄自石上所刻的故事，其原作者便是幻化为通灵宝玉，让神瑛侍者（贾宝玉前身）"夹带"着它一起下凡、经历过一番梦幻的补天石，而曹雪芹只不过是"批阅""增删者"。但这一点已为此书加评、誊清的脂砚斋点破，说"作者之笔狡猾之甚"，作者其实就是曹雪芹自己。

诗中借顽石说自己不能匡时救世，被弃置世间，半生潦倒，一事无成，只好转而著书，把自己对现实的观察和感受写成《红楼梦》，所以一、二句说："无材可去补苍天，枉入红尘若许年。"所谓"无材"，表面是作者的自惭语，实际却是愤激之词，有一种"缚将奇士作诗人"的感慨；以顽石自喻，表现自己不肯随同流俗的傲骨。补苍天，用古代神话传说中女娲炼石补天的故事，后遂用"女娲补天"形容能对社会有所匡补。宋辛弃疾《满江红·建康史帅致道席上赋》："袖里乾坤五色，他年需要补天西北。"即是此种用法。小说产生的清朝乾隆年间，正是中国封建社会最后一个王朝由盛至衰的转折时期；封建社会的经济基础已经腐朽，新的资本主义生产关系已经萌芽，封建制度行将全面崩溃。毛泽东同志指出："十七世纪是什么时代呢？那是中国的明朝末年和清朝初年。再过一个世纪，到十八世纪的上半期，就是清朝乾隆时期，《红楼梦》的作者曹雪芹就生活在那个时代，就是产生贾宝玉这种不满意封建制度的小说人物的时代。乾隆时代，中国已经有了一些资本主义生产关系的萌芽，但是还是封建社会。这就是出现大观园里那一群小说人物的社会背景。"（《在扩大的中央工作会议上的讲话》，《毛泽东文集》第八卷第301—302页，人民出版社1999年版）毛泽东同志精辟地分析了《红楼梦》所反映的社会背景和社会内容。毛泽东同志又正确地指出："曹雪芹在《红楼梦》里还是想补天，想补封建制度的天，但是《红楼梦》里写的却是封建家族的衰落，可以说是曹雪芹的世界观和他的创作发生矛盾。曹雪芹的家是雍正手里衰落的。"（《关于人的认识问题》，《毛泽东文集》第八卷第393页，人民出版社1999年版）毛泽东同志又指出了曹雪芹写《红楼梦》的主观意图还是想补封建社会的天，但他严肃的现实主义创作方法与他的世界观发生了深刻的矛盾。作者在"太平盛世"的表象后面，嗅到了封建阶级垂死的气息。他不满现实，而想"补天"，挽回本阶级的颓势，可是，他没有看到封建制度的"天"已那么残破，根本无法修补了，所以有枉生世间的感叹。这也正是《红楼梦》中经常流露虚无悲观的宿命论思想的深刻的时代和阶级根源。

"此系身前身后事，倩谁记去作奇传？"二句是说这是石头身前和身后所经历的故事，请谁替我抄了去作奇闻流传？奇传，即传奇，一种古代小说体裁，一般指唐人的文言小说。明代又称以唱南曲为主的戏曲为传奇，以区别于北杂剧。这里是指小说。曹雪芹在《红楼梦》中坚持了他所说的"追踪蹑迹，不敢稍加穿凿，徒为供人之目而反失其传者"的现实主义创作原则，这样势必如恩格斯所说："就不得不违反自己的阶级同情和政治偏见：他看到了他心爱的贵族们灭亡的必然性，从而把他们描写成不配有更好命运的人。"（《致玛·哈克奈斯》）这就使我们从曹雪芹所叙的"身前身后事"，亦即小说中所真实描绘的典型的封建大家庭的衰亡过程，看到了整个封建阶级必然"一败涂地"的无可挽回的历史命运。

毛泽东对《红楼梦》所反映的时代和社会内容以及作者"补天"的思想倾向作了马克思主义的分析，这些分析与这首诗中所表现的思想是十分吻合的，因而受到了毛泽东的喜爱，背诵手书便是很自然的事了。（毕桂发）

清

诗

【原文】

# 自题一绝

满纸荒唐言<sup>(1)</sup>，一把辛酸泪<sup>(2)</sup>！

都云作者痴<sup>(3)</sup>，谁解其中味<sup>(4)</sup>？

【毛泽东圈评等情况】

毛泽东曾手书这首诗。

[参考]中央文献研究室编：《毛泽东手书选集·古诗词卷（下）》，
北京出版社1996年版，第244页。

【注释】

（1）荒唐言，荒诞不经的故事。指石头"幻形入世"的写作缘由，也指小说中"太虚幻境""风月宝鉴"之类的情节，主要是宝黛爱情悲剧是情根夙孽、偿还怨债等故事。荒唐，荒诞，谓思想、言行不符合常理人情，使人感到离奇。唐韩愈《桃源图》："神仙有无何眇芒，桃源之说诚荒唐。"明王錂《寻亲记·托梦》："咳，荒唐之言，不要说他，只是去罢。"

（2）辛酸泪，痛苦悲伤的眼泪。脂残本批曰："能解者方有辛酸之泪，哭成此书。壬午除夕，书未成，芹为泪尽而逝。"

（3）都云，都说。痴，癫狂，神志不清。

（4）解，懂得。味，指作者的写作意图，全书深沉的主题思想。

【赏析】

这首五绝见于《红楼梦》第一回。在小说的楔子部分，作者假托这部分的底稿是空空道人从石头上抄来的，后经"曹雪芹于悼红轩中，披阅十载，增删五次，纂成目录，分出章回"，题名为《金陵十二钗》，并题了这首绝句。所以这首诗是小说中作者以自己身份写的唯一一首诗。诗题为编者所拟。

作者将这首诗置于卷首，具有开宗明义的性质。首句"满纸荒唐言"，所谓"荒唐言"，原是《庄子·天下篇》对庄子思想、精神及其文学风格的表述："以悠谬之说，荒唐之言，无端崖之辞，时恣纵而不傥，不以觭见之也。以天下为沈浊，不可与庄语。"这里作者直接以庄子之言概括自己的创作。一般认为，这里的"荒唐言"不仅包含因为天下"沈浊"，作者为避免文字之祸的难言之隐，也不仅限于"大荒山无稽崖"顽石故事的荒诞由来，还指出了小说从根本精神上与传统观念的冲突与对立。因在这"荒唐言"中浸透了作者对封建末世的全部感受，对现实社会的愤激、哀婉，对人生的悲痛和感慨，所以说是"一把辛酸泪"。但是，对于作者这种复杂用心，世人却难以理解，甚至误解，故而作者声言"都云作者痴"，慨叹"谁解其中味"，以诉说其难以明言的隐衷。甲戌本凡例题诗云："浮生着甚苦奔忙，盛席华宴终散场。悲喜千般同幻渺，古今一梦尽荒唐。漫言红袖啼痕重，更有情痴抱恨长。字字看来皆是血，十年辛苦不寻常。"此题诗有助于我们理解本诗。果然不幸被作者言中，二百多年来人们对《红楼梦》及其作者的议论真是五花八门，赞叹其博学多才者有之，欣赏其生花妙笔者有之，艳羡书中描写的歌舞繁华者有之，以宝玉或黛玉自命者有之，凡此种种，不一而足。更有甚者，一些封建卫道者认为这部书"诱为不轨""弃礼灭义"，是一部误人子弟的"淫书"，主张烧毁禁绝；并且有人编出故事诅咒作者断子绝孙，死后受到"冥报"，等等。鲁迅先生评《红楼梦》说："单是命意，就因读者的眼光而有种种：经学家看见《易》，道学家看见淫，才子看见缠绵，革命家看见排满，流言家看见宫闱秘事……"（《集外集拾遗》）二百多年来，许多人都瞎子摸象式地理解《红楼梦》。作者生前慨叹"谁解其中味"，是预料得不错的。

毛泽东曾手书这首诗，说明他十分欣赏此诗。（毕桂发）

## 【原文】

### 好了歌

世人都晓神仙好，惟有功名忘不了[1]！
古今将相在何方[2]？荒冢一堆草没了[3]。

世人都晓神仙好，只有金银忘不了！

终朝只恨聚无多<sup>(4)</sup>，及到多时眼闭了。

世人都晓神仙好，只有姣妻忘不了<sup>(5)</sup>！

君生日日说恩情，君死又随人去了。

世人都晓神仙好，只有儿孙忘不了！

痴心父母古来多<sup>(6)</sup>，孝顺子孙谁见了？

## 【毛泽东圈评等情况】

《红楼梦》我至少读了五遍。我是把它当作历史读的。开头当故事读，后来当历史读。什么人都不注意《红楼梦》的第四回，那是个总纲，还有《冷子兴演说荣国府》《好了歌》和注。

[参考] 中央文献研究室编：《毛泽东文艺论集》，中央文献出版社 2002 年版，第 208 页。

1955 年春，毛泽东乘汽车去绍兴东湖游览。一路风尘，毛泽东与田家英、胡乔木、陈伯达谈《红楼梦》，从荣国府谈到宁国府，从晴雯、袭人、香菱讲到王熙凤、林黛玉，从《好了歌》诵到《菊花诗》。

[参考] 李林达：《情满西湖》，中央文献出版社 1993 年版，第 218 页。

## 【注释】

（1）功名，功业和名声。《庄子·山木》："削迹损势，不为功名。"旧指科举称号或官职名位。金董解元《西厢记诸宫调》卷三："不以功名为念，五经三史何曾想。"

（2）将相，将帅和丞相，也泛指文武大臣。

（3）冢，坟墓。没，埋没。

（4）终朝（zhāo），整天。聚无多，积攒的不多。

（5）姣妻，美貌的妻子。姣，容貌美丽，体态健美。《说文·女部》："姣，好也。"

（6）痴心，沉迷于某人或某种事物的心思。

**【赏析】**

这首《好了歌》是跛道人所唱，见于《红楼梦》第一回。甄士隐家破人亡，贫病交迫。一天上街散心，遇一跛足疯道人口念此歌。士隐听了问道："你满口说些什么？只听见些'好''了''了''了'。"那道人笑道："你若果听见'好''了'二字，还算你明白。可知世上万般，好便是了，了便是好。若不了，便不好；若要好，便是了。我这歌儿便名《好了歌》。"

诗题中所谓"好了"，好，是指得到解脱；了，指了结俗愿。好了，据《古今图书集成·博物篇·神异典·神仙部》引《荆州府志》，明代有位"好了道士"，善为巧法，言祸福奇中，常往来益都山中，叩问其姓名，但点头曰"好了"，故以名之。神仙，道教称所谓得道后能"超脱生死"变幻莫测的人。《汉书·艺文志》："神仙者，所以保性命之真而游求于其外者也。"唐道士司马承祯《天隐子》："神于内遗照于外，自然异于俗人，则谓之神仙，故神仙亦人也。在于修我灵气，勿为世俗所沦折；遂我自然，勿为邪见之所凝滞，则成功矣。"注云："喜怒哀乐爱恶欲七者，情之邪也。风寒暑湿饥饱劳逸八者，气之邪也。去此必成仙功也。"这里的"神仙"，当并非虚无缥缈之物，而是遁入空门、逃避世俗事务之人。

全诗共三十二句，共分四节，每四句为一节。诗人把"神仙"与世俗之人比照，进行了辛辣的讽刺，否定了世俗人生道路。四节先后指出功名、金银、姣妻、儿孙统统都是空的，丝毫不值得留恋，只有忘掉这一切，才能进入神仙般的境界。同时歌中还嘲笑了世人的种种矛盾，向往神仙，又不能抛弃功名、金银、姣妻、儿孙；而终身所追求的这一切，却又靠不住。这首歌揭示出封建社会全部人生理想的幻灭，说明封建秩序所陷入的种种矛盾和深重危机。

《好了歌》的消极色彩是十分明显的，但是我们还不能简单地把它视为糟粕抛弃它。因为作者拟作这首《好了歌》，是对他所厌恶的封建社会的一种批判，尽管是一种消极的批判，也有它的价值。

衣衫褴褛如同乞丐的跛足疯道人所唱的这首《好了歌》，自然一点点文绉绉的语言都不能用，它只能是最通俗、最浅显，任何平民百姓、妇女儿童都能一听就懂的话，而歌又要对人世间普遍存在的种种愿望与现实的矛盾现象作出概括，还要包含某种深刻的人生和宗教哲理，这样的歌，实在是最难写的。这也见出多才多艺的曹雪芹在摹写多种复杂生活现象的高超本领。

毛泽东在对《红楼梦》的评论中，曾多次专门评到这首《好了歌》及其注，说明他认为这两首诗歌在全书中起了重要作用。（毕桂发）

## 【原文】

# 好了歌注

陋室空堂，当年笏满床[1]；衰草枯杨，曾为歌舞场。蛛丝儿结满雕梁，绿纱今又在蓬窗上[2]。说什么脂正浓、粉正香，如何两鬓又成霜？昨日黄土陇头埋白骨[3]，今宵红绡帐底卧鸳鸯。金满箱，银满箱，转眼乞丐人皆谤。正叹他人命不长，那知自己归来丧！训有方，保不定日后做强梁[4]。择膏粱，谁承望流落在烟花巷[5]！因嫌纱帽小，致使锁枷扛[6]。昨怜破袄寒，今嫌紫蟒长[7]：乱烘烘你方唱罢我登场，反认他乡是故乡[8]。甚荒唐，到头来都是为他人作嫁衣裳[9]。

## 【毛泽东圈评等情况】

毛泽东曾手书这首诗。

[参考]中央文献研究室编：《毛泽东手书选集·古诗词（下）》，
北京出版社1996年版，第244页。

《红楼梦》里有这样的话："陋室空堂，当年笏满床。衰草枯杨，曾为歌舞场。蛛丝儿结满雕梁，绿纱今又在蓬窗上。"这段话说明了在封建社会里，社会关系的兴衰变化，家族的瓦解和崩溃。

[参考]中央文献研究室编：《毛泽东文艺论集》，中央文献出版社
2002年版，第205页。

《红楼梦》我至少读了五遍。我是把它当作历史读的。开头当故事读，后来当历史读。什么人都不注意《红楼梦》的第四回，那是个总纲，

还有《冷子兴演说荣国府》《好了歌》和注。

[参考]中央文献研究室编：《毛泽东文艺论集》，中央文献出版社
2002年版，第208页。

## 【注释】

（1）笏满床，笏是古代臣僚朝见皇帝时手中执持的狭长板子，用象牙
或木片制成，以备奏事记录之用。据说唐崔神庆之子琳、珪、瑶都做了大
官，每岁时家宴，用一榻放笏，重叠于其上（见《旧唐书·崔神庆传》）。
后以"笏满床"比喻家族中做大官的人多。

（2）雕梁，雕或画的屋梁，指代豪华的房屋。绿纱，古代贵族之家
常用绿纱糊窗。蓬窗，用蓬草编的窗户，贫家的窗户。上句是指豪门贵族
的败落，下句指贫苦人暴发成为新贵。

（3）黄土陇头，指坟墓。陇，通"垄"，田中高地，坟墓。

（4）训有方，指旧时官僚地主之家教育子女得法。强梁，本义是横
暴，这里指代强盗或江湖上凭武艺称霸的人。

（5）膏粱，本义是油脂和精米，泛指美味饭菜，这里是膏粱子弟的
略称。烟花巷，即花街柳巷，旧时指妓女集聚的地方。

（6）纱帽，封建社会官僚所戴的帽子，这里指代官职。锁枷，封建
社会囚系犯人的刑具。锁，一种用铁环钩连而成的刑具。枷，一种用木制
加在犯人颈上的刑具。

（7）怜，嫌。紫蟒，紫色蟒衣或蟒袍。清代的皇子、亲王以及一品
官到七品官都有蟒袍（见《清通志·器服略》）。

（8）你方唱罢我登场，本指旧时演戏，一出接着一出更替，这里比
喻宦途的升沉，官场人事的更调。他乡是故乡，比喻把功名富贵、妻儿老
小误当作人生的根本。刘皂《旅次朔方》诗："客舍并州已十霜，归心日
夜忆咸阳。无端更渡桑干水，却望并州是故乡。"此用其意。

（9）为他人作嫁衣裳，语出唐秦韬玉《贫女》"苦恨年年压金线，为
他人作嫁衣裳"。比喻空为别人辛苦忙碌，自己得不到一点好处。

**【赏析】**

《红楼梦》第一回中写甄士隐听了跛道人那番"好便是了，了便是好"的话后，顿时"悟彻"，便对道人说了这首歌，自称给《好了歌》作注解，进一步引申发挥了《好了歌》的思想，之后便随疯道人飘然而去。诗题为编者所拟。

《好了歌》和《好了歌注》，形象地勾画了封建末世统治阶级内部各政治集团、家族及其成员之间权势利欲剧烈争夺，兴衰荣辱迅速转递的历史图景。只是《好了歌注》比《好了歌》说得更具体、更形象、更冷峭无情罢了。

《好了歌》分为四节，《好了歌注》就有相应的四节为之疏解，首尾并有总起和总收，共五节，除首节六句外，其余各节每节各四句。

"陋室空堂"等五句为第一节，是总起。前二句谓如今的空屋陋室，就是当年笏满床的达官贵人的华堂大厦；后两句谓眼前的衰草枯杨之地，也是当年歌舞繁华的场所。甲戌本前二句下有脂评云："宁荣未有之先。"意谓在宁荣二府之前，这里也曾住过官宦之家。后二句下脂评又云："宁荣既败之后。"意谓曾经歌舞繁华的贾府，今日也是一片荒凉。五、六两句是说豪门大族之家一旦败落，旧日豪华的住宅便成为一片荒凉清冷，曾经是贫寒之家的暴发户又成了新的达官贵族。这个总起对以贾府为代表的四大家族之家的败亡结局作了预示。

"说什么脂正浓"等四句为第二节，是对《好了歌》中"娇妻"的注解。意谓涂脂抹粉、美丽动人的青春年华转瞬即逝，老之将至是不可抗拒的，昨天还到坟地里给别人送葬，今宵又见他人宴尔新婚。研究者有人认为前二句暗示薛宝钗、史湘云晚年孀居，三句暗示晴雯、黛玉早死，末句指宝玉与宝钗成婚，可备一说。总之是"娇妻"是不值得留恋的。

"金满箱"等四句为第三节，是对《好了歌》中"金银"的解注。意谓那些家资万贯的豪门富户，一旦败落，沦为乞丐，则人人毁谤。正感叹他人命不长久，哪里知道回到家里自己也死掉了。此节围绕"金银"二字，写出世态炎凉，贫富的无定，死生的无常，公子王孙生活的瞬息万变，令人不寒而栗。

"训有方"等四句为第四节，是对《好了歌》"儿孙"的诠释。意思是说，尽管父母教训子女方法正确，也不能保证子女日后不做强盗；豪门之家总是挑选富贵人家子弟为婿，可想不到败落之后，豪门的千金小姐竟流落到妓院成了妓女。此节写封建豪门的后继无人，伦理道德的败坏及其悲惨的命运。

"因嫌纱帽小"等四句为第五节，是对《好了歌》"功名"的注解。意思是说，因嫌自己官职小，拼命钻营，买官卖官，导致犯罪入狱。昨天还是穿着破袄的可怜贫士，今天已暴发为新的达官贵人。前二句脂评云："贾赦、雨村一干人。"其中当暗示八十回后贾赦、贾雨村将银铛入狱；后二句脂评云："贾兰、贾菌一干人。"暗示八十回后贾兰、贾菌将披着"破袄"，十分窘迫，后来却飞黄腾达，高官厚禄。

末四句为第六节，是此诗的总收束。前二句诗人把现实人生比作乱哄哄的戏台，把人的种种行为比喻为人的表演，意谓人生不管曾经如何富贵显要，也不过是你下台我上场的演戏而已，故而才有"反认他乡是故乡"之说。明谢肇淛《五杂俎》卷十五："人世仕宦，正如戏场上耳，倏而贫贱，倏而富贵，俄尔为主，俄尔为臣，荣辱万状，悲愁千状，曲终场散，终成乌有。"他乡，指人生暂时寄居的尘世；故乡，指超脱尘世的虚幻世界。"他乡"与"故乡"，其意与佛家所谓"此岸世界"和"彼岸世界"相近。佛家认为，此岸世界即扰攘世间，是虚幻的；彼岸世界才是真如福地，是永恒的，是人生的本源。这里借用佛家之意，谓那些为功名利禄、姣妻美妾、儿孙之事奔忙而忘掉人生本源的人是错将他乡当作故乡。末二句将《好了歌》及解注中所列举的种种现象，统统归之于"荒唐"，从而得出这一切都是徒劳而虚幻的结论，是甄士隐看透世情之后的大彻大悟之语。"为他人作嫁衣裳"，出自唐代诗人秦韬玉《贫女》诗："蓬门未识绮罗香，拟托良媒益自伤。谁爱风流高格调，共怜时世俭梳妆。敢将十指夸针巧，不把双眉斗画长。苦恨年年压金线，为他人作嫁衣裳。"这里借贫女终日辛劳，为别人缝制嫁衣而自己却一无所得，喻世人白白替他人奔忙一场，死后一切皆空。

总之，在这里，封建伦理道德的虚伪、败坏，政治风云的动荡、变幻，以及人们对现存秩序的深刻怀疑、失望等，都表现得十分清楚。这种"乱烘烘你方唱罢我登场"的现象，是封建统治阶级内部兴衰荣枯转递变化过程已大为加速的反映，是封建社会经济基础日渐腐朽，它的上层建筑也发生动摇，终将走向崩溃的反映。这些征兆都具有时代的典型性。作为伟大的现实主义小说家的曹雪芹，给我们留下了一幅极其生动的封建社会末世的历史画卷。然而，当他企图对这些世态加以解说，并企图向陷入迷津的人们指明出路的时候，他自己也茫然了，完全无能为力了。他只能借助于机智的语言去重复那些人生无常、万境归空的虚无主义滥调和断绝俗缘（所谓"了"）、便得解脱（所谓"好"）的老一套宗教宣传，借此表达自己对现实社会的极端愤懑和失望。但由于它处处作鲜明、形象的对比，忽笑忽骂，时歌时哭，加上通俗流畅，就使它具有强烈的艺术感染力。它对于当时封建社会名利场中的人物，无异于醍醐灌顶；对于今天的人们认识封建社会的腐败黑暗，也有一定的意义。

这首《好了歌注》，在全书开头造成一种"忽荣忽枯、忽丽忽朽"（脂砚斋语）的险恶气氛，笼罩全书，也是对荣宁二府兴衰际遇的一种概括和预示。当然，这种概括和预示，是就其整体而言的，有的虽然书中有人物和事件可据，但不能一一坐实讲。

毛泽东读《红楼梦》时，十分重视《好了歌》和《好了歌注》，并多次用来说明现实问题。毛泽东 1959 年 12 月至 1960 年 2 月读苏联《政治经济学教科书》的谈话中，援引"陋室空堂"等六句诗后说："这段话说明了在封建社会里，社会关系的兴衰变化，家族的瓦解和崩溃。"毛泽东 1964 年 8 月 18 日同哲学工作者的谈话中强调要把《红楼梦》当作历史读，并且现身说法道："《红楼梦》我至少读了五遍。我是把它当作历史读的。开头当故事读，后来当历史读。什么人都不注意《红楼梦》的第四回，那是个总纲，还有《冷子兴演说荣国府》《好了歌》和注。"再次提到《好了歌注》。毛泽东这些重要论述，揭示了《好了歌注》所蕴含的丰富而深刻的社会内容，对我们认识《红楼梦》的社会意义有重要启示。毛泽东还曾手书这首诗。（毕桂发）

# 护官符

贾不假[1]，白玉为堂金作马。

阿房宫[2]，三百里，住不下金陵一个史。

东海缺少白玉床[3]，龙王来请金陵王。

丰年好大雪[4]，珍珠如土金如铁。

## 【毛泽东圈评等情况】

《红楼梦》我至少读了五遍。我是把它当历史读的。开头当故事读，后来当历史读。什么人都不注意《红楼梦》的第四回，那是个总纲，还有《冷子兴演说荣国府》《好了歌》和注。第四回"葫芦僧乱判葫芦案"，讲护官符，提到四大家族："贾不假，白玉为堂金作马。阿房宫，三百里，住不下金陵一个史。东海缺少白玉床，龙王来请金陵王。丰年好大雪，珍珠如土金如铁。"《红楼梦》写四大家族，阶级斗争激烈，几十条人命。统治者二十几人（有人算了说是三十三人），其他都是奴隶，三百多个，鸳鸯、司棋、尤二姐、尤三姐等。讲历史不拿阶级斗争观点讲，就讲不通。

[参考]中央文献研究室编：《毛泽东文艺论集》，中央文献出版社2002年版，第208页。

许世友同志，你现在也看《红楼梦》了吗？要看五遍才有发言权呢。他那是把真事隐去，用假语村言写出来，所以有两个人，一名叫甄士隐，一名叫贾雨村。真事不能讲，就是政治斗争。吊膀子这些是掩盖它的。第四回里有一张"护官符"；那上面说："贾不假，白玉为堂金作马。阿房宫，三百里，住不下金陵一个史。东海缺少白玉床，龙王来请金陵王。丰年好大雪，珍珠如土金如铁。"中国古代小说写得好的是这一部，最好的一部。创造了好多文学语言呢。

[参考]中央文献研究室编：《毛泽东文艺论集》，中央文献出版社2002年版，第209—210页。

1955 年春天，毛泽东在浙江绍兴去东湖途中，不知谁说了句"爱此一拳石，玲珑出自然"的诗句。随即，毛泽东和随行人员们海阔天空地聊起了《红楼梦》。"贾不假，白玉为堂金作马。阿房宫，三百里，住不下金陵一个史。东海缺少白玉床，龙王来请金陵王。丰年好大雪，珍珠如土金如铁。"毛泽东先声夺人，有声有色地朗诵起《红楼梦》"护官符"词来。

诵毕，毛泽东侧过身，对田家英说："《红楼梦》我读过几遍。第四回《葫芦僧乱判葫芦案》的'护官符'是阅读《红楼梦》的一个纲。"

[参考] 李林达：《情满西湖》，中央文献出版社 1993 年版，第 217 页。

## 【注释】

（1）"贾不假"二句，形容贾家的富贵豪奢。此句下"脂戚本"注贾家始祖官爵和房次是："宁国、荣国二公之后，共二十房分，除宁、荣亲派八房在都外，现原籍住者十二房。"白玉为堂金作马，汉乐府《相逢行》："黄金为君门，白玉为君堂。"

（2）"阿房宫"三句，写史家的声势显赫。此句下"脂戚本"注史家始祖官爵和房次是："保龄侯尚书令史公之后，房分共十八，都中现在者十房，原籍八房。"阿房宫，遗址在今陕西西安西北。秦惠文王始筑，秦始皇时完工。"前殿阿房东西五百步，南北五十丈，上可以坐万人，下可以建五丈旗。"（见《史记·秦始皇本纪》）。《汉书·贾山传》载，阿房宫规模为"东西五里，南北千步"。三百里，《三辅黄图》："阿房宫亦曰阿城，……规恢三百余里，阁道通骊山八百余里。"

（3）"东海缺少白玉床"二句，极言王家的豪富。此句下"脂戚本"注王家始祖官爵和房次是："都太尉统制县伯王公之后，共十二房，都中二房，余在籍。"龙王，传说东海龙王最富有，珠宝极多（见《太平广记》引《梁公四记》）。《红楼梦》第十六回："凤姐道：'那时我爷爷专管各国进贡、朝贡的事，……粤、闽、滇、浙所有的洋船货物都是我们家的。'"

（4）"丰年好大雪"二句，极言薛家的豪奢。此句下"脂戚本"注薛家始祖官爵和房次是："紫微舍人薛公之后，现领内府帑银行商，共八房分。"雪，薛的谐音，借指薛家。

## 【赏析】

这几句俗谚口碑出现在《红楼梦》第四回"薄命女偏逢薄命郎　葫芦僧乱判葫芦案"中。贾雨村靠贾家的关系，复职补授应天府知府，一上任就碰上了薛蟠为争买英莲（香菱）而打死小乡宦之子冯渊的案件。雨村不知底细，立刻即要拿人判案。手下的门子葫芦僧使眼色制止他，并呈上这份护官符，并向他解说护官符的含义道："如今凡作地方官者，皆有一个私单，上面写的是本省最有权有势、极富极贵的大乡绅名姓，各省皆然；倘若不知，一时触犯了这样的人家，不但官爵，只怕连性命还保不成呢！所以绰号叫做'护官符'。"这张"护官符"，"上面皆是本地大族名宦之家的俗谚口碑。"门子提醒雨村：薛蟠就是"丰年好大雪"的薛家的公子，不可莽撞。所以雨村听门子说明被拐卖的丫头原是他的"大恩人"甄士隐的女儿，将她"生拖死拽"去的薛蟠"最是天下第一个弄性尚气的人"，而且自己也知道薛家"自然姬妾众多，淫佚无度"，丫头此去，不会有好结果，却不念甄家旧情，不顾自己曾许下的"务必"将英莲"寻找回来"的诺言，任凭她落入火坑而置之不理。"护官符"当是从"护身符"一词化出的新名词。它可能是某个愤恨官场黑暗现状的人私下所说的讥语，被曹雪芹闻知，大胆写入作品，或者竟是作者的创造。

《红楼梦》以四大家族（主要是贾家）兴衰作为全书的中心线索，"护官符"暗示了这一情节结构。应该指出，"护官符"四句俗谚口碑后所注小字，有些本子把它删去是不对的。因为，门子的话中已明说在口碑的"下面皆注着始祖官爵并房次"。注出官爵和房次，是为了具体说明四大家族的权力和财产的分配情况，让看私单的人知道他们在政治上和经济上的显赫地位，落实了这四句谚语之所指，是这张起着"护官符"作用的私单上理所应有的文字。

我们先看贾家："贾不假，白玉为堂金作马。"从字面上看，用白玉盖房子，以黄金铸马，这里只是形容贾府的富贵豪奢，实则写出其煊赫的政治地位和权势。再看史家："阿房宫，三百里，住不下金陵一个史。"秦始皇营建的方圆三百里的阿房宫住不下金陵一个史家，形容史家的显赫。保龄侯尚书令史家便是史太君（贾母）的娘家。再看王家："东海缺少白玉床，龙王来请金陵王。"在神话传说中，东海龙王最富有，奇珍异宝无所不有，可是他还向金陵王家借白玉床，这是极言都太尉统制伯王家（即王夫人的娘家）非常富有。最后看薛家："丰年好大雪，珍珠如土金如铁。"俗话说"瑞雪兆丰年"，年丰物富，则豪门贵族愈加奢靡，金银珠宝，任意挥霍，视同泥土废铁。"雪"与"薛"谐音，借指紫薇舍人薛家（即薛姨妈家）金银财宝之多。"这四家皆连络有亲，一损俱损，一荣俱荣，扶持遮饰，皆有照应的。"这就是说贾、史、王、薛四大家族之间不但有姻戚血缘上的连络，更主要的是他们在政治上已结成了利害荣枯休戚与共的一帮；他们的"损"和"荣"，实际上都是地主阶级内部这一派势力和那一派势力斗争的结果。他们正是为了建立这种在政治上"扶持遮饰，皆有照应"的关系，才相互之间"连络有亲"的，而不是相反。在《红楼梦》的前半部中，我们看到了四大家族之间由于"扶持遮饰"，确是"一荣俱荣"的；后半部不是应该写他们由于"事败"，相互株连获罪而"一损俱损"的吗？这在作者的艺术描绘中有多处暗示。在第十三回中作者通过秦可卿之口说："常言'月满则亏，水满则溢'，'否极泰来'，荣辱自古周而复始，岂人力所能保的。"作者预示后半部四大家族是"忽喇喇似大厦倾"（《聪名累》），"树倒猢狲散"（第十三回），"好一似食尽鸟投林，落了片白茫茫大地真干净"（《飞鸟各投林》）。作者写他们的"极盛"，正是要反衬他们的"极衰"；写他们的"赫赫扬扬"，正是要反衬他们的"烟消火灭"。高鹗续写的后四十回写贾家最后又"沐皇恩""延世泽""兰桂齐芳"，安排一个不喜不悲的"团圆"结局，是违背曹雪芹原意的。

但是，像四大家族这样的豪族败亡也是不容易的。第七十四回《惑奸谗抄检大观园　避嫌隙杜绝宁国府》中作者借探春的口说："可知这样的大族人家，若从外头杀来，一时是杀不死的。这可是古人说的'百足之虫，死而不僵'，必须先从家里自杀自灭起来，才能一败涂地呢！"作者写四大家族的衰败，正是从内部写起，这就是从他们子孙不肖、腐败堕落写起的。在书中，作者首先拉出薛蟠这个"呆霸王"示出。他生在"书香继世之家"，是个孤种，由于"溺爱纵容，遂至老大无成"，终日斗鸡走马，眠花宿柳，什么缺德的事他都干得出来。等作者的笔触转向荣宁二府时，什么贾赦、贾珍、贾琏、贾瑞、贾蓉、贾蔷、贾芹等，全部出来了。他们像一群贪婪的蛀虫，不断啃食祖宗给他们留下的家业。在他们权势还盛时，谁也不能奈何他们；可是到了他们恶贯满盈时，窥伺着他们的政敌便落井下石，他们构筑在罪恶基础上的大厦便忽喇喇地倾倒下来。戚蓼生序本《石头记》第四回有一首批书人写的诗：

> 请君着眼护官符，把笔悲伤说仕途。
> 作者眼泪同我泪，燕山仍旧窦公无？

　　窦公是指五代十国时北周的窦禹钧，是现在北京一带人。据说他教子有方，五个儿子都当了大官，成为封建时代的"模范家长"和后人羡慕的对象。引用此典，意谓现在还有窦禹钧那样幸运的人吗？批书人理解了作者写"护官符"的用意，产生共鸣，流出了眼泪，透露出封建阶级后继无人的危机与悲哀。

　　毛泽东在评论《红楼梦》时十分重视第四回及其中的俗谚口碑"护官符"在理解小说中的重要作用。毛泽东在1964年8月18日同哲学工作者的谈话中强调要把《红楼梦》"当历史读"，并指出第四回"那是个总纲"。为什么这样说呢？毛泽东说："第四回'葫芦僧乱判葫芦案'，讲护官符，提到四大家族：'贾不假，白玉为堂金作马。阿房宫，三百里，住不下金陵一个史。东海缺少白玉床，龙王来请金陵王。丰年好大雪，珍珠如土金如铁。'《红楼梦》写四大家族，阶级斗争激烈，几十条人命。统治者二十几人（有人算了说是三十三人），其他都是奴隶，三百多个，鸳鸯、司棋、尤二姐、尤三姐等等。讲历史不拿阶级斗争观点讲，就讲不通。"毛泽东1973年12月21日同参加中央军委会议的人员谈话时又对当时的南京军区司令员许世友将军说："他（指曹雪芹）那是把真事隐去，用假语村言写出来，所以有两个人，一名叫甄士隐，一名叫贾雨村。真事不能讲，就是政治斗争。吊膀子这些是掩盖它的。"早在1955年春，毛泽东在乘汽车去绍兴途中和随行人员聊《红楼梦》时，他"先声夺人，有声有色地朗诵起《红楼梦》'护官符'词来"。用马克思主义的观点看来，从奴隶社会以来的人类历史，就是阶级斗争的历史，这是不错的。《红楼梦》反映的中国18世纪的清代乾隆嘉庆时代，是中国封建社会由盛转衰的转型期，它通过贾、史、王、薛四大家族的兴衰荣枯的形象化描写，反映了封建社会末期的面貌，因而也就是一部封建社会的形象化历史，说它反映了当时的"阶级斗争"，甚至"政治斗争"，这无疑是正确的，因而人们应当把它"当历史读"。但必须指出的是，《红楼梦》并不像《水浒传》主要描写农民起义和农民战争——这种封建社会里最高级的阶级斗争形式，也不像《三国演义》主要描写三国时期魏、蜀、吴三个政治集团在政治、军事、外交、经济等诸多方面的斗争，它只是抓住社会的最小细胞——四个家族来加以形象描写，从而显示社会风貌的，换句话说，《红楼梦》的描写虽然极富"阶级斗争"意义，但并不是以描写"阶级斗争"为中心任务的。这也是我们必须清楚的。（毕桂发　英男）

## 【原文】

# 菊花诗（十二首）

## 忆菊（蘅芜君）

怅望西风抱闷思，蓼红苇白断肠时[1]。

空篱旧圃秋无迹[2]，瘦月清霜梦有知[3]。

念念心随归雁远，寥寥坐听晚砧痴。

谁怜我为黄花病[4]，慰语重阳会有期[5]。

## 【毛泽东圈评等情况】

1955年正是柳叶含翠、桃花吐蕊的季节。毛泽东乘车去绍兴东湖。

……

一路风尘，毛泽东与田家英、胡乔木、陈伯达侃"红楼"，从荣国府谈到宁国府，从晴雯、袭人、香菱讲到王熙凤、林黛玉，从《好了歌》诵到《菊花诗》。

[参考]李林达：《情满西湖》，中央文献出版社1993年版，第216—218页。

**【注释】**

（1）蓼，水蓼，花小色红，呈穗状，夏秋之际开花。苇，芦苇，花白。

（2）秋无迹，没有秋菊的影子。

（3）梦有知，只有在梦中追忆它（菊）。

（4）黄花，菊花。

（5）重阳，阴历九月初九。古人以九为阳数，二"九"相重，故称重阳，亦称重九。重阳节正是菊花盛开之时，有登高赏菊的习俗，所以说是相会之期。

**【赏析】**

菊花诗十二题，咏物兼赋事。题目编排序列，凭作诗者挑选。限用七律，不限韵脚。诗作皆署"雅号"，即："蘅芜君"（宝钗）、"怡红公子"（宝玉）、"枕霞旧友"（湘云）、"潇湘妃子"（黛玉）、"蕉下客"（探春）。见《红楼梦》第三十八回。本诗作者署"蘅芜君"（宝钗）。

《红楼梦》第三十七回《秋爽斋偶结海棠社　蘅芜院夜拟菊花题》写探春发起海棠社，大家作了海棠诗，因史湘云后才接来补作了海棠诗。当晚她与薛宝钗同宿蘅芜院，便又提议作菊花诗。于是二人连夜拟出题目，并编了顺序。宝钗说："起首是《忆菊》；忆之不得，故访，第二是《访菊》；访之既得，便种，第三是《种菊》；种既盛开，故相对而赏，第四是《对菊》；相对而兴有余，故折来供瓶为玩，第五是《供菊》；既供而不吟，亦觉菊无彩色，第六便是《咏菊》；既入词章，不可不供笔墨，第七便是《画菊》；既然画菊，若是默默无言，究竟不知菊有何妙处，不禁有所问，第八便是《问菊》；菊若能解语，使人狂喜不禁，便越发亲近他，第九便是《簪菊》；如此人事虽尽，犹有菊之可咏者，《菊影》《菊梦》二首，续在第十、第十一；末卷便以《残菊》总收前题之盛。——这便是三秋的妙景妙事都有了。"二人拟题时商定的原则是"以菊花为宾，以人为主"，"又是咏菊，又是赋事"，"赋景咏物两关着"。她们又商定做诗时"只出题，不拘韵"，"都要七言律诗"，题目自选，"高才捷足者为尊"。接着第三十八回《林潇湘魁夺菊花诗　薛蘅芜讽和螃蟹咏》中众姐妹在藕香榭陪贾母吃螃蟹后，便做起了菊花诗。这十二首诗写出了菊花在不同环境、不同人物眼中所显示出来的千姿百态；又借咏物写人，表现出不同人物的不同思想性格和精神意趣，并暗寓人物的不同遭遇。

这一首《忆菊》，署名蘅芜君，即薛宝钗所作。这首七言律诗紧扣一个"忆"字，把宝钗面对西风、想见菊花而不得的"怅望""断肠"之心写得哀婉凄切，楚楚动人，充满感伤、哀怨的气氛。这一首用的是"四支"韵，"怅望西风抱闷思，蓼红苇白断肠时。"首联写见不到菊花时极度愁闷悲伤的情怀，以显示忆菊心情之切。怅望，怅然遥望。抱闷思，形容一腔愁闷郁积于心的样子。诗中以菊拟所"忆"之人，怅望所忆之人不至，所以"抱闷思""断肠"。"空篱旧圃秋无迹，瘦月清霜梦有知。"颔联写菊花一去无踪迹，唯梦中才能见到它。瘦月清霜，极言秋夜寂寥清冷的景色。梦有知，在梦中才能见到。"念念心随归雁远，寥寥坐听晚砧痴。"颈联写渴望见到菊花的无限痴情。心随归雁远，传说雁能传递书信（见《汉书·苏武传》），诗词中常以大雁寄予对离人的怀念。宋李清照《一剪梅》："云中谁寄锦书来，雁字回时，月满西楼。"坐听晚砧痴，痴情地独坐听砧声。诗文中写到捣衣，多和送寒衣、思念远人有关。唐李白《子夜吴歌》："长安一片月，万户捣衣声。秋风吹不尽，总是玉关情。""谁怜我为黄花病，慰语重阳会有期。"尾联则写因思念菊花之苦而病，只能以别人的安慰聊以自慰。黄花，即菊花。重阳节正是菊花盛开之时，古代有登高赏菊的习俗，所以说相会有期。对这首诗，探春评价说："到底要算蘅芜君沉着，'秋无迹''梦有知'，把个忆字烘染出来了。"确实，这是最精彩的两句。

作者安排宝钗《忆菊》作为菊花诗之首，当是有深意的。诗中虽字字句句极写对菊花忆念之深，浸透其中的却有对封建大家族日趋衰败的挽歌情绪，似喻贾府的繁华终如明日黄花，已凋零残谢，无可挽回。同时诗中似还以菊喻所忆之人，寄寓宝钗婚后空闺独守的感伤情怀。

1955年春天，毛泽东乘汽车到绍兴游览途中和随行人员聊《红楼梦》时，曾读到这首菊花诗。（毕桂发）

# 访菊（怡红公子）

闲趁霜晴试一游，酒杯药盏莫淹留[(1)]。

霜前月下谁家种？槛外篱边何处秋？

蜡屐远来情得得[(2)]，冷吟不尽兴悠悠。

黄花若解怜诗客[(3)]，休负今朝挂杖头[(4)]。

## 【毛泽东圈评等情况】

1955 年正是柳叶含翠、桃花吐蕊的季节。毛泽东乘车去绍兴东湖。

……

一路风尘，毛泽东与田家英、胡乔木、陈伯达侃"红楼"，从荣国府谈到宁国府，从晴雯、袭人、香菱讲到王熙凤、林黛玉，从《好了歌》诵到《菊花诗》。

[参考]李林达：《情满西湖》，中央文献出版社 1993 年版，第 216—218 页。

## 【注释】

（1）酒杯，旧俗认为，重阳节饮菊花酒，可以消灾免祸（见《续齐谐记》）。药盏，旧俗认为，重阳节采摘菊花和松香做药服了，可以不老（见唐徐坚《初学记》卷四引《太清诸草木方》）。淹留，滞留住。

（2）蜡屐（jī），木底鞋，古人制屐上蜡。语用《世说新语·雅量》阮孚"自吹火蜡屐"事，表示旷怡闲适。得得，特地，唐时方言。《全唐诗话》：僧贯休入蜀，以诗投王建曰："一瓶一钵垂垂老，千山千水得得来。"情得得，情绪很高。

（3）诗客，诗人自指。

（4）挂杖头，指买酒的钱。《晋书·阮修传》载，阮修出行，常把一百钱挂在手杖头上，遇见酒店，便买酒痛饮一番。即以酒助游兴之意。

## 【赏析】

本诗作者署"怡红公子",即宝玉。用的是"十一尤"韵。这首七言律诗着力描写宝玉访菊心情的迫切与兴奋,写无论是酒还是病都不能阻止他访菊"得得"之情,"悠悠"之兴,以及渴望菊花理解自己的愿望。小说中黛玉的身世与气质都与菊花最相适合,这里的"访菊",亦有访人的意思。

"闲趁霜晴试一游,酒杯药盏莫淹留。"首联写访菊的喜悦心情。即使是贪杯饮酒或忙着制药酒也不要耽误去访菊花。旧俗以为重阳节喝菊花酒并采菊花揉松香制药服用,可以消灾延寿,即使有这么重要的事也不要滞留在家中而不去访菊,足见其访菊心情迫切之至。

"霜前月下谁家种?槛外篱边何处秋?"颔联写菊花种在何处。两句设问,不疑而问。上句说种植菊花人家的普遍,霜前即寒霜之下,月下即月夜之中,意谓家家都种有菊花。下句"何处秋",即秋色在何处。菊花代表秋色,也等于说:菊花在何处?二句分别从种植菊花的人多和种植地方之广写出菊花的讨人喜爱。二句互文见义,是说到了秋天家家处处遍种菊花。

"蜡屐远来情得得,冷吟不尽兴悠悠。"颈联写访菊兴致之高和对菊吟诗兴趣之浓。上句用《世说新语·雅量》阮孚"自吹火蜡屐"事,表示旷怡闲适。唐元稹《奉和严司空⋯⋯登龙山落梅台佳宴》:"谢公秋思眇天涯,蜡屐登高为菊花。"得得,犹特特、特地,唐时方言。宋苏轼《附和杨公济梅花诗》:"故应剩作诗千首,知是多情得得来。"用法与此相同。情得得,即引申为"情特特",即兴致很浓的意思。下句写在寒冷的秋天对菊吟咏兴趣极浓。

"黄花若解怜诗客,休负今朝挂杖头。"尾联写菊花若能理解珍视诗人的心意,诗人也不要辜负今朝盛景而只知沽酒。挂杖头,指杖头挂钱去沽酒,与首联下句呼应。贾政不在家,宝玉无拘无束地和姊妹在大观园内尽情玩耍,这是他生活中最惬意的时候,诗中充满了富贵闲人的情趣。

1955年春天,毛泽东乘车去浙江绍兴游览途中曾与随行人员吟咏"菊花诗"。(毕桂发)

# 种菊（怡红公子）

携锄秋圃自移来[(1)]，篱畔庭前故故栽[(2)]。

昨夜不期经雨活[(3)]，今朝犹喜带霜开。

冷吟秋色诗千首[(4)]，醉酹寒香酒一杯[(5)]。

泉溉泥封勤护惜，好知井径绝尘埃[(6)]。

## 【毛泽东圈评等情况】

1955 年正是柳叶含翠、桃花吐蕊的季节。毛泽东乘车去绍兴东湖。

……

一路风尘，毛泽东与田家英、胡乔木、陈伯达侃"红楼"，从荣国府谈到宁国府，从晴雯、袭人、香菱讲到王熙凤、林黛玉，从《好了歌》诵到《菊花诗》。。

[参考]李林达：《情满西湖》，中央文献出版社 1993 年版，第 216—218 页。

## 【注释】

（1）移来，指把菊苗移来。此句是"携锄自秋圃移来"的倒装句。

（2）故故，常常，频频。

（3）不期，没有料到。

（4）秋色，指菊。典出陶渊明《饮酒》诗"秋菊有佳色"句。

（5）酹（lèi），洒酒于地表示祭奠。寒香，指菊。明吴彦匡《花史》："菊为冷香。"诗千首、酒一杯，语用杜甫《不见》诗："敏捷诗千首，飘零酒一杯。"杜甫写的是李白。"醉酹寒香酒一杯"，"酹"原作"酹"，即"酬"字，平声不合，从脂本、戚本改。

（6）好知，可知。井径，田间小路，泛指偏僻小径，指种菊的地方。"知"，一本作"和"。

## 【赏析】

这首七言律诗署名"怡红公子"，即贾宝玉。用的是"十灰"韵。这首诗表现了宝玉看到菊花"经雨活""带霜开"时的欣喜之情和他对菊花"泉溉泥封"的珍惜爱护之心，写出了他愿与秋菊一起超尘拔俗、绝离尘世的归隐愿望。

"携锄秋圃自移来，篱畔庭前故故栽。"首联写把菊花从菊圃移来栽种到篱畔庭前。故故，常常，频频，引申其义可作"处处"解。唐杜甫《月》："时时开暗室，故故满天霞。"起首二句点题，写把菊苗从菊圃移来在篱畔庭前到处栽种。

"昨夜不期经雨活，今朝犹喜带霜开。"颔联写种菊的过程。栽种时想不到夜里正好下了一场雨，菊苗全部成活。特别令人高兴的是到了秋天它已冒着严寒开放。从栽种到开花，这是种菊的全过程，作者一略而过，又用"昨夜""今朝"这种时间副词限定，更显得时间短暂，种植中劳动的喜悦之情跃然纸上。

"冷吟秋色诗千首，醉酹寒香酒一杯。"颈联写对菊吟咏和以酒奠菊。诗人面对自己辛勤栽种的菊花凌霜开放，自然喜不自禁，发为吟咏，举杯饮酒时又洒酒于地表示祭奠。二句中的"秋色""寒香"皆指菊。"诗千首"与"酒一杯"语用杜甫《不见》中"敏捷诗千首，飘零酒一杯"句意。杜诗写的是李白的才华和遭际，此处写诗人的豪兴及对菊花的挚爱。

"泉溉泥封勤护惜，好知井径绝尘埃。"尾联写对菊花的珍爱之心及愿与之常相亲近而与尘埃隔绝，既回应了"种菊"题意，又表明了自己的愿望。末句用东晋诗人陶渊明爱松菊之高洁、弃官归隐之意。陶渊明《归去来兮辞》："三径就荒，松菊犹存。"又《和郭主簿》："芳菊开林耀，青松冠岩列，怀此贞秀姿，卓为霜下杰。"井径，田间小路。南朝宋鲍照《芜城赋》："边城急兮城上寒，井径灭兮丘垅残。"这里指种菊处，与喧闹的尘世相对。绝，弃绝。尘埃，喻指世俗社会。这里当寓宝玉对"仕途经济"的厌恶。

《红楼梦》第五回"贾宝玉神游太虚境　警幻仙曲演红楼梦"中，警幻仙子曾赞宝玉是闺阁中的良友，并且说他可为闺阁增光。这是说宝玉喜欢女孩子，同那些玩弄女性的纨绔子弟不同，他尊重女性、关爱女性、保护女性，无论是千金小姐还是小家碧玉，也不论是奴婢还是戏子，他都把她们当作和自己一样的人来平等对待。如果以花喻女孩子，那么这首诗所吟咏的种菊、灌菊、护菊，就正表现了他对女子的态度。

宝玉以为自己写出了"访菊""种菊"的情景，但也心服口服地承认不如林、薛、史诸人之作，这是符合实际的。

1955年春天，毛泽东乘汽车到浙江绍兴游览途中和随行人员一起吟诵过这首诗。（毕桂发）

**【原文】**

# 对菊（枕霞旧友）

别圃移来贵比金，一丛浅淡一丛深。
萧疏篱畔科头坐[1]，清冷香中抱膝吟[2]。
数去更无君傲世[3]，看来惟有我知音[4]！
秋光荏苒休辜负[5]，相对原宜惜寸阴[6]。

**【毛泽东圈评等情况】**

1955年正是柳叶含翠、桃花吐蕊的季节。毛泽东乘车去绍兴东湖。

……

一路风尘，毛泽东与田家英、胡乔木、陈伯达侃"红楼"，从荣国府谈到宁国府，从晴雯、袭人、香菱讲到王熙凤、林黛玉，从《好了歌》诵到《菊花诗》。

[参考]李林达：《情满西湖》，中央文献出版社1993年版，第216—218页。

**【注释】**

（1）科头，光着头，不戴冠帽，一种疏狂的姿态。王维《与卢员外象过崔处士兴宗林亭》："科头箕踞长松下，白眼看他世上人。"

（2）清冷香，指菊花。明吴彦匡《花史》："菊为冷香。"

（3）更无，绝无。君，指菊。傲世，菊不畏风霜，有"傲霜枝"之称。

（4）知音，知己朋友，同志。典出钟子期听伯牙鼓琴能知其心意的故事。见《列子·汤问》。

（5）荏苒，（时间）渐渐过去，常形容时光易逝。汉丁廙妻《寡妇赋》："时荏苒而不留，将迁灵以大行。"辜负，对不住。

（6）寸阴，极短的时间。语出《晋书·陶侃转》："大禹圣者，乃惜寸阴；至于众人，乃惜分阴。"

## 【赏析】

本诗作者署"枕霞旧友"，即史湘云。用的是"十二侵"韵。这首七言律诗借菊花清高傲世的风骨，表现史湘云自己豪放豁达的性格特点。

"别圃移来贵比金，一丛浅淡一丛深。"首联切题，写诗人对菊所见菊花的高贵和形态。别圃，即远圃。别，远。屈原《离骚》："余既不难夫离别兮。"王逸注："近曰离，远曰别。"从遥远的花圃移来栽种，可见是一种名贵品种，品种之好竟比黄金还要珍贵，菊花品性的高贵便无以复加了。下句是从菊花的形态上写，其形是"一丛""一丛"，其色有浅有深，即有浅黄和深黄之别。

"萧疏篱畔科头坐，清冷香中抱膝吟。"颔联紧承上联，写对菊之人的神态。意谓诗人对菊不戴帽子头巾、光头坐在萧条的菊篱旁边，在菊花清冷的香气中抱膝吟咏。萧疏，指秋天萧条疏落的景象。唐杜甫《除架》："束薪已零落，瓠叶转萧疏。"科头，即不戴帽子头巾，光着头，表示不拘礼法，狂傲不羁。清冷香，指菊花。《花史》："王龟龄十朋取庄园卉目为十八香，以菊为冷香。"抱膝，双手抱着膝头，形容神态悠闲从容。《三国志·诸葛亮传》注："亮每晨夕从容，抱膝长啸。"二句表现了史湘云的个性及风貌。

"数去更无君傲世，看来惟有我知音。"颈联菊我合写，一笔两面，意谓世上再没有比得上像菊花那样蔑视世俗的，惟有自己才是菊花的知心朋友。数去，数算起来。傲世，菊花不与桃李争春，在霜寒的秋天开放，诗文中常以菊为清高傲世的象征。知音，知己好友，原意指闻琴声而知弹奏者的心意。典出《列子·汤问》："伯牙鼓琴，志在高山，钟子期曰：'善哉，峨峨兮若泰山'；志在流水，钟子期曰：'善哉，洋洋兮若江河。'"二句写诗人对菊的感受，把诗意又推进一层。

"秋光荏苒休辜负，相对原宜惜寸阴。"尾联写诗人对菊产生的感想。二句意谓不要辜负菊花点缀的秋光美景，好时光应该十分珍惜。菊花盛开，别花已谢，秋光无多，倏忽即逝，不可辜负，应分秒必争地赏菊，方不负这美好秋光。回到对菊题上，首尾圆合，余味不尽。

史湘云生来"英豪阔大宽无量"，颇具男性风度。"科头"是不戴帽子或头巾，只能是男子的形象；古代女孩子没有帽子而有头巾，所谓"科头"就是不戴头巾。但这是作诗，是遣兴取乐，诗人也可以把自己想象成男人。湘云从小就喜欢男装，甚至有一次贾母竟把她误认成宝玉。第六十三回书中写道："湘云素习憨态异常，她也最喜武扮的，自己每每束銮带，穿折袖。"在诗中，湘云以一个男性抒情主人公出现，正表现了她豪爽不羁的潇洒风度。在十二首咏菊诗中，这一首被评为第五，属上乘之作。

1955年春天，毛泽东乘汽车到浙江绍兴游览途中和随行人员吟咏过这首诗。（毕桂发）

## 【原文】

### 供菊（枕霞旧友）

弹琴酌酒喜堪俦[1]，几案婷婷点缀幽。
隔坐香分三径露[2]，抛书人对一枝秋[3]。
霜清纸帐来新梦[4]，圃冷斜阳忆旧游。
傲世也因同气味[5]，春风桃李未淹留[6]。

## 【毛泽东圈评等情况】

1955年正是柳叶含翠、桃花吐蕊的季节。毛泽东乘车去绍兴东湖。

……

一路风尘，毛泽东与田家英、胡乔木、陈伯达侃"红楼"，从荣国府谈到宁国府，从晴雯、袭人、香菱讲到王熙凤、林黛玉，从《好了歌》诵到《菊花诗》。

[参考]李林达：《情满西湖》，中央文献出版社1993年版，第216—218页。

## 【注释】

（1）弹琴酌酒，指陶渊明的事。据说陶渊明有一张无弦琴，每当喝酒兴浓时就抚琴。见萧统《陶靖节传》。俦，伴侣，同辈。汉张衡《思玄赋》："仰矫首以遥望兮，魂怅怅而无俦。"

（2）三径，三条小路，本来是接待隐士的地方。典出晋代赵岐《三辅决录·逃名》："蒋翊归乡里，荆棘塞门，舍中有三径，不出，唯求仲、羊仲从之游。"陶渊明《归去来兮辞》有"三径就荒，松菊犹存"的诗句。因此，"三径"就成了菊花的所在地。三径露，指带露的菊花。分，散发之意。

（3）抛书，常指午睡，此指午睡醒来。一枝秋，指菊花。

（4）霜清，指菊花清雅。纸帐来新梦，房内新供菊枝，使睡梦也香甜。纸帐，古人设在房外午睡乘凉的帐子，用成皱的纸缝成，不用浆糊，顶上用稀布，以利透气，饰以梅花、蝴蝶一类图案（见明高濂《遵生八笺》）。

（5）同气味，气味相投，指傲世。

（6）春风桃李，指春风吹拂桃李花开之时。淹留，羁留，逗留。《楚辞·离骚》："时缤纷其变易兮，又何可以淹留？"

## 【赏析】

本诗作者署"枕霞旧友"，即史湘云，用的是"十一尤"韵。

诗题"供菊"，是把菊花插在花瓶中放在室内供人观赏。这首七言律诗写史湘云以菊为友的亲切喜悦心情，写她之所以爱菊，只因和菊有共同的气质与节操，表现出赏菊人高雅淡泊的性格特点。

"弹琴酌酒喜堪俦，几案婷婷点缀幽。"首联点题，意谓赏菊堪与弹琴、饮酒并称人生三件乐事，菊花亭亭玉立在几案上，把屋子点缀得更加清幽。俦，原指伴侣，同辈，这里指同类并列。上句或谓在弹琴饮酒时又高兴地有菊花作伴亦可通。下句拟人，"婷婷"用美人的姿态来形容菊花，更加生动形象。

"隔坐香分三径露，抛书人对一枝秋。"颔联意谓隔着座位就能闻到供菊散发的香气，使得人不禁抛开书卷对着一枝秋菊凝思。"三径露"与下句"一枝秋"互文见义，都是指菊花。二句对仗工稳，写诗人面对供菊，色香俱佳，堪称佳句。

"霜清纸帐来新梦，圃冷斜阳忆旧游。"颈联把诗人对供菊的欣赏又推进一层。意谓因室中供菊，在清秋夜晚睡在纸帐里也做了别具新意的梦，回忆起折菊供菊之前在夕阳残照中观赏清冷的菊花的情景，以渲染和衬托当前供菊为友的亲切喜悦之情。上句想象，下句回忆，从不同角度再写诗人对供菊的神往。上句"纸帐来新梦"用典，下句深得林黛玉的赞赏，说："据我看来，头一句好的是'圃冷斜阳忆旧游'，这句背面傅粉。'抛书人对一枝秋'已经妙绝，将供菊说完，没处再说，故翻回来想到未折未供之先，意思深透。"所谓"背面傅粉"，指从正面说完了，再从背面说。傅粉，即设色。"背面傅粉"是借用画家的术语，画家在作画时，为使画面色彩沉厚凸出，在纸背往往附着一层颜色，如画牡丹、菊花等，在正面着色后，再从背面依花瓣加一层同正面一样的颜色，则红的更加红，黄的更加黄，远看具有厚实的质感。

"傲世也因同气味，春风桃李未淹留。"尾联表明自己爱菊，只因自己和菊花有共同的情操和气质，故对春风中摇首弄姿的桃花和李花也不驻足欣赏。同气味，指情趣、志趣相同。春风桃李，既是实指春景，也暗喻追求世俗荣利之徒。这一首在十二首菊花诗中评为第六，也应算是佳作。

1955年春天，毛泽东从浙江杭州乘汽车到绍兴游览途中和随行人员吟咏过这首诗，可见对它颇感兴趣。（毕桂发）

清
诗

**【原文】**

# 咏菊（潇湘妃子）

无赖诗魔昏晓侵<sup>(1)</sup>，绕篱欹石自沉音<sup>(2)</sup>。

毫端蕴秀临霜写<sup>(3)</sup>，口角噙香对月吟<sup>(4)</sup>。

满纸自怜题素怨<sup>(5)</sup>，片言谁解诉秋心<sup>(6)</sup>？

一从陶令平章后<sup>(7)</sup>，千古高风说到今。

**【毛泽东圈评等情况】**

1955 年正是柳叶含翠、桃花吐蕊的季节。毛泽东乘车去绍兴东湖。

……

一路风尘，毛泽东与田家英、胡乔木、陈伯达侃"红楼"从荣国府谈到宁国府，从晴雯、袭人、香菱讲到王熙凤、林黛玉，从《好了歌》诵到《菊花诗》。

[参考]李林达:《情满西湖》，中央文献出版社 1993 年版，第 216—218 页。

**【注释】**

（1）无赖，无奈。诗魔，犹如入魔一般的强烈诗兴。佛教把人们有所欲求的念头都说成是着魔，宣扬修身养性用以降魔。唐白居易《闲吟》:"自从苦学空门法，销尽平生种种心。唯有诗魔降未得，每逢风月一闲吟。"后便以诗魔指诗歌的创作冲动而带来的不安宁的状态。

（2）欹（qī），通"倚"。沉音，即沉吟，低声吟咏。

（3）毫端，笔端。蕴秀，蓄藏着特异的诗情。秀，优秀，特异。临霜写，对着秋霜写菊。临，面对，当着。《楚辞·九歌·少司命》:"望美人兮未来，临风恍兮浩然。"

（4）噙香，口中含着香气。

（5）素怨，秋怨。素，秋季。古代五行之说认为秋属金，其色白，故称素秋。

（6）秋心，合成"愁"字，用作"愁"的代字。宋吴文英《唐多令》:"何处合成愁，离人心上秋。"

（7）一从，自从。陶令，东晋诗人陶渊明，曾做过彭泽令。平章，也作"评章"，评说，品评，此指吟咏。

**【赏析】**

林黛玉"魁夺菊花诗"，她的《咏菊》《问菊》和《菊梦》，在十二首咏菊诗中夺冠，而这一首《咏菊》又是三首中最好的，被评为第一。这不仅是由于她的诗"题目新，诗也新，立意也新"，还因为她的诗中糅合了自己独具魅力的思想个性、品格气质与身世之感。在这首七言律诗中，黛玉将具有"千古高风"的菊花引为知己，"毫端蕴秀临霜写，口角噙香对月吟"，以倾诉衷肠，寄托了自己幽怨寂寞、无人可解的"满纸""素怨"。

"无赖诗魔昏晓侵，绕篱欹石自沉音。"首联紧扣题目，写诗人从早到晚为诗魔侵扰，在篱边石畔独自吟咏。无赖，无可奈何。诗魔，指诗人不可抑止的创作冲动。佛家以扰乱身心、妨碍行善的心理活动为魔。唐代诗人白居易有"唯有诗魔降未得"名句，后遂以诗魔形容诗兴强烈如同着了魔一般，不可抑止。昏晓侵，是指强烈、不可抑止的诗兴从早到晚纠缠着自己，是写咏菊之时；绕篱欹石，指绕着篱笆倚着山石低声吟咏，是写咏菊之地。首联便从时间和空间两个方面写出了咏菊的情景。

"毫端蕴秀临霜写，口角噙香对月吟。"颔联进一步写咏菊之态：笔端藏着秋菊的秀色临着霜露书写，口齿含着菊花清香对着明月沉吟。此联将"昏晓侵"更具体化，上联"临霜写"便是"晓"，即白天；下句"对月吟"便是"昏"，即夜晚。这是说诗兴袭来，诗人不分昼夜沉浸在对菊花的吟咏之中。同时，诗成之后又写于纸上，比前联又进了一层。人美、花美、景美、情美、诗美，合诸美于二句诗中，用字巧妙、构思新颖，诗意浓郁，确实是咏菊的佳句。

"满纸自怜题素怨，片言谁解诉秋心？"颈联写诗人借咏菊诉情。意谓通篇写的都是对自己命运郁积已久的哀怨，而仅此只言片语，别人是无法理解自己所诉说的悲愁的。素怨，即秋怨，与下句"秋心"互文见义，兼有贞白、高洁的含义。上句写出了黛玉平素多愁多病、自怨自艾的情状；下句道出了自己一怀情愫不被人理解的苦闷。

"一从陶令平章后，千古高风说到今。"尾联引陶渊明咏菊作结，是说自从陶渊明赞赏菊花之后，它的千古高风一直为人们所传颂。陶令，东晋诗人陶渊明，因其做过彭泽令，故称为陶令。陶渊明咏菊诗文颇多，有"采菊东篱下，悠然见南山"等著名的咏菊佳句。在诗末又把同菊花关系最密切的诗人陶渊明引出来，歌咏菊花的亮节高风，也把自己高洁的品格暗示出来了。

1955 年春，毛泽东从浙江杭州乘汽车到绍兴东湖游览途中同随行人员一起吟咏过这首诗。（毕桂发）

## 【原文】

### 画菊（蘅芜君）

诗余戏笔不知狂<sup>(1)</sup>，岂是丹青费较量<sup>(2)</sup>？
聚叶泼成千点墨<sup>(3)</sup>，攒花染出几痕霜<sup>(4)</sup>。
淡淡神会风前影<sup>(5)</sup>，跳脱秋生腕底香<sup>(6)</sup>。
莫认东篱闲采掇<sup>(7)</sup>，粘屏聊以慰重阳<sup>(8)</sup>。

## 【毛泽东圈评等情况】

1955 年正是柳叶含翠、桃花吐蕊的季节。毛泽东乘车去绍兴东湖。

……

一路风尘，毛泽东与田家英、胡乔木、陈伯达侃"红楼"，从荣国府谈到宁国府，从晴雯、袭人、香菱讲到王熙凤、林黛玉，从《好了歌》诵到《菊花诗》。

[参考]李林达：《情满西湖》，中央文献出版社 1993 年版，第 216—218 页。

## 【注释】

（1）戏笔，随意戏作的诗文书画，此指作画。

（2）丹青，丹砂和青䭉，可作颜料。《周礼·秋官·职金》："掌凡金玉锡石丹青之戒令。"较量，斟酌。

（3）聚叶，密集的叶子。泼成，指泼墨法，即用笔蘸足浓淡不同的墨汁点染成画，不见笔径，如泼上去一样。

（4）攒花，一簇簇的花。染出，指渲染法，即用铅粉和浅黄染成。霜，指白色粉末（铅粉）。

（5）淡浓，显出阴阳向背。神会，在心神上领会。

（6）跳脱，本是一种手镯，用珍物连缀而成。汉繁钦《定情诗》："何以致契阔，绕腕双跳脱。"此处表明画者是女性，又绘画生动叫跳脱。

（7）"东篱"句，语用晋陶渊明《饮酒》之五："采菊东篱下，悠然见南山。"后因以指种菊之处。掇（duō），拿取。

（8）粘屏，把画贴在屏上。聊以，姑且。慰重阳，作为重阳节不得赏菊的安慰。

## 【赏析】

本诗作者署"蘅芜君"，即薛宝钗。用的是"七阳"韵。这首七言律诗以奔放的笔力，写画上之菊的神采及画菊人的风貌，显示了宝钗精于绘事、多才多艺的特点。

"诗余戏笔不知狂，岂是丹青费较量？"首联写诗人画菊，开篇擒题。此首紧接《咏菊》，故说吟诗之后，即兴挥毫作画，不以为自己兴态猖狂，绘画是即兴而作，难道需要费尽心机斟酌构思吗？"诗余"二字不可草草看过，已含诗人诗画兼善之意。戏笔，谓即兴随意挥洒作画，好似漫不经心一样，诗人才华横溢之态已活现纸上。宋人德洪《题墨梅山水图》："华光老人，眼中阁烟雨，胸次有丘壑，故戏笔和墨，即江湖云石之趣，便足春色，不可收畜也。"便是这种用法。

"聚叶泼成千点墨，攒花染出几痕霜。"颔联写诗人画菊。上句写画菊叶，用泼墨法。聚叶，把菊叶画得很密，故说用"千点墨"。千点墨，暗含画家用的是泼墨法。泼墨，是中国绘画的技法之一，笔力奔放，其势如水墨泼在纸上一样。明人李日华《竹嫩画胜》："泼墨者，用墨微妙，不见笔径，如泼出耳。"下句写画花朵，用渲染法。花朵由好多花瓣集合构成，故说"攒花"。染谓用渲染法在花瓣上施彩色。国画中有泼墨、渲染等法，枝叶用泼墨法，借浓墨以烘托花姿；花瓣用渲染，即不用线条勾勒，而利用宣纸能化水的特点，染出物象，更显出生动逼真。

"淡淡神会风前影，跳脱秋生腕底香。"颈联紧承上联写画菊之形后而进一步写画菊之神。意谓以水墨的浓淡描绘出菊花的神采风韵，仿佛腕下画出的秋菊也散发出清香之气。神会，指绘画时不只表现外在形象，而是充分领会掌握描绘对象的内在精神，去追求神似。跳脱本为手镯的一种，用珍物连缀而成，后又引申为灵巧生动。这里因是写"腕"，故兼含两义，既巧妙地点出画菊者为女子，又形容菊花画得栩栩如生。

"莫认东篱闲采掇，粘屏聊以慰重阳。"尾联写画菊之效用。是说不要将画上的菊花误认为东篱下栽种的菊花就随手去摘采，这画菊是为了粘贴在屏风上以便在重阳佳节聊以慰藉的。东篱，借用东晋诗人陶渊明《饮酒》之五"采菊东篱下，悠然见南山"中语，代指菊圃。诗人提醒赏画者不要错认是真的菊花而随手去采摘，是说画得神态逼真。慰重阳，指在重阳节借观画菊代替赏菊，聊作慰藉，写出画菊之效用，收束全诗，神完意足。

1955 年春，毛泽东从浙江杭州乘汽车到绍兴东湖游览途中和随行人员吟咏过这首诗。（毕桂发）

## 【原文】

### 问菊（潇湘妃子）

欲讯秋情众莫知，喃喃负手叩东篱<sup>(1)</sup>。

孤标傲世偕谁隐<sup>(2)</sup>？一样开花为底迟<sup>(3)</sup>？

圃露庭霜何寂寞？鸿归蛩病可相思<sup>(4)</sup>？

休言举世无谈者，解语何妨话片时<sup>(5)</sup>。

## 【毛泽东圈评等情况】

1955 年正是柳叶含翠、桃花吐蕊的季节。毛泽东乘车去绍兴东湖。

……

一路风尘，毛泽东与田家英、胡乔木、陈伯达侃"红楼"，从荣国府谈到宁国府，从晴雯、袭人、香菱讲到王熙凤、林黛玉，从《好了歌》诵到《菊花诗》。

[参考] 李林达：《情满西湖》，中央文献出版社 1993 年版，第 216—218 页。

## 【注释】

（1）喃喃，低语声。负手，双手反交于背后。《淮南子·说林训》："过府而负手者，希不有盗心。"叩，询问。东篱，指代种菊之处。

（2）孤标，本指山、树等特出的顶端，亦用以形容人品行高洁。《旧唐书·杜审权传》："冲粹孕灵岳之秀，精明含列秀之光，尘外孤标，云间独步。"标，格调，风度。偕谁隐，同谁一起归隐。

（3）底，何。

（4）蛩（qióng），蟋蟀。病，深秋蟋蟀凄苦的叫声。鸿，一本作"雁"。

（5）解语，会说话。唐司空图《杏花》："解笑亦应兼解语，只应慵语倩莺声。"又五代王仁裕《开元天宝遗事》中唐玄宗把杨贵妃比作"解语花"。休言，一作"莫言"。话，王希廉评本，脂砚斋评本作"语"。

## 【赏析】

本诗作者署"潇湘妃子"，即林黛玉。用的是"四支"韵。这首七言律诗借问菊发问，抒发了黛玉心中积郁至深的寂寞和"素怨"，流露出渴望在"举世无谈者"的孤独中，有人能理解自己的衷肠。它反映了黛玉孤标傲世的个性以及不为世俗所容的苦闷心情。

"欲讯秋情众莫知，喃喃负手叩东篱。"首联写问菊人与菊花的相知之情。意谓无人能理解秋天的情性，唯有去问菊花。上句"秋情"开启中间两联所问到的种种秋天的情性。下句"喃喃"指心有所思口中默念的情态。东篱，借代菊花。

"孤标傲世偕谁隐？一样开花为底迟？"颔联写诗人两问菊花。首先问菊花独立高标，傲然于世，将与谁一起归隐？再问菊花和百花一样同是开花，为什么开得这样迟呢？标，树梢的最尖端，引申为品行高洁之意。

《旧唐书·杜审权传》："尘外孤标，云间独步。"底，何。二句是借写菊花的品性，直抒自己之胸臆，表明自己的坚贞孤傲，与世俗格格不入。

"圃露庭霜何寂寞？鸿归蛩病可相思？"颈联诗人又提出两个问题再问菊花。意谓问菊花饱经庭院的寒露严霜，该是何等寂寞？在秋雁南归、蟋蟀悲鸣之时，是否也有相思之苦？这里是借问菊而吐露心迹，写黛玉在"风刀霜剑严相逼"的环境下感受到的寂寞与痛苦，以及爱情难以实现的愁闷。

"休言举世无谈者，解语何妨话片时。"尾联抒写诗人的感慨。意谓自己在世上没有知己，因而希望菊花哪怕只与自己交谈片刻也好。末句用典，解语，会说话，善解人意。语出五代王仁裕《开元天宝遗事》："太液池有千叶白莲数枝盛开，帝与贵戚宴赏焉。左右皆叹羡久之，帝指贵妃示于左右曰：'争如我解语花？'"这是说唐玄宗把杨贵妃比作"解语花"，诗人引用此典来指菊花。

在黛玉的三首咏菊诗中，写得新颖别致，并最能代表其个性的是这一首。轻俗傲世，花开独迟，道出了她清高孤傲，目下无尘的品格。"圃露庭霜"不就是《葬花辞》中说的"风刀霜剑"吗？荣府内种种恶浊的现象形成有形无形的刺激，使这个孤弱的少女整天陷于痛苦之中。"鸿归蛩病"映衬出她苦闷彷徨的心情。对黛玉来说，举世可谈者只有宝玉一人，然而碍于"礼教之大防"，何曾有痛痛快快地畅叙衷曲的时候？

"孤标傲世偕谁隐？一样开花为底迟？"这两句脍炙人口的名句，与其说是有趣的讯问，莫如说是愤懑的控拆。全诗除首尾二联外，颔联、颈联四句全为问句，问得精巧而微妙，正如湘云说："真把个菊花问的无言可对。"按理说，应该评为咏菊诗中的第一，李纨却把它评为第二。本来李纨自己也承认"不能作诗"，也就不必苛求了。

1955 年春，毛泽东从浙江杭州乘汽车到绍兴东湖游览途中和随行人员吟咏过这首诗。（毕桂发）

**【原文】**

# 簪菊（蕉下客）

瓶供篱栽日日忙，折来休认镜中妆[(1)]。

长安公子因花癖[(2)]，彭泽先生是酒狂[(3)]。

短鬓冷沾三径露，葛巾香染九秋霜[(4)]。

高情不入时人眼[(5)]，拍手凭他笑路旁[(6)]。

**【毛泽东圈评等情况】**

1955 年正是柳叶含翠、桃花吐蕊的季节。毛泽东乘车去绍兴东湖。

……

一路风尘，毛泽东与田家英、胡乔木、陈伯达侃"红楼"，从荣国府谈到宁国府，从晴雯、袭人、香菱讲到王熙凤、林黛玉，从《好了歌》诵到《菊花诗》。

[参考] 李林达：《情满西湖》，中央文献出版社 1993 年版，第 216—218 页。

**【注释】**

（1）镜中妆，妇女头上的簪、钗一类首饰。

（2）长安公子，疑指唐代诗人杜牧。他是京兆（长安）人。祖父杜佑做过德宗、宪宗两朝宰相，故称"公子"。其《九日齐山登高》诗有"尘世难逢开口笑，菊花须插满头归"的句子，故称"花癖"。

（3）彭泽先生，即东晋诗人陶渊明。他爱菊，也好饮酒，朋友相邀，他"造饮辄尽，期在必醉"（见《五柳先生传》）。

（4）葛巾，用葛布做的头巾，暗与陶渊明"葛巾漉酒"事相关。九秋霜，指代菊。九秋，秋天，秋季九十天，故称九秋。

（5）高情，高雅的情致，指头上簪菊事。时人，当时的人，同时代的人。《汉书·艺文志》："《论语》者，孔子应答弟子时人及弟子相与言而接闻于夫子之语也。"

（6）拍手句，李白《襄阳歌》："襄阳小儿齐拍手，拦街争唱白铜鞮。傍人借问笑何事？笑杀山公醉似泥。"宋陆游《小舟游近村舍舟步归》："儿童共道先生醉，折得黄花插满头。"这里兼取二诗意化用之。

## 【赏析】

本诗作者署"蕉下客"，即贾探春，用的是"七阳"韵。

诗题《簪菊》，指采菊插在头上。古代重阳节民间有簪菊的习俗。宋人周密《乾淳岁时记》云："都人九月九日，饮新酒，泛萸簪菊，且以菊糕为馈。"史正志《菊谱》亦云："唐辇下岁时记：九月宫掖间，争插菊花，民俗尤甚。"这首七言律诗以豪爽疏放之笔，刻画了自比高人雅士、性格狂放不羁的簪菊人形象，突出反映了探春精明强干、识见不凡、我行我素的自负之心。

"瓶供篱栽日日忙，折来休认镜中妆。"首联紧扣诗题，写诗人簪菊。意谓在篱边栽种菊花天天忙碌，折来插在瓶中供人观赏，如今又簪于头上，不要以为是妇女平日的头饰。镜中妆，妇女头上的簪、钗一类首饰，女子对镜妆饰时，插于发间。

"长安公子因花癖，彭泽先生是酒狂。"颔联用典，写杜牧和陶渊明都喜爱簪菊，说明簪菊风俗为时已久。长安公子，或指晚唐代诗人杜牧。杜牧，字牧之，唐京兆府万年县人。因其祖父杜佑在唐德宗、宪宗两朝做过宰相，且京兆杜氏是魏晋以来数百年的高门世族，唐时尤为显赫，故称之为长安公子。杜牧《九日齐山登高》有"尘世难逢开口笑，菊花须插满头归"之句，故称"花癖"。彭泽先生，指东晋诗人陶渊明，他曾任彭泽县令，故称。他除爱菊花外，亦嗜酒，其《饮酒》诗二十首序云："偶有名酒，无夕不饮。"南朝梁萧统《陶渊明传》载他任彭泽令时，"公田悉令种秫（高粱），曰：'吾常醉于酒足矣！'"友人颜延之曾"留二万钱于渊明，渊明悉遣送酒家，稍就取酒。尝九月九日出宅边菊丛中坐，久之，满手把菊，忽值弘（江州刺史王弘）送酒至，即便就酌，醉而归。"又自酿酒，"取头上葛巾漉酒，漉毕，还复著之"，所以称"酒狂"。这些都表现了当时的名士风度。

"短鬓冷沾三径露，葛巾香染九秋霜。"颈联再写所簪之菊。写高人逸士簪菊的疏狂之态，借以自比。三径露、九秋霜，均指所簪之菊，分别从菊花种植之地和菊花开放之时着墨。因说露，故说"冷沾"，说葛巾，暗与陶渊明"葛巾漉酒"相关。

"高情不入时人眼，拍手凭他笑路旁。"尾联抒情，写簪菊的感慨。意谓世俗之人不能理解高尚的情操，那就任其在路旁拍手嘲笑醉酒簪菊之人。高情，指簪菊人的高尚情趣。拍手句，这是化用唐人诗意。唐李白《襄阳歌》："襄阳小儿齐拍手，拦街争唱白铜鞮。傍人借问笑何事？笑杀山公醉似泥。"又宋陆游《小舟游近村舍舟步归》："儿童共道先生醉，折得黄花插满头。"这里兼取二诗意化用之。探春借此表明自己亦如高人逸士一样我行我素、狂放不羁。

这一首被李纨评为第七，实际也是不错的诗作。探春才清志高，精明干练不让须眉，因此诗中"短鬓""葛巾"等字样都是以男人自况。她对荣国府内部的矛盾和腐败看得很清楚，在她和薛宝钗一起替王熙凤理家时，曾勇敢地"兴利除宿弊"，欲以挽回荣府颓势，但因她是庶出，也时被人看不起。因此，她只好洁身自好，不随俗流，后来从容远嫁，都表现了她的独立特行的性格。

1955年春，毛泽东从浙江杭州乘汽车到绍兴东湖游览途中同随行人员一起吟咏过这首诗。（毕桂发）

## 【原文】

### 菊影（枕霞旧友）

秋光叠叠复重重<sup>(1)</sup>，潜度偷移三径中<sup>(2)</sup>。
窗隔疏灯描远近<sup>(3)</sup>，篱筛破月锁玲珑<sup>(4)</sup>。
寒芳留照魂应驻<sup>(5)</sup>，霜印传神梦也空<sup>(6)</sup>。
珍重暗香休踏碎<sup>(7)</sup>，凭谁醉眼认朦胧。

【毛泽东圈评等情况】

1955 年正是柳叶含翠、桃花吐蕊的季节。毛泽东乘车去绍兴东湖。

……

一路风尘，毛泽东与田家英、胡乔木、陈伯达侃"红楼"，从荣国府谈到宁国府，从晴雯、袭人、香菱讲到王熙凤、林黛玉，从《好了歌》诵到《菊花诗》。

[参考]李林达：《情满西湖》，中央文献出版社 1993 年版，第 216—218 页。

【注释】

（1）秋光，秋日的风光景色。唐陈子昂《秋日遇荆州府崔兵曹使宴》："秋光稍欲暮，岁物已将阑。"此指菊影。

（2）"潜度"句，菊花随着日光西斜而影子也在不知不觉中移动。

（3）"窗隔"句，隔着窗纱射出来的稀疏灯光，描绘出菊影的浓淡远近。

（4）"篱筛"句，从篱笆缝隙中透过来的破碎月光，笼罩着玲珑的菊影。

（5）寒芳，指菊花。留照，即留影。魂应驻，菊花既留影，精神也必然常在。

（6）霜印，指菊影。传神，生动逼真地表现出对象的神情态度，多用以形容艺术手段。南朝宋刘义庆《世说新语·巧艺》："顾长康画人，或数年不点目精。人问其故，顾曰：'四体妍蚩，本无关于妙处，传神写照，正在阿堵中。'"梦也空，菊影传神是实在的，菊梦却是空幻的。

（7）暗香，幽香，指菊香。唐羊士谔《郡中即事》之二："红衣落尽暗香残，叶上秋光白露寒。"宋李清照《醉花阴》："东篱把酒黄昏后，有暗香盈袖。"

【赏析】

本诗作者署"枕霞旧友"，即史湘云。用的是"一冬"韵。这首七言律诗从日光下菊花之影写到灯光、月光下远近不同的菊影，并且点出菊影中最可珍重的还是菊花的精神。诗写得飘逸不群，神采飞扬，表现了史湘云对菊的高贵品格的珍爱之情。

"秋光叠叠复重重，潜度偷移三径中。"首联描写秋天日光下的菊影。秋光，秋天的风光，代指菊影。上句说在日光照射下，菊花的影子斜映在地上，故而重叠在一起。叠叠、重重，用这两个叠字描写菊影，恰切逼真，是再好不过了。下句写菊影在菊圃中随着太阳的运转悄悄移动，也十分准确。

　　"窗隔疏灯描远近，篱筛破月锁玲珑。"颔联写夜晚灯光、月光下的菊影。上句谓疏淡的灯光透过窗子照射出来，在地上描绘出远近不同的菊影，这是写灯光下的菊影；下句谓竹篱像筛子一样把映在地面上的月光隔成片片碎块，好像锁住了菊花的身影。篱筛破月，似取意宋话本《碾玉观音》中"竹引牵牛花满街，疏离茅舍月光筛"。玲珑，原指枝叶。晋左思《吴都赋》："琼枝抗茎而敷蕊，珊瑚幽茂而玲珑。"吕延济注："玲珑，枝叶儿。"这里指菊花。这是写月光下的菊影。

　　"寒芳留照魂应驻，霜印传神梦也空。"颈联写菊影应能传神。上句谓菊影中亦应能表现出菊花的精神，下句谓菊影虽能传神，但毕竟是像梦一样空幻。上句从花说到影，下句又从影说到花，说法相反相成。此联从菊影说到菊花的精神，较前二联又深入一层，同时又引出末联。

　　"珍重暗香休踏碎，凭谁醉眼认朦胧。"末联写应珍重菊影。暗香，指月夜下的菊影。唐羊士谔和宋李清照的诗词中都用暗香指菊花，这里借指菊花，实指菊影。"休踏碎"，正点出"菊影"，影在地上，因珍惜，所以不愿踩它。末句承上句之意，说月光下的菊影朦胧，加之醉眼迷离，无论是谁看上去都更模糊难以辨认了。

　　由爱菊花而爱及菊花的影子，极力描绘日光、灯光、月光下菊影的种种形象，从现象上看，这同一般文人士大夫吟风弄月的诗作也无不同。但曹雪芹让史湘云咏出这样一首情调暗淡的诗，是有其用心的。"寒芳留照魂应驻，霜印传神梦也空。"显然是暗示她未来凄凉的命运。

　　1955年春，毛泽东从浙江杭州乘汽车到绍兴东湖游览途中同随行人员一起吟咏过这首诗。（毕桂发）

**【原文】**

# 菊梦 (潇湘妃子)

篱畔秋酣一觉清<sup>(1)</sup>，和云伴月不分明<sup>(2)</sup>。

登仙非慕庄生蝶<sup>(3)</sup>，忆旧还寻陶令盟<sup>(4)</sup>。

睡去依依随雁断<sup>(5)</sup>，惊回故故恼蛩鸣<sup>(6)</sup>。

醒时幽怨同谁诉，衰草寒烟无限情！

**【毛泽东圈评等情况】**

1955 年正是柳叶含翠、桃花吐蕊的季节。毛泽东乘车去绍兴东湖。

……

一路风尘，毛泽东与田家英、胡乔木、陈伯达谈侃"红楼"，从荣国府谈到宁国府，从晴雯、袭人、香菱讲到王熙凤、林黛玉，从《好了歌》诵到《菊花诗》。

［参考］李林达：《情满西湖》，中央文献出版社 1993 年版，第 216—218 页。

**【注释】**

（1）秋酣，秋菊酣睡。一觉（jiào）清，一次睡眠醒来。觉，睡醒，后亦作一次睡眠为一觉。清，清醒。

（2）和云伴月，伴随着云月。

（3）登仙，成仙。《楚辞·远游》："贵真人之休德兮，美往世之登仙。"指入梦后飘飘然如登仙境。庄生蝶，庄周一次做梦，化为蝴蝶（见《庄子·齐物论》）。

（4）寻盟，重申旧盟。此句是说怀念旧交，去找陶渊明重申旧盟，即菊梦。

（5）"睡去"句，睡着就随雁叫声而入梦。依依，留恋不已。雁断，雁叫声。

（6）惊回，指梦醒。故故，屡屡。蛩鸣，蟋蟀叫。

## 【赏析】

本诗作者署"潇湘妃子",即林黛玉。用"八庚"韵。

这首七言律诗被李纨评为第三,也是菊花诗中的佳作。诗题《菊梦》明写菊花之梦,实际是写黛玉之梦。它以迷离恍惚的笔调,描写菊花在梦中对美好境界的寻求以及美好梦境难以长久的幽怨,表现了黛玉对美好理想的向往和她在现实生活中所时时感受到的理想的破灭,以及满腹幽怨无处诉说的苦闷悲愤之情。

"篱畔秋酣一觉清,和云伴月不分明。"首联点题,写菊花之梦。意谓秋菊在篱畔酣睡一觉,梦境清幽,仿佛进入了与云月相随的迷离恍惚的仙境。唐代诗人张贲以"和霜伴月"写菊,今换一字,以写菊花梦魂高飞,以"不分明"来写梦境依稀恍惚。

"登仙非慕庄生蝶,忆旧还寻陶令盟。"颔联用典,再写菊梦。意谓菊花在梦中飘然若仙,并非羡慕庄子梦化蝴蝶,而是怀念旧情,去寻找陶渊明以兑现旧盟。庄生蝶,庄生,即庄周。《庄子·齐物论》:"昔者庄周梦为蝴蝶,栩栩然蝴蝶也。……俄然觉,则蘧蘧然周也。不知周之梦为蝴蝶欤,蝴蝶之梦为周欤?"因为后来的道教把庄周奉为始祖之一,所以庄生化蝶的寓言也被染上了宗教色彩,成为登仙的象征了。这里引"庄生蝶"是为了点"梦"。忆旧,实即"梦旧",诗题中的"梦"字,句中不出现,这是咏物诗技巧上的讲究。陶令,即陶渊明。这一联构思可能受元代柯九思"蝶化人间梦,鸥寻海上盟"诗句的启发。

"睡去依依随雁断,惊回故故恼蛩鸣。"颈联从梦中写到梦醒,笔墨又发生变化。意谓菊花依恋不舍地随着鸿雁南飞而入梦,可令人恼恨的蟋蟀不住地悲鸣,屡屡将好梦惊醒。依依、故故等叠字的运用,写出了对梦境的珍惜,强化了题旨。

"醒时幽怨同谁诉,衰草寒烟无限情!"尾联写埋怨梦醒。意谓梦醒之后的哀怨向谁倾诉,衰草连天、寒烟漠漠寄托着无限的哀思。以景结情,情丝不尽。

诗题是《菊梦》,诗人以拟人化的手法写菊花的梦境,实际上是写黛玉自己梦幻般的情思,带有明显的谶语的意味。"和云伴月",已经有些不祥；"登仙"，则又是"死亡"的代词。"登仙非慕庄生蝶"，是说死去登上仙籍不是我们所希望的；"忆旧还寻陶令盟"，等于说重结绛珠仙子和神瑛侍者的"木石前盟"才是自己真正的意愿。颈联、尾联四句透出凄凉颓败的气氛，对黛玉的结局又作了一次暗示。

1955年春，毛泽东从浙江杭州乘汽车到绍兴东湖游览途中同随行人员一起吟咏了这首诗。（毕桂发）

## 【原文】

### 残菊（蕉下客）

露凝霜重渐倾欹[(1)]，宴赏才过小雪时[(2)]。
蒂有余香金淡泊[(3)]，枝无全叶翠离披[(4)]。
半床落月蛩声切[(5)]，万里寒云雁阵迟。
明岁秋风知再会，暂时分手莫相思！

## 【毛泽东圈评等情况】

1955年正是柳叶含翠、桃花吐蕊的季节。毛泽东乘车去绍兴东湖。

……

一路风尘，毛泽东与田家英、胡乔木、陈伯达侃"红楼"，从荣国府谈到宁国府，从晴雯、袭人、香菱讲到王熙凤、林黛玉，从《好了歌》诵到《菊花诗》。

[参考] 李林达：《情满西湖》，中央文献出版社1993年版，第216—218页。

## 【注释】

（1）倾欹（qī），指菊倾侧歪斜。

（2）小雪，立冬之后的一个节气，在农历十月中。

（3）余香，指余瓣。金淡泊，黄色的花瓣已褪色。

（4）翠，指菊叶。离披，散乱之状。

（5）切，悲切。一作"病"。

**【赏析】**

本诗作者署"蕉下客",即贾探春。用的是"四支"韵。

这是十二首菊花诗的最后一首。这首七言律诗以感伤浓重的笔触,描绘出一幅凄凉衰败的深秋图景:露凝霜重,寒气习习,黄花凋残,枝叶飘零。作者将《残菊》一首安排在最后,当是借此喻残局之意,表现最富有才干、识见的探春对贾府衰败及自己命运的敏锐预感和沉重叹息。

"露凝霜重渐倾欹,宴赏才过小雪时。"首联紧扣诗题,写自重阳宴赏迄于小雪,菊花由盛渐衰。上句写残菊之状,露凝霜重,描写秋去冬来天气变冷的景象。露凝,指秋露因冷而凝结。晋陆机《秋咏》:"肃肃素秋节,湛湛浓露凝。"霜重,指初冬的寒霜。唐杜甫《萤火诗》云:"十月清霜重,飘飘何处归。"倾欹,则描摹菊花枝干衰残之状。下句则写菊残之时。宴赏,指重赏设宴赏菊。小雪为农历二十四节气之一,在十月立冬之后。

"蒂有余香金淡泊,枝无全叶翠离披。"颔联紧承上联,从色香两方面写残菊之态。蒂有余香,指菊花蒂上还残留着花瓣。金淡泊,形容菊花金黄色的花瓣已变得浅淡,色彩消褪。上句是从色、香两面着笔,下句则从色、状两面落墨。翠,指绿叶。离披,散乱之状。《楚辞·九辩》:"白露既下百草兮,奄离披此梧楸。"

"半床落月蛩声切,万里寒云雁阵迟。"颈联进一步用蛩吟雁叫烘托残菊,是从时令着手,这是菊花凋残时的初冬景象。蛩声切,是指蟋蟀悲凄的鸣叫声。雁阵,大雁飞行时列阵成行,故称"雁阵"。这当指深秋初冬的南飞雁。这里是从初冬的氛围再次烘托菊残之时。

"明岁秋风知再会,暂时分手莫相思!"尾联是诗人寄语:期望明年秋天再会。今年菊花虽已凋残,好在可以预测明年秋季再次相会,所以,暂时分手"各奔前程"不必过劳相思。收束题目,完成全篇。

宝钗为十二首菊花诗排顺序时说:"……末卷便以《残菊》总收前题之盛。"这就说得很明白,"盛"要以"残"作结。大观园金钗有十二个,菊花诗也恰好作了十二首,这不是偶然巧合,而是作者有意安排的。我们虽不能把十二首菊花诗作十二首判词看待,但应该把咏菊诗的总体看成是咏人——咏十二钗总的命运,最后是叶缺花残,万艳万悲,归到"薄命司"去。

这一首是探春作的，当然也要带上她个人的色彩。她曾预言贾家"一败涂地"，《残菊》就暗含着一败涂地时群芳的最后结局。"万里寒云"正是她远嫁时的况味；"暂时分手莫相思"也可同"从今分两地，各自保平安。奴去也，莫牵连"的曲子对应起来。

1955年春，毛泽东从浙江杭州乘汽车到绍兴游览途中与随行人员吟咏过这首诗。（毕桂发）

# 王士祯

　　王士祯（1634—1711），原名士禛，死后因避清世宗雍正（胤禛）讳，改称士正；清高宗乾隆时，诏命改称士祯，字子真，一字贻上，号阮亭，又号渔洋山人，山东新城（今山东桓台）人，清代诗人。清世祖顺治十五年戊戌（1658）进士，官至刑部尚书，谥文简。士禛以诗闻名海内，论诗倡神韵说，所作多写日常琐事及个人情怀，模山范水，吟咏风月，符合统治阶级以诗歌粉饰太平的需要，在生前负有盛名，人称一代正宗。亦能词。著有《带经堂集》《渔洋山人精华录》《池北偶谈》等。

## 【原文】

### 《聊斋志异》题词

　　姑妄言之姑听之<sup>(1)</sup>，豆棚瓜架雨如丝<sup>(2)</sup>。
　　料应厌作人间语，爱听秋坟鬼唱时<sup>(3)</sup>。

## 【毛泽东圈评等情况】

　　王士祯，字贻上，号阮亭，山东新城人。诗为前清一代正宗。吴、王并称。天下事物，万变不穷。

　　　　[参考]《讲堂录》，《毛泽东早期文稿》，湖南人民出版社
　　　　　　　　　　　　　　　　　1990年版，第582页。

　　毛泽东曾圈阅过这首诗。

　　　　[参考]张贻玖：《毛泽东评点、圈阅的中国古典诗词》，
　　　　　　　　　　中国工人出版社1992年版，第265页。

**【注释】**

（1）"姑妄"句，姑且随便说说，姑且随便听听。语出《庄子·齐物论》："予尝为女妄言之，女以妄听之。"此即指《聊斋志异》写鬼狐之事。

（2）"豆棚"句，《豆棚闲话·朝奉郎挥金倡霸》："天色乍晴就有人在豆棚下等说古话哩，我们就去。"此句意指蒲松龄从民间传说中搜集了不少材料。

（3）秋坟鬼唱，李贺《秋来》诗有"秋坟鬼唱鲍家诗"句。

**【赏析】**

这首绝句是王士祯为蒲松龄的小说《聊斋志异》所作的题词。《聊斋志异》是蒲松龄创作的一部文言短篇小说集。历城张希杰的《铸雪斋钞本聊斋志异》，分为十二卷，有目四百八十八篇。现存最早刻本为乾隆三十一年青柯亭本，则分为十六卷，四百余篇，但篇目并不完全。新中国成立后还发现了作者的手稿定稿本，曾影印出版，又有会校会注会评本，所收篇目较为完备。作者以民间流传的故事为基础，通过他自己的丰富想象，创作出不少优秀作品，构思奇妙，语言生动，以谈狐说鬼的表现方式，对当时现实的黑暗和官吏的罪恶多有暴露，于科举制度和封建礼教都有所批判，并以同情的笔调描绘了青年男女相爱的故事。但书中也存在着封建说教和迷信色彩。总体来说，《聊斋志异》无疑是一部现实主义与浪漫主义相结合的杰作。《聊斋志异》问世以后，曾风行一时，作序、题词者颇多，模拟的作品也纷纷出现。但题词中最有特色的当数当时文坛盟主王士祯的《〈聊斋志异〉题词》。这首绝句热情洋溢地赞扬《聊斋志异》的浪漫主义精神，肯定了蒲松龄的创作道路，因而深得作者期许。蒲松龄曾有和诗《次韵答王司寇阮亭先生见赠》云："《志异》书成共笑之，布袍萧索鬓如丝。十年颇得黄州意，冷雨寒灯夜话时。"二人一唱一和，情同知音，为文坛平添一段佳话。

"姑妄言之姑听之"，首句用《庄子·齐物论》和苏轼在黄州二典，指出《聊斋志异》写鬼狐之事。这个评价蒲松龄颇是认同，他在《聊斋自志》中说："才非干宝，雅爱搜神；情类黄州，喜人谈鬼。"意谓我虽然没有干宝那样的才学，但却很喜欢搜集神异的故事；我的心情也像在黄州的苏轼一样，喜欢听人谈鬼说怪。干宝，晋代人，他收录搜集了许多神仙鬼怪的故事，撰写了《搜神记》一书，是我国南北朝时期志怪小说的代表作。黄州，这里指宋代的苏轼，他曾被贬到黄州（今湖北黄冈）当地方官，故称。宋叶梦得《避暑录话》卷上载，苏轼在黄州及岭南时，常同宾客放荡诙谐，有不能谈者，则强之说鬼，或辞无有，则曰："姑妄言之。"两相比照，我们可以看出，作者和题词者的意见完全是一致的。

次句"豆棚瓜架雨如丝"，意谓蒲松龄从民间传说中搜集了不少材料，从而肯定了作者的创作道路。这也可以从作者《聊斋自志》中得到印证："闻则命笔，遂以成编。久之，四方同人，又以邮筒相寄，因而物以好聚，所积益伙。"在下着绵绵细雨之时，农民无法干活，便坐在旷野里的豆棚瓜架之下闲聊，说者无意，而听者有心，作者从中积累了不少素材。近代邹弢《三借庐笔谈》载，作者写此书时，常设茶烟于道旁，"见行道者过，必强与语，搜奇说异，随人所知"，"偶闻一事，归而粉饰之"。可见，王氏之评切合作者创作情况。

"料应厌作人间语"，三句是说料想作者讨厌用人间的话语写作，因而采用了非现实的写法，从而肯定了《聊斋志异》是有所寄托的。作者在《聊斋自志》说："集腋为裘，妄续幽冥之录；浮白载笔，仅成孤愤之书，寄托如此，亦足悲矣！"意思是说，他把一篇一篇的小说辑录起来，企图写一部《幽明录》的续书；一边痛饮，一边叙写，就只写成了这《孤愤》的著作，有这样的寄托，也够悲哀的了！《幽明录》是南朝宋刘义庆著的志怪小说，原文作"幽冥"，误。《孤愤》，是战国时思想家韩非的著作《韩非子》中的一篇，这里借以表现自己对现实的不满。集腋成裘，指用狐狸腋下的珍贵毛皮连缀而成皮袍，比喻积少成多。浮白，指饮酒。载笔，记录。作者的这段话，正说明《聊斋志异》是作者有所寄托的，而不是"妄言妄听，记而存之"（清袁枚《新齐谐序》）的作品。他之所以采用鬼狐故事，是因为它便于避免清初严酷的文网和自由地表现生活理想。这一点作者与评者也是息息相通的。

"爱听秋坟鬼唱时"，末句用唐代诗人李贺"秋坟鬼唱鲍家诗"的典故，赞扬《聊斋志异》的浪漫主义精神。作者推崇李贺，在《聊斋自志》开端就说："披萝带荔，三闾氏感而为骚；牛鬼蛇神，长爪郎吟而成癖。"《新唐书·李贺传》："贺纤腰通眉，长指爪，能疾书。"长爪郎指李贺，三闾大夫指屈原。作者把屈原、李贺并提，而屈原、李贺都是我国著名的浪漫主义诗人，很明显作者是在张扬浪漫主义精神。而王氏以"爱听"二字明确表示自己的感情倾向。"秋坟鬼唱时"，乃将李贺"秋坟鬼唱鲍家诗"稍加变化入诗。鲍家诗，指南朝宋文学家鲍照的作品。前缀以"秋坟"与"鬼唱"，概由"鲍家诗"的挽歌性质引申出"鬼唱"，又由"鬼唱"推衍出"秋坟"。清王琦在《李长吉歌诗汇解》中说："鬼唱鲍家诗，或古有其声，唐宋以后失传。"王氏借用李贺的诗句赞扬《聊斋志异》的浪漫主义精神。

我国文言小说于魏晋南北朝时期开始盛行，出现大量记录鬼神志怪和人物轶事的笔记小说。至唐人始"有意为小说"，发展成传奇，具备了短篇小说的规模，并取得了很高成就。宋、元、明各代又有发展，但直到清代蒲松龄的《聊斋志异》创造性地继承了文言小说的传统，用唐人传奇法来写志怪，既反映了丰富的社会生活，又有很高的艺术成就，才把我国文言小说推到更高的阶段。因此，王士禛在诗中给予的高度评价是完全正确的。

王士禛是清初诗坛盟主，颇受毛泽东关注。毛泽东 1913 年 10 月至 12 月在湖南省立第四师范读书时记的笔记《讲堂录》中便记下了国文教员袁仲谦的讲课所说"王士禛，诗为前清一代"的话，说明他对王氏的重视。而蒲松龄的《聊斋志异》又是毛泽东终生喜读的一部古典小说名著。他青年时代就喜读《聊斋志异》，直到晚年仍兴趣不减。在中南海毛泽东故居里就存放着《聊斋志异》十八种，其中有四种版本，毛泽东晚年都翻看过，有的看过很多遍，有的还作了批注，有的则作了圈画。他认为这部书"写得好"，向亲友推荐它"可以读"。他还很佩服蒲松龄重视调查的精神，提出作家应向蒲松龄学习，深入到广大人民群众中去，搜集创作素材，寻求创作灵感。也许他圈阅王士禛的这首《〈聊斋志异〉题词》只是读小说时连带而及，但从他对王士禛的重视和喜读《聊斋志异》的情况来看，便是很自然的了。（毕桂发　英男）

# 吕谦恒

吕谦恒（生卒年不详），字天益，又字涧樵，河南新安（今河南新安）人。清代诗人。清圣祖康熙己丑（1709）进士，清世宗雍正间累官至光禄寺卿。以老致仕。读书青要山，凡数十年，工诗，其诗精练，他的哥哥履恒诗作古朴淡雅，兄弟二人并重于当时。有《青要山房文集》《青要山房诗集》。

## 【原文】

### 宁乡道中

奔峭时相引<sup>(1)</sup>，盘回势屡迁。

雪峰藏白日，云谷束青天。

路转啼猿里，人行飞鸟边。

悬车频度险<sup>(2)</sup>，回首失三泉<sup>(3)</sup>。

## 【毛泽东圈评等情况】

毛泽东读清沈德潜编选《清诗别裁集》卷二十二时圈阅了此诗。

[参考] 张贻玖：《毛泽东评点、圈阅的中国古典诗词》，中国工人出版社 1992 年版，第 262 页。

## 【注释】

（1）奔峭，势若奔涌的山峰。唐杜甫《入宅》之一："奔峭背赤甲，断崖当白盐。"仇兆鳌注引邵传之曰："山峰高峻，如奔涌然。"

（2）悬车，形容险阻。杜甫《提封》："借问悬车守，何如俭德临。"仇兆鳌注："即所谓在德不在险。"亦作悬车束马。《国语·齐语》："悬车束马，踰太行与辟耳之谿拘夏。"韦昭注："太行、辟耳，山名也。拘夏，辟耳之谿也。三者皆山险谿谷，故悬铭其车，偪束其马以渡。"

（3）三泉，地名，即三柱泉。

## 【赏析】

这是诗人赴宁乡途中所作，为五言律。宁乡，地名，宁乡关，位于今山西中阳。其兄吕履恒有《秋日宁乡关有感》诗。这首诗对宁乡陡峭的山岩、曲折的路径、高耸的雪峰、幽深的山谷等进行了比较形象的描绘，并抒写了自己的途中感受。

"奔峭时相引，盘回势屡迁"，首联写山形、路势。诗人行走在途，犹如奔涌而来的峻峭陡直的山岩一个接着一个，似乎是在引接行人；道路盘曲回旋，令人迷离惝恍。本联从视觉与感觉入手，写出了宁乡途中山形的陡峭奇绝及路势的千回百转。"雪峰藏白日，云谷束青天"，颔联写峰高、谷深。山高气寒，白雪皑皑，山峰上插云霄，遮天蔽日；谷壑幽深，云合雾集，青天似乎在此收束。这两句主要从视觉着笔，对仗工整，字句斟酌，尤其是"藏""束"二字，极尽锤炼之工，显得生动形象。

如果说首联、颔联重点是在表现途中的山峭、路曲、峰高、谷深的话，那么后两联侧重表现的则是诗人的途中感受。

"路转啼猿里，人行飞鸟边。"颈联则从听觉、视觉落笔。道路崎岖凸凹，坎坷不平；行人孑然一身，踽踽独行，只有飞鸟相伴。本来就感到孤独落寞，而高猿长啸、哀转久绝，更使人觉得凄怆悲凉，触目伤怀，纡郁难释。这两句是以飞鸟与啼猿来衬托行人途中的心情、感受。"悬车频度险，回首失三泉"，尾联写旅途险象环生，步履艰难。行人频频遇险，小心翼翼，渡过一处处危险之地，因精神高度紧张，蓦然间回首一望，三泉早已错过了。

本诗语言平易通畅，感情表达含蓄。作者善于从不同的角度描写途中情形，比较生动、具体。语句锤炼较工，如"引""迁""藏""束""啼""度""失"等动词的运用都恰到好处。（张进德）

# 望吴岳呈王使君拟山

吴岳高寒蔽蜀门，巡檐跂望肃心魂[1]。

地形近接关山脉[2]，礼秩遥同太华尊[3]。

众壑云雷生白昼，中峰星宿落黄昏。

凌风欲蹑王乔舄[4]，玉粒丹砂信可扪[5]。

## 【毛泽东圈评等情况】

毛泽东读清沈德潜编选《清诗别裁集》卷二十二时圈阅了此诗。

[参考] 张贻玖：《毛泽东评点、圈阅的中国古典诗词》，
中国工人出版社 1992 年版，第 262 页。

## 【注释】

（1）巡，遍，周遭。跂（qǐ）望，踮起脚抬头向远处看。肃，肃然。

（2）关山，山名，在今陕西陇县西八十里。其山高峻，盘曲而登，凡五十里，始至绝顶，有分水岭。

（3）礼秩，礼仪品秩。太华，华山的别称，古号西岳，又称华岳，在今陕西华阴南，以其西有少华山，故名太华山。

（4）蹑，跟踪，追随。王乔，神话人物，传为东汉河东（郡治在今山西夏县北）人，曾任叶县令，有神术。传说每月初一、十五自县至京师，而不见车骑。太史伺其临至，就有双凫从东南飞来，于是待凫至，举网张之，得一舄，视之，乃为王乔之鞋。其后，天忽降玉棺于堂前，见其沐浴服饰卧于棺中，葬于城东，土自成坟。后诗中常借以咏县令。舄（xì），鞋。

（5）玉粒，指米。扪，握，持。玉粒丹砂，指富贵豪华的生活。

## 【赏析】

这是一首赠人之作，为七言律。"王使君"所指未详。使君，旧时尊称奉命出使的人，或用以对州郡长官的尊称。诗中既对吴岳作了比较具体

的描绘，又有对王使君的颂扬与祝福。

"吴岳高寒蔽蜀门，巡檐跂望肃心魂。"首联写吴岳之高寒。吴岳，即岍（qiān）山，在陕西陇县西南，古称吴山，又名岳山。巡，周遭，遍。"跂望"，踮起脚抬头向远处看，形容盼望心切。吴岳高入云霄，壁立千仞；峰顶冷风飕飕，寒气袭人。举目仰望，它似乎遮蔽住了通往四川的门户；踮脚远视，只见如檐的山岭重重叠叠，壁峭崖悬，令人心魄肃然。本联不仅直笔写出吴岳的高寒，而且又从人的感觉加以渲染。

"地形近接关山脉，礼秩遥同太华尊。"颔联写吴岳的位尊。关山，山名，在今陕西陇县西。太华，山名，即西岳华山，在陕西渭南东南。因远望其形如华（花），故称华山；又因其西有少华山，故又称太华。这两句意为，从地形上看，吴岳近接关山山脉，它所配享的礼仪品秩，与遥远的太华相同。这里明写吴岳之尊，其中大约也包含有作者对王使君的赞颂之意。

"众壑云雷生白昼，中峰星宿落黄昏"，颈联极言吴岳之壑深峰峻。本联实际上是"白昼众壑云雷生，黄昏中峰星宿落"的倒装语。吴岳沟壑幽深，旷寂无声，它在白昼显得云雾蒙蒙，一旦风吹木摇，山石下落，便马上会传来隆隆的回响，犹如雷鸣一般；一到黄昏，星宿错列中峰，似乎落到了高高的峰顶。这里并没直写峰有多高，壑有多深，但读者完全可以从壑生云雷、峰落星宿的描写中去体会，去想象。

"凌风欲蹑王乔舄，玉粒丹砂信可扪"，尾联抒情。蹑，跟踪，追随。王乔，神话人物，传为东汉河东（郡治在今山西夏县北）人，曾任叶县令，有神术。传说每月初一、十五自县至京师，而不见车骑。太史伺其临至，就有双凫从东南飞来，于是待凫至，举网张之，得一舄，视之，乃为王乔之鞋。其后，天忽降玉棺于堂前，见其沐浴服饰卧于棺中，葬于城东，土自成坟。舄，鞋。玉粒，指米。丹砂，朱砂。"玉粒丹砂"喻指富贵奢华的生活。扪，持，握。这两句诗表面是说，登上吴岳顶峰，就可以凌风追上王乔，那么富贵的生活便可期望了。实际上暗寓对王使君的祝愿，愿其青云直上，官运亨通，荣华富贵。

这首诗结构比较严谨，层次分明。先写吴岳之高寒，继写吴岳之形势、位尊，再写其壑深、峰高，末以称颂作结，深切题旨。全诗看似慕山之词，实为颂人之语。语言上讲究推敲、锤炼，尤其是颈联两句，用字奇警，颇有新意。（张进德）

## 【原文】

# 送泽州相国予告归里

元老承恩帝里回[(1)]，奏书三上曰俞哉[(2)]。
丹心宁恝苍生望[(3)]，白发方看绿野开[(4)]。
纶阁有章光日月[(5)]，岩城无地起楼台[(6)]。
他时天语还存问[(7)]，沁水遥瞻佳气来[(8)]。

## 【毛泽东圈评等情况】

毛泽东读清沈德潜编选《清诗别裁集》卷二十二时圈阅了此诗。

[参考] 张贻玖：《毛泽东评点、圈阅的中国古典诗词》，

中国工人出版社 1992 年版，第 262 页。

## 【注释】

（1）元老，古称天子的老臣，后泛指资深望高的旧臣，唐以后又用以称宰相。这里指泽州相国。

（2）俞，俞允。《书·尧典》："帝曰：'俞。'"俞，应诺之词，即称帝王允许臣下的请求为俞允。

（3）恝（jiá），不在意，无动于衷。

（4）绿野，绿野堂，唐代相国裴度的别墅，旧址在今河南洛阳。裴度因见宦官擅权，自请罢相，徙东都留守，治第集贤里，于午桥作别墅，花木万株，中间起凉台署馆，名曰"绿野堂"，与白居易、刘禹锡等作诗酒之会。

（5）纶阁，指中书省及内阁，以为皇帝撰拟诏制之地而名。章，奏章。

（6）岩城，指泽州相国的家乡。这里化用了宋人魏野称颂寇准"有

官居鼎鼐，无地起楼台"的诗意。鼎鼐，喻指宰相等执政大臣。

（7）天语，帝王的诏谕，皇帝所语。存问，慰问，问候。

（8）沁水，县名，在山西南部、中条山东北，自唐至清朝隶属泽州管辖。佳气，象征祥瑞的光彩。

## 【赏析】

诗题《送泽州相国予告归里》。泽州，今山西晋城，相国，古官名。春秋战国时，除楚国外各国都设相，称为相国、相邦或丞相，为百官之长。秦及汉初，其位尊于丞相。后为宰相的尊称。泽州相国，是以郡望、官职称呼人，其名不详。从这首七言律诗的内容来看，是送泽州相国告老还乡，自己也致仕回故里。

元代杨载在《诗法家数》中谈到送别诗的常见格套时说："凡送人多托酒以将意，写一时之景以兴怀，寓相勉之词以致意。"而吕谦恒的这首诗作，却一反常格，别具特点。

"元老承恩帝里回，奏书三上曰俞哉。"首联写泽州相国告归。元老，古称天子的老臣，后泛指资深望高的旧臣，唐以后又用以称宰相。这里指泽州相国。帝里，京都，犹言帝都。俞，俞允。古称帝王允许臣下的请求为俞允。这两句是说，泽州相国作为国家多年倚重的元老，多次上书皇帝归里，如今蒙受皇帝的恩泽，允许离开京都，致仕还乡。从"奏书三上"可以看出泽州相国归意已决，也可见皇帝对他的倚重、再三挽留。

"丹心宁恝苍生望，白发方看绿野开。"颔联写泽州相国告归之因。丹心，忠诚之心。恝，无动于衷，不在意。苍生，指百姓。绿野，绿野堂，唐代相国裴度的别墅，旧址在河南洛阳。裴度因见宦官擅权，以为时事已不可为，就自请罢相，徙东都留守，治第集贤里，于午桥作别墅，花木万株，中间起凉台署馆，名曰"绿野堂"，与白居易、刘禹锡等作诗酒之会。这两句是说，难道泽州相国的一片赤诚之心不去顾念黎民百姓的期望吗？他终生为国事操劳，如今满头银丝，业已年迈，况且他早已向往唐代裴度优哉游哉的生活了。本联用裴度事，暗写出朝中佞幸用事，以及泽州相国的洁身自好，不与之同流合污。

"纶阁有章光日月，岩城无地起楼台。"颈联称赞泽州相国奏疏光明，颂扬其持躬洁白。纶阁，指中书省及内阁，以为皇帝撰拟诏制之地而名。岩城，指泽州相国的家乡。此联是说，泽州相国在职期间，兢兢业业，恪尽职守，给皇帝所上的奏章能光昭日月；他为官清廉，克己奉公，两袖清风，绝不去搜索钱财经营富丽堂皇的楼台歌榭。这里化用了宋人魏野称颂寇准"有官居鼎鼐，无地起楼台"的诗句，赞扬了泽州相国明如镜、清如水的政绩。

"他时天语还存问，沁水遥瞻佳气来。"尾联写朝廷不会忘其功绩。天语，帝王的诏谕。存问，慰问，问候。沁水，县名，在山西南部、中条山东北，黄河支流沁河中游，自唐至清朝隶属泽州。佳气，象征祥瑞的光彩。尾联是说，尽管泽州相国解职归乡，但朝廷不会忘记其卓著的政绩，他还会时时蒙受皇帝的恩惠、慰问，在家乡不断看到自京都而来的祥瑞之气。

本诗先述泽州相国告归，次写其告归之因，再颂其奉公清廉，末以天语存问、仍受皇恩收束，章法严谨，层次井然。既有叙述之语，又有赞颂之词，还有安慰之意，很切合题旨。对泽州相国的赞颂直截了当，而对朝廷龌龊的描写则较隐晦。使事用典也都熨帖自然，恰到好处。（张进德）

# 方　觐

方觐（生卒年不详），字近雯，清代江南江都（今江苏扬州）人。清圣祖康熙己丑（1709）进士，尝从学于朱彝尊，官陕西布政使。有《石川诗抄》。

**【原文】**

## 定兴县谒杨忠愍祠

倔强杨员外[(1)]，乡闾尚有光[(2)]。

何须冠獬豸[(3)]？直欲问豺狼！

伏锧差无补[(4)]，当车肯自量？

荒祠临野水，肃拜奠椒浆[(5)]。

**【毛泽东圈评等情况】**

毛泽东读清沈德潜编选《清诗别裁集》卷二十二时圈阅了此诗。

[参考] 张贻玖：《毛泽东评点、圈阅的中国古典诗词》，
中国工人出版社 1992 年版，第 263 页。

**【注释】**

（1）倔强，强硬直傲，不屈于人。员外，在定额以外的郎官，可以纳钱捐买，晋武帝始设员外散骑常侍、员外散骑侍郎，简称员外郎，以别于郎中。唐至清代各部都有员外郎，位在郎中之次。这里是指杨继盛。

（2）乡闾，乡亲，同乡。古以二十五家为闾，一万两千五百家为乡。

（3）獬豸（xiè zhì），传说中一种善辨是非的异兽。清代御史及按察使补服前后均绣有獬豸图案。冠獬豸，即法冠，比喻执法者。

（4）伏锧（zhì），又作伏质，秦汉时死刑有腰斩，犯人裸体伏于锧上受刑，称为伏锧。锧，刑具，杀人时作垫用的砧板。

（5）椒浆，椒为植物的一种，椒浆即是用椒浸制的酒浆，古代多用来祭神。

## 【赏析】

这是作者在定兴县拜谒杨继盛祠堂时所作，为七言律。定兴县属今河北，自元至清属保定府。杨忠愍（mǐn），即杨继盛，明代保定容城（今属河北）人，嘉靖进士，任兵部员外郎时，因上疏论开马市"十不可五谬"，得罪了大将军咸宁侯仇鸾，被贬官。仇鸾伏诛后，他被起用，任兵部武选员外郎，又上疏弹劾权相严嵩"十大罪、五奸"，被下狱，受尽酷刑，在狱三年，后被杀。嵩败，赠太常少卿，谥忠愍。

"倔强杨员外，乡间尚有光。"首联赞扬杨继盛的倔强不屈，为乡里增光。"员外"，在定额以外设置的官员，可以纳钱捐买，六朝以来始有员外郎，以别于郎中，唐到清各部均有员外郎，位在郎中之后。诗中指杨继盛。首联开门见山，写出杨继盛不屈服于权贵，为国事敢于直言抗争，其行为光明磊落，其乡间亦为之生光。

"何须冠獬豸？直欲问豺狼。"颔联是直接赞扬杨继盛的不畏强御，勇敢地与权奸面对面地较量。冠獬豸，即獬豸冠。獬豸是传说中一种善辨是非的异兽。《晋书·舆服志》曰："或说獬豸，神羊，能触邪佞。汉杨孚《异物志》云：'北荒之中有兽，名獬豸，一角，性别曲直。见人斗，触不直者；闻人争，咋不正者。楚王尝获此兽，因象其形，以制衣冠。'"清代御史及按察使补服前后均绣有獬豸图案。獬豸冠即法冠，常用来比喻执法者。豺狼，豺与狼，比喻凶恶的坏人。诗中指仇鸾、严嵩等权奸。这两句意思是，尽管杨继盛并非御史之类主管纠察的言官，但他对国事忠心耿耿，绝不能容忍豺狼当道，擅权误国，勇于和权奸作斗争，无所畏惧，义无反顾。

"伏锧差无补，当车肯自量。"颈联赞颂杨继盛在斗争中将死生置于度外。锧，刑具，杀人时作垫用的砧板。伏锧，又作伏质，秦汉时死刑有腰斩，犯人裸体伏于锧上受刑，称为伏锧。肯自量，即怎肯自量。与仇鸾、严嵩这些深得皇帝宠信的达官显宦较量，时时刻刻都有生命的危险；明明知道自己一人的力量不足以与权奸抗衡，但为了国家、民族的利益，杨继盛早已作了献身的准备，敢作敢为，视死如归。在对杨氏的赞扬中，流露出了作者的无比崇拜之情。

"荒祠临野水，肃拜奠椒浆。"尾联与题目相照应。肃拜，直身肃容而微下手以拜。椒浆，椒为植物的一种，椒浆即是用椒浸制的酒浆，古代多用来祭神。作者站在临近野外溪水的荒凉的杨氏祠堂前，回顾死者事迹，想望其风采，向风慕义，肃然起敬，以椒浆浇奠，来寄托自己的哀思和崇拜。

这首诗感情深沉，风格苍劲，既表达了作者对杨继盛的敬仰之情，也抒发了诗人对权奸的深切痛恶。作者紧紧抓住人物最为典型的事迹，用简练的笔法将人物傲岸不屈的性格勾勒出来，给人留下极深的印象。遣词造句方面也极富感情色彩，运用比喻、白描等手法，加强了感情的表达。（张进德）

## 【原文】

# 七 夕

佳时卧病更添愁，枕簟凉生觉早秋<sup>(1)</sup>。
苫筐尽教尘网遍<sup>(2)</sup>，三年不上曝衣楼<sup>(3)</sup>！

## 【毛泽东圈评等情况】

毛泽东读清沈德潜编选《清诗别裁集》卷二十二时圈阅了此诗。

[参考] 张贻玖：《毛泽东评点、圈阅的中国古典诗词》，
中国工人出版社 1992 年版，第 265 页。

## 【注释】

（1）枕簟（diàn），枕席，泛指卧具。《礼记·内则》："敛枕簟，洒扫室堂及庭，布席，各从其事。"

（2）苫（jìn），苫草，一年生草本植物。苫筐，用苫草编织的箱子。

（3）曝（pù）衣楼，皇宫中帝后于七月七日曝衣之处。唐沈佺期《七夕曝衣篇》："宫中扰扰曝衣楼，天上娥娥红粉席。"《渊鉴类函·岁时八·七月七日三》："太液池西有汉武帝曝衣楼，七月七日宫人出衣曝之。"此指诗人亡妻晒衣服之处。

【赏析】

　　七夕即夏历七月初七晚上。在古代神话传说中，牛郎织女此晚在天河相会。在旧时民间，妇女于此晚向织女星乞求智巧。南朝梁宗懔《荆楚岁时记》曰："傅玄《拟天问》云：'七月七日，牵牛织女会天河。'……七月七日为牵牛织女聚会之夜。是夕，人家妇女结彩缕，穿七孔针，或以金银瑜石为针，陈瓜果于庭中以乞巧。"由此可见，七夕之夜，无论对于天上还是人间来说，都是良辰佳节。本诗是一首悼亡诗，为七言绝句。它一反常情，作者由自己的愁病生发开去，表达了深深的惆怅和无限的感慨。

　　"佳时卧病更添愁"，首句极写自己的病与愁，重点在于后者。七夕本是天上人间的欢叙之日，是令人愉悦的时候，然而诗人此时却卧病在床，孤独寂寥。一个"愁"字，隐约透露出作者仕宦生涯并非一帆风顺、心情舒畅。自己本来就心绪烦乱，愁思萦怀，加上病魔缠身，尤其是外界的欢愉与自己的孤寂所形成的强烈反差，更使人哀思如潮，五内如焚。"枕簟凉生觉早秋"，次句是从感觉来进一步写愁。簟，竹席。"枕簟凉生"暗写诗人的落寞孤寂处境。夏去秋来，气温骤降，枕席生凉，使诗人感觉早到秋天了；而象征万物凋零的秋天更令失意的诗人愁绪倍增，纡郁难释。

　　如果说前两句是写作者在七夕之夜的一刹那间的感受的话，那么后两句则是从更长的时间跨度上去描写诗人的愁绪。

　　"莨筬尽教尘网遍，三年不上曝衣楼！"后二句寄慨。莨，莨草，一年生草本植物。筬，小箱子。莨筬，即用莨草编织的箱子。尘网，灰尘和蛛网。另一解为，人在尘世间有种种拘束，如鱼在网中，故称尘网。曝衣，晒衣。这两句意思是说，由于自己长期卧病，忧愁满腹，无情无绪，莨筬全被尘土蛛网罩住了，而自己已经多年没去亡妻晒衣服的楼房了。清沈德潜评为"佳节悼亡，倍难为怀"（《清诗别裁集》），颇为中肯。

这首诗感情深沉含蓄，造语精练，表现力强。首句总领全诗，定下全篇基调，余下三句则从不同角度加以描绘渲染。读了此诗，使人仿佛看到了病愁缠身、失意落魄、远离家人、孤独寂寥的诗人的形象。（张进德）

# 吴　翊

吴翊（生卒年不详），字振西，江南太仓（今江苏太仓）人。清代学者，诗人。吴伟业族孙。清康熙己丑（1709）进士。有《乐园集》。

## 【原文】

### 洞庭山馆呈司寇东海公二首

#### 其一

廿载鸿文典集贤[(1)]，还乡仍续石渠编[(2)]。
暂伸谢傅登山志[(3)]，校胜温公在洛年[(4)]。
岳渎遗经搜禹穴[(5)]，金銮旧记录《吴船》[(6)]。
须知玉局闲居士[(7)]，元是蓬瀛第一仙[(8)]。

#### 其二

锦堂恩诏许归休[(9)]，妙选宾僚佐校雠[(10)]。
江左文章分史局[(11)]，山中宰相起经楼[(12)]。
诗豪酒敌皆登座，野老溪僧亦伴游。
笑引韩门穷贾岛[(13)]，放吟同上碧峰头。

## 【毛泽东圈评等情况】

毛泽东读清沈德潜编选《清诗别裁集》卷二十二时圈阅了此诗两首。

[参考] 张贻玖：《毛泽东评点、圈阅的中国古典诗词》，
中国工人出版社 1992 年版，第 262 页。

## 【注释】

（1）典，主管。集贤，集贤院，官署名，始于唐代的集贤殿书院，以宰相一人为学士，知院事。宋朝设昭文馆、集贤院、史馆，称为三馆，管理秘书图籍等事务。

（2）石渠，石渠阁，汉宫中藏书处，在未央宫殿北。汉初萧何所造，藏入关所得秦之图籍，其下砻石为渠以导水，因为阁名。至汉成帝时，又于此藏秘书。

（3）谢傅，指东晋政治家谢安，寓居会稽，放情山水丘壑，孝武帝时为宰相，后拜太保，卒赠太傅。

（4）温公，指北宋大臣、史学家司马光。洛，洛阳。司马光仁宗时任天章阁待制，英宗时奉命编撰《资治通鉴》。神宗时因反对王安石变法，退居洛阳编《资治通鉴》，至宋神宗元丰七年（1084）成书。元丰八年哲宗召他入京主国政，九年任宰相废新法，病死，谥文正，追封温国公。

（5）岳渎，五岳四渎的省称。四渎，指江（长江）、河（黄河）、淮（淮河）、济（济水），是古人对四条独流入海的大川的总称。禹穴，在浙江绍兴会稽山，相传为夏禹藏书处（一说为夏禹葬地）。沈德潜批注："志系《一统志》，故有岳渎遗经、金鎏旧记云云。"（《清诗别裁集》）

（6）金鎏，金鎏殿。唐代金鎏殿与翰林院相接，故召见学士常在此殿。吴船，即《吴船录》，宋人范成大撰，记录从成都乘船到临安（今浙江杭州）沿途所见的名胜古迹，书名取自唐杜甫诗"门泊东吴万里船"句。

（7）玉局，棋局的美称。居士，指未做官的士人，这里指致仕的徐乾学。

（8）元，通"原"。

（9）锦堂，昼锦堂，北宋韩琦、章得象皆为宰相，致仕归里各建昼锦堂。后以锦堂喻指富贵人家的豪华生活。

（10）妙选，谨慎地选择。校雠（chóu），核对书籍，一人独校为校，二人对校为雠，后人一般指校对。

（11）史局，即史馆，官修史书机构。

（12）山中宰相，《南史·陶弘景传》载：南朝梁陶弘景隐居句曲山（即茅山，在江苏西南部）。武帝时礼聘不出，国有大事，武帝辄就咨询，时称"山中宰相"。这里指徐氏。

（13）韩，指唐代文学家韩愈。贾岛，唐代诗人，曾于京师骑驴吟诗，得"鸟宿池边树，僧敲月下门"（《题李凝幽居》）句，引手作推敲之势，不意冲京兆尹韩愈仪仗，韩愈于是教其文。

**【赏析】**

这是作者吴翊呈献给刑部尚书徐乾学的诗作。洞庭，山名，在江苏吴县西南，分洞庭东山、洞庭西山。司寇，官名，掌管刑狱、纠察等事。后世以大司寇为刑部尚书的别称。东海公，指徐乾学。徐字原一，号健庵，康熙进士，累官刑部尚书。"健庵司寇去官后，奉诏开书局于洞庭东山，准司马相公修《资治通鉴》之例，盖异数也"（近代邓学诚《清诗纪事初编》）。他尝受命总裁《一统志》《会典》《明史》，纂辑《鉴古辑览》《古文渊鉴》等书。著述颇丰，藏书丰富。诗共二首，为七言律诗，我们先看第一首。

首联"廿载鸿文典集贤，还乡仍续石渠编。"称赞司寇著述勤奋，年迈不辍。鸿文，指巨著、大作。典，主管。集贤，集贤院，官署名，始于唐代的集贤殿书院，以宰相一人为学士，知院事。宋朝设昭文馆、集贤院、史馆，称为三馆，管理秘书图籍等事务。石渠，石渠阁，汉宫中藏书之处，在未央宫殿北，汉初萧何所造，藏入关所得秦之图籍，其下砻石为渠以导水，因为阁名，至成帝时，又于此藏秘书。这两句是说，司寇为官几十载，主持集贤院事务，总裁多种大型图书的编纂，告归后奉诏开设书局，继续从事修撰典籍的工作。

颔联"暂伸谢傅登山志，校胜温公在洛年。"谢傅，指东晋政治家谢安。谢安少有重名，累辟皆不起，寓居会稽，放情山水丘壑，时人每有"安石（谢安字）不出，如苍生何"之慨。年四十余始应桓温所请，为司马。孝武帝时位至宰相。太元八年（383）前秦军南下，安为征讨大都督，遣侄玄、弟石等破苻坚于淝水，以总统功，拜太保，卒赠太傅。温公，指北宋大臣、史学家司马光。洛，指洛阳。司马光在仁宗末年任天章阁待制兼侍讲知谏院。英宗时他奉命编撰《资治通鉴》。神宗时他竭力反对王安石推行新政，退居洛阳，以书局自随，继续编撰《资治通鉴》，至元丰七年（1084）成书。元丰八年哲宗召他入京主国政，次年任尚书左仆射，废除新法，为相八个月病死，谥文正，追封温国公。这两句是说，司寇致仕后结庐洞庭，撰述不辍，像谢安未仕时那样暂伸畅游山水之情志，而他的著述比起司马光在洛十五载的编纂来说，还要略胜一筹。本联运用谢安、司马光之典，表达了作者对徐乾学的崇敬、赞扬之情。

颈联"岳渎遗经搜禹穴，金銮旧记录《吴船》。"赞扬司寇搜求之勤。岳渎，五岳四渎的省称。五岳指东岳泰山、西岳华山、南岳衡山、北岳恒山与中岳嵩山，四渎是古人对四条独流入海的大川的总称，即江（长江）、河（黄河）、淮（淮河）、济（济水）。古代天子祭天下名山大川，即指五岳与四渎。禹穴，在浙江绍兴之会稽山，相传为夏禹藏书处（一说为夏禹葬地）。金銮，金銮殿的省称。唐代金銮殿与翰林院相接，故召见学士常在此殿。唐李白《赠从弟南平太守之遥》之一中就有"承恩初入银台门，著书独在金銮殿"的诗句。吴船，即《吴船录》，宋人范成大撰，记录从成都乘船到临安（今浙江杭州）沿途所见的名胜古迹，书名取自唐代杜甫诗"门泊东吴万里船"句。这两句主要是赞扬司寇著述中旁征博引，搜求不遗余力。

尾联"须知玉局闲居士，元是蓬瀛第一仙。"是写司寇随意而安、逍遥自在的生活。玉局，棋局的美称。居士，指未做官的士人，这里指致仕的徐乾学。元，通"原"。蓬瀛，即蓬莱、瀛洲，皆山名，相传为仙人所居。这两句意为：应知悠然自在、从容对弈的居士，原本是蓬瀛仙山中最为快活的仙人。这里既有对徐乾学的称颂，也有作者羡慕之情的流露。

重于使事用典，是本诗的突出特点。作者紧紧围绕题旨，恰当地选取古人古事，较好地与所叙人物事迹统一起来，并不使人觉得恒订琐屑。章法严谨整饬，语言雅俗共陈。全诗虽以叙述为主，但赞颂之情、羡慕之意无不充溢于字里行间。

如果说《洞庭山馆呈司寇东海公二首》中前一首是重在称赞徐乾学的宏富撰述的话，那么这第二首则侧重对徐氏延请幕僚、主持书籍校雠工作的描写。

前四句为第一节。写徐氏蒙恩归林、与幕宾一起从事校雠工作。首联"锦堂恩诏许归休，妙选宾僚佐校雠"，这是总写。锦堂，昼锦堂，北宋韩琦、章得象皆为宰相，致仕归里，各建昼锦堂。后以锦堂喻指富贵人家的豪华生活。恩诏，指皇帝降恩的诏书。妙选，谨慎选择，善于选择。佐，辅助，帮助。校雠，谓核对书籍，纠正其误。一人独校为校，二人对校为雠，后人一般称校对。首联是说，徐乾学蒙受皇恩，准许致仕归乡，享受优游奢华的生活；他谨慎地选择鸿儒名士入幕，让他们辅助自己从事典籍的校雠工作。

领联"江左文章分史局，山中宰相起经楼。"是第二句的具体化。江左，长江下游以东地区，即今江苏一带。古人叙地理以东为左，以西为右，故江东称江左，江西称江右。史局，即史馆，官修史书机构。山中宰相，《南史·陶弘景传》载：南朝梁陶弘景隐居句曲山（即茅山，在江苏西南部），武帝时礼聘不出，国有大事，武帝辄就咨询，时称"山中宰相"。这两句意思是说，徐氏带领众宾客幕僚，将不同性质的书籍文字分门别类，编纂整理。同时又用"山中宰相"之典，来比喻徐氏虽然不在朝阁，但仍然为朝廷所倚重。

后二句为第二节，写徐乾学优哉游哉、自适惬意的快乐生活。颈联"诗豪酒敌皆登座，野老溪僧亦伴游。"写其诗酒、优游之乐。诗豪，杰出的诗人。酒敌，谓豪饮的对手。野老，谓身居草野、不入仕途的老人。溪僧，深山溪涧的僧人。这两句是说，徐氏结交广泛，席间高朋满座，饮酒吟诗，分韵唱和；出外则有野老、溪僧陪伴，游山玩水，在他们指点下探胜觅幽，遍历天下山水奇景。这种如同仙人一般的生活确实令人神往。

尾联"笑引韩门穷贾岛，放吟同上碧峰头。"承颈联而来。韩，指韩愈。愈为唐代文学家，官京兆尹、吏部侍郎等。贾岛，唐代诗人，早年为僧，法名无本，曾于京师骑驴吟诗，得"鸟宿池边树，僧敲月下门"之句，初欲作"推"字未决，引手作推敲之势，不意冲京兆尹韩愈仪仗，韩愈于是教其为文。这两句以韩愈礼遇贾岛之事，写徐乾学与那些才学之士恣情于碧峰丘壑、吟诗自娱，乐在其中。

这首诗一方面称颂了徐氏致仕以后勤奋笔耕、校雠不辍的生活，一方面描写了他宾客满座、纵游山水的诗酒之乐，并表达了作者的钦慕之情。全诗结构比较严谨自然，语言质朴晓畅，用典也都熨帖恰当，切中题旨。（张进德）

## 【原文】

# 新 燕

归飞已逼柳毵毵<sup>(1)</sup>，卢女金堂到自谙<sup>(2)</sup>。

故国无心抛海外，春风有主忆江南。

花融泥软新相得<sup>(3)</sup>，隼忌鹰猜旧不堪。

近识朝元消息否<sup>(4)</sup>？珠帘零落几回探。

## 【毛泽东圈评等情况】

毛泽东读清沈德潜编选《清诗别裁集》卷二十二时圈阅了此诗。

[参考] 张贻玖：《毛泽东评点、圈阅的中国古典诗词》，中国工人出版社 1992 年版，第 262 页。

## 【注释】

（1）毵毵（sān），垂拂纷披之状。《诗·陈风·宛丘》"值其鹭羽"三国吴陆玑疏："白鹭，大小如鸱，青脚高长七八寸，尾如鹰尾，喙长三寸许，头上有毛十数枚，长尺余，毵毵然与众毛异。"

（2）卢女，三国曹操的宫女，擅长鼓琴，后来诗文中常用"卢女"泛指善奏乐器的宫女。

（3）花融泥软，语出杜甫《绝句二首》之一："泥融飞燕子，沙暖睡鸳鸯。"

（4）朝元，即朝元阁，唐代阁名，在陕西临潼骊山，玄宗朝改名降圣阁。唐李商隐《华清宫》："朝元阁迥《羽衣》新，首按朝阳第一人。"又省作"朝元"。唐王建《华清宫感旧》："尘到朝元天使急，千官夜发大龙回。"

**【赏析】**

这是一首咏物的七言律诗。首联"归飞已逼柳毿毿，卢女金堂到自谙"。毿毿，形容枝条细长。卢女，三国时曹操的宫女，擅长鼓琴，后来诗文中常用"卢女"泛指善奏乐器的宫女。金堂，华丽之堂。春天来临，燕子飞回，柳条抽绿，小燕又来到自己熟悉的宫人华丽的堂室。一个"逼"字，极为生动、形象，且富有新意。

颔联"故国无心抛海外，春风有主忆江南"。海外，古人认为我国疆土四面环海，故称中国以外的地方为海外。江南，泛指长江以南地区。这两句是说，燕子从南方飞到北方，故国已被其无意间抛到遥远的海外了；春风有情，尽管其步履已至北方，给北方大地带来了融融生机，但它始终不忘自己是从江南而来。这里将春风与燕子作比，同时又用"无心"二字，说明燕子飞离故乡是出于自然，而其初本无意。

首联、颔联主要写燕子春天飞到北方，远离故国；后两联则写燕子在北方新居的情况。

颈联"花融泥软新相得，隼忌鹰猜旧不堪。"隼、鹰，均为凶猛善飞的禽鸟。这两句意为，燕子到了北方以后，花开花落，春雨绵绵，落花消融于柔软潮湿的泥土，大地散发着沁人心脾的芳香，它口衔新泥，筑巢繁忙，自得其乐，这简直让那些苍鹰猛隼猜疑妒忌，对其旧巢不堪忍受。颈联以鹰、隼来衬托燕子，以其"不堪"来突出燕子的"相得"，对比强烈，给人以深刻的印象。

尾联"近识朝元消息否？珠帘零落几回探。"写燕子不遇故人。朝元，即朝元阁。唐代杨贵妃曾在此处演唱《霓裳羽衣曲》，因作为歌舞之所。此句意谓燕子探问朝元阁消息，也想去一试新声。珠帘，用珍珠缀饰的帘子，主要用来形容生活的奢华。此联用拟人的手法，以燕子的口吻在问：近来有谁知晓朝元的消息呢？为什么屡次来探，总是难见故人，以致珠帘零落不堪，也无人去收拾整理。

这首诗紧扣题目，处处写燕，但并无一个"燕"字出现；语语突出"新"字，却又不露痕迹，写卢女，写春风、写隼、写鹰等，无不是为了衬托燕子。此外，诗中也讲究对仗，造语炼字方面也颇见功力。（张进德）

# 张景崧

张景崧（生卒年不详），字岳维，江南吴县（今江苏苏州）人。清代诗人。清圣祖康熙己丑（1709）进士，官乐亭知县。学诗于叶燮，称入室弟子，论诗鲜新明丽为主，诗学温庭筠、李商隐，王士禛比之于韩门张籍，人服其允。有《锻亭诗稿》。

## 【原文】

### 晚渡平望湖同舟话旧

稻粱谋已拙耕耘[(1)]，越水吴山逐雁群[(2)]。

细雨残钟荒驿梦，斜阳衰草故人坟。

空江鸦散遥冲雾，绝巘樵归尽蹑云[(3)]。

吟得小诗留蠹箧[(4)]，也当麟阁记殊勋[(5)]。

## 【毛泽东圈评等情况】

毛泽东读清沈德潜编选《清诗别裁集》卷二十二时圈阅了此诗。

[参考]张贻玖：《毛泽东评点、圈阅的中国古典诗词》，中国工人出版社1992年版，第265页。

## 【注释】

（1）稻粱谋，本指禽兽寻觅食物，多用以人谋求衣食，此指结束了仕宦生涯，归隐故里。唐杜甫《同诸公登慈恩寺塔》诗："君看随阳雁，各有稻粱谋。"

（2）越水吴山，越地的水，吴地的山。古代越国和吴国土地相接，均在今长江下游一带。此指故乡的山水。

（3）绝巘（yǎn），极高的山峰。晋张协《七命》："于是登绝巘，逿长风。"

（4）蠹箧（dù qiè），即书箱，因常遭虫蛀，故称。蠹，蛀虫，蛀蚀。箧，小箱子。

（5）麟阁，即汉代麒麟阁的省称，在未央宫中。汉宣帝时曾图霍光等十一功臣像于阁上。后常指卓越的功勋和最高的荣誉。

## 【赏析】

平望湖，疑即比邻江苏吴江平望的嘉湖。诗人本吴县人，平望湖当距家未远。这首荡舟泛湖、与友人叙旧的七律，大概作于锻亭先生罢官归里之后。

"稻粱谋已拙耕耘，越水吴山逐雁群。"破题点出辞官归里、泛舟平湖，与鸥雁为侣的自在情怀。稻粱谋已，犹言结束了仕宦生涯，归隐故园。杜甫《同诸公登慈恩寺塔》诗有云："君看随阳雁，各有稻粱谋。"隐有嘲讽宦海中人看风使舵，趋炎附势，奔走钻营，为生计奔波之意。诗人征用此典，除交代出官场之外，慨然有"悟已往之不谏，知来者之可追"之意。拙耕耘，拙于耕田治产。如此看来，去官还乡后的锻亭先生，大不如"开荒南野际"的陶渊明，而有似于声称"退耕力不任"的谢康乐。"越水吴山逐雁群"，紧扣诗题，写乘舟渡湖的观感，亦恬然自适于泛舟湖山之间。越山吴水，括尽故乡山水，逐雁群，既是舟行水上之直感，又流露出淡泊世事的情怀，有似于姜白石词句"燕雁无心，太湖西畔随云去"（《点绛唇》）之韵致。

"细雨残钟荒驿梦，斜阳衰草故人坟。"颔联紧承首联意绪而来，即景抒怀，情思飞越，感慨万端：暮色苍茫之际，遥远的萧寺中传来悠悠的钟声，少年时期寓居荒驿，耳听细雨残钟，思绪纷纭的情景油然浮上心头；在如血残阳的映照下，湖畔衰草中一座座孤坟依次扑入眼帘，那里长眠着平日过从密切的亲朋好友，岁月无情，尘世蹉跎，转眼就是百年，怎不叫人悲从中来！

"空江鸦散遥冲雾，绝巘樵归尽蹑云。"颈联意念陡转，诗人努力从人生穷通寿夭的悲慨中挣脱出来，将满怀愁绪消融于平湖暮霭之中：游船前方，一群被桨声人语惊散的野鸦，发出凄厉的哀鸣，向着天边的雾霭冲飞而去；湖畔山崖上攀缘而下的樵夫，时隐时现于流云夕岚中，仿佛都成了腾云驾雾的神仙。蹑，踩，踏。目光追逐着暮鸦归樵，诗人似乎在顷刻之间领悟了弃官归隐、混迹渔樵的真谛，满腹愁绪渐渐消失在湖光山色之间，创作的灵感悠然进入兴奋的大脑。

"吟得小诗留蠹簏，也当麟阁记殊勋。"尾联可说是颈联超旷情怀的艺术结晶：放浪于吴山越水之间，笑傲吟咏，自得其乐，权当是画像麒麟阁。蠹簏，即书箱，因常遭虫蛀，故云。麟阁，即麒麟阁，汉代阁名，在未央宫中。《三辅黄图·阁》："麒麟阁，萧何造，以藏秘书，处贤才也。"汉宣帝时曾图霍光等十一功臣像于阁上，以表扬其功绩。后来常以"麒麟阁"或"麟阁"表示卓越的功勋和最高的荣誉。诗人运用此典，既为自慰，也兼有自嘲和嘲讽的意味。诗人跳出宦海，隐归故园，鉴山赏水，吟诗自娱，妙句偶得，藏诸书簏，传颂士林，"不假良史之辞，不托飞驰之势，而声名自传于后"，岂非"经国之大业，不朽之盛事"（曹丕《典论·论文》）欤？然而，君子仁人，遁迹草野，寄身翰墨，有几人不是困顿终身？"请君暂上凌烟阁，若个书生万户侯？"（李贺《南园》）朝廷上衮衮列公，又有几人是廊庙之材，麟阁纪功之臣？又有几人不是各为"稻粱谋"的"随阳雁"呢？沈德潜誉此诗宛然有"晚唐神韵"，是否已隐约窥得诗人磊落不平的心境呢？（张大新）

# 方正瑗

方正瑗，字引除，江南桐城（今安徽桐城）人，清代诗人。清圣祖康熙庚子（1720）举人，官至潼商道。其诗古茂纯正，成一家言。著有《连理山人诗钞》。

## 【原文】

### 放罗浮蝶

八幅裙开叶叶新<sup>(1)</sup>，金龙初放翅如轮<sup>(2)</sup>。
神仙自合离尘网<sup>(3)</sup>，颜色由来误美人<sup>(4)</sup>。
莫向花边迷旧影，好从洞口觅前身。
蛮烟蜒雨还家路<sup>(5)</sup>，飞破江南一片春。

## 【毛泽东圈评等情况】

毛泽东读清沈德潜编选《清诗别裁集》卷二十四时圈阅了此诗。

[参考] 张贻玖：《毛泽东评点、圈阅的中国古典诗词》，
中国工人出版社 1992 年版，第 265 页。

## 【注释】

（1）"八幅"句，彩蝶初放，像美人抖开的八幅罗裙，叶叶鲜亮新奇。

（2）翅如轮，彩蝶的翅膀像一个个车轮。

（3）神仙，指彩蝶原为葛洪仙去遗衣所化。尘网，尘世，旧指人在现实社会受到种种束缚，如鱼在网，故称。

（4）"颜色"句，沈德潜《清诗别裁集》注云："颜色固误美人，不知文采亦误才士，借题抒写，于言中言外求之。"

（5）蛮烟，指南方少数民族地区山林中的瘴气。宋张咏《舟次辰阳》：

"村连古洞蛮烟合，地落秋畲楚俗懂。"蜒（yán）雨，泛指南方海上的暴雨。宋苏轼《松风亭下梅花盛开》："岂知流落复相见，蛮风蜒雨愁黄昏。"

## 【赏析】

诗题《放罗浮蝶》。罗浮，山名，在今广东博罗西北，东江北岸，瑰奇灵秀，风景优美，为粤中游览胜地。山下有蝴蝶洞，在云峰岩下，古木丛生，四时出彩蝶。世传晋葛洪修道炼丹于此，得仙而去，彩蝶乃是其遗衣所化。这首七言律诗是一首借题发挥之作。通过对美丽的彩蝶的描写，讲出了人生的一个道理：即美人往往被自己的颜色所误，言外求之，才士不是亦往往惑误于文采吗？正瑗出身于理学世家，为文崇尚古茂纯正，反对虚浮的藻饰，此诗亦体现了诗人的这一文艺观点。

首联两句写罗浮彩蝶初放时的情景，是实写。从蝴蝶洞中初放的彩蝶，一溜儿排开，像一条金光耀眼的彩龙，蜿蜒向空中飞去。彩蝶的翅膀像一个个彩轮，张开来又像美人抖开的八幅罗裙，叶叶都是那样鲜亮新奇。诗人用叠喻的笔法，以实化虚，从姿、色两个方面描绘罗浮彩蝶的美。

以下六句，诗人由对客体的具体描述，转为主观情感的含蓄生发：既是神仙，就应超尘绝俗，离开世网而进入无善无恶、无美无丑的纯正古朴的境界。你没见过世间的美人，自古以来，往往被颜色所耽误、所妨害吗？彩蝶啊，千万不要在鲜花的旁边迷恋自己的旧影，最好从洞口寻找一下自己的前身（当初葛洪在此修炼之时，道袍缁衣，古拙朴茂，你这色彩斑斓的彩蝶，是仙人的遗衣所化啊！），你如果在这南方瘴烟"蜒雨"（淫雨）中飞回自己的丹阳老家，你那矫揉造作的满身花纹，就会破坏了江南一片春光的自然啊！

这后六句，表面上是对彩蝶的描述，实际是作者对人生哲理的暗示。诗人以彩蝶作为附着物，用寓意拟人的笔法，将人生哲理由虚化实，但诗人又不直接说破，给读者留下无穷回味的余地。

此诗虽是一首人生哲理诗，由于诗人采用寓理于物的表现手法，丝毫无枯燥之感，反而读来生趣盎然，耐人品思。此诗深得宋人哲理诗的神韵。（王树林）

# 黄之隽

黄之隽（1679—1760 年，一作 1668—1748），字牧，号唐堂，休宁（今安徽休宁）人，徙居江苏华亭（今上海松江）。清代诗人。清圣祖康熙辛丑（1721）进士，官翰林编修。坐事罢归，卒年八十余。撰述甚富，尤工诗。其诗多五、七排律，在清人诗集中很罕见。又尝集句为《香屑集》，尤称工巧。前辈查慎行、查嗣瑮、赵执信等，皆赏其奇才。有《唐堂集》。

**【原文】**

## 武昌怀古（二首）

### 其 一

碧眼孙郎此建都(1)，凭陵中国控全吴(2)。
危矶冒堞犹黄鹄(3)，长锁连江岂赤乌(4)？
霸业久随流水去，客愁唯对楚山孤。
太平城郭周遭在(5)，战垒荒荒隐绿芜。

### 其 二

鄂渚樊山几度秋(6)，大江日夜向东流。
战船浪卷陶公庙(7)，宾幕风回庾亮楼(8)。
烟雨六朝迷夏口，帆樯千里接荆州(9)。
英雄名士俱陈迹，输与沙汀数片鸥。

**【毛泽东圈评等情况】**

毛泽东曾圈阅此诗二首。

[参考] 张贻玖：《毛泽东评点、圈阅的中国古典诗词》，
中国工人出版社 1992 年版，第 263 页。

**【注释】**

（1）碧眼孙郎，指三国时吴主孙权。相传孙权生得方颐大口，碧眼紫髯，故称。孙权于黄龙元年（229）称帝于武昌，国号吴。

（2）凭陵，侵犯，欺侮，指凌驾于中国、吞并中原之意。中国，此指河南一带的黄河流域。

（3）黄鹄，黄鹄矶，又名黄鹤矶，在湖北武昌西北。《郡县志》载："黄鹄山（黄鹤山）蛇行而西，吸于江，其首隆然，黄鹤楼枕焉。其下有黄鹄矶。"

（4）长锁连江，指太康元年（280）晋将王濬率兵伐吴，吴主孙皓用铁链横绝江面拦截晋军船只，被火烧毁之事。赤乌，吴大帝孙权的年号（238—251）。

（5）太平，会稽王孙亮年号（256—258），这里指东吴强盛、太平时期。

（6）鄂渚，地名，在今湖北武汉武昌境。樊山，又名袁山、樊冈、寿昌山、来山，今称雷山，在湖北鄂城西北。

（7）陶公庙，即陶侃庙。侃曾为荆州刺史，镇武昌。

（8）庾亮楼，又称庾楼、庾公楼。《世说新语·容止》载：庾亮于太宁三年（325）以外戚（其妹为明帝皇后）辅立成帝，任中书令执政。咸和九年（334）陶侃死，他代镇武昌，任江、荆、豫州刺史，为征西将军，其时与僚吏殷浩等登南楼赏月咏谈，后江州州治移浔阳。好事者于此建楼，名为庾公楼。

（9）荆州，地名，东汉时治所在汉寿（今湖南常德东北），东晋时治江陵（今湖北江陵）。三国时是三国必争之地，东晋、南朝时是长江中游的政治、军事重镇。

## 【赏析】

《武昌怀古》同题二首，均为七言律诗，这里先看第一首。

这首诗是作者在武昌凭吊东吴故都、缅怀东吴兴亡历史时所抒发的盛衰沧桑之叹。

"碧眼孙郎此建都，凭陵中国控全吴。"首联吟咏孙权事。碧眼孙郎，指三国时吴主孙权。相传孙权生得方颐大口，碧眼紫髯，故称。孙权于黄龙元年（229）称帝于武昌，国号吴。当时的东吴国势强盛，人才济济，兵强马壮，文武齐备。孙权称帝建都，控制全吴国政，大有气吞中国、凌逼中原之势。首联开门见山，遣词考究。不用"孙权"而用"孙郎"，写出孙氏的勃勃雄姿；"凭陵"二字，渲染出孙权的年轻气盛，踌躇满志。这里之所以要极力渲染孙氏政权的极盛，正是要为下面叙述其衰败、抒发感慨作铺垫。

"危矶冒堞犹黄鹄，长锁连江岂赤乌。"颔联咏孙皓事，与首联形成极大反差，气势急转直下。黄鹄，黄鹄矶，又名黄鹤矶，在湖北武昌西北。《郡县志》载："黄鹄山（即黄鹤山）蛇行而西，吸于江，其首隆然，黄鹤楼枕焉。其下有黄鹄矶。"张渭有"久别东吴黄鹤矶"的诗句。长锁连江，指太康元年（280），晋武帝司马炎派大将王濬率领水师从益州顺江东下，讨伐东吴。东吴的亡国之君孙皓计无所出，凭借长江天险，暗置铁锥于江中，再用千寻铁链横绝江面，以拦截晋军船只。王濬用数十排大筏冲走铁锥，以火炬烧毁铁链，势如破竹，从武昌顺流而下，直逼金陵，攻入石头城，孙皓投降，东吴宣告灭亡。唐人刘禹锡在《西塞山怀古》中吟咏道："王濬楼船下益州，金陵王气黯然收。千寻铁锁沉江底，一片降幡出石头。"概况的就是这段历史。赤乌，吴大帝孙权的年号（238—251）。黄鹄矶上，危矶犹在，女墙依旧，还是孙权时代的模样；然而孙皓面对王濬的攻击，却无计可施，竟用"长锁连江"之下策，最终导致了国家的覆亡，不仅赤乌时代孙权"凭陵中国"的威势荡然无存，反而到了家国难保、举旗投降的境地。盛衰之事，兴亡之机，真是令人难以预料。从"犹""岂"二字，足可见出作者的感慨。

"霸业久随流水去，客愁唯对楚山孤。"颔联是作者由东吴的盛衰变迁而引发的感慨。东吴建立后，数世据有江东，国险民附，然而，六十年的霸业如今久已付诸日夜奔腾的滔滔江水之中，成为历史的陈迹，一去不复返了。面对作为东吴兴亡的见证、矗立于苍莽平野的孤峙的楚山，宦游的过客无不扼腕叹息，愁绪萦怀。"客愁"一句化用王昌龄"寒雨连江夜入吴，平明送客楚山孤"（《芙蓉楼送辛渐》）的诗句。这是由怀古而引发的愁绪，与前两联衔接自然，浑然一体。

"太平城郭周遭在，战垒荒荒隐绿芜。"尾联将历史与现实强烈对照。太平，会稽王孙亮年号（256—258），这里也可以理解为东吴强盛、国家太平之时。城郭，内城与外城。《管子·度地》曰："内之为城，外之为郭。"后以城郭泛指城邑。这里指石头城旧城（故址在今南京清凉山一带）。周遭，指石头城四周残破的城墙。"太平"句化用刘禹锡"山围故国周遭在"（《石头城》）诗句。这两句紧承颈联感慨悲凉的情调，进一步将读者置于苍莽悲凉的氛围。东吴故国，山河依旧，城郭依旧，然而昔日的繁华已无迹可寻，唯有旧时的战垒，显得黯淡无比，荒凉不堪，隐埋于丛生的荒草之中。这两句诗表面上看是叙述眼前所见之景，但读者完全可以从这苍凉凄切的画面中体悟到作者寄寓其中的深深感慨。

本诗寓感慨于对历史事实的叙述之中，并将孙权的强盛与孙皓的孱弱、昔日的繁华与今日的荒凉进行对比，加深了感情的表达。对前人诗句的化用也都紧扣怀古题旨，与诗意水乳交融。尾联又以眼前之景作结，言有尽而意无穷，给人以驰骋遐想的余地。

我们再看第二首。

在这首诗中，作者凭吊古战场遗址，缅怀历史风云人物，抒发了对历史英雄的深深哀叹和人生凄凉短暂的无限感慨。

"鄂渚樊山几度秋，大江日夜向东流。"首联写眼前所见之景。鄂渚，地名，在今湖北武汉武昌。樊山，又名袁山、来山、樊冈、寿昌山，今称雷山，在湖北鄂城西北。鄂渚、樊山，从古到今，经历了多少朝代的变迁、岁月的更迭，如今依然如故；滔滔的江水，日夜奔腾不息，东归大海，亘古不变。山也好，水也罢，它们都是持久的、永恒的，相比之下，人世间的一切则显得是多么短暂、多么渺小啊！这两句从永恒的自然外物起笔，引发作者对人间世事的无限感慨，导入怀古题旨。

　　中间两联是怀古。"战船浪卷陶公庙"，写晋代陶侃事。陶公庙，即陶侃庙。侃曾为荆州刺史，镇武昌。太宁三年（325）加征西大将军。苏峻起兵叛晋，建康（今江苏南京）失守，侃被推为盟主，击杀苏峻，收复建康，后任荆、江二州刺史，都督八州军事。在军四十余年，以果毅善断著称于时。"宾幕风回庾亮楼"，吟晋代庾亮事。庾亮楼，又称庾楼、庾公楼。据《世说新语·容止》及《晋书·庾亮传》等载，庾亮于太宁三年（325）以外戚（其妹为明帝皇后）与王导等辅立成帝，任中书令，执朝政。苏峻、祖约作乱，他与温峤推荆州刺史陶侃为盟主，击灭峻、约。咸和九年（334）陶侃死，他代镇武昌，任江、荆、豫州刺史，为征西将军，握重兵。在武昌时，他曾与僚吏殷浩、王胡之等登南楼赏月，彻夜谈咏。后来江州州治移浔阳。好事者遂于此建楼名为庾公楼。唐代白居易已有"浔阳欲到思无穷，庾亮楼南溢口东"诗句，可见承误已久。"烟雨六朝迷夏口"，是从更长的时间跨度、更大的范围来写。烟雨，蒙蒙细雨。六朝，指南朝六朝，即吴、东晋、宋、齐、梁、陈，相继建都于建康。杜牧《江南春》绝句云："南朝四百八十寺，多少楼台烟雨中。"这里化用其意。夏口，湖北旧汉口市地。因其地当汉水入江之口，又因汉水自沔阳以下兼称夏水，故称夏口。"帆樯千里接荆州"，吟咏三国时赤壁战事。帆樯，船帆与桅樯，代指战船。荆州，地名，东汉时治所在汉寿（今湖南常德东北），其后屡经迁移，东晋时定治江陵（今湖北江陵）。州境在三国时位于三国接壤地带，兵争甚烈。东晋、南朝时是长江中游的政治、军事重镇。汉献帝建安十三年（208），曹操率兵二十余万南下，孙权与刘备联军五万，共同抵抗，在赤壁用火攻击败了曹操水师，大破曹兵。战后，孙权地位更加巩固，刘备据有荆州大部分地区，旋又取得益州，形成三国鼎峙局面。惊涛骇浪，击打着陶侃的庙宇，这里是历史上战事频仍之地。战船错列，舳舻相望，旌旗蔽空，激战杀伐，陶公曾率领千军万马，威慑天下；庾亮楼前，狂风回旋，曾为晋立下赫赫功业的庾亮当年与宾幕赏月吟咏的楼台至今仍然伫立。六朝统治者你争我夺，建立霸业，其旧都如今烟雨蒙蒙；当年赤壁大战，帆樯千里，两军对垒，火焚战船的场面似乎浮现于诗人面前。这四句回顾历史上曾经与武昌有关的人物、史事，承上启下，紧扣题旨。

尾联二句是作者抒发的感慨。在武昌凭吊古迹，很容易使人想起陶侃、庾亮及其周围的幕客名士、六朝诸国君、三国诸英雄，然而这些历史上叱咤风云的英雄名士们如今统统成了历史的陈迹，似乎早已被人们遗忘；遥望江中小沙洲上，那几只银鸥自由自在，无牵无挂，多么让人羡慕！那些历史的过客们生前为名利所牵累，不得片刻的安宁，死后很快被人们遗忘。与自在的银鸥相比，他们算得了什么呢？吟咏至此，很容易使人联想起苏东坡"大江东去，浪淘尽、千古风流人物"的千古绝唱。志士仁人，见解何其相似，感慨何其相同！

这首诗意境开阔，纵横开阖，给诗人抒发怀古幽思提供了广阔的空间。结构上先凭吊古战场，再缅怀古代风云人物，最后抒发感慨，显得严谨整饬，浑然一体。中间两联对偶整齐，炼字讲究，结尾以英雄名士与沙汀银鸥作比，来表达自己的慨叹，形象生动，别具一格，令人回味无穷。

（张进德）

## 【原文】

### 渡　河

两载梧岗逐凤飞<sup>(1)</sup>，简书催我出京畿<sup>(2)</sup>。
扬帆已入江南境<sup>(3)</sup>，只是经过未是归。

## 【毛泽东圈评等情况】

毛泽东曾圈阅此诗。

[参考] 张贻玖：《毛泽东评点、圈阅的中国古典诗词》，
中国工人出版社 1992 年版，第 263 页。

## 【注释】

（1）两载，两年。载（zǎi），年，岁。《尚书·尧典》："帝曰：'往，

钦哉！九载绩用弗成。'"孔传："载，年也。"梧岗，生有梧桐树的山冈。语出《诗经·大雅·卷阿》："凤凰鸣矣，于彼高冈。梧桐生矣，于彼朝阳。"古代以为梧桐是凤凰栖止之木。凤，凤凰，古代传说中的百鸟之王。雄的叫凤，雌的叫凰，通称为凤或凤凰。羽毛五色，声如箫乐。比喻地位高贵或德才高尚的人。

（2）简书，用于告诫、策命、盟誓、征召等事的文书，亦指一般文牍。《诗·小雅·出车》："岂不怀归，畏此简书。"朱熹集传："简书，戒命也。"京畿，国都及其行政官署所辖地区。此指北京。

（3）扬帆，升起船帆，谓开船或行船。江南，指长江以南的地区。各时代的含义有所不同：汉以前一般指今湖北长江以南部分和湖南、江西一带；后来多指今江苏、安徽两省的南部和浙江一带。


【赏析】

黄之隽为清圣祖康熙辛丑（1721）年进士，官翰林编修。两年之后，他奉命到江南办理公务时写下了这首七言绝句。诗中表现了他到江南公干而不能回乡的遗憾。"两载梧岗逐凤飞"，首句叙事，点明时间和事件。诗人中进士后，授翰林院编修。翰林院，官署名，清代翰林院掌修国史及草拟制诰等。首句是说诗人在翰林院供职两年是和那些德才高尚的人比翼而飞，说明自己勤于职事。所以便有了新的公务："简书催我出京畿"，次句仍是叙事，是说他奉命离开京都，这是对他两年来政绩的肯定，也是对他的信任与新的考验。所以，诗人接受这个任务是非常愉快的，故第三句写道："扬帆已入江南境"，仍是叙事，但叙事之中已流露出欢快情绪。诗人离京是从京杭大运河乘船南下，离京之后，第一个要渡过的便是黄河，继续南下，渡江之后，才能进入江南地域，但诗人却说"扬帆已入江南境"，直写行船之速，也透露出诗人心情的愉快，与"千里江陵一日还"（李白《早发白帝城》）同一机杼。此句暗点题目。诗人是华亭（今上海松江）人，一入江南，便离故乡不远，但此次并不是回乡探亲，而是办理公务，所以诗人写道："只是经过未是归。"末句抒情，写不得回乡的遗憾。经过家乡，可以顺便探视一下亲友，也可以像治水的大禹一样"三过家门而不

人"，但思亲怀乡乃人之常情，所以诗人未免有一种渴望返里而又未得满足的遗憾，写来亲切感人。（毕桂发）

## 【原文】

# 题李草亭画寒江送别图

长江风定水无波，岁晚天寒客又过<sup>(1)</sup>。
一度送行传一画<sup>(2)</sup>，人生那厌别离多。

## 【毛泽东圈评等情况】

毛泽东读清沈德潜编选《清诗别裁集》卷二十四时曾圈阅此诗。

[参考] 张贻玖：《毛泽东评点、圈阅的中国古典诗词》，
中国工人出版社 1992 年版，第 263 页。

## 【注释】

（1）岁晚，岁末，一年将尽时。
（2）一度，一次。

## 【赏析】

这是一首题画诗。首句"长江风定水无波"切题目"江"字。从画面上看，长江江面宽阔，风平浪静，水波不兴，江水缓缓东去。次句"岁晚天寒客又过"承题目"寒"字。岁晚，可见是年岁之末。寒冬降临，万物萧条，就在这天寒地冻的时日，旷野寂寥，四周冷清，将要远行的客人又要渡江别去。一个"又"字，写出人生离别之多。古人云"悲莫悲兮生别离"。别离、送别，这种场面本来就令人酸鼻，使人伤感，再加上岁晚天寒的时令节候，就更使人黯然魂销，潸然泪下。

如果说作者在一、二两句主要是就图画画面来落笔的话，那么三、四句则是直抒胸臆，表达出作者对李草亭图画的高度赞赏之情。亲友送行、别离，对世人来说，是件令人伤感之事，然而作者却一反俗套，翻出新

意，别具心裁地从李氏图画技艺之精湛来写。意思是说，每一次送行，李草亭都能画出各自的特点，互不雷同，为世人留传下一幅绝妙的艺术品，这样的话，还有谁会去对人世间诸多的别离之事感到厌烦呢？这里并没有直接赞颂李草亭画技的高妙精湛，但读者完全可以体悟到作者对李氏图画的高度评价。

这首诗作语言通俗易晓。前两句紧扣题目，分承"江""寒"落笔，三、四句则在抒写感慨中充分表达出作者对图画的赞赏，虽无恭维之词，但称颂之意显而易见。本诗立意别致，一反常格，沈德潜在《清诗别裁集》中指出它"从'黯然销魂'中传出异样风趣，熟处生新，不落习径"，为深中肯綮之言。（张进德）

# 陆奎勋

陆奎勋（生卒年不详），字聚侯，号星坡，又号陆堂，浙江平湖（今浙江平湖）人。清代诗人。清圣祖康熙辛丑（1721）进士，官翰林院检讨。少工诗文，喜谈兵，又治仙佛及星学家言。中年后一意说经，好持异论，近毛奇龄。有《陆堂诗学》《陆堂易学》《陆堂诗文集》等。

## 【原文】

## 湖上念金心斋

钿车轫辘碾芳尘<sup>(1)</sup>，湖上重游隔几旬。

柳絮忽粘空外雨，梨云不断梦中春。

渚藏冶绿浑迷路，佩结幽香别赠人。

宁料湘潭憔悴客<sup>(2)</sup>，仍逢婴女晋申申<sup>(3)</sup>。

## 【毛泽东圈评等情况】

毛泽东读清沈德潜编选《清诗别裁集》卷二十四时圈阅此诗。

[参考] 张贻玖：《毛泽东评点、圈阅的中国古典诗词》，

中国工人出版社 1992 年版，第 263 页。

## 【注释】

（1）钿车，即饰以金花之车。轫辘，象声词，形容车轮转动的声音。

（2）湘潭憔悴客，指屈原。语出《史记·屈原列传》："屈原至于江滨，被发行吟泽畔，颜色憔悴，形容枯槁。"湘潭，今湖南湘潭。屈原沉于汨罗江，地近湘潭，故云。

（3）婴女，即女婴。

**【赏析】**

这首七言律诗乃怀人之作。金心斋,其生平事迹无从考知,从作品中看,似是诗人曾经相爱过的女子。

"钿车辚辘碾芳尘,湖上重游隔几旬",首联叙事,叙写诗人重游"湖上",思念数十日前同游之人。钿车,即饰以金花之车。辚辘,车轮转动之声。诗人乘车重来湖上游玩,"芳尘"碾过,实是追逐数旬前来游玩时的踪迹,希望能找到相思之人。

"柳絮忽粘空外雨,梨云不断梦中春",颔联以景语代情语,抒写诗人绵绵不断的情思。晏殊《无题》诗云:"梨花院落溶溶月,柳絮池塘淡淡风。"诗人所述与晏诗所述之境相去无几:柳絮漫天飘飞,春雨绵绵不断,这正是诗人绵绵情思的象征;梨花开时,云淡月溶,诗人春梦不断,所思情人的倩影在脑海中不断出现,其语婉而情深。

"渚藏冶绿浑迷路,佩结幽香别赠人",颈联由景及人,叙写诗人自己寻访美人不遇,但恐美人芳心他许。冶绿,语意双涵,既指湖边嫩绿的柳树,又借湖边柳树指自己心爱的歌伎。诗人沿着湖边行走,柳密路转,不知不觉迷失了方向,找不到金心斋的住处,而自己一别数旬,再也没有找到美人,恐怕美人"佩结幽香别赠人",早已变心,自己日夜相思,化为一场春梦。

"宁料湘潭憔悴客,仍逢婴女詈申申",尾联诗人笔锋陡转,以屈原泽畔读吟为喻,感叹楚屈原如此困顿,尚有"女婴""申申"相"詈",给予慰藉,自己如今漂泊湖上,希望能重新见到善解人意的心上人。屈原《离骚》云:"女婴之婵媛兮,申申其詈予。"关于"女婴",历来注楚辞者说法不一。有人认为是屈原的姐姐,有人说是屈原的使女,有人说是屈原的侍妾。这里,诗人所指,似是"侍妾",用以比喻诗人所思念之人——金心斋。由此可见,金心斋很可能就是诗人游玩时所结识的歌伎,诗人曾向其诉说过自己的愁苦,得到其同情和安慰。今日重游,希望再睹芳颜,无缘相见,故诗人赋诗感叹,聊以抒忧。(曾广开)

# 柯　煜

柯煜（1665—1735）字南陔，号石庵，浙江嘉善（今浙江嘉善）人。清圣祖康熙辛丑（1721）进士，以磨勘黜落，清世祖雍正中复成进士，官宜都知县，改衢州教授。工诗词、骈体文及倚声填词，有《石庵樵唱》《月中箫谱词》。

【原文】

## 述　怀（二首）

仕宦已三世，我岂石隐流。
高堂渐斑白<sup>(1)</sup>，诚怀捧檄谋<sup>(2)</sup>。
三釜计不就<sup>(3)</sup>，五亩遄归休<sup>(4)</sup>。
长跪谢阿母，阿母屡点头。
折腰非尔愿，饮水非吾忧<sup>(5)</sup>。

屋上三重茅<sup>(6)</sup>，已为风卷去。
天教屋漏痕，供我学书具。
肯同桀黠奴<sup>(7)</sup>，三窟窜狡兔<sup>(8)</sup>。
烟尘匿琴樽<sup>(9)</sup>，荒秽塞畦圃。
一笑姑置之，拂拭书中蠹<sup>(10)</sup>。

【毛泽东圈评等情况】

毛泽东读清沈德潜编选《清诗别裁集》卷二十四时圈阅此诗两首。

[参考]张贻玖：《毛泽东评点、圈阅的中国古典诗词》，
中国工人出版社1992年版，第263页。

**【注释】**

（1）高堂，高大的厅堂，旧时对父母的尊称。

（2）捧檄，指为母亲出仕。檄，官府文书，此指的是委任书。典出《后汉书·刘平等传序》：东汉人毛义有孝名。张奉去拜访他，刚好府檄至，要毛义去任守令，毛义拿到檄，表现出高兴的样子，张奉因此看不起他。后来毛义母死，毛义终于不再出去做官，张奉才知道他不过是为亲屈，感叹自己知他不深。

（3）三釜，亦作"三鬴"，古代一般年成每人每月的食米数量。《周礼·地官·廪人》："凡万民之食食者，人四鬴，上也；人三鬴，中也。"郑玄注："此皆谓一月食也。六斗四升曰鬴。"后亦喻低级官吏的菲薄俸禄。一釜为六斗四升。

（4）遄（chuán），速。

（5）饮水，喝水。《礼记·檀弓下》："啜菽饮水，尽其欢，斯谓之孝。"孙希旦集解："饮有浆醴之类，今但饮水而已，饮之贫也。"亦指清廉。语本《晋书·良吏传·邓攸》："时吴郡阙守，人多欲之，帝以授攸。攸载米之郡，俸禄无所受，唯饮吴水而已。"二解皆可通。

（6）"屋上三重茅"二句，语出杜甫《茅屋为秋风所破歌》："八月秋高风怒号，卷我屋上三重茅。"

（7）桀（jié）黠，凶悍而狡猾。

（8）三窟窜狡兔，比喻藏身处多，便于逃避灾祸。《战国策·齐策四》："狡兔有三窟，仅得免其死耳；今君有一窟，未得高枕而卧也；请为君复凿二窟。"

（9）罨（yǎn），掩盖。

（10）蠹（dù），书虫。

**【赏析】**

这两首五言古诗乃诗人述志之作，前一首写其安于贫贱，后一首写其敏而好学，似二而一，抒发了诗人洁身自好、安贫乐道的隐逸之志。

第一首共分前后两节。开头"仕宦已三世，我岂石隐流。高堂渐斑白，诚怀捧檄谋"四句为第一节，抒写诗人早年为扬名显亲，留意功名。高堂，旧时对父母的尊称。斑白，两鬓花白，比喻年岁已高。捧檄，指为孝敬母亲奉命出任。檄，官符，就是后来的委任状。诗人说自己的先人三世为官，自己从小就有济世之志，不愿做巢许一流的隐士。如今母亲年迈，更希望能早些博得一官半职，也好显名扬亲。

岂料"三釜计不就"，只有"五亩遄归休"。诗的后六句为第二节，诗人感叹自己拙于谋身，只有学陶渊明躬耕田亩。其母深明大义，劝勉诗人安于贫贱。三釜，此指古时低级官吏的俸禄数量。如《庄子·寓言》云："彼视三釜，三千钟，如观雀蚊虻相过乎前也。"一釜为六斗四升。诗人本有志于功名，不料"困于场屋，老而始遇，一官憔悴，以病乞身"（沈德潜《清诗别裁集》卷二四），归于田亩。一个"遄"字，写出诗人归隐之心。更为可贵的是，诗人的母亲对诗人的行为给予充分理解，"长跪谢阿母，阿母屡点头"，诗人本要扬名显亲，如今弃官归隐，其母并无半分责怪。"折腰非尔愿，饮水非吾忧"，诗人的母亲表现出崇高的品格。陶渊明为彭泽县令，因不愿为五斗米折腰而弃官归隐，诗人今亦如此，其母故以渊明比之。其母不以喝水为忧（或谓其母不以儿子做官清廉为忧），如同颜渊家贫，居于陋巷，一箪食，一瓢饮，人不堪其忧，回也不改其乐。其母故以颜渊自喻，安于贫贱，并以此教导其子。有其母而有其子，沈德潜评此诗云"是母是子"，对诗人母子二人的人品给予高度的肯定。

第二首亦分为前后两节。开头四句为第一节写诗人的贫困和锐意学问的精神。"屋上三重茅，已为风卷去。"诗人化用杜甫《茅屋为秋风所破歌》之诗意，叙写自己生活的困顿。"天教屋漏痕，供我学书具。"面对屋漏之极端困难，诗人超然处之，以屋漏处为读书之天窗，其藐视困难之精神，其读书求知之执着，无不令人钦慕。

"肯同桀黠奴，三窟窜狡兔"等六句为第二节，诗人为学讲求正心诚意，故对游移于仕途和山林的假隐士非常不满，再次抒发其纯正的隐逸之趣。"烟尘罨琴樽，荒秽塞畦圃。一笑姑置之，拂拭书中蠹。"诗人家里房屋漏天，尘土飞进，琴樽为烟尘掩盖，田园亦被荒秽塞满，但此时诗人却无暇顾及，"一笑"置之，却来清除书中的蠹虫。这里，诗人的拙于生计，恰好成为其笃于诗书的衬托，我们只觉得诗人为诗书而痴得可爱，从中窥见诗人贫贱不移的高尚品质。

儒家自来就有"诗言志"的古训，诗人这两首诗，明志抒怀，诗中抒情主人公那种安贫乐道、贫贱不移的品格，确是难能可贵的。（曾广开）

## 【原文】

# 赠沈鲁瞻

男儿踪迹误浮沉<sup>(1)</sup>，把臂相于快入林<sup>(2)</sup>。

客馆因依同雁序<sup>(3)</sup>，霜天酬唱作龙吟<sup>(4)</sup>。

一灯分照还家梦，千里谁明抱璞心<sup>(5)</sup>？

请念退之论骀骥，莫将高价索黄金<sup>(6)</sup>。

## 【毛泽东圈评等情况】

毛泽东读清沈德潜编选《清诗别裁集》卷二十四时圈阅了此诗。

[参考] 张贻玖：《毛泽东评点、圈阅的中国古典诗词》，中国工人出版社 1992 年版，第 263 页。

## 【注释】

（1）浮沉，吟升降，盛衰，得失，指奔走于仕途。

（2）把臂入林，谓与友人一同归隐。南朝宋刘义庆《世说新语·赏誉》："谢公道：'豫章若遇七贤，必自把臂入林。'"七贤，指竹林七贤。

（3）客馆，接待宾客的处所，亦指旅店。此指客居异乡。雁序，有秩序地飞行的雁群，比喻兄弟。

（4）霜天，深秋天气。酬唱，以诗词相互赠答。龙吟，龙鸣，亦借指大声吟啸。《文选·张衡〈归田赋〉》："尔乃龙吟方泽，虎啸山丘。"李善注："言己从容吟啸，类乎龙虎……《淮南子》曰：龙吟而景云至，虎啸而谷风臻。"龙吟虎啸喻诗词声律豪放峭拔。

（5）抱璞心，《韩非子·和氏》载，春秋时楚人卞和发现一块璞玉，先后献给楚厉王、武王，被认为欺诈而砍去双脚。楚文王即位，卞和又抱璞哭于荆山下，楚王使人剖璞加工得宝玉，称为和氏璧。

（6）"请念"两句，是化用韩愈《驽骥赠欧阳詹》的诗意。

## 【赏析】

这首七言律诗描述了诗人的行旅羁思之叹和怀才不遇的感伤,估计诗作于诗人早年困于场屋，奔走仕途时期。沈鲁瞻，诗人之友，生平事迹不详。

"男儿踪迹误浮沉，把臂相于快入林。"首联第一句中一个"误"字，领起全篇，诗人慨叹"误"入尘网，奔走名利场中，特别是为博取一第而旅途奔波，宦海沉浮。今逢挚友，诗人与其携手一起归隐山林，山林之清幽促使诗人反思以往，不禁感叹今是昨非。

"客馆因依同雁序，霜天酬唱作龙吟。"颔联写诗人与沈鲁瞻的交情。诗人与之同病相怜，客居他乡，故互相慰藉，情如兄弟。雁序，比喻兄弟。时逢深秋，风霜高洁，诗人与沈鲁瞻诗酒酬唱，聊慰乡思。

"一灯分照还家梦，千里谁明抱璞心？"颈联议论抒情，上句写诗人和沈鲁瞻同为乡思所苦，下句言自己犹如献玉之卞和，一片真诚无人理解。据《韩非子·和氏》记载：春秋时期楚人卞和发现一块璞玉，先后献给楚厉王、武王，都被认为欺诈，被截去双脚。等到楚文王即位，卞和又抱璞哭于荆山下，楚王使人剖璞加工，果得宝玉，称为和氏璧。诗人用此典，犹如王勃《滕王阁序》所言，"家家抱荆山之玉"，自以为才学过人，希望能货于帝王之家，可惜无人赏识，"谁明"二字，透露出诗人满腹辛酸。

"请念退之论驽骥，莫将高价索黄金。"尾联借唐代诗人韩愈《驽骥赠欧阳詹》诗意。因"力小苦易制，价微良易酬"而众人争相起用"驽骀"，而骐骥则因"黄金比嵩丘"之价而无人赏识。诗人借此感叹自己有骐骥之能，而一生困顿，只有穷愁终身。诗中告诫自己"莫将高价索黄金"，实是感叹自己有"黄金""高价"之实而无人赏识，其满腔郁愤倾泻而出。

这首七律，沉郁悲愤，诗中用语浑厚，造句工稳，特别是中间两联的对仗，雄浑悲壮，从中可以看出诗人对唐代诗人杜甫七律风格的领悟处，其艺术风格与其所表现的内容，有机地融为一体。（曾广开）

# 马维翰

马维翰，字墨临，又字墨麟，号侣仙，浙江海盐（今浙江海盐）人，清代诗人。清圣祖康熙辛丑（1721）进士，官至四川川东道。工诗。诗学杜甫，意不肯庸，语不肯弱，纵笔挥霍，莽苍峭险。著有《墨麟诗卷》。

## 【原文】

### 南行漫兴

沈黎南下路迢迢<sup>(1)</sup>，仰面青天欲射雕。
何处标名铜作柱<sup>(2)</sup>，早时转饷铁为桥<sup>(3)</sup>。
王师久驻将无倦<sup>(4)</sup>，荒服多虞或未骄<sup>(5)</sup>。
正值原田望霖雨，每占箕毕起中宵<sup>(6)</sup>。

远书底用问边鸿，得失因缘塞上翁<sup>(7)</sup>。
敢惜金缯当此日<sup>(8)</sup>，正期锁钥仗群公<sup>(9)</sup>。
夫人堡有和番计<sup>(10)</sup>，丞相碑传纵虏功<sup>(11)</sup>。
可信降酋无叵测<sup>(12)</sup>，漫教部曲卧雕弓<sup>(13)</sup>。

## 【毛泽东圈评等情况】

毛泽东读清沈德潜编选《清诗别裁集》卷二十四时圈点了此诗二首。

[参考] 张贻玖：《毛泽东评点、圈阅的中国古典诗词》，
中国工人出版社 1992 年版，第 263 页。

## 【注释】

（1）沈黎，古郡县名，在今四川汉源一带。清时驻兵，监视西南少数民族。

（2）铜作柱，典出《后汉书·马援列传》注引《广州记》：“援到交趾，立铜柱，为汉之极界也。”后用此典表示建立功业。

（3）转饷，运用军粮。《汉书·高帝纪上》：“丁壮苦军旅，老弱罢转饷。”铁为桥，即铁桥，地名，在云南中甸境。唐置铁桥，跨金沙江，以通吐蕃。吐蕃于此置铁桥城。《旧唐书·德宗纪下》：“（贞元十年）南诏异牟寻攻收吐蕃铁桥巳东城垒一十六，擒其王五人，降其民众十万口。”

（4）王师，天子的军队，国家的军队。《诗经·周颂·酌》：“於铄王师，遵养时晦。”此指清朝驻军。将无倦，意即必生倦怠。

（5）荒服，古“五服”之一，离京城二千到二千五百里的边远地方，泛指边远地区。《书·禹贡》：“五百里荒服。”多虞，多忧患，多灾难。或未骄，意谓要防其骄。

（6）“每占”句，每天都半夜起来望着箕、毕二星占卜。箕、毕为星宿名，据传箕星主风，毕星主雨。《文选·张协〈杂诗〉之九》：“虽无箕毕期，肤寸自成霖。”张铣注：“箕星主风，毕星主雨。期，会也，月与箕会则风，毕会则雨。”

（7）“得失”句，用塞翁失马典故：塞上老人丢失一匹马，马跑到胡地，人们来安慰他，老人说：“怎知不会带来好处呢？”果然马又跑回，并带来胡马。老人并不认为是好事，果然他儿子骑马摔断了腿。不久发生战争，老人儿子因腿断，不能参战，保全了性命（见《淮南子·人间训》）。后以此典表示祸福相倚，在一定条件下可以发生变化。

（8）金缯，黄金和丝织品，泛指金银财宝，作为对将士的赏赐之物。

（9）锁钥，锁和钥匙，喻军事重镇，交通要道。

（10）“夫人堡”句，夫人，即冼（xiǎn）夫人，南北朝时高凉人，嫁梁高凉太守冯宝。宝卒，抚其部众。陈朝时被封为石龙太夫人。陈亡，岭南数郡共奉为圣母，保境安民。夫人堡，即冼夫人统兵所居之地。

（11）“丞相碑”句，丞相，指诸葛亮，为蜀汉丞相。纵虏功，诸葛亮为了巩固蜀汉后方，于蜀汉建兴三年（225）平定南中，曾七次生擒孟获，又七次释放他，使孟获心悦诚服（见《三国志·蜀志·诸葛亮传》注引《汉晋春秋》）。

（12）降酋，投降的部落首领。叵测，不可测度。

（13）漫教，随意教。漫，随意，不受拘束。部曲，本为古代军队编制单位，后作为军队或士兵的代称。卧雕弓，把弓箭放置一旁，指军心懈怠。

【赏析】

这两首七言律诗乃讽刺边疆将骄兵疲、武备松弛之作。诗中用语委婉，含而不露，意味隽永。

两首诗互相关联。第一首写王师南征，久无战事，已有懈怠之心。沈黎，乃今四川汉源一带。清时驻兵沈黎，监视西南少数民族。首联两句，写将军领兵屯驻沈黎，"仰面青天欲射雕"，言其武艺精通，渴望建功立业。颔联"何处标名铜作柱，早时转饷铁为桥。"京师至沈黎，遥隔万里，出征将士本来亦期望名标青史，故慷慨从军。今转战千里，所思则惟"转饷"之事，叙事之中寓有讽意。

颈联"王师久驻将无倦，荒服多虞或未骄。"沈德潜评曰："将无倦，言必倦也。或未骄，防其骄也。"沈黎当时地处边荒，军队久驻于此，渐生懈怠，将军心已倦，士兵则必骄。荒服，指距离京师有数千里之遥的沈黎地区。古代离王畿两千五百里的地区，称为荒服，为五服中最远之地。多虞，即多事。马维翰仕于清康熙至乾隆时，官至四川川东道。此时西南多事，而清兵将悍兵骄，诗人婉言讽之，以谕执政。尾联"正值原田望霖雨，每占箕毕起中宵"两句，看似游离主题之外，实则是神来之笔。官兵屯于沈黎，无事生非，而此时诗人常忧民事，久旱盼雨，每每中宵坐起，望星占卜，诗人的言行，与官军将士之行为形成强烈的对比。诗中"占"字，即占卜之意。箕、毕，俱为星宿名称。

第二首议论抒情，抒发了诗人对戍守沈黎官军骄悍无能的痛斥，表达了诗人对时局的看法。首联"远书底用问边鸿，得失因缘塞上翁。"诗人远至边塞，本是愁苦之事，但诗人用相对的观点来观察问题，"塞翁失马，安知非福"，失中寓有得，得中含有失。诗人到边塞任职本是一件无奈的事，但却因此了解到现实的实际情况，由此而论，或许是一件好事。

颔联"敢惜金缯当此日，正期锁钥仗群公。"面对着现实潜伏着重重危机，特别是面对当时复杂尖锐的民族对立，诗人深知此乃武臣效命之时，为奖励将士，金银绸缎实不足惜。锁钥，谓锁和钥匙，引申为军事上的坚固防守。尽管镇守沈黎的官军倦而多骄，但却是朝廷和封疆大臣必须依靠的力量，所以诗人希望能靠重赏来劝勉将士。

颈联与尾联"夫人堡有和番计，丞相碑传纵虏功。可信降酋无叵测，漫教部曲卧雕弓。"最后四句诗人以冼夫人、诸葛亮治国为喻，痛斥沈黎守将既无冼夫人之谋，又无诸葛亮之智，"而谓降虏贴服，武备废弛"（沈德潜编选《清诗别裁集》卷二四）。冼夫人，南北朝时高凉人，嫁梁高凉太守冯宝。宝卒，抚其部众。陈朝时被封为石龙太夫人。陈亡，岭南数郡共奉为圣母，保境安民。诗中"夫人堡"，即冼夫人统兵所居之地。"丞相碑传纵虏功"之句则是指诸葛亮七擒孟获之事。据《三国志·蜀志·诸葛亮传》注引《汉晋春秋》，三国时，诸葛亮为了巩固蜀汉后方，于蜀汉建兴三年（225）平定南中，曾七次生擒孟获，又七次释放。最后，孟获心悦诚服。诗人用冼夫人、诸葛亮之典与沈黎守将作对比：他们无谋无智，却一味相信"降酋无叵测"，认为不会有什么意外之事，"漫教部曲卧雕弓"中的"漫"字，写出其懈怠荒疏。

所以，这两首《南行漫兴》，实际上是诗人为官川东道对现实有感而作，针对清兵入关后日益腐化、武备不修的现状，给予大胆的揭露，其目的是提醒执政者的注意，有着强烈的现实意义。（曾广开）

## 【原文】

# 梅 花

疏枝雀啅转春温<sup>(1)</sup>，正试东风第一番<sup>(2)</sup>。

每自凝神当远驿，为谁孤立向荒村<sup>(3)</sup>。

晴云曳宕春无限，午夜分明月有痕<sup>(4)</sup>。

索解此中浑未易，目成脉脉在忘言<sup>(5)</sup>。

## 【毛泽东圈评等情况】

毛泽东读清沈德潜编选《清诗别裁集》卷二十四时圈阅了此诗。

[参考] 张贻玖：《毛泽东评点、圈阅的中国古典诗词》，

中国工人出版社 1992 年版，第 263 页。

## 【注释】

（1）"疏枝"句，写梅花是报春之花。东风初起，鸟雀乍噪，疏落的梅花已报告着春天的到来。雀啅（zhuó），鸟声喧噪。啅，鸟鸣。

（2）第一番，二十四番花信风中的第一番花信风，花信风是应花期而来的风。自小寒至谷雨，凡四个月，共八个节气，一百二十日，每五日一候，计二十四候，每候应以一种花的信风。每气三番。小寒这个节气包括的三候分别是应梅花、山茶、水仙的花信风，而梅花居第一，故为第一番花信风。

（3）"每自"二句，写梅花孤芳自赏。宋陆游《卜算子·咏梅》："驿外断桥边，寂寞开无主。"二句化用陆词诗意。

（4）"晴云"二句，写梅花的摇曳之态。化用宋林逋《山园小梅》中的名句"疏影横斜水清浅，暗香浮动月黄昏"诗意，描绘月下梅花之神韵。曳宕，拖延。

（5）"目成"句，借用东晋陶渊明《饮酒》（其五）中"此中有真意，欲辨已忘言"诗意，摹写诗人与梅花融为一体的境界。目成，两目相悦，以目传情。战国楚屈原《九歌·少司命》："满堂兮美人，忽独与余兮目成。"

## 【赏析】

这是一首咏物诗，为七言律。梅花品格高洁，为历代文人雅士所喜爱，此诗亦是借物咏怀，深得诗中三昧。

首联叙写梅花乃报春之花，"疏枝雀啅转春温，正试东风第一番。"啅，鸟之鸣。东风初起，梅花已绽，三五疏枝，却预示着春天的到来。此正是梅花的品格。

"每自凝神当远驿，为谁孤立向荒村。"梅花既为文人之品格象征，

若驿外桥边，寂寞黄昏之时，梅花默默无语地开放，与赏花的孤独者互相慰藉，此时花与人惺惺相惜，花即是人，人即是花。"为谁孤立"，既是梅花孤芳自赏的写照，也是诗人心境的再现。

"晴云曳宕春无限，午夜分明月有痕。"颈联由花及景，写梅花摇曳之姿。此二句从林逋"疏影横斜水清浅，暗香浮动月黄昏"中化出，其意境创造，遣词造句模拟的痕迹依稀可见，尤其是诗句的组合方式，更为明显。诗人浓笔重彩，描绘月下梅花之神韵，既是对颔联所写梅花的补充，又是为尾联的议论抒情做铺垫。

"索解此中浑未易，目成脉脉在忘言。"尾联即景抒情，梅花之神韵，谁能悟得？梅花之格调，谁能"索解"得出？此中"真意"恐怕难以理会，若是妙悟在心，恐亦难以言传，唯有与梅花相视而笑。"目成脉脉在忘言"一句，借用陶渊明《饮酒》（其五）"此中有真意，欲辨已忘言"之诗意，传神地摹写诗人与梅花融为一体的境界。

咏物诗一般讲求不即不离，此诗表面上写梅花，实则亦可看作是诗人自己的写照，但又不是句句坐实，而是十分空灵，虚实相生，纯以意象取胜，从中亦可看出当时王渔洋神韵说的影响。（曾广开）

# 沈懋华

沈懋华，字芝冈，浙江归安（今浙江湖州）人。生卒年不详。清圣祖康熙辛丑（1721）进士，官由翰林改侍御。诗意主蕴含，不欲说尽，晚年皈依佛教，不再作诗。

## 【原文】

## 渡　江

路尽鸟飞外，微茫一叶舟。
月斜江岸晓，潮落海门秋[1]。
山色南朝寺[2]，钟声北固楼[3]。
寄奴城外草[4]，隐隐入边愁[5]。

## 【毛泽东圈评等情况】

毛泽东读清沈德潜编选《清诗别裁集》卷二十四时圈阅了此诗。

[参考] 张贻玖：《毛泽东评点、圈阅的中国古典诗词》，
中国工人出版社 1992 年版，第 263 页。

## 【注释】

（1）潮落海门秋，化用金代元好问"江风摇落海门秋"诗句。海门，在今江苏镇江、扬州二市之间。

（2）山色南朝寺，南朝佛教盛行，寺院林立，故有"四百八十寺"之说。镇江一带就有不少著名寺院，如招隐山上的招隐寺，金山上的金山寺，焦山上的定慧寺，北固山上的甘露寺，等等。

（3）北固楼，在今江苏镇江城内北固山上。

（4）寄奴城外草，寄奴，南朝宋武帝刘裕的小名。刘氏原籍彭城（今江苏徐州），西晋亡，遂迁居京口，故称京口为寄奴城。又，据《南史》载，刘裕微时射伤一大蛇后，见青衣童子以奇蒿合药为蛇医创，因叱退童子，取药而还。每遇金创，敷之即愈。后人因称奇蒿为刘寄奴草。

（5）边愁，因边乱、边患所引起的愁绪。唐杜甫《秋兴》之六："花萼夹城通御气，芙蓉小院入边愁。"

## 【赏析】

这是一首格调高远、意境优美的五言律诗，有人评价曰"调高意远，直接唐人"，可见其诗的艺术成就之高。

全诗以路尽鸟飞和江中孤舟开篇，捕捉刹那间的感受。首联写"路尽"与"舟孤"，给人一种孤独、凄清的感觉，这是从空间的有限与无限上写的。刘勰在《文心雕龙·物色》篇里说："是以诗人感物，联类不穷。流连万象之际，沉吟视听之区。"诗人受到外界景物感触，由"路尽鸟飞"自然生出一种惆怅落寞的心绪。寥寥两笔，意境全出，且笔法上直承柳宗元的"千山鸟飞绝，万径人踪灭"（《江雪》）。

"月斜江岸晓，潮落海门秋"，颔联二句是从时间的变化上来强化这种孤苦之感的。"月斜"与"潮落"都是一种自然现象，暗写时间的流逝，以月亮的升沉圆缺，周而复始，循环不已暗示生生不息的生命意识，这是生命的永恒；同时，永恒的月光与有限的人生的强烈对比，又使人生发出不尽的人生感慨。江岸的晓风残月，海门的瑟瑟秋风，更是对这种凄苦情绪的直接渲染。残月与秋风这两个意象，简直是中国深层美感心态的象征，"杨柳岸晓风残月""秋风秋雨愁煞人"等凄苦冷落的景象似乎已作为一种原型定格于中国古代文人的审美意识之中。这两句是化用王昌龄《宿京江口期刘眘虚不至》中的"霜天起长望，残月生海门"二句，含蓄蕴藉，格调高远。

"山色南朝寺，钟声北固楼"，颈联二句用典，写渡江所见所闻。杜牧有《江南春》诗云："南朝四百八十寺，多少楼台烟雨中。"但这首诗里的"南朝寺"未必就是昔日的南朝寺，而是诗人的假托，以昔日江南的繁华，寺庙林立，香客如云，来衬托今天自己羁旅生活的孤独冷清。"北固楼"就是当年梁武帝登楼赋诗的地方。唐李白曾说："丹阳北固是吴门，画出楼台云水间。"辛弃疾也曾登斯楼而怀古，抒写自己的壮志。由此可见，诗人正是借北固楼来抒发自己"古今兴亡多少事"的感慨，而"山色"和"钟声"这两个意象更是用得空灵悠远。山色空蒙，钟声悠悠，江水滔滔，再加上晓风残月，潮起潮落，海门清秋，更使诗人睹物伤怀，倍感凄冷。

"寄奴城外草，隐隐入边愁"，尾联两句紧承上联，诗人的感情终于凝聚在一个"愁"字上。"寄奴"就是南朝宋武帝刘裕。辛弃疾在《永遇乐·京口北固亭怀古》中曾说："斜阳草树，寻常巷陌，人道寄奴曾住。想当年，金戈铁马，气吞万里如虎。"作者在这里用典，抒发了人世兴亡的感慨，就像当年曾显煊一时的刘裕，到头来其风流也总是被雨打风吹，随水漂流而去，只留下一堆废墟供后人凭吊，体现了诗人虚无伤感的情怀。"隐隐入边愁"正是这一感情的落脚点。

全诗格调高远，直接唐人，感情的抒发深沉凝重，言不尽意，给读者留下了无限广阔的想象空间。（郭天昊）

## 【原文】

# 秋夜东湖玩月

洞庭木脱渺愁余，倚棹寒流挹望舒[1]。
笛里关山清夜怨，镜中楼阁美人居。
天高风转依枝鹊，川静波腾纵壑鱼[2]。
直是乘槎度银汉[3]，都看白露下前除[4]。

## 【毛泽东圈评等情况】

毛泽东读清沈德潜编选《清诗别裁集》卷二十四时圈阅了此诗。

[参考] 张贻玖：《毛泽东评点、圈阅的中国古典诗词》，中国工人出版社1992年版，第263页。

**【注释】**

（1）把，舀，拉。望舒，传说中月的御者，借指月亮。

（2）纵壑鱼，纵游于川壑中的鱼。语出汉王褒《圣主得臣颂》："千载一会，论说无疑，翼乎如鸿毛遇顺风，沛乎若巨鱼纵大壑。"后遂以"纵壑鱼"比喻身处顺境，所至如意。唐杜甫《将适吴楚留别章使君》："昔如纵壑鱼，今如丧家狗。"亦用以比喻身心自得。宋苏轼《游庐山次韵章传道》："尘容已似服辕驹，野性犹同纵壑鱼。"

（3）乘槎度银汉，神话传说有人可以乘木筏上天。晋代张华《博物志》卷三："旧说云，天河与海通，近世有人居海渚者，年年八月，有浮槎，来去不失期。人有奇志，立飞阁于槎上，多赍粮，乘槎而去。十余日中，犹观日月星辰，自后茫茫忽忽，亦不觉昼夜。去十余日，奄至一处，有城郭状，屋舍甚严，遥望宫中多织妇，见一丈夫牵牛渚次饮之。牵牛人乃惊问：'何由至此？'此人见说来意，并问此是何处？答曰：'君还至蜀郡，访严君平则知之。'竟不上岸，因还如期。后至蜀问严君平，某年月日，有客星犯牵牛，宿计何月，正是此人到天河时也。"

（4）前除，房前的台阶。

**【赏析】**

这是一首七言律诗。首联"洞庭木脱渺愁余"一句化用屈原《九歌·湘夫人》："帝子降兮北渚，目眇眇兮愁余。袅袅兮秋风，洞庭波兮木叶下。"反映情思的婉转波动。"木脱"写出了时令特点是深秋，"渺愁余"写诗人泛舟湖面，面对着月光下的洞庭湖发出了悲秋的感慨。"渺"字既写出了水天一色的景象，也写出了诗人的满怀愁绪。这里情景交融，对景物的描绘更为丰富，像诗中有画那样，境界也更为突出。"倚棹寒流把望舒"一句写玩月。"倚棹寒流"写出了诗人的闲适之情，该句突出一个"把"字，就是舀、拉的意思，望舒是月亮的别称。这里，诗人面对着倒映水中的那轮皎皎孤月，禁不住忽发奇想，要把它从水中捞出来玩赏，童稚之心可掬，想象可谓丰富。

颔联"笛里关山清夜怨，镜中楼阁美人居"是环境描写，前句实写，后句虚写。当诗人正在低头玩月的时候，忽然从江面上吹来了一曲幽怨的

《关山月》，更加浓了秋夜的寒意，也使诗人不禁悲从中来，想象到在这同一月光下面，该有多少痴情的女子在望月兴叹，忍受着相思的煎熬。唐朝张若虚的《春江花月夜》中有"可怜楼上月徘徊，应照离人妆镜台"的句子，感情与此相通，表现了封建士大夫阶层空虚落寞的愁思别绪。

颈联"天高风转依枝鹊，川静波腾纵壑鱼"写出了鹊栖枝头、鱼翔浅底的景象，表现了一种"万类霜天竞自由"的生命竞争意识，全诗的格调至此已由低沉转向高昂。这两句对仗工整，因"天高"而显得湖面水平如镜，因"风转"而使水波腾涌。看似矛盾，实则是透视角度不同而使诗句显得摇曳多姿。

尾联"直是乘槎度银汉，都看白露下前除。"乘槎，即乘坐木筏；银汉，传说中的天河；除指台阶。此二句使全诗的格调进一步得到升华，诗人的悲秋情绪和由此而引起的诸多人生感慨在这种生生不息的生命竞争意识中已一扫而空，代之而来的是"乘槎度银汉"的激奋。诗人要跳出个人的狭小圈子，从一个更为广阔深远的角度来透视人生百态，人世忧欢。"都看白露下前除"表现的更是一种旷达的人生态度。"不以物喜，不以己悲"，"任庭前花开花落，看天上云卷云舒"，大概是这种思想的最好阐释。有人曾评价这两句："字字清远，妙在意言之余。"

清空，表面上好像玄虚幽窅，难以捉摸，但它却是一种比较好的艺术境界，在题材概况上淘尽渣滓，从而表现为澄净清纯，在意境铸造上突出诗人的冲淡襟怀，从而表现为朴素自然的艺术特色。清人戈载在《七家词选》中曾这样说明"清空"的特色："清气盘空，如野云孤飞，去留无迹。""清气"说明诗人审美情趣之高，"盘空"说明诗人的想象、情思和韵味，不仅横溢太空，而且纡回萦绕，竭尽形象的曲折婉转之美。"野云孤飞""去留无迹"标志着古代文人的耿介潇洒，超逸不群。"悠远"更带着禅味，既玄虚又高妙。

总之，这首诗前半部分格调低沉，充满了士大夫式的闲愁别绪，显得自然不足而做作有余，后半部分格调转向高昂，一扫萎靡做作之气，表现一种超然世外的冷静与达观。特别是后两句直承李白的"长风破浪会有时，直挂云帆济沧海。"但与李诗相比，则明显底气不足。（郭天昊）

# 李 铖

李铖，字含奇，江南吴县（今江苏苏州）人。生卒年不详。清圣祖康熙进士，官翰林院庶吉士，未几卒。工诗，有遗集。

## 【原文】

### 杂 感

烂漫年华烂漫愁[1]，春光春水两悠悠。
卷施有叶心先断[2]，杜宇无声血已流。
叹逝陆机同阅世[3]，思家王粲独登楼。
此乡信美非吾土[4]，冷落胥江一钓舟[5]。

生别吞声已不禁，频为死别更摧心。
围棋寂寞虚山墅[6]，清宴依稀忆竹林[7]。
季子远携留墓剑[8]，女婴空冷捣衣砧[9]。
三年伏枕双垂泪，肠断清猿向晓吟[10]。

## 【毛泽东圈评等情况】

毛泽东读清沈德潜编选《清诗别裁集》卷二十四时圈阅了此诗两首。

[参考] 张贻玖：《毛泽东评点、圈阅的中国古典诗词》，
中国工人出版社1992年版，第263页。

## 【注释】

（1）烂漫，色泽绚丽。南朝梁沈约《奉华阳王外兵》："烂熳蜃云舒，嶔崟山海壮。"这里用来形容年华的美好。亦指放浪，不拘形迹。南朝齐梁江淹《赠炼丹法和殷长史》："身识本烂熳，光曜不可攀。"

（2）卷施，草名，拔心不死。晋郭璞《卷施赞》："卷施之草，拔心不死。屈平嘉之，讽咏以比。"

（3）西晋文学家陆机在《叹逝赋》中感慨人世沧桑，年华易逝。

（4）王粲《登楼赋》："虽信美而非吾土兮，曾何足以少留！"信，真，果然。

（5）胥江，在作者故乡苏州西南郊太湖东岸，与太湖、石湖、越来溪相连。

（6）《晋书·谢安传》载，秦王符坚大军进逼淝水之际，宰相谢安竟坦然"命驾出（游）山墅""亲朋毕集，方与玄围棋赌别墅"。玄因战事紧迫而一反常态输了棋，谢安遂对外甥羊昙说："以墅乞（与）汝"。后谢安出镇广陵，扶病还都时"舆入西州门"。安死，羊昙"行不由西州路"。

（7）《晋书·王戎传》：王戎"尝经黄公酒垆下过，顾谓后车客曰：'吾昔与嵇叔夜、阮嗣宗酣畅于此，竹林之游亦预其末。自嵇、阮云亡，吾便为时之所羁绁。今日视之虽近，邈若山河！'"竹林，地名，在今河南焦作一带。嵇康、阮籍、王戎等七人"相与友善，游于竹林，号竹林七贤"。自注：叔季两叔相继早逝。

（8）季子，吴王寿梦的小儿子季札。留剑徐君墓，典出《史记·吴太伯世家》。自注：密友缪馨，闻墓草已宿。

（9）女婴，亦作"女须"。屈原《离骚》："女婴之婵媛兮，申申其詈予。"王逸注："女婴，屈原姊也。"后以为姊的代称。捣衣砧，捶布石。自注：同怀姊丧。

（10）北魏郦道元《水经注·三峡》："每至初晴霜旦，……常有高猿长啸，……哀转久绝。故渔者歌曰：'长江三峡巫峡长，猿鸣三声泪沾裳。'"后周人王仁裕写重逢所饲之猿，而又分离时"数声肠断和云叫，识是前年旧主人。"


## 【赏析】

七言律诗《杂感》二首怨时伤逝思乡，情辞悲苦，可谓泣血之作。

第一首首联开门见山，点明本诗的大致内容，奠定了全诗悲伤愁苦的基调，总领全篇。近代王国维《人间词话》说："有我之境，以我观物，故物皆着我之色彩。"这就是美学上的主观移情作用。明媚的春光，翻滚的春潮，给人的应是蓬勃昂扬的气息，然而在有着"烂漫"之愁的诗人心里，感受到的只是春光春水同样的长逝无情。在诗人眼里，那悠悠春水送走的不正是自己的青春韶光吗？有此景乃是先有此情，景以情移，情喜景亦喜，情悲景亦助悲。只读此两句，我们便可感受到诗人的叹逝之伤、烂漫之愁，如带雨春潮，滚涌而出。

紧接下去，颔联诗人用卷施草和望帝啼鹃的典故来说明和渲染自己悲苦的情状。卷施是一种草，掐去心后，叶仍然不死。杜宇，周末蜀帝，被逼逊位其相，隐居山中，其魂化为杜鹃鸟，春二三月，啼血不止。诗人意欲说，"我"的心早已被悲伤侵蚀了，只剩下躯壳仍然存活；"我"又像杜鹃一样，早已哭尽了泪水，没有了悲声，只流淌着斑斑血泪。诗人如此悲苦，到底是为了何事呢？"春光春水两悠悠"句说明诗人有叹逝之伤，而"杜宇无声血已流"句则隐晦地点出了乡关之思，《西厢记》中有："不信呵去那绿杨影里听杜宇，一声声倒不如归去。"下面，诗人连用数典具体明白地抒写伤逝思乡之情。陆机的《叹逝赋》，感慨人世沧桑，年岁易老；刘禹锡吟道"况今三十载，阅世难重陈"，感慨岁月蹉跎，往事不堪回首；王粲依附刘表，长期滞留不得重用，心情郁闷，作《登楼赋》，抒写不遇之怅与乡关之思，赋中有："虽信美而非吾土兮，曾何足以少留！"胥江在这里是用以指代诗人原籍吴县，并非诗人作诗在胥江一带。至于孤舟，非有其物，上承胥江而自比。诗人感受自己如同一叶孤舟，自家乡漂流至此，不为重用，举目无亲，冷冷清清。至此，我们大致可以理清代诗人感情的脉络了。像王粲一样，诗人背井离乡，漂荡到异地，指望一展宏图，匡时济世，然不为赏识，冷落凄清。春回大地，草木适时而发，竞相争春，一片烂漫生机，诗人触景伤情，感慨青春虚掷，功业难就，进而牵惹起乡关之思。

第一首自叹，第二首伤逝：断肠人远，伤心事多，交代悲苦的另一原因。

首联"生别吞声已不禁，频为死别更摧心。"生离，已足以使人黯然魂销；死别，如何不撕心裂肺，泣血沾襟！这两句启下，引领出以下桩桩摧心的死别。颔联"围棋寂寞虚山墅，清宴依稀忆竹林"。诗人仿佛看见山墅里与友人执子对弈，你争我夺的喧闹场面，依稀记得竹林中清宴欢聚，彼此唱和的欢娱情景，何其快意欢悦！而如今，如此欢聚永不能再有，作为这些情状的参与者的两位友人都已早逝，只剩下寂寞无语的围棋。潸然泪下的诗人，又是何等凄凉冷清！往日相聚的欢乐与今天死别的悲苦形成鲜明对比和强烈反差，往昔的极乐只能导致眼前的极悲。这就是以乐写悲，以喜衬哀手法的妙处。颈联首句"季子远携留墓剑"是用典。《史记·吴世家》载，吴季子出使经过徐国，徐君遇之厚，暗慕其剑，季子打算回来时送给他，但季子回来时徐君已死，季子挂剑于徐君之墓。诗人在这里取人归友丧，永难再见之意。女嫛，楚地谓姊为嫛，在诗中指诗人死去的姐姐。诗人想象姐姐仍然如活着时一样，一个人在水边挥槌洗衣，她是那样的孤寂凄清，如广寒宫中的嫦娥。诗人在这一镜头中注入了对姐姐的无限爱怜和深切怀念。尾联，诗人以黎明山猿凄厉哀怨的啸声，渲染出一种悲凉的气氛。透过这两句诗，我们清晰地看见一位伏枕垂泪，卧听猿啸、肝肠寸断的愁人羁子的悲苦形容。

这两首诗在感情上突出一个"愁"字，采用了多种抒情手段。一首主要用典故抒情。诗人连用望帝啼鹃、陆机叹逝、刘禹锡阅世、王粲登楼四个典故渲染自己的愁苦之状，抒写忧伤之情。二首主要用叙事加强感情的抒发。诗人回忆了桩桩死别往事，骨肉亲情，失友之痛，均渗透字里行间。以乐写悲（"围棋"句），以哀助悲（"断肠"句），都收到了很好的抒情效果。

文学作品，只有写真情才能打动人心，引起共鸣，才能产生美感。这首诗之所以缠绵悱恻，感人至深，使人有不忍卒读之感，正是因为诗人贯注了真情。"泣血为之"四字，大概不为过吧。（郭振生）

**【原文】**

# 送友归鉴湖即赴辰阳幕

易别还如商与参<sup>(1)</sup>，醉歌燕市怅分襟<sup>(2)</sup>。

旅游旧雨联今雨<sup>(3)</sup>，归客越吟还楚吟<sup>(4)</sup>。

潮落严滩残雪尽<sup>(5)</sup>，春生湘浦紫兰深<sup>(6)</sup>。

相思一夜江花发<sup>(7)</sup>，千里月明同此心<sup>(8)</sup>。

**【毛泽东圈评等情况】**

毛泽东读清沈德潜编选《清诗别裁集》卷二十四时圈阅了此诗。

[参考]张贻玖：《毛泽东评点、圈阅的中国古典诗词》，

中国工人出版社1992年版，第263页。

**【注释】**

（1）商与参，商星和参星。参星在西，商星在东，此出彼没，永不相见。喻亲友隔绝，不能相见。三国魏曹植《与吴季重书》："面有逸景之速，别有参商之阔。"

（2）《史记·刺客列传》：荆轲与高渐离交好，时常"饮于燕市，酒酣以往，高渐离击筑，荆轲和而歌于市中，相乐也"。分襟，离别，分别。唐王勃《春夜桑泉别王少甫序》："他乡握手，自伤关塞之游；异县分襟，竟切悽怆之路。"

（3）杜甫《秋述》诗小序："卧病长安，旅次多雨，寻常车马之客，旧，雨来，今，雨不来。"宋人范大成《题清息斋六言》之八："冷暖旧雨今雨，是非一波万波"即本此意。故谓新交曰今雨，旧交曰旧雨。

（4）归客，指归去的朋友。越吟，旧时越国人庄舄仕楚，爵至执珪，虽富贵，不忘故国，病中吟越歌以寄哀思。事见《史记·张仪列传》。后因以喻思乡忆国之绪。越吟，越地的歌曲，浙江为古代越国地。楚吟，指楚辞哀怨的歌吟。南朝宋诗人谢灵运《登池上楼》诗："祁祁伤幽歌，萋萋感楚吟。"楚地的歌曲，湖南古为楚国之地。

（5）严滩，即严陵濑，在今浙江桐庐西南钱塘江侧富春山。东汉名士严光隐居垂钓之处。

（6）湘浦，湘江畔。紫兰，即木兰，一种香木。《楚辞·九歌·湘夫人》："桂栋兮兰橑。"朱熹集注："兰，木兰也。"明李时珍《本草纲目·木一·木兰》："木兰枝叶俱疏，其花内白外紫，亦有四季开者。"

（7）江花，白居易《忆江南》之一词"日出江花红胜火"，其红与相思子红豆之红意同。

（8）"千里同此心"句，语出宋苏轼《水调歌头》："但愿人长久，千里共婵娟。"

**【赏析】**

李锴游宦于外，多有死别不幸，特别注重友情。这首七言律诗为送别诗，自出机杼，写得情真意挚、深厚缠绵而又不失豁达明朗。这里的友人，名姓不详。鉴湖，即镜湖，在浙江绍兴南。

首联以"易水送别""醉歌燕市"点明送别之事。荆轲刺秦王，燕太子丹在易水之畔为之饯行，气氛慷慨悲壮，后荆轲失败被杀，一去不返。商星即晨星，心宿之主星，东方星宿；参星，西方星宿。参商两宿此出彼没，永不相见，故以"参商"比喻离别不得相见。理智的诗人清醒地认识到，此别一去，将天各一方，如参商一样，永不能相见。以再见之难写离情，就加重了离别的愁绪，使感情更加笃厚。若以自欺欺人的再见之许来搪塞，势必流于浮泛。《史记·刺客列传》："荆轲既至燕，爱燕之狗屠及善击筑者高渐离。荆轲嗜酒，日与狗屠及高渐离饮于燕市，酒酣以往，高渐离击筑，荆轲和而歌于市中，相乐也。已而相泣，旁若无人者。"诗人用此典以荆轲、高渐离比自己与友人，一方面回忆往昔与友人情意相投的融洽和欢娱，并以此衬离别之悲；另一方面，恐怕是在表示对权贵的蔑视。诗人一生实际只做了一个小小的庶吉士，友人此去也只是赴辰阳县幕，怀才不遇的愤慨极可能是有的，这种情绪在《杂感》中隐约可见。诗人用"易水送别"之典，又比于荆轲、高渐离，恐怕是有把生离当作死别的深层心理的。

　　以上写往昔友情及眼前分别，颔联宕开笔锋，设想别离以后友人的情景。杜甫《秋述》："秋，杜子卧病长安旅次，多雨生鱼，青苔及榻，常时车马客，旧，雨来；今，雨不来。"后用旧雨比喻故人，新雨比喻新交。越，指鉴湖，古越地，在今浙江绍兴境，古时东接曹娥江，并通潮汐。楚，指辰阳，战国楚地，在今之湖南辰溪。这两句诗说旅途中还会遇到故友、结交新朋，离伤别愁不断；无论在鉴湖还是在辰阳，友人一定念念不忘诗人，吟诗以寄相思。这一句虚领下，颈联分承之，笔法极细。紫兰，即木兰，多年生植物，花清内白外紫。鉴湖初春，潮落雪尽，大地复苏；湘浦马兰，深紫绵连，春意盎然。颈联两句以初春物景象征诗人的友情，礼赞友情的美好，巧妙新颖；同时又以初春昂扬明朗的气息冲淡了别离的愁绪，展示了豁达的胸怀。尾联归结，"相思一夜江花发"以夸张笔法渲染相思之甚。"千里月明同此心"，用千里同一的皎洁明月来说明天各一方的友人相思情同，把抽象无形的情思以具体可感的形象出之。同时，以洒遍人间含情脉脉的月光来比喻无处不在的殷殷友情，给人以含蓄绵绵的韵味，留下吟咏回味的余地。

　　这首诗以离别之"怅"始，以绵绵相思结，实属平淡。然颔联颈联分写别后双方的相思之情以慰友人并以自慰，撇开了眼前的离愁，为友人指明了前路，甚至使友人获得了鼓舞与振奋，不可不谓自出机杼，新颖巧妙。初春物景的描绘在这方面作用极大。所以这首诗写得情深意绵，却又绝不悲伤欲绝；豁达明朗，而又不流于浮泛矫揉。（郭振生）

# 储雄文

储雄文，字汜云，江南宜兴（今江苏宜兴）人。生卒年月不详。清圣祖康熙辛丑（1721）进士。其诗清新淡远，自然旷逸。

## 【原文】

### 访朝阳道院

竹径阴阴磬韵流[(1)]，行来便觉此生浮[(2)]。

道人所得惟贪懒[(3)]，满地松花散不收[(4)]。

## 【毛泽东圈评等情况】

毛泽东读清沈德潜编选《清诗别裁集》卷二十四时圈阅了此诗。

[参考] 张贻玖：《毛泽东评点、圈阅的中国古典诗词》，中国工人出版社 1992 年版，第 263 页。

## 【注释】

（1）磬，用玉或石制成的打击乐器，形如曲尺。又，寺观中用铜或铁铸成的钵形物，拜神时则击之。

（2）此生浮，言人生变化无常，虚浮不定，故言。语本《庄子·刻意》："其生若浮，其死若休。"

（3）道人，道教徒，道士。

（4）松花，松树的花。明李时珍《本草纲目·木一·松》："松花，别名松黄……润心肺，益气，除风止血。亦可酿酒。"

## 【赏析】

"竹径阴阴磬韵流，行来便觉此生浮。"诗篇前两句写景兼议论。郁郁葱葱的竹林遮蔽了曲曲折折的林间小道，丝丝凉意和着竹的清香沁人心脾，潺潺溪流声如清脆悠扬的磬音缭绕穿行于林间。时令虽在夏季，但这一方幽静清逸的所在，好像正值爽秋。从热火朝天的外界，从污浊纷争的世俗走来的诗人，仿佛遇到了仙境，心荡神怡，幡然悔悟。陶渊明《归去来兮辞》有"悟已往之不谏，知来者之可追。实迷途其未返，觉今是而昨非"。诗人此时的心情极类于此。处在进仕与退隐矛盾痛苦中的诗人，在这清逸的妙境里顿然解脱，望峰息心，窥谷忘返。"竹"这一意象，在中国古典诗歌中是有其特定的意蕴的。在这首七言绝句中，诗人似不经意地涂抹一笔，其实在"竹"身上寄寓了诗人复杂的情感。它渲染出清幽僻静的环境氛围，表明诗人孤傲的个性和清尚不变的仪态风范，表达了诗人对官场的厌恶，对归隐的憧憬及故乡田园的向往。

这一句还出色地运用了古典诗歌以声衬静的传统手法，以清脆的溪流水衬托出竹林的静谧、空灵。常建《题破山寺后禅院》诗中的"万籁此俱寂，惟闻钟磬音"，王籍《入若耶溪》有"蝉噪林愈静，鸟鸣山更悠"，极类于此。唐王维更对此法深有研究，钱钟书《管锥编》这样总结："寂静之幽深者，每以得声音衬托而得愈觉其深。"

"道人所得惟贪懒，满地松花散不收。"诗篇后两句直接描绘道人形象。松竹静立，淡黄的松花悄无声息地落下，遍地躺卧。"贪懒"的道人是一副什么懒样呢？读者尽可以自己的想象去捕捉。这就是诗人和读者的共同享受，也是中国诗歌含蓄的韵味所在。执帚打扫松花已经够悠闲了，这位道长竟连这活儿也懒得去做，不是"贪懒"又是什么？这一句写得意趣横生，似贬实褒，表达了诗人对道人那种超世脱俗、闲适自在生活的向往。

这首诗题为《访朝阳道院》，然对所访提及甚少，全诗皆在写景，在景物中寄寓自己的兴情和志趣。诗中幽深的竹林，叮咚的清泉，贪懒的道士，坠落的松花，汇成一幅幽静恬适的生活图画，语浅而韵秀，风格清新淡远。诗人用的是口头语，写的是眼前景，似无意为之，不刻意求工，然句句有深意，字字有神韵，真可谓"语淡而味终不薄"。境界清幽，超凡脱俗，有虚无空灵之味。明胡应麟曾说："有以高闲、旷逸、清远、高妙为宗旨，六朝则陶，唐则王、孟、常、储、韦、柳。"以此观诗，储氏深得陶王风神。（郭振生）

## 【原文】

# 有　访

未遇幽人又独还<sup>(1)</sup>，贪看落日立溪湾。

隔溪几处炊烟动，遮断寒林数叠山。

## 【毛泽东圈评等情况】

毛泽东读清沈德潜编选《清诗别裁集》卷二十四时圈阅了此诗。

[参考] 张贻玖：《毛泽东评点、圈阅的中国古典诗词》，

中国工人出版社 1992 年版，第 263 页。

## 【注释】

（1）幽人，幽隐之人，隐士。《易·履》："履道坦坦，幽人贞吉。"孔颖达疏："幽人贞吉者，既无险艰，故在幽隐之人守正得吉。"

## 【赏析】

储雄文之诗，颇有陶潜、王维之遗风遗绪，七言绝句《有访》即其一例。

首句起笔点事，诗人访幽未遇，一个人走在返家的路上。"又"字可有两解：其一，一人往，"又"一人返；其二，上次未遇，今"又"如前。似不能也不必强取其一，说他一人多次造访岂不更好？这一笔简洁，利索，凝练。几次访幽的经过都包孕在这一笔之中，给人留下了广阔的想象空间。我们可以用贾岛《寻隐者不遇》这首诗来注解此句：草庐前，古松下，客童问答；极目远望，云雾缭绕的群山，哪里去寻隐者的身影，一股怅惘之情顿时弥漫开来。而在本句中，着一"又"字，就把诗人这种懊丧、惆怅的心情刻画出来了。

第二句中，描写了"落日"这一意象。古典诗词里，常以落日象征韶光易逝，往往勾起诗人深深的离愁别意和岁月蹉跎的凄伤感慨。"浮云游子意，落日故人情。"（唐李白《送友人》）"夕阳无限好，只是近黄昏。"（唐李商隐《登乐游原》）以暮霭落日作为背景，渲染气氛，造成凄婉感伤的氛围和迷离黯然的艺术效果。诗人出身书香门第，"少操笔属时文，甚莫异"，又高中康熙进士，想来必有勃勃雄心。然以"耽为诗"，"赏奇于老宿"之举观之，似乎仕途蹭蹬，不为世容，其郁塞忧愤之心境可以想见。故而出入山刹，遨游竹林，寻幽访道，排遣苦闷，陶冶性情，却屡访不遇，正独自懊丧，这时四起的暮霭里，一轮红日哀哀欲坠，怎不令诗人触景生情，黯然神伤！韶华殒流，壮志难酬，何堪回首！秋意萧索，暮色苍茫，难道自己就是那欲坠的落日吗？诗人的感情由懊丧、怅惘一变而为凄凉、忧伤、沉重。诗人把自己内心受客观景物触发的复杂情感不露形迹地轻轻以"贪"字点出，具有含蓄蕴藉的艺术感染力。粗心的读者还以为诗人是陶醉于夕照美景而流连忘返呢！

残阳慢慢坠入群山之中，暮色加重，小溪对岸不远的低空几处炊烟缓缓涌动，弥漫扩散。极目远望，郁郁苍苍的秋林、重重叠叠的群山若隐若现，似有似无。"隔溪几处炊烟动"这一笔犹神龙掉尾，此语一出，全诗皆活。其一，它造成了极强的立体层次感：溪流、炊烟、寒林、远山，由近到远，又清晰而朦胧，层次分明。其二，日落烟起，升降相映，加剧动感，使所有的景物顿得灵性。句中的"断""寒"二字，是为写诗人心境而设的。其实炊烟哪里就遮断了林山，是在提醒读者，诗人此时所思所念乃在寒林群山之外的尘世凡间；至于"寒"字，与其说林寒，倒不如说心寒来得直截了当。诗人写景绝不为写景而写景，写景乃在寄情。至此，诗人的愁绪深到极点，也重到极点，诗人自己则早已消融在寒秋的暮色里。

情景交融、意境浑然是这首诗的显著特点。通观全篇，似乎句句写景，其实字字言情。景物描写清新自然，轻描淡写中蕴藉着诗人深沉浓烈的情感。王夫之说："情、景名为二，而实不可离。神于诗者，妙合无垠。巧者则有情中景，景中情。"《有访》堪称写"景中情"的佳作。（郭振生）

# 汤　准

汤准（1671—1735），字稚平，号介亭，河南睢州（今河南睢县）人。清代诗人。诗不求工，而陶冶性灵，自足天趣。研究性命宗旨，务实践，不立讲学名。清世宗雍正初奉诏举贤良方正，不就。辟临漪园，读书其中。有《临漪园类稿》。

## 【原文】

### 桃　源

柴桑便是羲皇世[(1)]，智慧相忘息众喧。

能使此心无魏晋，寰中处处是桃源[(2)]。

## 【毛泽东圈评等情况】

毛泽东读清沈德潜编选《清诗别裁集》卷二十五时圈阅了此诗。

[参考] 张贻玖：《毛泽东评点、圈阅的中国古典诗词》，中国工人出版社 1992 年版，第 265 页。

## 【注释】

（1）柴桑，古县名。西汉置，因柴桑山得名，在今江西九江西南，陶潜的家乡。羲皇世，上古伏羲氏的时代。陶潜《与子俨等疏》中说："尝言五六月中北窗下卧，遇凉风暂至，自谓是羲皇上人。"

（2）寰中，宇内，天下。晋孙绰《喻道论》："焉复睹夫方外之妙趣、寰中之玄照乎？"

## 【赏析】

东晋的伟大诗人陶潜写有《桃花源诗并记》，以其思想和艺术的卓越成就而脍炙人口，腾播中外。千百年来，人们对"世外桃源"这一自然淳朴的境界都十分向往。其实，这种"世外桃源"是不存在的。陶潜写《桃花源诗并记》的本意，是借有关桃花源的传闻，以写他对刘裕篡晋称帝的不满。他将刘裕比作秦始皇，设想刘裕如果像秦始皇那样焚书坑儒的话，他将率领妻子邑人到附近的山中去避难，"桃花源"便是他设想的一个避难之地。

对于陶潜的《桃花源诗并记》，历代文人各有自己不同的见解。汤准的七言绝句《桃源》，则又另辟蹊径，独出心裁。

首句"柴桑便是羲皇世"，出语不凡，却又是从平淡中化出。柴桑，指陶潜的家乡，在今江西九江西南。羲皇世，即传说中的上古时代。羲皇，即伏羲氏。陶潜《与子俨等疏》云："尝言五六月中北窗下卧，遇凉风暂至，自谓是羲皇上人。"诗的首句系从陶潜的平常语中化出，但一经点化便十分警策，意思是：陶潜自谓是羲皇上人，那么，他所处的柴桑便是羲皇之世了。这一句写得十分巧妙。诗题为《桃源》，似乎首句与桃源无关，实际上却是紧扣题目来写的。所谓世外桃源之人，当是脱离当时现实社会（晋朝）之人（秦朝人），而陶潜为羲皇上人，则更是世外桃源之人了。所以，这一句所蕴含的深意是："柴桑"便是世外桃源，陶潜便是世外羲皇时代的桃源之人。

次句"智慧相忘息众喧"，紧承首句，进一步作以补充说明：这里的人们也如桃源中人一样，忘掉了智慧，止息了尘世的喧嚣。《桃花源诗并记》："草荣识节和，木衰知风厉。虽无纪历志，四时自成岁。怡然有余乐，于何劳智慧！"在陶潜笔下的柴桑亦复如此。如《酬刘柴桑》诗云："穷居寡人用，时忘四运周。门庭多落叶，慨然已知秋。"这一句抓住桃源"智慧相忘"和"息众喧"两个基本特点来写，划清了"世外桃源"与现实社会"淳薄既异源"的界限，发人深省。

三、四句"能使此心无魏晋，寰中处处是桃源"，承上接转，落笔眼前。意思是说，假如我们现在每个人都能像桃花源中人那样，"智慧相忘"、止"息众喧"且"无论魏晋"（忘掉现实社会）的话，那么天下处处都可以成为桃源了。"无魏晋"，语出《桃花源诗并记》："自云先世避秦时乱，率妻子邑人来此绝境，不复出焉，遂与外人间隔。问今是何世，乃不知有汉，无论魏晋。"这二句是全诗的警句，出语清新而又饶富哲理。沈德潜对这二句尤为欣赏，不仅在旁边加圈，而且于诗下评赞云："靖节含意未申，此申言之。"

　　古人读书，有形读、神读之分。形读者，死读书也。死泥诗文字句，拘泥于形似，此即形读者。神读者，即活读书也。在读懂字句的基础上唯求神似，不在字句上盘桓不休。汤准读陶潜的《桃花源诗并记》，用的便是神读法。他认为，虽然天下不一定处处都有桃花，其地域特点也不一定都像桃花源，但只有人们抛弃现今社会的智慧相争、名利喧嚣，都像桃花源中人那样淳朴厚道，那么普天下便处处都是桃花源了。意新词新，能给人以新的启迪和美的愉悦。（王元明　王雅晴）

# 冯嗣京

冯嗣京，字留士，浙江桐乡（今浙江桐乡）人。生卒年月不详。清代诗人。贡生，官长兴县学训导。

## 【原文】

### 上韩慕庐学士

门分洛蜀路多歧<sup>(1)</sup>，中立如公总不移。

进退每关天下事，襟期独有圣明知<sup>(2)</sup>。

后堂长蓄公田酿<sup>(3)</sup>，外国争求贺雨诗<sup>(4)</sup>。

莫漫抒辞颂功德<sup>(5)</sup>，即论风雅亦吾师<sup>(6)</sup>。

## 【毛泽东圈评等情况】

毛泽东读清沈德潜编选《清诗别裁集》卷二十九时圈阅了此诗。

[参考] 张贻玖：《毛泽东评点、圈阅的中国古典诗词》，中国工人出版社1992年版，第265页。

## 【注释】

（1）洛蜀，宋哲宗元祐年间，反对王安石变法的旧党领袖司马光死后，旧党分裂为三派。其中，洛党多为洛阳人，有程颐、朱光庭等；蜀党多为四川人，有苏轼兄弟、吕陶等；朔党多为河北人，势力最大。诗人借指朝中党派门户之争。

（2）襟期，怀抱，志趣。北齐高澄《与侯景书》："缱绻襟期，绸缪素分。"

（3）公田酿，《晋书·陶潜传》：陶潜为彭泽令时，"在县公田悉令吏种秫谷，曰：'令吾常醉于酒足矣。'"

（4）《贺雨》诗，是唐代白居易所作讽喻诗的代表作之一。苏轼称其"贺雨诗成即谏书"。明人徐继儒说："白居易讽刺集，契丹主亲以本国字译出，诏番臣读之。"当时白居易的诗还流入新罗、日本、越南等国。新罗（鸡林）宰相甚至以百金换白诗一首。

（5）此句意谓：不要认为我随意地写诗称颂韩公的功德。

（6）"即论风雅"句，语出杜甫《戏为六绝句》之六："别裁伪体亲风雅，转益多师是汝师。"

## 【赏析】

诗题《上韩慕庐学士》。韩慕庐，即韩菼（tǎn），字少元，号慕庐，亦号怀堂，江南长洲（今江苏苏州）人，清圣祖康熙癸丑（1673）赐进士第一，官至礼部尚书，补谥文懿，著有《怀堂集》。沈德潜云："时文懿公中立不倚，故诗家以此为赠言。"匠门先生（张大受）《慕庐先生还朝》与此诗旨趣略同，彼此可相互参照，藉以揆知慕庐先生忠贞之节。匠门先生诗云：

> 交无洛蜀本和衷，雅量分明司马同。
> 常以文章推后辈，久将政事托群公。
> 委蛇晏退裘应敝，狼藉髡留盏莫空。
> 出处古来云变化，芳馨谁播史书中？

据归愚老人（沈德潜）云，韩公得匠门诗后，曾答以绝句，其中有"吟到交无洛蜀句，千秋牙旷赏音孤"之句。沈公评曰："公中朝子立，不随党同，诗能得其素心也。三、四亦惟公足当斯语。"冯氏所咏，与匠门赠诗灵犀相通，珠联璧合。

这是一首七言律诗。"门分洛蜀路多歧，中立如公总不移。"首联由朝廷宗派林立的混乱状况，言及韩公持平中立，"不随党同"，"与匠门先生暗合"（沈德潜语），由衷赞佩韩菼的清正平和，坚持操守。洛蜀，即北宋中期政坛上的洛党和蜀党。洛党以程颐、程颢为首领，蜀党以苏轼等为中坚。两派政见不合，互相攻讦，关系颇为紧张。此处以"洛蜀"影射康熙朝廷大臣之间错综复杂的宗派斗争。朝廷上派系林立，内耗严重，韩公砥柱中流，持正不移，十分难得。

"进退每关天下事，襟期独有圣明知。"颔联语意与匠门诗句"常以文章推后辈，久将政事托群公"互相生发印证，称颂韩公无论穷达升沉，总不忘国事，诚所谓"居庙堂之高，则忧其民；处江湖之远，则忧其君"（范仲淹《岳阳楼记》）。这种坦荡的胸怀，高尚的节操，唯有英明的君主能充分理解并推重。襟期，胸怀，抱负，志愿。圣明，指英明的君主。

"后堂长蓄公田酿，外国争求贺雨诗。"颈联紧承颔联，承中作转，以仰慕赞叹的口吻展示慕庐学士的进退出处之节。"后堂"句暗用陶渊明任彭泽令期间，"公田悉令吏种秫谷"，以便酿酒之典，说韩公不以黜陟为意，胸襟豁达，饮酒赋诗，时有佳构，风行朝野，以致如对句所云"外国争求贺雨诗"。

"莫漫抒辞颂功德，即论风雅亦吾师。"尾联称颂韩公道德文章，慨然引以为师。漫，随意，任意，此处有自辩意。两句大意是说：莫要刻薄地嘲笑我写诗称颂韩公功业道德，仅就风流儒雅，吟诗著文而论，先生亦堪称一代宗师。倘若这位慕庐学士果如开元贤相张九龄那样"所不卖公器，动为苍生谋"（王维语），冯氏所颂实有弘扬君子风范、矫正官场颓风之效，韩公情操雅量"足当斯语"。（张大新）

# 熊良巩

熊良巩，字弼士，江南潜山（今安徽潜山）人。生卒年不详。诸生。

## 【原文】

### 客邸思归

静听木叶下西风，灯影昏昏照病容。

滴碎愁心秋夜雨<sup>(1)</sup>，敲残客梦寺楼钟<sup>(2)</sup>。

衡阳雁断三千里<sup>(3)</sup>，巫峡猿啼十二峰<sup>(4)</sup>。

我久欲归归未得，云山叠叠水重重。

## 【毛泽东圈评等情况】

毛泽东读清沈德潜编选《清诗别裁集》卷二十八时圈阅了此诗。

[参考] 张贻玖：《毛泽东评点、圈阅的中国古典诗词》，

中国工人出版社 1992 年版，第 265 页。

## 【注释】

（1）"滴碎"句，化用宋李清照《声声慢》"梧桐更兼细雨，到黄昏，点点滴滴"词意。

（2）寺楼钟，佛寺钟楼的钟声。寺，佛教庙宇之称，亦指祠堂或其他宗教派礼拜、讲经之所。

（3）"衡阳雁断"句，衡阳有回雁峰，传说雁至此峰不过，因以"衡阳雁断"比喻音信隔绝。衡阳，即今湖南衡阳。

（4）巫峡，长江三峡之一，西起重庆巫山大溪，东至湖北巴东官渡口，因巫山得名。两岸绝壁，船行极险。巫山之上，群峰叠起，其著者有

十二峰，峰名说法不一。据宋祝穆《方舆胜览》载，十二峰为望霞、翠屏、朝云、松峦、集仙、聚鹤、净坛、上升、起云、飞凤、登龙、圣泉。

## 【赏析】

这是一首抒写羁旅愁思的七律。诗人游学他乡，孤寂无依，加以久困场屋，功名无望，更感抛妻别亲、世路坎坷之悲哀。又值秋风夜雨，耳听霖雨疏钟，客梦未成，乡思郁积，铸愁为诗，读来倍觉凄清。客邸，即旅馆。

首联"静听木叶下西风，灯影昏昏照病容。"寒风萧萧，灯影昏昏，诗人拥衾独卧，长夜难眠。破题着一"静"字，括尽客舍沉寂、夜深不寐之情状，萧萧西风吹落枯叶的细微声响，更衬出寒夜之清冷滞闷。昏黄的灯影，映照着诗人消瘦清癯的面庞，似乎在谛听着病体恹恹的书生心灵的震颤。

颔联"滴碎愁心秋夜雨，敲残客梦寺楼钟。"不知从何时起，淅淅沥沥的夜雨敲打着蓬窗荒阶，点点滴滴，如鞭如箭，滴碎了旅人脆弱的愁心；冷雨敲窗，心摧神伤，睡眼朦胧，魂驰梦绕，乡思悠悠，突然传来的佛堂钟声，打破了夜的沉寂，也敲碎了诗人如痴如醉的离思归梦，本已凄苦缭乱的心绪不啻于火上加油，怨痛淋漓，不能自已。

"衡阳雁断三千里，巫峡猿啼十二峰。"颈联由颔联直贯而来，绾合"愁心""客梦"，向读者披露隐微的心曲。衡阳雁断，喻指与亲人音信阻隔。元高明《琵琶记·官邸忧思》："湘浦鱼沉，衡阳雁断，音书要寄无方便。"久离故园，音书不通，客居他乡，心意悬悬，忧思成疹，全以"雁断三千里"涵盖净尽。"巫峡"句暗用巫山神女之典，由泛泛的思亲之情归结为对独守闺房的妻室的惦念与相思。猿啼于巫山十二峰，犹言诗人洒泪于异乡客邸矣。

"我久欲归归未得，云山叠叠水重重。"尾联具结全诗主旨：客中思归，功业未就，行箧转空，山障水隔，徒生悲叹。明清两代，朝廷以八股取士，致使多少书生士子离乡背井，滞留客舍，皓首穷经，断送了青春年华啊！读熊生客邸思归之诗，于此睿状可见一斑。（张大新）

# 吴瞻泰

吴瞻泰（1657—1735），字东岩，江南歙县（今属安徽歙县）人。生卒年月不详。诸生。少留心经术，思为世用，十五入省闱，终不遇，乃邀游齐、鲁、燕、冀及江、汉、吴、楚、闽、越、交，诗品日高，所著有《汇注陶诗》《杜诗提要》等书。

## 【原文】

### 送洪去芜入黄山度岁

怪尔冲寒入杳冥，一筇万里破空青。
雷奔石底晴看雨[1]，人在空中夜摘星。
喜就湿泉除宿垢[2]，懒将仙荚问山灵[3]。
鼎湖龙去留丹灶[4]，元日朝参紫玉屏[5]。

## 【毛泽东圈评等情况】

毛泽东读清沈德潜编选《清诗别裁集》卷二十六时圈阅了此诗。

[参考] 张贻玖：《毛泽东评点、圈阅的中国古典诗词》，
中国工人出版社 1992 年版，第 265 页。

## 【注释】

（1）晴看雨，黄山有人字瀑（又名飞雨泉），于百丈危岩上走壁下泻，成"人"字形飞瀑，声震如雷。

（2）温泉，黄山有温泉曰汤池（古称朱砂泉），在紫云峰下。

（3）仙荚，带荚壳的野果，泛指山间野果。山灵，山神。《文选·班固〈东都赋〉》："山灵护野，属御方神。"李善注："山灵，山神也。"

（4）鼎湖，地名，传说黄帝铸鼎荆山下，鼎成，有龙迎黄帝上天，因名其处为鼎湖，见《史记·封禅书》。这里指代黄帝。丹灶，黄山有炼丹峰，相传浮丘公为黄帝炼丹于此。峰上石室内有炼丹灶。

（5）紫玉屏，即玉屏峰，前有供奉文殊菩萨的文殊院。谣云："不到文殊院，不见黄山面。"

## 【赏析】

诗题《送洪去芜入黄山度岁》洪去芜，即洪嘉植，以字行，东岩先生同里好友，亦江南歙县（今属安徽歙县）人。生平履历不详。这首七律，为送别友人赴黄山度岁而作，由友人之拟作黄山之行写起，以虚拟之笔，铺写其千里跋涉、攀登绝壁、采撷野果、温泉洗浴，以及访道炼丹等山中情事，虚中有实，意在言外，颇能引人入胜。

"怪尔冲寒入杳冥，一筇万里破空青。"首联即点出去芜离乡远游之举，惊异赞叹之情溢于言表。送别之作，全然抛开依依惜别之陈套，起句即切入朋友豪壮之举，预骋奇思，以壮行色，别具风韵。怪尔，即对友人欲赴黄山度岁之举表示赞叹、惊异。怪，惊奇称羡之意。冲寒，冲犯严寒，犹言冒着严寒。杳冥，指极为高远之处。杳，幽暗，深远。冥，昏暗、高远、幽深。筇，本意为竹，此处指竹杖。空青，本意指苍青色的天空，此处应系借指耸入云霄的黄山诸峰。破，突破，冲开。首联两句意谓：听说你打算冒着严寒，千里迢迢，远游黄山，我十分惊奇，佩服你的毅力和胆识；一把竹杖将陪伴你登山涉水，远行万里，打破那耸入云霄的黄山的寂静，这是何等豪壮之举啊！

"雷奔石底晴看雨，人在空中夜摘星。"颔联驰骋想象，揣想友人攀登黄山的奇情异趣。雷奔石底，极言黄山群峰之高峻入云，兼带渲染峰峦之间万壑争流、涛声如雷之壮观景象。晴看雨，摹绘黄山上忽晴忽雨、晦明变换的奇观。"人在空中夜摘星"，设想奇特，夸张大胆，给人以亲临其境之直感。归愚老人（沈德潜）评曰："空中摘星，登黄山时真有此景！"

"喜就湿泉除宿垢，懒将仙荚问山灵。"颈联承中作转，继续构拟友人漫游黄山的惬情雅意：兴致所至，或到温泉洗浴，冲去满身积垢，或缘径探奇，随意采摘各类野果，勿需动问山中神灵。诗人把友人黄山之行设想得传神入微，情新意得，赞佩向往之意洋溢在字里行间。

"鼎湖龙去留丹灶，元日朝参紫玉屏。"尾联点出友人黄山度岁题旨，称誉其遗落世事，寻仙访道之超旷狷介品格。鼎湖，据古代传说，黄帝铸鼎于荆山下，鼎成，有龙垂胡髯迎黄帝上天。后世因名其处曰鼎湖。两汉以来，鼎湖逐渐演化为帝王死亡之典。丹灶，道士炼丹的灶。元日，正月初一。紫玉屏，借指道观醮坛。紫玉，祥瑞之物。《宋书·符瑞志》："王者不藏金玉，则黄银紫玉，先见深山。"结尾两句大意是说：得道帝王挟飞仙而去，鼎湖炼丹之灶尚在，大年初一，去芜先生想必要到黄山道观朝拜元始天尊了吧？卒章揭出题旨，回应全篇，友人之仙风道骨，清高之志，依稀可见。归愚老人慨然评曰："度岁只末一点，自高。"（张大新）

## 【原文】

# 过虎村上芙蓉岭

山深异气候，四月正流澌[1]。

冰有夏虫识[2]，花无春鸟知。

村寒烟不起，径险杖难支。

一线开天窦[3]，芙蓉更擅奇。

## 【毛泽东圈评等情况】

毛泽东读清沈德潜编选《清诗别裁集》卷二十六时圈阅了此诗。

[参考]张贻玖：《毛泽东评点、圈阅的中国古典诗词》，
中国工人出版社1992年版，第265页。

## 【注释】

（1）流澌，江河解冻时流动的冰块。《楚辞·九歌·河伯》："与女游兮河之渚，流澌纷兮将来下。"王逸注："流澌，解冰也。"

（2）夏虫，夏天的昆虫。春生夏死，或夏生秋死的昆虫，没见过冬

天的冰雪。语本《庄子·秋水》："夏虫不可以语于冰者，笃于时也。"这里是说夏虫在此高山峡谷中能见到流冰。

（3）开天窦，指芙蓉洞。窦，孔穴，洞。

## 【赏析】

这首五律当是诗人游览故乡山水的即兴之作。明东岩先生（夏尚朴）"少留心经术，思为世用"，而"入省闱十五，终不遇"，遂绝意仕进，徜徉于江南山水之间。登临探赏之次，辄有题咏。佳作渐伙，且"诗品日高"，而夙志沉埋、身世飘零的凄凉悲郁亦时时流露于笔端，致使其笔下的山水风物亦往往着上冷落衰飒的色调。这首《过虎村上芙蓉岭》与宋欧阳永叔谪居夷陵时所题"春风疑不到天涯，二月山城未见花"（《戏答元珍》）之诗可说是异代共鸣之作。

"山深异气候，四月正流澌。"首联点出时令，概括写出深山迥异于水乡和平原的特异气象：跋涉在群山深处，时时感到周围的景物气候迥异于山外，四月间，山外已是草木繁茂的孟夏了，而这里的山溪才刚刚解冻，溪流中漂浮着块块流冰。"四月正流澌"，足以显示"山深异气候"，前后相承，互为表里，令人耳目一新。归愚老人称此二句："犹是'即今河畔冰开日，正是长安花落时'意，一经锤炼，更觉遒警。"

"冰有夏虫识，花无春鸟知。"颔联由"四月正流澌"蝉联而下，与起句"山深异气候"遥相呼应。夏虫，即春生夏死或夏生秋死一类的昆虫，正庄周所谓"惠蛄不知春秋"是也。两句大意是说：夏生而秋死的昆虫，有幸在深山中见到并能识别寒冰；而开在溪谷中的夏令鲜花，就不为惯于识别各类春日芳花的禽鸟所知了。言外之意在于：这迟到夏日才绽开蓓蕾的野花，本宜在春天开放，但因其植根于深山老林，花开时已届夏日，就不易为春鸟所知了。

"村寒烟不起，径险杖难支。"颈联由登山所见景物的感叹转为对山中萧条险峻环境的切身体验：日近正午，四周的山村仍不见炊烟升起；攀登在陡峭的山道上，手中的竹杖几乎难于支撑立足不稳的身躯。寒烟不起，一因深山人烟稀少，二因天寒人起迟，三因气寒烟不升。山中之荒凉冷落，侵入骨髓。"径险杖难支"，足见山势之陡峭，行人之稀少，也突出了诗人不畏艰险，涉奇探异的个性特征。

"一线开天窦，芙蓉更擅奇。"尾联两句，一扫阴郁寒峭之气，情以物迁，豁然显畅，意绪开朗。天窦，即天窗。窦，孔穴。"一线开天窦"，意即悬崖峭壁之间豁然出现一线天光。"芙蓉"，即木芙蓉，一名木莲。"擅奇"，意即迥然称奇。擅，专，独，此处有一花独秀之意。诗人拄着竹杖，攀登在晦冥陡峭的山间仄径上，眼前突然闪现出一片鲜艳夺目的木莲花，那心境该是何等畅快啊！深山的寒峭，心情的郁闷，顿然如烟消云散，全部身心顷刻之间沉浸于发现木莲怒放的胜景之中，真是不虚此行！

（张大新）

# 俞 荔

俞荔，字硕卿，福建莆田（今福建莆田）人。清代诗人。清世宗雍正甲辰（1724）进士，官长宁知县。因为官清正而得罪上司，落职回乡后，筑迁溪草堂以闭门自守。

## 【原文】

### 迁溪草堂初成

何妨环堵即为官[1]，适趣依稀栗里同[2]。

不速到门惟夜月[3]，无私惠我有春风。

是非难染溪边石，得失奚关塞上翁[4]。

闭户领来清净福，却忘身在万山中。

## 【毛泽东圈评等情况】

毛泽东读清沈德潜编选《清诗别裁集》卷二十七时圈阅了此诗。

[参考]张贻玖：《毛泽东评点、圈阅的中国古典诗词》，中国工人出版社1992年版，第265页。

## 【注释】

（1）环堵，四周环着每面一方丈的土墙，形容狭小、简陋的居室。《礼记·儒行》："儒者有一亩之宫，环堵之室。"郑玄注："环堵，面一堵也。五版为堵，五堵为雉。"《淮南子·道应训》："环堵之室，茨之以生茅，蓬户瓮牖，揉桑为枢。"高诱注："堵长一丈，高一丈，故曰环堵，言其小也。"

（2）栗里，在今江西星子西黄龙山北麓陶村西南，陶渊明隐居处。

（3）不速，不受邀请而突然来临。

（4）此句用"塞翁失马"传说。奚关，何关。

**【赏析】**

俞荔做长宁知县时，因居官清正得罪上司而落职到家，于是筑迁溪草堂，杜门自守，隐居故里。草堂初成，俞荔借此写诗，抒发对世俗官场的愤慨之情，表白自己遁世退隐之志。

这是一首七言律诗。首联起笔交代草堂建成及建堂意旨：与世隔绝，超越是非纠纷，像陶渊明那样过一世适性超逸、洁身自好的隐居生活。这一联连用两典：一为"环堵"，一为"栗里"。"环堵"字面意思为"四周土墙"，这里喻超脱是非的空虚之境。《庄子·齐物论》："枢始得其环中，以应无穷。"庄子认识到是非反复无穷，谓之环；既以是非为环，环中即无是无非之境。东晋陶渊明在《五柳先生传》中曾用此典："环堵萧然，不蔽风日，短褐穿结，箪瓢屡空，晏如是也。"栗里，是陶渊明曾经居住过的地方。白居易《访陶公旧宅》有"柴桑古村落，栗里旧山川"之句。诗人用此典以草堂比栗里，以陶公自况。这一联颇有傲然不逊之气。

颔联紧承首联，写隐居草堂的情趣。诗人以夜月为客，与春风交友，一方面写自己亲近自然的闲适清淡心境，另一方面表白诗人羞于与世俗势利之徒为伍。在诗人看来，这世间只有恬静皎洁的夜月仰慕自己的正直高尚，不请而至；只有春风无私，把缕缕清凉吹进人们的心田。清寂的深夜，诗人独坐堂下，看月移影动，沐杨柳春风，似闲适平静，实际意绪难平。

颈联以议论进一步写自己的超脱。是非的浊流冲击着溪石，溪石不但不为所污，反而越加洁白滑美。诗人就如同溪石，出污浊而不染，保持了高洁的节操。"得失"一句恐怕不是用"塞翁失马"的本义。这里的"得失"，不指个人得失，而是政事得失。诗人以清正罢官，郁气难平，此句为愤慨之语。这一联意在表白超脱，却暴露了难以超脱的心理。

尾联作结。诗人愤然闭户，决心过一世清净生活。以"万山"衬草堂，愈见狭小，补充交代草堂环境。"却忘"二字，理解为"难忘"更符合诗人心理。真正忘世的隐士，根本就不存在。陶渊明可算大隐士了，而他始终不曾忘怀时事抱负。这位硕卿县令在忘世这一点上比陶公差远了，他连适性的幌子也没有。他的归隐，只是一位正直倔强的小吏无路可走，使性子闹脾气而已。他的心思根本不在方丈草堂之内，而在万山群峰之外。

全诗似乎全在写草堂内诗人隐居的志趣、超脱的胸怀，对作为草堂对立面的时世无一涉及，而实际上处处影射。诗人对社会深恶痛绝，愤慨已极，我们从诗中可以看见他余怒未消、恨恨不已的怒容。这种以实见虚、文外生意的笔法省减了笔墨，使诗歌获得含蓄的艺术魅力，赋予诗歌以社会批判的意义。（郭振生）

# 刘廷玑

刘廷玑（1644—？），字玉衡，号在园，辽阳（今辽宁辽阳）人。清代诗人。康熙间由荫生官至江西按察使，后降江南淮徐道。有《葛庄诗抄》《在园杂记》。

## 【原文】

### 班竹岭早发

鸡鸣催客起，带梦走江乡<sup>(1)</sup>。

竹似嫌人俗，山应笑我忙。

两溪分燕尾<sup>(2)</sup>，一径转羊肠<sup>(3)</sup>。

不是勤民事，何缘破晓霜？

## 【毛泽东圈评等情况】

毛泽东读清沈德潜编选《清诗别裁集》卷二十七时圈阅了此诗。

[参考] 张贻玖：《毛泽东评点、圈阅的中国古典诗词》，中国工人出版社 1992 年版，第 263 页。

## 【注释】

（1）江乡，多江河的地方，多指江南水乡。唐孟浩然《晚春卧病寄张八》："念我生平好，江乡远从政。"

（2）此句化用宋人夏竦诗句"溪流燕尾分"（宋魏泰《东轩笔录》卷二）。燕尾，燕子的尾羽。燕尾分叉像剪刀，因用以摹状末端分叉的东西。

（3）羊肠，喻指狭窄曲折的小路。

（4）何缘，何故。缘，缘故，理由。

**【赏析】**

这是一首七言律诗，表现了作者的"勤民"之志，诗中借叙写诗人早起奔波于旅途之事，再现了一个正直的官吏不辞辛苦的勤政形象。

首联紧扣诗题中"早发"二字，"鸡鸣""带梦"，极见其"早"。一个"起"字，一个"走"字，关合"出发"的"发"字。"鸡鸣催客起，带梦走江乡"两句一气贯注，刻画出诗人"早发"时的情景。

"竹似嫌人俗，山应笑我忙"，颔联用语浅显，对仗却工整，诗中运用反语，写山林对自己的误解："竹"乃文人喜爱之物，常用来比喻文人的节操。诗人晨起奔波于仕途，难怪"竹"嫌其世故，"山"笑其热衷于名利，待到篇末点题，此处跌宕情趣毕现，乃是诗人自赞，表现出诗人对民生之关注和救世之热忱。

"两溪分燕尾，一径转羊肠。"颈联写景，叙写凌晨诗人行途之所见，写景如画，从中透出行旅之艰辛，"羊肠"小道，溪水清冷，其写景正是为尾联的议论点题做铺垫。

"不是勤民事，何缘破晓霜？"尾联中一个"破"字，极见锻炼功夫。诗人篇末奏雅，点明自己"早发"的原因，原来是诗人勤于王事，要为民分忧，这才奔波于道路。有此联作结，全诗顿生光辉，前面所写行旅羁思和山林对自己的误解一扫而空，格调忽作凤鸣之声，抒写了诗人慷慨激昂的志向。（曾广开）

**【原文】**

# 晚投村庄

白草荒烟淡<sup>(1)</sup>，苍山古道斜<sup>(2)</sup>。

雁将天作路，雀以树为家。

日暮樵歌返<sup>(3)</sup>，秋成社鼓挝<sup>(4)</sup>。

村民性淳朴，留客话桑麻<sup>(5)</sup>。

## 【毛泽东圈评等情况】

毛泽东读清沈德潜编选《清诗别裁集》卷二十七时圈阅了此诗。

[参考] 张贻玖:《毛泽东评点、圈阅的中国古典诗词》,

中国工人出版社 1992 年版,第 263 页。

## 【注释】

(1)白草,草名。唐元稹《纪怀赠李六户曹》:"白草堂檐短,黄梅雨气蒸。"亦指牧草,干熟时呈白色,故名。

(2)苍山,灰白的山。苍,灰白色。唐杜甫《洗兵马》:"张公一生江海客,身长九尺须眉苍。"

(3)樵歌,樵夫唱的歌。

(4)秋季收获后,敲鼓祭祀土神。社,祭祀土神的庙宇。立秋后第五个戊日,作为祭祀土神的日子,称为秋社。挝,敲击。

(5)留客句,晋陶潜《归园田居》之二:"相见无杂言,但道桑麻长。"唐孟浩然《过故人庄》:"开轩面场圃,把酒话桑麻。"

## 【赏析】

这是一首饶有生活情趣的小诗,为五言律。诗人游宦在外,奔走行旅,故多有旅思篇什,但此诗所述,一派熙熙荣荣的欢乐情景,犹如一曲和睦幽雅的田园牧歌。

"白草荒烟淡,苍山古道斜。"首联写景,描叙诗人行旅所见。"白草"二字,点明节候。草经霜而白,天至秋而降霜,此时原野苍莽,烟荒云淡,人行走在"苍山古道"之中,难免情绪低落,有羁思旅愁产生。

"雁将天作路,雀以树为家。"颔联诗人写眼前所见之景,景中有情,意境阔大。诗人本有些行旅之愁,无可排遣,抬头望去,但见雁雀忙碌。雁飞在天,由北至南,翱翔千里,诗人以此来比喻自己,远行在外,有鸿鹄之志,故旅愁已为壮志所消。又见雀跃树间,日暮而归,则是紧扣诗题中的"晚"字,诗人感叹自己漂泊在外,日暮天晚,确是该找一个栖歇的地方。

颈联笔锋一转，诗人描绘了所投村庄的情景，暮霭之中，樵夫伴歌归来，而村中恰逢社日，一片欢乐景象。尤为感人之处，是此地民风之"淳朴"，尾联"留客话桑麻"一句，化用唐人孟浩然《过故人庄》"把酒话桑麻"之诗意，写出"村民"与客人相得之情。

细观全诗，语言朴素清新，写情真切深婉，确有王孟田园诗之风韵，诗人能以描写行旅的题材来表现恬淡闲适之心境，足见其艺术表现力之成熟。（曾广开）

# 蒋锡震

蒋锡震（1662—1739），字契（岂）潜，宜兴（今江苏宜兴）人。清圣祖康熙进士，官编修。工诗，有《清溪诗偶存》。

**【原文】**

## 梅 花

竹屋围深雪，林间无路通。

暗香留不住[(1)]，多事是春风[(2)]。

**【毛泽东圈评等情况】**

毛泽东读清沈德潜编选《清诗别裁集》卷二十七时圈阅了此诗。

[参考] 张贻玖：《毛泽东评点、圈阅的中国古典诗词》，

中国工人出版社1992年版，第265页。

**【注释】**

（1）暗香，幽香。宋林逋《山园小梅》之一："疏影横斜水清浅，暗香浮动月黄昏。"后遂以"暗香疏影"为梅花的代称。

（2）多事，做多余的事，做不应该做的事。李白《春思》："春风不相识，何事入罗帏？"

**【赏析】**

这是一首构思奇巧、命题清雅的小诗，为五言绝句。梅花作为"岁寒三友"之一，历代骚人题咏甚伙。此诗独辟蹊径，略貌取神，别有一番超尘绝俗的韵致。

"竹屋围深雪，林间无路通。"起句看似漫不经心，平淡无奇，稍加品味，便觉淡中有奇，寄意深远。竹屋，乃诗人之所居。居室绕以修竹，隐然可见主人清高脱俗之怀，且以竹为侣，方可引为寒梅之同调。诗人欲颂梅魂，先呈竹心，言在此而意在彼，清气拂面，意脉贯穿，深得命意谋篇之妙，竹屋围以深雪，不只为梅花的凌寒怒放创造气氛，反衬其清高傲岸品格，而且有以竹之青、雪之白衬映梅之洁的渲染烘托之妙用。"林间无路通"，突出雪之大，天之寒，诗人蛰居竹屋之孤独寂寥，也隐约透露诗人本欲踏雪访梅而不得的怅惘之情，为下文之专事颂美梅花的清香高韵造成铺垫和蓄势。

"暗香留不住，多事是春风。"正当诗人为大雪所困，独处竹屋，不胜寂清之际，缕缕幽香悠悠而来，满怀孤绪为之一扫，斗室顿然生春，好不欣然畅快！拂面而来的料峭春风，不啻于是善解人意的春之使者、排忧解愁的"及时雨"。可是，诗人为何对殷勤的"春风"报以怨尤，怪她"多事"呢？细细寻绎，诗人在这句看似无理的诗句背后，倾注的是对流丹溢彩的梅花的无限赞佩与向往之情。诗人为大雪所困，独守清斋，无以为欢。可意儿的春风送来了阵阵梅花的清香，使寂寥的竹屋平添了融融春意，也勾起了诗人寻访梅花的热望。然而，大雪封山，"林间无路"，欲探梅而不得，岂得不"迁怒"于多事的春风，何以在这"深雪"隘路的时候送来梅花的"暗香"，让人徒作踏雪访梅的痴想呢？（张大新）

# 钱中枢

钱中枢，字秋水，江南常熟（今江苏常熟）人。清代诗人。

## 【原文】

## 登白云寺途中即景

日日泥途困客程，穿岩还仗篾兜轻[1]。
人间险阻穷今日，眼底山川冠此生[2]。
黄蝶趁花纷梦影[3]，飞泉落石走雷声[4]。
白云已别吾心在，松柏森森逗晚晴。

## 【毛泽东圈评等情况】

毛泽东读清沈德潜编选《清诗别裁集》卷二十七时圈阅了此诗。

[参考] 张贻玖：《毛泽东评点、圈阅的中国古典诗词》，
中国工人出版社 1992 年版，第 265 页。

## 【注释】

（1）篾（miè）兜，俗叫滑杆。一种把竹椅捆在两根竹竿上，由两人抬着的交通工具。

（2）"眼底"句言平生所见山川之奇美，没有能超过眼下所看到的。

（3）"黄蝶"句用庄周梦蝶典故，黄蝶纷纷追逐于花丛之中谓之"梦影"。趁，追逐，赶。

（4）鼎湖山著名瀑布有八处。飞瀑从三十多米高的峡谷倾泻而下，声如奔雷。

**【赏析】**

这是一首游览佛教名寺白云寺的即景诗，为七言律。中国的白云寺有多处，较著名的有广东肇庆的白云寺和河南辉县的白云寺。肇庆白云寺位于鼎湖山的西南隅，为唐代佛教禅宗六祖慧能的弟子智常所建。河南辉县的白云寺，位于辉县城西太行山麓，亦始建于唐代。作者所游的白云寺，从诗人坐篼兜游山来看，应在南方，或为肇庆白云寺。

首联"日日泥途困客程，穿岩还仗篼兜轻"二句，从登临白云寺写起，十分自然。这二句用对比手法，于平淡中见奇妙。连日以来，作者行走在泥路之中，为客程所困；今日登临白云寺，走的是石路，并由于乘坐了"篼兜"（竹轿），觉得轻松多了。首句写步行"泥途"的沉重，从"困"字传出，用的是暗笔；二句写乘坐"篼兜"的"轻"松，从"轻"字传出，用的是明点。既巧妙地暗点题目"登白云寺"，又用一个"轻"字传神地透露出作者登白云寺的喜悦之情，令人回味无尽。

颔联"人间险阻穷今日，眼底山川冠此生"，紧承首联，写作者登白云寺途中所见之景，并寓情寄意，含蕴深远。山路极为险阻，为作者平生所未经过，但及至登上白云寺后向下眺望，却意外地发现眼底山川之奇美亦为此生所见山川之冠。这两句暗寓了一种哲理：山愈高，路愈险，所观之景亦愈奇美。沈德潜对这二句极为称赏，特加旁圈。毛泽东同志想必也很欣赏这二句。他的"无限风光在险峰"诗句，大概也会受此启迪吧。

颈联"黄蝶趁花纷梦影，飞泉落石走雷声"，应是下山即景。金黄的蝴蝶在花间互相追逐，使作者不由得想起庄生梦蝶的典故，似乎觉得自己也像栩栩然的蝴蝶一样。听着山涧的飞泉声和落石的轰鸣声，犹如疾雷滚动一般惊天动地。这二句，上写观看蝶舞花间的视觉，下写飞泉落石的听觉。一写花鸟，一写山水，相映成趣。

尾联"白云已别吾心在，松柏森森逗晚晴。"写作者已经下山，回首向白云寺告别的情景。"白云"二字，明点题中白云寺。吾心在，写作者人去心在，含眷恋不舍之意。"松柏"句，写松柏绕寺，留住傍晚的一片锦霞。

这首诗的构思及笔法均颇费匠心。诗题《登白云寺途中即景》，自然主要写作者登临白云寺途中所见之景，而不必重点去写白云寺。但题中既有"白云寺"，当然也必须点到。于是，诗的前六句便成了"白云寺"的衬托，即所谓渲染；尾联二句点出"白云"二字，便犹如画龙点睛一般。作者在这首诗中虽然没有具体写白云寺如何，但是人们可以想到：既然作者登临白云寺途中所见之景已如此奇美，那么白云寺里的景观也一定是天下最奇美的景观了。至于说其如何奇美，那便留给读者去想象了。这样的构思和表现手法，显然比正面歌咏白云寺要高明得多。（王元明　王雅晴）

# 张安炫

张安炫，字琴父，浙江乌程（今浙江湖州）人。清代诗人。

## 【原文】

## 送 燕

节届秋分社事忙<sup>(1)</sup>，送君前路入苍茫<sup>(2)</sup>。

年年不作无家别，半在他乡半故乡。

## 【毛泽东圈评等情况】

毛泽东读清沈德潜编选《清诗别裁集》卷二十七时圈阅了此诗。

[参考] 张贻玖：《毛泽东评点、圈阅的中国古典诗词》，

中国工人出版社1992年版，第263页。

## 【注释】

（1）秋分，二十四节气之一，每年在阳历九月二十三日或二十四日。这天南北半球昼夜等长。汉董仲舒《春秋繁露·阴阳出入上下》："至于仲秋之月，阳在正西，阴在正东，谓之秋分，阴阳相半也，故昼夜均而寒暑平。"社事，指秋社。立秋后第五个戊日为秋社，祭祀社神，其时适在秋分前后。

（2）送君，送别燕子。燕子在春社时飞来，秋社时飞走。苍茫，广阔无边之状。

## 【赏析】

秋分时节，广大乡村举行庆祝、祭神等隆重而热烈的民间活动，感谢神灵相佑，得以风调雨顺，五谷丰登，这就是所谓的"社事"，江浙一带

尤为盛行。社事期间，劳累一年的人们成群结伴，奔走寻娱，真可谓其乐融融。首句的"忙"字渲染出社事轰轰烈烈的场面，人们的欢悦之情跃然纸上。首句点明了时间，设置了全诗的背景，是从大处着眼，写大场面，描写农村所有人的共同活动。

就在人们欢欢喜喜为社事而"忙"的时候，诗人却要来送别了——为一只南飞的孤燕。陶醉于欢乐之中的人们是不会注意到燕子南徙这类事情的，而孤寂凄清、多愁善感的孤客游子怎能不睹物思人、触景伤情呢？！以君称燕、人燕为友、为友送行，这其中饱藏着诗人多少难以尽说的羁愁旅恨！而诗人孤寂的心境由此也可以想见。此时的诗人是无心去想燕子南方家园的融融丽日、温情暖意的，漂泊流浪的游子想到的只是漫漫长路的冷风凄雨。看着越飞越远终于消失在苍茫天际的孤燕，诗人陷入了深深的忧思中。"苍茫"既是实写极目远天的视觉印象，又是虚写旅途的艰难险阻。虚实结合，不但把读者的视线拉向远天，造成辽阔的空间，而且把读者的思绪引向深入，使读者和诗人一起回味其漂荡生涯中多少辛酸的记忆。"念去去千里烟波，暮霭沈沈楚天阔。"等待着诗人的仍是无尽的漂泊长途。

燕子的南徙，引发诗人的思乡之情。燕子在秋季离开寒冷的北方，返回南方的家园；春暖花开时，翩然北行，又是重归故里。燕子年年有别，然而总是别地归乡，既是他乡，又是故乡，所以可以"年年不作无家别"。而诗人呢，浪迹天涯却无家可归，从他乡又到异地，"日暮乡关何处是，烟波江上使人愁。"陪伴着游子的永远是无家可归、举目无亲的孤寂、凄清和惆怅。漂泊的路程无尽，游子的忧思就没有终结。这一句表面写燕，暗中写人，隐含着人燕的对比。

这首诗环环相扣，结构紧凑，一气贯注，逐层深入地抒写诗人无家可归、漂泊异地的凄清愁苦。首句"节届秋分社事忙"为全诗设置了大背景，以下活动都是在这一背景上展开，层层深入，由浅入深，形成两个层次，构成两个对比。首先，繁忙的社事与孤客送归燕的场面形成对比，反衬出诗人的凄清孤寂；三四句相对第一句感情又进了一层，是以其中暗含人燕对比来显示的。诗中"年年不作无家别，半在他乡半故乡"又堪称千古佳句。

清
诗

本诗兴寄手法也是颇为成功的。诗歌以南归秋燕这一意象起兴，在归燕身上寄寓了深厚的情思，从而传达了言不能尽之意，使诗歌获得了含蓄悠长的韵味。（郭振生）

# 朱奕恂

朱奕恂（约1736年前后在世），字恭季，江南长洲（今江苏苏州）人。廪生。少时抑塞磊落，后学日进，行日醇，远近称长。四十后不复吟诗。

## 【原文】

### 秋日杂感

短蒯长歌二十年<sup>(1)</sup>，不羁天地总翛然<sup>(2)</sup>。

监河赊许供江水<sup>(3)</sup>，营室虚偿贷聘钱<sup>(4)</sup>。

妇索短绠枯井畔<sup>(5)</sup>，儿煨半芋败垆边<sup>(6)</sup>。

日高颜巷西风急<sup>(7)</sup>，傲骨嶙峋万仞巅<sup>(8)</sup>。

## 【毛泽东圈评等情况】

毛泽东读清沈德潜编选《清诗别裁集》卷二十七时圈阅了此诗。

[参考] 张贻玖：《毛泽东评点、圈阅的中国古典诗词》，中国工人出版社1992年版，第263页。

## 【注释】

（1）短蒯长歌，用冯谖弹剑而歌的典故，作者用以自喻。蒯，草名。言冯谖很穷，只能用蒯草做的绳子缠其剑柄，故云短蒯。

（2）翛（xiāo）然，《庄子·大宗师》："翛然而来，翛然而往。"言无拘无束，自由自在也。

（3）《庄子·外物》载，庄子贷粟于监河侯，监河侯以将得三百邑金空许。庄子自比为涸辙之鲋，言急需升斗之水可活，如要待西江之水，则早成了枯死之鱼。诗人这里反用其意，言别人赊给我少许东西，就像供给我一江水一样，使我感激。

（4）"营室"句虚偿贷聘钱，言别人借给和送给建造住室的钱，只能在口头上说说偿还罢了。

（5）索，寻找。绠（gēng），短绳。纭，粗绳索。《说文·系部》："纭，大索也。"

（6）鲈，小口罂。罂是一种盛酒器，小口大腹，比缶大。

（7）颜巷，见《论语·雍也》。此言诗人住在像颜回住的那样破陋的巷子里。

（8）傲骨嶙峋，高傲不屈的气概。傲骨，宋戴埴《鼠璞》卷上："唐人言李白不能屈身，以腰间有傲骨。"后用以喻高傲不屈的性格。嶙峋，形容气节高尚，气概不凡。

## 【赏析】

朱奕恂年少气高，有一展身手、大济苍生的凌云壮志。经过二十年的苦苦求索，诗人明白自己的抱负难以实现，但仍无归隐遁世之意，依旧坚守节操，积极关心时事。诗人愤于世无遵道者，四十岁后不复吟诗。这首《秋日杂感》为壮岁时作。

诗篇首联两句回顾了二十年狂放的漂荡求宦生涯。蒯，草名，茎供编织。《史记·孟尝君传》："冯（谖）先生甚穷，犹有一剑耳，又蒯缑。"诗人用此典意欲表明自己虽一介寒士，然胸怀治平宏谋，终埋没无闻，不为赏识。第二句写自己狂放不羁，不愿违性适俗的孤傲品性。诗人并不与世俗斤斤计较，而是站在更高的高度上来蔑视世俗，以自己高洁的品行自赏。这一句从侧面交代了诗人难以仕进的原因，诗人对社会是极为不满的。

诗人一心于仕途经济，以道自任，可是只得了一个小小的廪生，饷俸微薄；而诗人又乏生财之术，家境自然艰难，以下全部写自己的贫困生活及安贫乐道的人生态度。

颔联首句中用典，《庄子·外物》载，庄周家贫，贷粟于监河侯，监河侯以将得之邑金三百空许。庄子愤然作色，说自己如同涸辙之鲋，有水斗升可活，而你却以西江之水相许，远水怎能解近渴呢！在诗中是反用此典。诗人极度困窘，有人赊给他不多的东西，就如同供给一江之水一样宝贵，极言困厄，感激之情，溢于言表。次句写诗人无力建房，有人送钱给自己，自知无力偿还。无吃无住，实在贫寒。颈联两句，诗人具体勾勒出一幅寒家生活图画。妻子忍饥挨饿，辛勤劳作，没有吃饱的儿子眼巴巴地等着半个芋头煮熟，这半个芋头大概是大人舍不得吃为孩子省下的，一个破坏的盛酒器，说明诗人已吃不起酒。枯井、败垆、短褐、半芋、贫妇、饥儿，具体形象地展示了家境的贫寒。"短褐"这一意象，象征穷苦平民。最后两句表白自己对贫寒生活的态度和坚贞不屈的品性。《论语·雍也》："子曰：'贤哉回也！一箪食，一瓢饮，在陋巷，人不堪其忧，回也不改其乐。'"后因以颜巷指简陋的居处。尾联是说，陋室破败，烈日高照，西风穿行，居室如处野，诗人丝毫不以为愧，有嶙峋傲骨自慰自夸。"傲骨嶙峋万仞巅"就是诗人倨傲人格的形象写照。前面对于贫寒的描述，全为这一句作铺衬，此句乃"画龙点睛"之笔。

　　陶渊明有诗曰："先师有遗训，忧道不忧贫。"（《癸卯岁始春怀古田舍二首》之二）在这首《秋日杂感》中，我们可以清晰地看见中国传统士人的这种可贵精神。诗人对于贫寒生活的描绘中，并没有羞愧之情流露。正是安贫，才见乐道。这首诗风格雄放刚健，语言奇伟、遒劲，有"左思风力"。诗人品性倨傲，胸怀宏大，却无用武之地，故发言概壮。（郭天昊）


【原文】

# 五人墓

花市东头侠骨香<sup>(1)</sup>，断碑和雨立寒塘。
屠沽能碧千年血<sup>(2)</sup>，松桧犹飞六月霜<sup>(3)</sup>。
翠石夜通金虎气<sup>(4)</sup>，荒丘晴贯斗牛芒<sup>(5)</sup>。
片帆落处搴清藻<sup>(6)</sup>，几伴归鸦吊夕阳。

## 【毛泽东圈评等情况】

毛泽东读清沈德潜编选《清诗别裁集》卷二十七时圈阅了此诗。

[参考] 张贻玖：《毛泽东评点、圈阅的中国古典诗词》，

中国工人出版社 1992 年版，第 263 页。

## 【注释】

（1）花市，指苏州山塘街。山塘，与运河连通的水道，清代山塘两岸尽为花田，山塘街遂成为花市（见清代魏源《江南吟·种花田》）

（2）屠沽，屠户和卖酒的人，泛指职业低下者，借指五人。能碧千年血，用苌弘化碧典故。苌弘，字叔，周景王、敬王的大臣刘文公所属大夫。刘氏与晋范氏世为婚姻，在晋卿内讧中，由于帮助了范氏，晋卿赵鞅为此声讨，苌弘被周人杀死。传说死后三年，其血化为碧玉。事见《左传·哀公三年》。后用以借指屈死者的形象。

（3）六月霜，又作五月霜，喻冤狱，冤情。《淮南子》载，燕惠王信谗，而系忠臣邹衍于狱。衍仰天而哭，正是夏天为之飞霜。李白诗："燕臣昔恸哭，五月飞秋霜。"（《古风五十九首》）

（4）翠石，绿色的美石，指墓碑。金虎，即白虎，西方七宿的总称。此言五人刚直不阿的正气与天地相通。

（5）"荒丘晴贯"句，荒丘，五人墓。斗牛，属于北方玄武七宿。此言五人墓贯穿着斗牛的光芒，以明其精神光照千古。

（6）搴清藻，采取清新的辞藻，言其停船写诗。搴（qiān），拔取，采取。清藻，清丽的文词。晋潘尼《赠陆机出为吴王郎中令》："玩尔清藻，味尔芳风。"

## 【赏析】

明末宦官魏忠贤把持朝政，陷害忠正之士，意欲篡夺帝位。天启七年（1627），魏之爪牙、抚吴中丞毛一鹭逮捕了东林党人周顺昌。周深得民心，此举激怒了苏州市民，在颜佩韦、马杰、沈扬、杨念如、周文化等五位平民的带领下，群众追打毛一鹭。后五人被杀害。魏阉伏法后，苏州贤

达在虎丘山旁建造五人墓，张溥为之作了《五人墓碑记》。张溥对五人给予高度评价，认为魏阉篡位阴谋迟迟不敢发动，"不可谓非五人之力"，盛赞五人"生于编伍之间，素不闻诗书之训，激昂大义，蹈死不顾"，皎皎如日月。本诗所咏即为此事。

这是一首七言律诗。诗歌首联即热烈赞颂五人，表达对五人的敬仰和悼念，点出五人墓的位置。花市，民间每年春时举行的卖花赏花的集市。唐韦庄有诗"锦江风散霏霏雨，花市香散漠漠尘"，本诗首联两句之意境与此颇相类似。这里以花之清香喻五人百世之芳，具体可感，贴切自然。

首联次句写五人墓的环境。这是一个霏霏阴雨的天气，残断的墓碑静立于寒意萧萧的塘边，小雨沥沥，如泣如诉，此情此景，何其冷落凄凉！然而诗人的思绪却透过这凄凉的景象，穿越百年风雨，复现了当年那壮烈的一幕：屠夫民贼的血腥杀戮屈服不了志士仁人，汩汩热血将化作晶莹碧玉，千年万年永放光芒；墓上的松树桧树似乎至今仍然沾着六月的白霜。额联两句各用一典。其一，苌弘化碧，传说周之忠臣苌弘无辜被害，流血化为碧玉，不见其尸；其二，六月飞霜，战国燕之忠臣邹衍被谗下狱，曾仰天大哭，时值夏日，上苍感动，竟然降霜。此二典皆用以喻冤狱。颈联两句，下面写五人冤魂不散，正气直冲霄汉。翠石，即翠琰或翠珉，刻碑之石，这里指石碑。金虎，即白虎，西为金，故称金虎，西天星宿，有肃杀气。斗牛，二十八宿中的斗宿和牛宿，北天星宿。

前面"夜通金虎气""晴贯斗牛芒"等句除了对墓中人的赞美，同时也显示了诗人激昂、悲壮的情怀。而尾联两句，诗人又回到了现实中来，为我们推出了一幅几近凝固的远景图画：时间不知不觉悄然逝去，傍晚时分，雨渐停止，夕阳斜照，极目处，一片孤帆滞于清藻间，断碑前，诗人孤身伫立，只有几只暮归的哀鸦陪伴着诗人，凭吊逝落的夕阳。通过这幅图画，可以看到诗人的情绪产生了大的转折，由激奋悲壮，转为旷达、深沉。

在这首诗中，诗人驰骋想象，思接千载，视通万里，以五人墓为发端，从地下写到天上，从眼前追及过去，意境宏阔，氛围浓郁，感情以凄冷为主，但也不乏悲壮的气氛。（郭天昊）

# 刘正谊

刘正谊,字戒谋,浙江山阴(今浙江绍兴)人。清代诗人。著有《宛委山人诗集》。

## 【原文】

### 访毛西河太史留赠

充栋书成自不刊[1],频年握椠暑兼寒[2]。

鲁鱼舛后多厘正[3],秦火焚来尽补残[4]。

画舫两湖明月共[5],篮舆十里好山看[6]。

感施余论沾荒帙[7],白苇黄茅足改观[8]。

## 【毛泽东圈评等情况】

毛泽东读清沈德潜编选《清诗别裁集》卷二十八时圈阅了此诗。

[参考]张贻玖:《毛泽东评点、圈阅的中国古典诗词》,中国工人出版社1992年版,第265页。

## 【注释】

(1)充栋,堆满屋子,极言藏书、著述之多。宋陆游《冬夜读书》:"茆屋三四间,充栋贮经史。"沈德潜曾称毛奇龄"著作等身"。不刊,不易更动和改变。古代文书书于竹简,有误,即削除,谓之刊。汉刘歆《答扬雄书》:"是县诸日月,不刊之书也。"

(2)握椠(qiàn),言持刀在木板上刻书,喻写作。椠,书板。古代削木为牍,未经书写的素牍称椠。

(3)鲁鱼,晋葛洪《抱朴子·遐览》:"谚曰:'书三写,鱼成鲁,虚成虎。'"泛指古代典籍传抄刊印过程中出现的讹误。舛，错乱。厘正，改正。

（4）秦始皇焚书坑儒，许多典籍被毁，后来传下来的经籍多为汉初儒生凭记忆重新编成，故其难免残缺。此指毛奇龄所做的考订补残工作。

（5）两湖，《太平寰宇记》："天目山有两湖，若左右目，故名天目。"因毛奇龄家乡在天目山附近，故云。

（6）篮舆，竹轿。

（7）余论，在研究自身学问的论著之外发表的议论，此指毛奇龄为自己诗集写的序文。荒帙，不成熟的作品。帙，书套、书函，借指著作。

（8）白苇黄茅，连片生长的白色芦苇和黄色茅草，形容齐一而单调的情景。宋苏轼《答张文潜县丞书》："王氏欲以其学同天下，地之美者，同于生物，不同于所生。惟荒瘠斥卤之地，弥望皆黄茅白苇，此则王氏之同也。"

## 【赏析】

这首七言律诗是作者拜访毛奇龄的留赠之作，表现出他对毛奇龄人品学问的高度赞颂。同时，对毛奇龄为他的诗集撰写序文，则表示衷心感谢之情。

毛奇龄，字大可，号初晴，又以郡望称西河，浙江萧山人。清代著名经学家、文学家。康熙时，任翰林院检讨、明史馆纂修官等。治经史及音韵学，著述极富。沈德潜评云："西河湛深经学，著述等身，在国朝可称多人为富者。"作者写拜访毛奇龄，自然也应以此开篇。

首联"充栋书成自不刊，频年握椠暑兼寒"，写毛奇龄多年以来，不分寒暑地从事著述，写成了充满屋栋的著作。而且，他的著作水平极高，均为不刊之书。不刊，就是无须修改，不可磨灭。这二句为倒装句，旨在一开始便突出毛奇龄"充栋书成自不刊"给人以肃然起敬之感。

颔联"鲁鱼舛后多厘正，秦火焚来尽补残"，承上铺叙，称颂毛奇龄对历代典籍的"厘正""补残"之功。"鲁"和"鱼"二字的篆文字形极相似，容易写错。《抱朴子·遐览》："谚曰：'书三写，鱼成鲁，虚成虎。'"舛，错乱。厘正，改正。"秦火"句写秦始皇焚书坑儒时，许多经籍均被焚烧。后来所传下来的经籍多是由西汉初年的儒生们根据自己的记忆而重新编成的。正如唐李翱《陵庙日时朔奏议》云:"《周礼》不载日祭月祭……盖遭秦火,《诗》《书》《礼经》烬灭,编残简缺。汉乃求之。先儒穿凿,各伸己见。"这样一来,其残缺部分自不能免。毛奇龄则慧眼卓识,凡经发现者,"尽"予"补残"。这二句,既切合毛奇龄的身份,又高度概括了毛奇龄在著述方面的成就,故深得沈德潜所称许,于句旁加以圈记。

颈联"画舫两湖明月共,篮舆十里好山看",将笔锋一转,借景写情,是作者对毛奇龄人品道德的高度评价。古语云:人品高,书品始高。上句写毛奇龄的一生,不管其出仕、退隐,其人品均像明月那样纯洁高尚。下句写毛奇龄在学术上所达到的成就和境界,犹如乘坐篮舆登上十里高山,然后居高临下,俯瞰无边的山川美景一般。这二句属对自然工整,一写湖,一写山;一写白昼之景,一写明月夜景,且以景寓理,自然生动,历历如画。像毛奇龄这样的名家,作者能够拜访他,已属有幸;而且又能请他亲自为自己的诗集撰写序文,自然更是无上荣光、无限感激了。

这便有了尾联"感施余论沾荒帙,白苇黄茅足改观"。施,给予。余论,在本论之外的议论,这里指毛奇龄为作者诗集所写的序文。沾,此指受益、沾光。荒帙,对自己著作集的谦称。白苇黄茅,泛指野草,这里用以谦称自己的作品。末二句的意思是:我的这些有如白苇黄茅般的作品,一经毛奇龄先生作序,便都大为改观了。沈德潜云:"末二句应是西河作序,诗以报之。"

给名家或长辈写称颂感谢的诗,最忌庸俗的客套话。这首诗的前六句,切合毛奇龄的"太史"身份来写,实实在在,无一虚语,自成高屋建瓴之势。最后二句方提到毛奇龄为自己的作品集作序,可谓水到渠成,毫无做作之态。全诗贵在一个真字,情真辞真,故能真切动人。(王元明　王雅晴)

# 曹炳曾

曹炳曾（1660—1733），字为章，一字懋民，号巢南，江南上海（今上海）人。诸生。清代诗人。著有《放言居诗》。

## 【原文】

### 九日送人北归

折取茱萸当柳条<sup>(1)</sup>，送君明日上兰桡。

望乡惜别分南北，并作离魂一夕销<sup>(2)</sup>。

## 【毛泽东圈评等情况】

毛泽东读清沈德潜编选《清诗别裁集》卷二十八时圈阅了此诗。

[参考] 张贻玖：《毛泽东评点、圈阅的中国古典诗词》，
中国工人出版社 1992 年版，第 264 页。

## 【注释】

（1）茱萸，植物名，香气辛烈，可入药。古俗农历九月九日重阳节，佩茱萸能祛邪辟恶。

（2）此句化用南朝齐梁人江淹《别赋》中句子："黯然销魂者，唯别而已矣。"销魂，魂魄离开躯体，言悲伤之极。

## 【赏析】

诗题《九日送人北归》。九日，即农历九月九日，又称"重九"。"九"为阳数，故又称"重阳"。《续齐谐记》云："汝南桓景随费长房游学。长房谓之曰：'九月九日，汝南当有大灾厄，急令家人缝囊盛茱萸系臂上，

登山饮菊花酒，此祸可消。'"故重阳节又称登高节、菊花节。古代人很重视这个节日，诗人们也乐于吟咏。最有名的当属王维《九月九日忆山东兄弟》一诗："独在异乡为异客，每逢佳节倍思亲。遥知兄弟登高处，遍插茱萸少一人。"曹炳曾这首诗，立意新颖，构思奇特，与王维的诗相比，有异曲同工之妙。

这首七言绝句是作者在家乡重阳节送人北归时所写的。从诗的结句看，可知写于重阳节之夜。

首句"折取茱萸当柳条"，出语清新。本来，人们在重阳节采茱萸作香囊，是与家人相与登高以避灾祸之意。不料，现在我却是折取茱萸当作柳条来用，以向友人表示赠别、留别之意。"柳"与"留"同音，折柳赠别有挽留客人不忍让其离去之意。这一句已妙传"折柳"之意，自然也暗将"送人"之意点出。

次句"送君明日上兰桡"，写"明日"（九月十日）作者要送友人上船。从诗题可知，作者的友人是"北归"。这就告诉我们，友人的家乡在北方。上兰桡，即上船。兰桡，本指用木兰木做的船桨，这里代指船。古人用木兰木做船桨，是为了象征人的志行高洁。由此可知，作者的友人一定是一位志行高洁的人。俗语云：物以类聚，人以群分。作者既与这位志行高洁的人为友，说明作者也是同样品格的人。

三、四句"望乡惜别分南北，并作离魂一夕销"颇为沈德潜所称赏。他不仅在这二句旁边加圈，而且于诗下加评云："望乡，指所送之客；惜别，指送客之人。两层都到。"江淹《别赋》云："黯然销魂者，唯别而已矣。……知离梦之踯躅，意别魂之飞扬。"这二句是说，明天，我们将要分别南北，以后便难以相见了。今天夜里，你在为望乡而销魂，我在为与你离别而销魂。我们二人既然是好朋友，那就让我们在这一夜中共同销魂吧！在这里，作者将友人和自己的两种销魂之情打成一片，尤见其对友人感情之深笃。《诗人玉屑》引《金陵语录》云："圣俞尝语余曰：诗家虽率意造语，亦难；若意新语工，得前人所未道者，斯为善也。必能状难写之景，如在目前；含不尽之意，见于言外，然后为至。"这首诗的末二句，正可作为"意新语工"、含蓄蕴藉的范例。（王元明　王雅晴）

# 沈　源

沈源，字蕴久，浙江归安（今浙江湖州吴兴区）人。工于制笔，立行不苟，诗亦静细。

## 【原文】

### 闻　柝

击柝严城凄复清<sup>(1)</sup>，听来一一触离情。

天街夜静霜初落<sup>(2)</sup>，绣阁灯寒梦未成。

宵恨短长随晓箭<sup>(3)</sup>，韵移高下逐风声。

座中有客支孤枕，归思惊催白发生。

## 【毛泽东圈评等情况】

毛泽东读清沈德潜编选《清诗别裁集》卷二十时圈阅了此诗。

[参考] 张贻玖：《毛泽东评点、圈阅的中国古典诗词》，
中国工人出版社1992年版，第264页。

## 【注释】

（1）严城，戒备森严的城池。南朝梁何逊《临行公车》："禁门俨犹闭，严城方警夜。"

（2）天街，京城中的街道。唐韩愈《早春呈水部张十八员外》之一："天街小雨润如酥，草色遥看近却无。"

（3）晓箭，拂晓时漏壶中指示时刻的箭，常借指凌晨这段时间。唐王维《冬晚对雪忆胡居士家》有"寒更传晓箭，清镜览衰颜"诗句，可知"晓箭"为计时之物。古代计时以"孔壶为漏，浮箭为刻"，"漏之箭昼夜共百刻，冬夏之间有长短焉"。

## 【赏析】

沈源是一位制笔的能工巧匠，且行动、言语不拘小节，性情豪放。做笔之余，尚能吟诗作赋，且写得不错，因而，文人墨客一般都不把他作手艺人看待。

《闻柝》一诗是写离情别绪的。古往今来，此类诗甚多，至清代欲有突破，超越先人，则实为不易。沈源的这首七言律诗，从闻柝写起，借物寄情，倒也不失为一首好诗。

李白的《静夜思》是思故乡的，"举头望明月，低头思故乡"，寄情于高悬的一轮孤月。陆放翁至死犹念国家的统一大业："王师北定中原日，家祭无忘告乃翁。"（《示儿》）王维"遥知兄弟登高处，遍插茱萸少一人"（《九月九日忆山东兄弟》）是思亲的杰作。沈源的《闻柝》，较成功地借鉴了前人的遗产，把一个"白发生"的归思情绪描绘得淋漓尽致。

首联"击柝严城凄复清，听来一一触离情。"柝，本是古代更夫打更用的梆子，不分春夏秋冬，刮风下雨，从不间断。在常人听来，与催眠曲和报晓的雄鸡叫没什么两样，但在诗人的心目中，"梆梆"的柝声，一一敲在他归思的神经上，勾起了对亲人的无比思念之情。"凄""清"二字道出了城池的衰败与凄凉。如此景致，怎能不激发诗人悲凄和愁苦的情绪呢？

颔联"天街夜静霜初落，绣阁灯寒梦未成。"暮春，京城之夜悄无声息，孤灯一盏，夜不能寐，诗人站在院中，任严霜洒落身上。举头满天繁星，低头霜露渐浓，而远方的亲友此刻在做些什么？

颈联"宵恨短长随晓箭，韵移高下逐风声。"古人写离情，往往有用恨昼长夜短者，如《西厢记》"长亭送别"一场，张君瑞、崔莺莺不就想用疏林挂住西落的斜阳吗？诗中，诗人同样恨昼长夜短，不知不觉中天已破晓，新的一天又将来临。催人泪下的柝声仍在忽高忽低、忽远忽近，随风飘转，更令人坐卧不安。

尾联"座中有客支孤枕，归思惊催白发生。"此两句是诗眼，归思使人不能入梦，"孤"字道出了诗人的孤苦，刚想打个盹，柝声又在呼唤把人惊醒。诚然，发已染霜，岁月不饶人，"鸟飞反故乡兮，狐死必首丘！"（屈原《哀郢》）诗人的归思离愁跃然于纸上，更真切地体现了沈源之诗"取神""静细"的巧妙笔法。（韩家清）

# 赵 虹

赵虹，字饮谷，江南嘉定（今上海嘉定）人。布衣。清代诗人。

【原文】

## 戊午七月自大梁东归感喟成诗用以自赠

飘零淮楚逾河朔<sup>(1)</sup>，转徙幽州更大梁<sup>(2)</sup>。

迢递关河双去雁，古今歧路几亡羊<sup>(3)</sup>。

时无燕赵悲歌士<sup>(4)</sup>，坐有邯郸挟瑟倡<sup>(5)</sup>。

但得翠娥深劝酒，不辞酩酊罄清觞。

问讯沧浪旧钓矶<sup>(6)</sup>，樵兄渔弟共相依。

眼看西北高楼远<sup>(7)</sup>，心逐东南孔雀飞<sup>(8)</sup>。

园吏好寻濠上乐<sup>(9)</sup>，丈人已息汉阴机<sup>(10)</sup>。

浚郊不用弓旌辟<sup>(11)</sup>，自署中吴老布衣<sup>(12)</sup>。

【毛泽东圈评等情况】

毛泽东读清沈德潜编选《清诗别裁集》卷二十八时圈阅了此诗。

[参考]张贻玖：《毛泽东评点、圈阅的中国古典诗词》，

中国工人出版社1992年版，第264页。

【注释】

（1）淮楚，指今淮河流域及长江中下游一带，战国时为楚地。河朔，地域名，泛指黄河以北。

（2）幽州，州名，辖境相当今北京及河北永清、安次等县。大梁，

古城名，在今河南开封。

（3）歧路亡羊，出自《列子·说符》，言岔路多，跑走的羊容易丢失。比喻社会生活复杂多变，使不少人迷失方向，误入歧途。

（4）燕赵悲歌士，古代燕赵多慷慨激昂之士。战国时，燕太子丹命荆轲入秦刺秦王，至易水上，高渐离击筑，荆轲慷慨作歌曰："风萧萧兮易水寒，壮士一去兮不复还！"见《战国策·燕策三》。

（5）倡，又作"娼"。邯郸，战国时赵国国都，赵国女乐闻名当时。诗中泛指歌女。

（6）沧浪，青苍色。晋人陆机《塘上行》有"垂影沧浪泉"诗句，指青苍色的水。钓矶，钓鱼时坐的岩石。

（7）西北高楼，古诗十九首中有"西北有高楼"一诗，内容为感叹知己难遇。作者借此以表达自己在京城被人冷落的悲哀。

（8）心逐东南孔雀飞，化用《古诗为焦仲卿妻作》的首句，表现自己对故乡的思念。

（9）园吏，战国时庄周曾为蒙（今河南商丘）漆园吏，故称。濠上乐，《庄子·秋水》载："庄子与惠子游于濠梁之上。庄子曰：'儵鱼出入从容，是鱼之乐也。'……"

（10）汉阴机，指汉阴丈人所斥笑的"机心"。《庄子·天地》："子贡……过汉阴，见一丈人将为圃畦，凿隧而入井，抱瓮而出灌。搰搰然用力甚多而见功寡。子贡曰：'有械于此，一日浸百畦，……夫子不欲乎？'为圃者忿然作色而笑曰：'……有机事者必有机心，……羞而不为也。'"

（11）浚郊不用弓旌辟，浚，春秋卫地，在今河南濮阳南。《诗·鄘风·干旄》："孑孑干旄，在浚之郊。"干旄，在旗杆顶端饰以旄牛尾，谓之旌，树在卿大夫的车子后边。弓旌，古代用以征聘士大夫的礼物。辟，征聘。此句意为用不着拿弓旌来征聘我出来做官。

（12）中吴，旧苏州府的别称。始见宋龚明之《中吴纪闻》。诗人居家嘉定属苏州府管辖，故称。布衣，布制的衣服，借指平民。古代平民不能衣锦绣，故称。《荀子·大略》："古之贤人，贱为布衣，贫为匹夫。"

**【赏析】**

清沈德潜编选的《清诗别裁集》收入的是康熙和乾隆前期的诗歌。戊午是干支纪年法，如果诗人是康熙时人，便是 1678 年；如果诗人是乾隆时人，便是 1738 年。

赵虹一生未曾入仕，写作这首诗的时候，他已经七十有余，然而诗篇恢宏韵致，未除芒角，仍不减当年壮盛时以高谈雄辩屈服众人的凌厉之气。诗人在饱经世事沧桑，尝尽人情冷暖之后，终于流露出了归隐思想。

赵虹一生安贫乐道，不愿为世事所羁。他最崇敬的人物，除了父母便数陶渊明了。"少无适俗韵，性本爱丘山"（《归园田居五首》），赵虹与陶潜虽相隔千载有余，然与之最善机缘，可称为"隔代之交"。赵虹的一生是漂泊的一生，大部分诗歌创造的时候，都是走在路上。这两首自赠诗也不例外，是他倦游东归后感喟而成的心曲。尽管赵虹有终老山林的夙愿，然而寄情山水需要一定的物质保证，他没有陶渊明的十余亩方宅，八九间草屋，加之终生未入仕途，所以为生活所迫，同时也为了培养与自然界的情愫，他几乎游历了大半个中国。

第一首诗一开头便记述了他的游踪，首联"飘零淮楚逾河朔，转徙幽州更大梁"，从荆楚之地到黄河以北，从幽燕边塞到东京汴梁，无不留下了诗人的足迹。当他到达汴水河畔的时候，已年届七旬，然而放逸旷达的性情驱动着他如浮萍飞絮一般，继续漂泊。

颔联不再单纯地叙写游踪，开始渗入了人生感喟。关河，即今陕西、河南交界一带，据《史记正义》所释："东有黄河，有函谷、蒲津、龙门、合河等关，故曰关河。"当他再次迢递关河的时候，不禁思绪万千，"大道以多歧亡羊，学者以多方丧生"的感慨在叩击着作者的心弦。黄河东流，逝者如斯，歧路亡羊，终无所成，面对滚滚东去的黄河波涛，回想自己漂泊不定的一生，诗人禁不住感叹唏嘘，掩面啜泣。然而，诗人并非完全为个人的命运伤感，世事不平，生灵涂炭，更令诗人"不戚年往，忧世不治"，中国文人"忧道不忧贫"的遗训和传统的社会责任心使诗人无法平静。

颈联"时无燕赵悲歌士，坐有邯郸挟瑟倡。"面对现实，诗人感叹没有"雄发指危冠，猛气冲长缨"（陶渊明《咏荆轲》）的燕赵之士，只有邯郸挟瑟歌妓；再也听不到"壮士一去兮不复还"的慷慨悲歌，耳畔回绕的却是不知亡国恨的商女吟唱。满怀忧虑悲戚的诗人只能借酒消愁，聊以排遣心中的伤感。尾联"但得翠娥深劝酒，不辞酩酊罄清觞。"酩酊形容大醉，"罄"作"尽"讲。觞，酒杯。这两句是说，只要有美女殷勤劝酒，我不惜喝得酩酊大醉。这正是诗人寂寥苦闷心情的流露。

第二首写诗人离开逐鹿之地的中原，踏上归返故里的征途。首联"问讯沧浪旧钓矶，樵兄渔弟共相依"，这里归隐的思想已经有所流露。沧浪即汉水，这时诗人已经到了汉水下游的沧浪河畔。当他再访昔日的钓矶，终于体会到"笋皮笠子荷叶衣，心无所营守钓矶"（唐高石《渔父歌》）的心情。抛却繁杂的世事，与野樵渔民促膝倾心，持杆钓鱼，那该是多么惬意啊。颔联"眼看西北高楼远，心逐东南孔雀飞"，化用《古诗十九首》和"乐府民歌"中的诗句，一语双关，既点明返归江南的游踪，又感叹知音难觅，表达渴望早日回归故里的心愿。现在诗人终于回到了盼望已久的故乡，乡音无改鬓毛衰，昔日的满腔热情化作一缕轻烟，消散在岁月的河流中。这时的诗人已不为儒学"知其不可而为之"的入仕思想所激动，与寂寞苦闷心情相契合的，是道家止观无为的处世哲学。

颈联"园吏好寻濠上乐，丈人已息汉阴机"。濠上，本指《庄子·秋水篇》中庄子与惠施论辩儵鱼知乐与否的地方，后以濠上指逍遥闲游之所。赵虹这里自比庄周。正如《世说新语·言语》中所说，"会心处不必在远，翳然林水，便自有濠濮间想也，觉鸟兽禽鱼，自来亲人。"放弃了功名利欲的饮谷先生一旦走出思想的樊笼，返归自然，不觉心旷神怡。"汉阴"即汉江以南地区，诗人在这里踯躅独行了几个春秋，其间每每流连于湖光山色之中。"鸢飞戾天者，望峰息心，经纶世务者，窥谷忘返"，岁月已经磨平了诗人的棱角，将条条皱纹刻上了他的额头，只于水波雾霭中追寻道骨仙风。尾联"浚郊不用弓旌辟，自署中吴老布衣"，浚郊，指为国驱驰，《诗·鄘风·干旄》中有"孑孑干旄，在浚之郊"句；弓旌，泛指军队；辟意为征召；"中吴老布衣"是诗人自指；自署，自愿前往报名应征。这两句是说，诗人此时尽管年已古稀，但"烈士暮年，壮心不已"。

他知道自己已无回天之力，但为国效力的雄心并未完全泯灭，一旦国家需要，自己便会欣然前往。

　　纵观二诗，赵虹的思想历程清晰可辨。当他结束漂泊流徙生活时，"云无心以出岫，鸟倦飞而知还"的归隐意识也就孕育成熟了。同时，诗中也反映了他虽已暮年，雄心犹在，壮心不已但又无可奈何的矛盾心理。（郭天昊）

# 程　简

程简，字尊一，江南长洲（今江苏苏州）人，清代诗人。

## 【原文】

## 送　春

九十韶光转眼空[1]，怪他青帝去匆匆[2]。

都将思妇劳人意，付与啼红怨绿中。

有恨催归惟杜宇，无情相送是东风。

仙山若果春长在，早觅丹砂访葛洪[3]。

## 【毛泽东圈评等情况】

毛泽东读清沈德潜编选《清诗别裁集》卷二十八时圈阅了此诗。

[参考] 张贻玖：《毛泽东评点、圈阅的中国古典诗词》，

中国工人出版社 1992 年版，第 264 页。

## 【注释】

（1）九十，指九十岁。《礼记·曲礼上》："八十九十曰耄。"韶光，美丽的春光，喻美好的年华。

（2）青帝，我国古代神话中的五天帝之一，是位于东方的司春之神，又称苍帝、木帝。这里指代春天。

（3）葛洪，东晋句容（在江苏镇江西南）人，道教理论家，言其所炼丹砂能延年益寿。

## 【赏析】

程简的《送春》一诗，是其晚年所为，也是作者晚年对人生的大彻大

悟。特别是以诗志慨，风格比较独特。

这是一首七言律诗。首联"九十韶光转眼空，怪他青帝去匆匆。""九十"是九十岁。九十年时光转眼即逝，正像毛泽东在诗词中所述"三十八年过去，弹指一挥间"。诗人是感叹时光短暂。青帝，神话传说中的五天帝之一，指位于东方的司春之神。这里是指春神，因为古有"春为东帝，又为青帝"之说。程简把光阴似箭的原因，归咎于春神来去匆匆，巧妙地照应了主题"送春"。

颔联"都将思妇劳人意，付与啼红怨绿中。"此联是用来承上启下的。诗人晚年回首，感到自己不顺心的事太多，奔波劳碌，又有何用？一切烦忧，不如让其付诸流水。他在《庭梅迟开诗以志慨》一诗中，这样写道："主人事事居人后，固使幽花亦缓期。"大发生不逢时之慨。说这句启下，《西厢记》中有"不信呵去那绿杨影里听杜宇，一声声道不如归去"。下面两句即提到杜宇。

颈联"有恨催归惟杜宇，无情相送是东风。""杜宇"，即杜鹃。其实杜宇是神话传说中的蜀地王，号望帝，后隐居，让位于丞相开明。时适二月，杜鹃鸣叫之时，人们怀念杜宇，相传杜鹃是杜宇所化，有"杜鹃啼血"之说。作者以为，春去得太快，还怨那催人泪下的杜宇鸣叫。东风无情地吹送，东风太无情，杜宇太可恨，毫无掩饰自己怨天尤人之意。在写法上，这两句对仗工整，表明诗人的用笔功底。

尾联"仙山若果春长在，早觅丹砂访葛洪。"葛洪，东晋道教理论家、医学家、炼丹术家，自号抱朴子，著有《抱朴子》。今浙江杭州西湖北岸，有葛岭，传说即葛洪炼丹处。这两句作者幡然悔悟，一生忙碌，到头终是一场空。早知人生若此，不如早学葛洪，隐居仙山，修炼丹砂，长伴春天。沈德潜称这两句意在"唤醒痴人，求仙者应爽然自失"。这种消极的情绪，在程简的《冬夜读书》一诗中表现尤甚："今古英雄当末路，消磨岁月短檠中。"

其实，清代像程简怀才不遇，生不适时者何止一人？时代使然。若能保全节操，一生奋斗，了却余生，也是一种潇洒的活法。所以，程简诗中，亦流露出自己老骥伏枥之意，不悲迟暮，自强不息，还是有一定的积极意义的。（韩家清）

# 舒 瞻

舒瞻，字云亭，满洲正白旗，姓他塔喇氏，辽阳（今辽宁沈阳）人。清高宗乾隆己未（1739）进士，官桐乡、海盐、平湖知县。工诗，有《兰藻堂集》。

## 【原文】

### 留别当湖诸人士

萍絮何须问旧因<sup>(1)</sup>，离筵开处对残春。

谁言琴鹤非家具<sup>(2)</sup>，自喜溪山似故人。

北道应牵归客梦，东风偏上苦吟身<sup>(3)</sup>。

归舟莫笑轻如叶，千卷残书已不贫。

## 【毛泽东圈评等情况】

毛泽东读清沈德潜编选《清诗别裁集》卷二十八时圈阅了此诗。

[参考] 张贻玖：《毛泽东评点、圈阅的中国古典诗词》，中国工人出版社1992年版，第264页。

## 【注释】

（1）萍絮，春末夏初，水中浮萍开的白而轻软的小花。

（2）琴鹤，《宋史·赵抃传》："抃（biàn）官殿中侍御史，弹劾不避权幸，京师号铁面御史。帅蜀以一琴一鹤自随。"苏轼称他"清献（赵抃的谥号）先生无一钱，故应琴鹤是家传"。借指为官清廉刚正。

（3）苦吟身，诗人自谓。苦吟，反复吟咏，苦心推敲，言做诗极为认真。唐冯贽《云仙杂记·苦吟》："孟浩然眉毫尽落，裴祐袖手，衣袖至穿，王维至走入醋瓮，皆苦吟者也。"

**【赏析】**

《留别当湖诸人士》是舒瞻在湖中的一叶小舟上告别友人，北上归家时所作七言律诗。诗句行间饱含着诗人对诸友、对溪山的一片深情。当湖，位于今浙江海盐北境。

首联"萍絮何须问旧因，离筵开处对残春。"萍絮，即湖中浮萍、水草之类的植物，本不能语，但在诗人笔下，却问起"旧因"。此句交代诗情发生的地点——即"湖上"，时间——"残春"时节。萍絮开在离筵席不远处的水面上，虽然已经凋谢，但在举头问这问那，貌似含情。本诗开端就用拟人手法，领活了全诗。另一方面讲，饮宴之时，诗人何以发现浮萍含情低语，可见他的心思也不在饮酒上，似有"停杯投箸不能食"之状，不忍离别的情景，真真切切。

颔联"谁言琴鹤非家具，自喜溪山似故人。"一琴一鹤，在旧时多指官吏的清正廉洁。本句诗言外之意，作者以为自己为官一任，勤政清明，对得起故友，对得起溪山，当然溪山人亦不见外，把他当成了知己，诗人把溪山也当成了自己的故乡。

颈联"北道应牵归客梦，东风偏上苦吟身。"舒瞻本是辽阳人，在浙江任知县，故有"旧客""北道"之说。就要告别溪山，诗人此刻浮想联翩，不免想起自己久别的故土，一旦返回故里，溪山会在梦中再现。船将起航，诗人独立舟头，东风拂面，嗌嗌有声，好像在诉说诗人心中的万语千言。

尾联"归舟莫笑轻如叶，千卷残书已不贫。"末两句，是诗人进一步表白自己的廉洁奉公。辞官为民，两袖清风，并无金银财宝、万贯家资，为官多年，只有残书千卷，小舟即可载下，轻如树叶。看来，"三年清知府，十万雪花银"未免太绝对，清代官吏亦有像舒瞻这样的"好官"。然而，诗人很满足，与友人的情谊，绝非一叶扁舟所能载承，所以自己又很富足。

诚然，舒瞻不忘旧友，不忘溪山，当为仕中君子。《留别当湖诸人士》一诗，成功地展现了他的这种可贵品格。（韩家清）

**【原文】**

# 偶　占

芳草青青送马啼，垂杨深处画楼西<sup>(1)</sup>。

流莺自惜春将去<sup>(2)</sup>，衔住飞花不忍啼。

**【毛泽东圈评等情况】**

毛泽东读清沈德潜编选《清诗别裁集》卷二十九时圈阅了此诗。

[参考] 张贻玖：《毛泽东评点、圈阅的中国古典诗词》，

中国工人出版社 1992 年版，第 264 页。

**【注释】**

（1）画楼，雕饰华丽的楼房。唐李峤《晚秋喜雨》："聚霭笼仙阁，连霏绕画楼。"

（2）流莺，即莺。流，谓其鸣声婉转。南朝梁沈约《八咏诗·会圃临东风》："舞春雪，襟流莺。"

**【赏析】**

诗题《偶占》。偶占，偶然口头吟作（诗词）。

这是一首七言绝句。"芳草青青送马啼，垂杨深处画楼西。"两句大意是，芳草青青，马蹄声声，依依垂杨绿柳深处，红砖碧瓦若隐若现，色彩非常和美。诗人也许在骑马踏青，或携友郊游，愉快、恬淡的心情溢于言表。

"流莺自惜春将去，衔住飞花不忍啼。"落花时节，春将离去，"路上行人欲断魂"（杜牧《清明》），就连那飞动的小黄莺，也在自惜自怜，口衔飞花，不忍啼叫，欲留住那可人的春天。此处，诗人借莺抒情，叹息时光的易逝。

前两句，是白描，一般的写景；后两句，是抒发情怀，借物言志，沈德潜称之为"于无情中，写出情来"。

全诗结构严谨，一气呵成，吟诵之朗朗上口，但它更像一曲交响乐，具备起、承、转、合的特征，于平直中隐含曲折，读完全诗，掩卷思之，回味悠长。（韩家清）

# 高 岑

高岑，字岘亭，河南商丘人。清代诗人。为著名诗人宋荦外孙，诗有功底，曾官丰城知县。归田后，学力尤进。有《晚秋楼诗》。

## 【原文】

### 暮春送别

飞花万点扑征衣，南浦依依怨落晖<sup>(1)</sup>。

肠断离亭烟柳色<sup>(2)</sup>，留君不住共春归。

## 【毛泽东圈评等情况】

毛泽东读清沈德潜编选《清诗别裁集》卷三十时圈阅了此诗。

[参考] 张贻玖：《毛泽东评点、圈阅的中国古典诗词》，

中国工人出版社 1992 年版，第 264 页。

## 【注释】

（1）南浦，南面的水边。《楚辞·九歌·河伯》："子交手兮东行，送美人兮南浦。"浦，水边。南朝齐梁江淹《别赋》："送君南浦，伤如之何。"后人借以指送别之地。

（2）离亭，古代建于离城稍远的道旁供人歇息的亭子，古人往往于此送别。南朝陈阴铿《江津送刘光录不及》："泊处空余鸟，离亭已散人。"

## 【赏析】

杜工部的"三别"千古流传，而李白《送汪伦》中"桃花潭水深千尺，不及汪伦送我情"，更是妇孺皆知。高岑的这首七言绝句虽不能和李

杜齐名，但堪称送别诗中的上品。

全诗共四句，头两句"飞花万点扑征衣，南浦依依怨落晖"，是写景言情。后两句"肠断离亭烟柳色，留君不住共春归"，则是写诗人与友的感情笃深，表现了诗人内心的情感纠葛。

"飞花万点"开门见山，告诉读者时间已是暮春之际。"扑"字写活了飞花，像雪花、雨滴迎面而来，令人眼花缭乱。"征衣"写出友人的仆仆风尘。古有"征人"，此处高岑用"征衣"不用"征人"，给读者更充分的想象余地：岁在暮春，风摆杨柳，花似雨下，而友人却迎风而去，春风撩起了散乱的衣服，任落花扑打，诗情画意不言而喻。南浦，地名，说明何处送别。"依依怨落晖"更是寓意深长。与友人恋恋不舍，千言万语，道不尽的离情别意。此地分手，不知何时才能再相见。太阳啊，你等一会儿再落山吧！"怨"字用得令人拍案叫绝。本已暮春花开花又落，加之送别友人，诗人内心已不能平静，偏又遇斜阳西下，能不令高岑这位"退休"知县感慨万千，倍感光阴似箭，时不我待？

"肠断离亭烟柳色"，古有"断肠人在天涯"（马致远《天净沙·秋思》）的名句，此处高岑化用成"肠断离亭"，进而展现了他内心的矛盾。"烟柳色"又是写景，情与景合二为一，诗人诗作功力可见一斑。"留君不住共春归"这一句是全诗的主旨，君既然要远行而去，实在留不住，那你就和春天一起归去吧！花谢花开，一年一度，周而复始，春去春再来，表明了诗人对友人良好的祝福，当然也是诗人内心深处无可奈何的呼唤。在写作手法上是篇末点题，与首句"飞花万点"照应，起到了画龙点睛的作用，由此可以看出高岑的匠心独运之处。清沈德潜称其为"送别送春，于一语中兼别"，评价恰如其分。（韩家清）

# 蔡 琬

蔡琬（1695—1755），字季玉，辽阳（今辽宁辽阳）人。绥远将军蔡毓荣女，尚书高其倬继室，诰封一品夫人。好读书，谙于政治。著有《蕴真轩小草》。

## 【原文】

### 辰龙关

一径登危独惘然<sup>(1)</sup>，重关寂寂锁寒烟<sup>(2)</sup>。
遗民老剩头间雪<sup>(3)</sup>，战地秋闲郭外田<sup>(4)</sup>。
闻道万人随匹马<sup>(5)</sup>，曾经六月堕飞鸢<sup>(6)</sup>。
残碑洒尽诸军泪，苔蚀尘封四十年<sup>(7)</sup>。

## 【毛泽东圈评等情况】

毛泽东读清沈德潜编选《清诗别裁集》卷三十一时圈阅了此诗。

[参考] 张贻玖：《毛泽东评点、圈阅的中国古典诗词》，
中国工人出版社 1992 年版，第 264 页。

## 【注释】

（1）惘然，失意之态，忧思之状。南朝梁江淹："酒至情萧瑟，凭樽还惘然。"

（2）重关，险要的关塞。寂寂，寂静无声之状。

（3）遗民，旧指劫后残存的人民。《左传·闵公二年》："卫之遗民男女七百有三十人。"

（4）"战地"句，言战争死伤人多，地无人耕。郭，外城，指辰龙关外。

（5）"闻道"句，写辰龙关险要，万人军队只能随将军马后鱼贯而过。

（6）飞鸢，古代的飞行器，云梯之类。

（7）四十年，当指清初在此发生战争后立碑纪功已四十年。


**【赏析】**

　　诗题《辰龙关》。辰龙关，在今湖南阮龙东一百三十余里，其高插天，长里余，其广仅容双马，是著名的险关要隘。蔡琬丈夫高其倬，字章之，号芙沼，汉军镶白旗人。康熙进士，历官云贵、闽浙、江浙、两江总督，所至有声。在云南时，剿中甸诸番，平贵州苗，功尤著。后官工部尚书，调户部。卒谥文良，少以诗名，称一代作手，有奏疏及《味和堂诗集》。蔡琬随丈夫赴任过辰龙关而作此诗。明末农民起义领袖张献忠欲攻辰州，土司以兵塞关，乃移道攻道州。这首七言律诗描写了辰龙关的地势险要以及战后的残破景象，流露出对战争的谴责和对民生疾苦的关注。

　　"一径登危独惘然，重关寂寂锁寒烟。"首联写登上辰龙关。辰龙关山高路险，只有一条狭窄的小径可以攀登，但登上这个险要的关隘之后，只见烟云飘飘，寒气飕飕，万籁俱寂，实在让人惘然若失。诗人不写登山过程，直写登上顶峰的感受，举重若轻，省却不少笔墨。

　　"遗民老剩头间雪，战地秋闲郭外田。"颔联写登关西望所见。上句写人，即饱经明末清初长期战乱而侥幸残存的百姓，这些明王朝的百姓经过四十年后，已是老态龙钟，白发苍苍，当然也就无力耕作了；下句写田，今天的辰龙关外，也就是当年的战场，秋后本应麦苗青青，而今却被闲置在那里无人耕种。二句写出了战争给人们带来的灾难，给生产带来的严重破坏，战争创伤至今仍不能弥补。

　　"闻道万人随匹马，曾经六月堕飞鸢。"颈联写辰龙关曾发生过激烈的战争。飞鸢，古代的飞行器。《列子·汤问》："夫班输之云梯，墨翟之飞鸢，自谓能之极也。"飞鸢，云梯之类的攻城工具。二句意谓，听说明朝末年万人之众跟随着农民起义领袖张献忠攻打辰龙关，与当地土司守关部队发生激战，攻关的云梯都被推落下来，像飞翔的鸢鸟从天而降。正面写发生在辰龙关的激烈战斗。张献忠失败之后，辰龙关立下了纪功碑，但四十年后诗人看到的纪功碑，已经残缺不全，"苔蚀尘封"，这块用诸多军人的鲜血和生命换来的纪功碑竟落得如此惨状，不能不让诗人感慨万千了。

"残碑洒尽诸军泪，苔蚀尘封四十年。"尾联抒发诗人过关的感慨，首尾完足。（毕桂发）

# 丁　瑜

丁瑜，字静娴，浙江长兴人。清圣祖康熙年间进士臧眉锡之妻，有《皆绿轩诗》。

## 【原文】

### 家　居

木石风花结四邻<sup>(1)</sup>，寂寥门巷久无人<sup>(2)</sup>。

昔年燕子今重到，始信交情尔独真。

## 【毛泽东圈评等情况】

毛泽东读清沈德潜编选《清诗别裁集》卷三十一时圈阅了此诗。

[参考] 张贻玖：《毛泽东评点、圈阅的中国古典诗词》，中国工人出版社1992年版，第264页。

## 【注释】

（1）木石，树木和山石。阮籍《大人先生传》：“人不可与为俦，不若与木石为邻。”风花，风中的花。《南齐书·乐志》：“阳春白日风花香，趋步明月舞瑶堂。”唐代卢照邻《折杨柳》诗：“露叶凝愁黛，风花乱舞衣。”皆指风中飞舞的花瓣。

（2）寂寥，冷落萧条。南朝宋谢灵运《君子有所思行》：“余生不欢娱，何以竟暮归。寂寞曲肱子，瓢饮疗朝饥。”门巷，门庭里巷。《后汉书·郎凯传》：“公府门巷，宾客填集。”

## 【赏析】

　　这首七言绝句状写作者居家生活的寂寥。它像一幅绝妙的世态画一样，生动逼真地画出了世态的炎凉、人情的冷暖。

　　首句"木石风花结四邻"，先写作者家居寂寥的环境。木石，木与石。典出《孟子·尽心上》："舜之居深山之中，与木石居，与鹿豕游。"但作者所居，从下句"门巷"可知，显然不是"深山之中"。既然有门巷，作者所居就该有人家作为"四邻"了，为什么作者不写与其他人家"结四邻"，而写与"木石风花"结为四邻呢？这里以"木石风花"的无情之物来作四邻，意在说明作者家居的四邻人家均为无情者，而"木石风花"这些无情之物反倒成了有情者。字里行间，已暗含家居寂寥之意。

　　次句"寂寥门巷久无人"，明写作者家居的寂寥。不难想象，当这家男主人官荣富贵之时，此门此巷一定是车马喧闹、极为繁忙的。这一家的"四邻"也决不会是无情的"木石风花"，而是争相与之交往的"四邻"。但当后来这家男主人无权无势之时，此门此巷便成了"门前冷落车马稀"（白居易《琵琶行》），以至于成了"寂寥门巷""久无人"来了。以上二句，明写而今之寂寥，暗写昔日的繁闹，可谓辞简意深，韵味隽永。

　　三、四句"昔年燕子今重到，始信交情尔独真"，将笔锋陡然一转，以感慨作结。往年到我家中栖息作巢的燕子，还没有忘记它的主人，今年又准时飞来了。以人和燕相比，现在我才相信，只有你和我们家的交情才是最真挚的！这二句的内涵十分丰富，能够引发人们一连串的联想。这里形似写燕子，实则是为了写人。写往年栖居家中的燕子今年重又来到，显然是说以前经常来家中的人已经是"久"不来，今年也不会重来了。作者正是通过这种"人不如禽"的事实，痛斥了那些不重情谊的世人。这种揭露和讽刺，可谓入木三分，鞭辟入里。（王元明　王雅晴）

# 薛　琼

薛琼，字素仪，江南长洲（今江苏苏州）人。清圣祖康熙朝隐士李崧继妻。工诗画，夫妻唱和，安贫守志。著有《绿窗小草》《绛雪词》。

## 【原文】

### 寒　食

一样莺花二月天<sup>(1)</sup>，饧箫声里兴萧然<sup>(2)</sup>。
三旬九食吾家事<sup>(3)</sup>，不独今朝是禁烟<sup>(4)</sup>。

## 【毛泽东圈评等情况】

毛泽东读清沈德潜编选《清诗别裁集》卷三十一时圈阅了此诗。

[参考] 张贻玖：《毛泽东评点、圈阅的中国古典诗词》，
中国工人出版社 1992 年版，第 264 页。

## 【注释】

（1）莺花，莺啼花开，泛指春日景色。唐杜甫《陪李梓州等四使君登惠义寺》："莺花随世界，楼阁倚山巅。"二月，农历二月，为仲春。

（2）饧（xíng，又读 táng）箫，卖饧糖人所吹的箫。语出《诗经·周颂·有瞽》："箫管备举，喤喤厥声。"郑玄笺："箫，编小竹管，如今卖饧者所吹也。"宋宋祁《寒食假中作》："箫声吹暖卖饧天。"饧，古"糖"字。萧然，潇洒，悠闲。晋葛洪《抱朴子·刺骄》："高蹈独往，萧然自得。"此句一作"可怜风景异当年"。

（3）三旬九食，三十天中只能吃上九顿饭。旬，十天。语本东晋陶潜《拟古》："三旬九遇食，十年著一冠。"用以形容处境贫困，生活艰难。

此句一作"村荒日日晨烟少"。

（4）禁烟，犹禁火，此指寒食节。

## 【赏析】

诗题《寒食》。"寒食"即寒食节，在清明前一天或两天。相传春秋时晋文公负其功臣介之推，介愤而隐于绵山。文公悔悟，烧山逼令出仕，之推抱木焚死。人民同情介之推的遭遇，相约于其忌日禁火冷食，以为悼念。以后相沿成俗，谓之寒食。

这首寒食诗，为七言绝句，写诗人清贫自守，也反映了现实社会的悲惨生活景象，借此对统治者予以抨击。

首句"一样莺花二月天"，二月天是绿草成茵、莺歌燕舞、百花争艳的，景色是秀丽的，人们的心情是欢乐的。本是同样的二月天，诗人的心情却与往年不同，次句"饧箫声里兴萧然"，是说在卖糖人吹奏的箫声之中诗人兴味索然，一点兴致也没有。这又是为什么呢？"三旬九食吾家事"，三句作了回答。三十天内只吃九顿饭，也就是吃了上顿没下顿，饥一顿饱一顿，生活之艰辛可知矣。"不独今朝是禁烟"，末句说诗人断炊乃是常事，不只是因为今天是寒食节才不动烟火的。此句将诗人生活困难的情况加以普遍化，弦外之音可闻，有画龙点睛之妙。沈德潜评曰："想见清士家风。"甚当。（张民德）

# 李蒩

李蒩，字啸村，又字让泉、磐寿，号铁笛生，江南怀宁（今安徽潜山）人。诸生。清代诗人。工诗，善山水。有《啸村近体诗选》。

**【原文】**

## 过废园

谁家庭院自成春，窗有霉苔案有尘<sup>(1)</sup>。

偏是关心邻舍犬，隔墙犹吠折花人<sup>(2)</sup>。

**【毛泽东圈评等情况】**

毛泽东读清沈德潜编选《清诗别裁集》卷三十时圈阅了此诗。

[参考]张贻玖：《毛泽东评点、圈阅的中国古典诗词》，
中国工人出版社1992年版，第264页。

**【注释】**

（1）霉苔，因霉变而长出的苔。霉，东西因霉菌的作用而变质。苔，植物名，属隐花植物类，根、茎、叶区分不明显，有青、绿、紫等色，多生于阴湿地方，延贴地面，故亦叫地衣。

（2）吠（fèi），狗叫。

**【赏析】**

李蒩留下的诗作并不太多，清沈德潜编选《清诗别裁集》中仅录三首。《过废园》即是其中之一。这首七言绝句较好地体现了诗人的诗风：构思巧妙，宛若画出，表现出诗人的处世哲学，以及对人生冷暖的深刻体会。

　　"谁家庭院自成春，窗有霉苔案有尘。"一二句是说，庭院深深，春意盎然，自成一体，别有洞天，哪里像个废园？然而作者笔锋一转，"窗有霉苔案有尘"，荒无人烟，俨然一个废园，门窗上生长起了青苔，连案子上都落满了尘土，不知多久无人居住，无人打扫了。这里尽管李菡并没有交代此园何以废之，但读者从诗之行间里可以品味。庭院深深似非"平常百姓家"，因为寻常百姓，在诗人的笔下，多是"柴门鸟雀噪"，以及为君开启的"蓬门"，何以会有庭院？此园为富贵者无疑，像这样的人家，已无人丁，废旧若此，穷苦的平民生活又该是一个什么样子呢？

　　"偏是关心邻舍犬，隔墙犹吠折花人。"三四句是说，自身不保，没人关心这园子，只有邻舍的那条精瘦的狗，多管闲事，隔墙狂吠。折花者，是什么人呢？或许乡野隐逸之士，或好事，或好奇。《过废园》不是纯写景的诗，诗句中渗透着作者的思想情感，表现了作者的闲散与无所事事。

　　在写作手法上，诗人用清新的笔力，描绘了一幅乡野荒园图。废园为静，折花人、犬吠人则为动，动与静的结合，使全诗浑然天成。特别是李菡用邻犬吠人的场景，想象奇特，更烘托了废园的荒芜与破败，令读者有身临其境之感。（韩家清）

# 同 揆

同揆，字轮庵，江南吴县（今江苏苏州）人。清代诗人。其父、叔父皆明官员，明亡后，削发为僧。其诗多抒发盛衰兴废之感。著有《寒溪诗》《洱海丛谈》。

## 【原文】

### 过五经岭

绝壑松杉合<sup>(1)</sup>，悬岩冒雨登<sup>(2)</sup>。

云中人种麦，天际我攀藤。

路尽峰能转，巢危石欲崩。

寒烟满萝屋<sup>(3)</sup>，应有未归僧。

## 【毛泽东圈评等情况】

毛泽东读清沈德潜编选《清诗别裁集》卷三十二时圈阅了此诗。

[参考]张贻玖：《毛泽东评点、圈阅的中国古典诗词》，

中国工人出版社1992年版，第266页。

## 【注释】

（1）绝壑（hè），深谷。唐于邵《送家令祁丞序》："非奇峰绝壑，则不能运其机。"

（2）悬岩，高耸陡峭的山崖。

（3）萝，指松萝，或云女萝，蔓生植物，色青灰，缘松柏或其他乔木而生，亦间有寄生石上者，枝体下垂如丝状。三国魏曹植《杂诗》："寄松为女萝，依水如浮萍。"

**【赏析】**

作者同揆之父文启美，崇祯时官中翰，掌书写机密文书。同揆在《鼎湖篇赠尹紫芝内翰序》中有"先公受知于烈皇帝（崇祯皇帝朱由检），遵旨改撰琴谱"的话，可知他的父亲曾在皇帝身边做官。对于崇祯皇帝的自缢，对满清贵族入主中原，他怀着一腔无可奈何的悲愤。在《鼎湖篇》中，他写道："世间万境须臾梦，老臣剩有西台恸。"西台恸，是借谢翱在宋亡后，登西台痛哭文天祥事比喻尹紫芝的亡国之痛。同揆自然也有这种感受，但他又不敢公开反抗，唯以削发为僧的方式来表达国破家亡后，对于政治的心灰意懒。

在这首五言律诗《过五经岭》中，作者描绘了一幅山寺烟雨图，险峻、幽深、苍茫、孤寂的意境，正是他不甘于人世沧桑，但又无回天之力，只能远离现实，飘然物外心理的表露。

诗人为了描绘五经岭在烟雨云雾中山高路险的景观，依其登山的行踪，由下而上层层写来。"绝壑松杉合，悬岩冒雨登。"诗人来到五经岭山脚下，他不可能仰视到高耸入云的山峰，只能俯视那被松杉覆盖而深不可测的峡谷。由峡谷而反衬出山势的险峻。接着写登山。竖在诗人眼前的是悬岩峭壁，又加上阴雨天气，给登山带来了更大的困难和危险。但是，诗人并未望而生畏，而是在崎岖湿滑的山道上一步步攀援而上。"云中""天际"，极言山势高峻。"攀藤"，极言道路险恶和攀登的艰苦。

颈联首句"路尽峰能转"，写山路曲折。这句由欧阳修《醉翁亭记》中"峰回路转"变化而成，是说走到路的尽头，但转过一座山峰又有了路。次句"巢危石欲崩"，通过这筑在高处的鸟巢和像是要崩塌的岩石，进一步渲染了山势的险峻。

"寒烟满萝屋，应有未归僧。"尾联是说屋顶爬满藤萝的僧堂，弥漫着充满寒意的山岚雾霭，料想这里的僧人外出云游还未回来，这又给人留下了一片想象的空白。

诗人笔下的五经岭，是一幅烟雨云雾笼罩下的山高路险的形象，画面呈现出一种迷蒙含蓄的美。结尾处点出要过访的僧人出门未归。凄凉空虚的氛围和诗人失落孤寂的心情交融一起，不禁使人们产生一种对宗教哲理的思考。人生的路正像这崎岖险峻的山道，人生的追求正如这空虚的僧堂。这种对现实的悲观绝望，正是诗人在国破家亡后遁迹空门，但仍未断绝尘缘的写照。（任亮直）

## 【原文】

# 雪霁后晓行过龙舒

冲寒初放棹，侵晓度溪湾。

残月霜中角[(1)]，长江雪后山[(2)]。

铎清知塔近[(3)]，波定识鸥闲。

载笔频年梦[(4)]，潇湘一衲还。

## 【毛泽东圈评等情况】

毛泽东读清沈德潜编选《清诗别裁集》卷三十二时圈阅了此诗。

[参考] 张贻玖：《毛泽东评点、圈阅的中国古典诗词》，
中国工人出版社 1992 年版，第 266 页。

## 【注释】

（1）霜中角，喻残月像覆上霜的一弯银角。角，古代乐器。出自西北游牧民族，形似月牙，鸣角以示昏晓。

（2）雪后山，喻长江波涛像披上白雪的山峦。

（3）铎，檐铃，风铃。一般为金属制。

（4）载笔，指史官携带文具，随时记录帝王之事。《礼记·曲礼上》："史载笔，士载言。"郑玄注："笔，谓书具之属。"孔颖达疏："史，谓国史，书录王事者。王若举动，史必书之；王若行往，则史载书具而从之。"借指史官。

## 【赏析】

这首五言律诗是作者以一个云游僧人的身份途经龙舒时写的。龙舒，

今安徽舒城，其南有龙舒河，南入巢湖。

"冲寒初放棹，侵晓度溪湾。"首联是说冒着严寒乘上头班渡船，天快亮的时候就渡过了龙舒河湾。棹，船桨。放棹，指开船。侵晓，天快亮时。诗人早行过河赶路，没有着笔大地上的皑皑白雪，而把视觉投向天空，把触觉伸向远方。"残月霜中角，长江雪后山。"颔联用"霜中角"比喻残月像覆上霜的一弯银角，把寒冷凄清的晨景全都涵括了进去，这是实写。把汹涌起伏的长江浪涛比喻成披上白雪的山峦，进一步表现出了寒凝大地的沉重感。因为当时诗人所处的地方看不到长江，所以是虚写。以上是雪晴后晓行的景象。

颈联"铎清知塔近，波定识鸥闲。"清脆的风铃声告知人们佛塔就在附近，出家为僧，摆脱了世俗风波的烦恼，才体会到翻飞在平静水面上的鸥鸟的悠闲自得。铎，指佛塔上悬挂的风铃。在这里，诗人由寒凝大地的现实之中超脱为物外的僧人，似乎真如鸥鸟那样无忧无虑了。然而以削发为僧来消极反抗现实的诗人，是不可能真正求得心灵上的解脱与平静的。"载笔频年梦"，尾联上句便道出了他难以忘怀尘世沧桑的苦闷。载笔，指史官携带文具，随时记录帝王之事。诗人的父亲曾经在崇祯朝担任过这类官职，而这里似应指他自己。从其在明亡后为大理府文殊寺僧的经历看来，他有可能在西南抗清的桂王政权中任过这种官职。诗人是吴县人，而大理府却在云南，既落发为僧，何以要不远万里跑到西南边陲？这种推测是有可能的。因而当诗人回想起多年来的史官生活，便感到像经历了一番梦幻。下句"潇湘一衲还"，言自己这样一个江湖上的行脚僧要回到自己的寺院去了。潇湘，潇水、湘水，一般借指湖南，这里泛指江湖。衲，僧人的衣服，借指僧人。这里与开头的"行"呼应，点出"行"的去向。在那里，诗人也许还会寻到昔日的梦痕吧！（任亮直）

# 宗　渭

宗渭，字绀池，号芥山，江南华亭（今上海松江）人。清初诗僧，有《绀池小草》。

## 【原文】

### 织帘先生书斋晚望时顾伊人属和

隐几淡无虑[1]，日斜偶启关[2]。

鸟声寒过竹[3]，树色静疑山。

世籍六经重[4]，天留一老闲[5]。

落霞江岸远，如为映苍颜。

## 【毛泽东圈评等情况】

毛泽东读清沈德潜编选《清诗别裁集》卷三十二时圈阅了此诗。

[参考] 张贻玖：《毛泽东评点、圈阅的中国古典诗词》，中国工人出版社1992年版，第265页。

## 【注释】

（1）隐几，靠着几案，伏在几案上。《孟子·公孙丑下》："有欲为王留行者，坐不言，不应，隐几而卧。"亦作"隐机"。《庄子·齐物论》："南郭子綦（qí）隐机而卧，仰天而嘘，嗒（tà）焉似丧其偶。"

（2）关，门闩，指门。

（3）鸟声寒过竹，可读作"鸟声过寒竹"。

（4）六经，《六经》包括《诗》《书》《礼》《乐》《易》《春秋》。此言世代相传的典籍，只有《六经》才被人所看重。

（5）一老，指顾梦麟。

## 【赏析】

这是一首和诗，为五律。原作是顾梦麟的《书斋晚望》。顾梦麟，字麟士，清太仓（今江苏太仓）人，明崇祯副贡。集三吴名士为应社，诗文雅驯，为时所重，人称织帘先生。明亡后，绝迹城市，潜心著述，有《四书说约》《诗经说约》《织帘居诗文集》。顾伊人，即顾湄，字伊人，梦麟养子。因奏销案被累，遂绝意进取，专力于诗古文，与黄与坚等称"娄东十子"。属和，嘱我和这首诗。

首联"隐几淡无虑，日斜偶启关"，写顾梦麟先生倚着几案坐着，十分恬静，无忧无虑。日暮时分，他偶然打开门窗向外眺望。开头极为平易自然，如家常絮语一般，使人感到颇为亲切。"隐几淡无虑"，寥寥五字，便为我们勾画出顾梦麟的形象，生动传神。上句又暗点"书斋"，下句"日斜"二字明点"晚"字。"偶启关"三字，则点明"望"字。

颔联接下来便写顾梦麟"启关"而望所见所闻的景色。首句"鸟声寒过竹"句，写所闻。鸟声婉转，从秋天的竹林那边传来，悦耳动听。次句"树色静疑山"句，写所见。斜日照着树色，凝静不动，使人恍疑如山峦一般。上句写远景，动景，下句写近景，静景，相对相映，自成一幅天然画图。

以上已将诗题写尽，于是在颈联处，必须将笔锋掉转过来，转出新的意境。它既要出人意料之外，又须合乎人情诗理。

颈联"世籍六经重，天留一老闲"，便是宕开一层，转入歌咏顾梦麟一生的业绩。顾梦麟是个文人，这首诗的诗题又是《书斋晚望》，于是作者便从顾梦麟著书立说方面来写。他精研六经，在明代末年，名重一时。而今明亡清兴，许多著名的学问家都已经去世了，但老天还幸运地为我们留下这一位老先生。一"重"一"闲"，巧妙地概括了顾梦麟一生前后两个时期，说明他早期忙于著述，所以才名重一时。相比之下，老而赋闲，这是很自然的。

尾联以落霞映苍颜作结，写顾梦麟晚年的辉煌灿烂。"落霞江岸远，如为映苍颜"二句，照应首联，再次点明题目。放眼远望，一片落霞正染红了江岸，好像也是老天有意安排，让它来映照正在书斋中凭几而坐的顾老先生的苍颜一样。这二句语出刘禹锡《酬乐天咏老见示》诗："莫道桑榆晚，为霞尚满天。"诗以景语作结，且寓意于景，又极切合《书斋晚望》题意。虽然用刘诗之典，却又如浇乳入水，了无痕迹，如同己出，达到了水乳交融的程度，使人倍觉魅力无穷。

作者是一位僧人，故尤爱写淡远闲静之境，如"隐几澹无虑""落霞江岸远""树色静疑山""天留一老闲"。这种境界，正契合写顾梦麟的晚境，也正契合《书斋晚望》这样的诗题。所以，全诗虽是平言淡语，意境却十分隽永，令人回味深长。（王元明　王雅晴）

## 【原文】

# 重过海印庵

三年重向虎溪游<sup>(1)</sup>，石路依然碧水流。

鸟背斜阳微带雨，寺门衰柳渐迎秋。

弟兄谊重难为别，师友情深竟莫酬。

叹息此身闲未得，天涯明日又孤舟。

## 【毛泽东圈评等情况】

毛泽东读清沈德潜编选《清诗别裁集》卷三十二时圈阅了此诗。

[参考] 张贻玖：《毛泽东评点、圈阅的中国古典诗词》，

中国工人出版社 1992 年版，第 265 页。

## 【注释】

（1）虎溪，在江西庐山西北麓东林寺前。传说晋时高僧惠远居东林寺，送客不过虎溪，过此，虎便号鸣。

## 【赏析】

这首七言律诗是作者第二次过访海印庵时所作。从诗中看，三年之

前，他曾经初访海印庵。庵，本指小草屋，这里指寺庙。海印庵当在庐山一带，其庵主未详何人。

因为三年前作者曾初访海印庵，所以首联一开始便点明这一次是"三年重向虎溪游"。虎溪，在江西庐山下。传说东晋僧惠远居庐山东林寺，送客不过虎溪。又传说他一日与陶潜、道士陆静修共同边说边走，不觉过了虎溪。这时，只听老虎猛然叫了起来，三人方知是过了虎溪，于是大笑而别。但陆静修系于南朝宋元嘉末到庐山，这时惠远已死三十多年，陶潜也已死二十多年。这则传说显然出于后人的附会。在这里，作者写"重向虎溪游"，显然是说三年前他初访海印庵时，海印庵主人送别他一定也是只到虎溪。这样写来，尤觉自然贴切。"石路依然碧水流"句，写沿途景色依旧：石路依然还在，碧水依然长流。这些看似平常但却令人熟悉的景物，对重游之人来说，则好像见到老朋友一样亲切。

渡过虎溪，作者沿着石路向上走，一直走到海印庵门前。颔联"鸟背斜阳微带雨，寺门衰柳渐迎秋"二句，既写作者所见的一路景色，又巧妙地交代了行止。"鸟背"句写的是一种奇特之景。这时，庐山西边的一轮夕阳斜照着飞鸟之背，说明那里是晴天。但在鸟背的上空却是乌云遮天，下着微雨。可谓"西边日出东边雨，道是无晴却有晴"（刘禹锡《竹枝词》）。作者是个善于捕捉奇景的诗人，一见此景，便随手摄入诗中。真可谓奇景天成、妙手偶得。"寺门"句，以"寺"点明诗题中的"海印庵"。在这里，作者不写寺门前的其他景物，专写"衰柳渐迎秋"，一是点明此次重过海印庵的时间当在夏末时节，一是暗喻海印庵主人已近衰老之年。《世说新语·言语篇》："桓公（桓温）北征，经金城，见前为琅琊时种柳已皆十围，慨然曰：'木犹如此，人何以堪！'攀枝执条，泫然流泪。"沈德潜对"鸟背"这二句尤为赏识，特加旁圈，并对"鸟背"句加以评赞："鸟背一层，斜阳在鸟背一层，微带雨又一层，七字中写出三层，浑然无迹。"

颈联"弟兄谊重难为别，师友情深竟莫酬"写二人相见、情谊深厚的情景。看来，作者和海印庵主人既是佛门弟兄，又是同出一师的挚友。从"寺门衰柳"句可知，海印庵主人应比作者年长，曾以兄长的身份对作者予以关怀照顾，自是谊重如山，情深似海。于是，作者自然感到"相见时难别亦难"。

但是，由于释门公务在身，作者又不得不在明天就与海印庵主人告别。于是，他只有发出深长的叹息："叹息此身闲未得，天涯明日又孤舟。"尾联是说，兄弟相见，师友情深，说不尽的三年别绪，道不完的一生恩情，全由"叹息"一声传出。然后将意境宕开，以"天涯""孤舟"作结，将别后的相思之情带到一个更辽远、更孤凄的空间中去，令人回荡不已。末二句又与前面呼应，说明作者虽然极忙，但却极重情谊，稍一有空便来探望海印庵主人，这也算是对海印庵主人的一种酬答吧。（王元明　王雅晴）

# 元　璟

元璟，字借山，浙江平湖（今浙江平湖）人。住浙江天童寺（在今浙江宁波鄞州区东太白山麓）。清初诗僧，以诗受知于康熙皇帝，久居京师，后放归。居杭州时组织过西溪吟社，所与酬唱者皆一代名流。有《完玉堂诗集》。

## 【原文】

### 马家山

山脚山腰尽白云，晴香蒸处昼氤氲[(1)]。
天公领略诗人意[(2)]，不遣花开到十分。

## 【毛泽东圈评等情况】

毛泽东读清沈德潜编选《清诗别裁集》卷三十二时圈阅了此诗。

[参考] 张贻玖：《毛泽东评点、圈阅的中国古典诗词》，
中国工人出版社 1992 年版，第 265 页。

## 【注释】

（1）氤氲（yīn yūn），迷茫之状，弥漫之状。三国魏曹植《九华扇赋》："效虬龙之蜿蝉，法虹霓之氤氲。"

（2）天公，即天。以天拟人，故称。《尚书大传》卷五："烟氛郊社，不修山川，不祝风雨，不时霜雪，不降责于天公。"领略，领会，理解。南朝齐梁江淹《杂体诗·效张绰〈杂述〉》："领略归一致，南山有绮皓。"

## 【赏析】

这首七言绝句歌咏了马家山的奇美景色。马家山，在今浙江台州黄

岩区西南。

作者旅游来到马家山，从山下向山腰看，只见"山脚山腰尽白云"。一般的山，都是山腰或山顶有白云，但马家山却与众不同。显然，这是马家山的奇景之一。同时，写到这里，作者不禁要生疑问：那么，马家山山顶的景色怎么样呢？既然从山下看，只能看到"山脚山腰尽白云"，那么山顶上没有"白云"又有什么呢？这一句十分引人，它不仅吸引作者"会当凌绝顶"，而且吸引读者饶有兴味地继续读下去。

二句"晴香蒸处昼氤氲"，写马家山奇景之二。这一句显然是写马家山的山顶奇观。首句用明点法，明写"山脚山腰"。这一句用暗点法，暗写山顶，也交代出作者的行止：他已经一鼓作气地登上了马家山的极顶。在这里，一幅奇异的景象豁然在作者面前展开：天空晴朗，野花满山。在和煦的阳光照耀下，一阵阵花香蒸腾，满山弥漫。这真是山上有山，天外有天。

这时，作者再细看山顶的各种野花，有的含苞待放，有的刚开到二三分，有的开到五六分，一处比一处娇美艳丽，一朵比一朵精神饱满。于是，他想到自己是一位诗人，应该写一首诗来歌咏这种奇观。写诗嘛，贵在含蓄。正如《诗人玉屑》引《漫斋语录》所说："诗文要含蓄不露，便是好处。古人说雄深雅健，此便是含蓄不露也。用意十分，下语三分，可几风雅；下语六分，可追李杜；下语十分，晚唐之作也。"于是触景生情，灵感一动，忽然有悟，便脱口而出二句妙语："天公领略诗人意，不遣花开到十分。"上面我们说的是诗人的构思过程。若就诗的章法来说，"天公"句则将笔锋一转，又逗出一层新意来，末句画龙点睛，推出"不遣花开到十分"这一警句，顿使全诗境界全出，熠熠生辉。天公，即天。古人认为天帝是有意志的、至高无上的神，是万物的主宰。天又是能洞察一切的，自然也能够"领略"（理会）诗人的意思，不让马家山上的野花开到十分。那么，花开到几分，这样便有含蓄的余蕴，令人回味不已。本来，这是一种作者偶然所见的自然奇观，但一经作者的艺术点染，便成了一首绝妙的好诗。诗的末句颇为警策，也深为沈德潜所叹赏："花取半开，诗意亦取不尽，此作者有得之言。"（王元明　王雅晴）

# 大　汕

　　大汕（约 1636—1705），字石濂，浙江嘉兴（今浙江嘉兴）人。清代诗僧，住广东长寿寺。清圣祖康熙中越国王阮福週聘往说法，第二年归，有《海外纪事》，其诗清丽，有《离六堂集》《离六堂近稿》。

## 【原文】

### 访梅谷和尚不值宿南涧寺有怀

　　入门不见鼓瑶琴，冷落苍萝满地阴。

　　古树寒云孤客梦，空潭明月故人心。

　　猿飞绝壁窥孙确[1]，鹤立高枝忆道林[2]。

　　一夜泉声来枕上，不知何处更追寻。

## 【毛泽东圈评等情况】

　　毛泽东读清沈德潜编选《清诗别裁集》卷三十二时圈阅了此诗。

　　　　　　[参考] 张贻玖：《毛泽东评点、圈阅的中国古典诗词》，
　　　　　　　　　　　　中国工人出版社 1992 年版，第 265 页。

## 【注释】

　　（1）孙确，人名，不详。

　　（2）道林，晋代高僧支遁，字道林，陈留（今河南开封陈留镇）人，世称支公，亦曰林公，别称支硎。本姓关，或云河东林虑（今河南林县）人，隐居余杭山，沈思道行。年二十五，始释形入道，入吴立支山寺。不久入剡（今浙江绍兴嵊州），于沃州小岭立寺行道，哀帝初征至都，止洛阳东安寺，留京师三载还山。太和初卒。

## 【赏析】

　　这首七言律诗写作者到南涧寺去拜访梅谷和尚，不巧没有遇到。当天夜里，他宿在寺中，触物生情，仍在情意眷眷地怀念着故人。梅谷和尚，清代僧人工画墨梅。其画纵横巨幅，虬枝铁干，令人不可意想。不值，没有遇到。南涧寺，在今福建省福州西南，南朝梁建。

　　诗一开始，便径直写道："入门不见鼓瑶琴，冷落苍萝满地阴。"首联显然是说作者到南涧寺来没有见到梅谷和尚，所以感到心凉。由这种心情出发，他所看到的满地苍萝好像也显示出一片冷落的样子。"不见"明点题中的"不值"。"鼓瑶琴"实指梅谷和尚鼓瑶琴。《诗经·周南·关雎》："窈窕淑女，琴瑟友之。"大概在正常的情况下，有朋友来拜访梅谷和尚时，梅谷和尚便要"鼓瑶琴"以表示欢迎。既然"入门不见鼓瑶琴"，作者便已经知道今天梅谷和尚不在寺中了。次句虚写"苍萝"，实写作者的心情。寓情于景，可谓藏而不露。

　　故人不在，作者只好夜宿于南涧寺中。昼有所思，夜有所梦。诗的颔联和颈联全写梦境："古树寒云孤客梦，空潭明月故人心。猿飞绝壁窥孙确，鹤立高枝忆道林。"在这座被古树笼罩着的南涧寺"（寒门）"中，作者做了一个凄凉的梦。他梦见一轮明月照彻空净的湖水，这澄彻明净的境界，犹如梅谷和尚对他的一片纯真之心。"空潭"句意境优美，而且和禅理的清空十分契合，也和梅谷和尚及作者的身份十分契合，故颇为沈德潜所称赏，特意在句旁加圈。五、六句宕开一层，转以猿、鹤作喻，继续以梦境来写二人的互相怀念之情。猿在绝壁上飞奔，仍要偷偷看看孙确在不在，鹤立在高枝上也在时时忆念着道林。孙确、道林均为僧人。猿鹤尚且如此，作为僧人的作者和梅谷和尚来说，自然更不待言了。这里用衬托手法，益见作者与梅谷和尚友情之真挚深厚。

　　尾联二句写梦醒之后的感叹："一夜泉声来枕上，不知何处更追寻。"上句写梦醒。本来是梦醒以后听到泉声的，却说是被一夜泉声所惊醒的。"来枕上"，笔调轻灵，用法十分巧妙。"不如"句是说：我在梦中到处寻找梅谷和尚，但是却只见"空潭明月"，只见"猿飞绝壁窥孙确，鹤立高枝忆道林"，并没有寻见梅谷和尚。醒来之后，在南涧寺仍然寻不见梅谷和尚，这可叫我再到何处去追寻他呢？一片惆怅之情，可想而知。

全篇可贵之处，全在一个痴字。如南涧寺不遇梅谷和尚，便痴想在梦中去追寻他；梦而不见，醒后又生痴问。可见，作者为怀念梅谷和尚已到了如痴如呆的程度。正是这种痴态呆情，才逼真地表现出作者对梅谷和尚的赤子之心，即所谓"痴态可爱"者是也。（王元明　王雅晴）

## 【原文】

# 九日前一夕泊韶州逢陆丽京

十年重泛曲江舟<sup>(1)</sup>，客路逢君感旧游。

壮志不因谈剑得<sup>(2)</sup>，余生当为著书留。

天涯细雨黄花夕，野岸疏灯白露秋。

明发孤帆仍远别，南天凄绝旅鸿愁<sup>(3)</sup>。

## 【毛泽东圈评等情况】

毛泽东读清沈德潜编选《清诗别裁集》卷三十二时圈阅了此诗。

［参考］张贻玖：《毛泽东评点、圈阅的中国古典诗词》，

中国工人出版社 1992 年版，第 265 页。

## 【注释】

（1）曲江，县名，位于广东韶关西北武水西岸（北江上游）。

（2）谈剑，谈论兵戎之事。

（3）旅鸿，在旅途上飞行的大雁，借喻自己和陆丽京。

## 【赏析】

这首七言律诗是作者在重阳节的前一天夜里，因泊船于韶州而遇到故人陆丽京时所作。九日，即农历九月九日，又称"重阳""重九"。旧时习俗，在这一天，全家人都要佩戴茱萸香囊，登高、饮菊花酒，以求消灾延寿（见《续齐谐记》），故又称为登高节、菊花节。韶州，今广东韶关。陆

丽京，即陆圻（1614—？），字丽京，一字景宣，号讲山，钱塘（今浙江杭州）人。少明敏善思，早负盛名。为"西泠十子"之冠，与陈子龙等为登楼社，世号"西陵体"。后曾入福建为僧，母促之归，常卖药于市上。适湖州庄廷鑨私撰明史，因陆圻名盛，被列之卷首，因而受到株连。事实大白后，陆圻入黄山学道。不久，又往依岭南金堡于丹崖精舍，忽易道士服而去，遂不知所终。

诗一开始，写作者与陆圻偶然在韶州相逢的情景。首联"十年重泛曲江舟，客路逢君感旧游"，说作者于十年以前曾经乘船到过韶州，十年之后又一次重泛曲江；不料这一次竟在韶州遇到了陆圻，并使他们重温过往的交游，不禁为之感叹。重阳节，本来是最易引发人的思乡念亲之情的节日。正如王维《九月九日忆山东兄弟》诗中所云："独在异乡为异客，每逢佳节倍思亲。"但作者和陆圻既然都已出家，自然各有一段难言的经历。"客路"相逢，本该十分高兴的。但二人忆起旧日的交游，却均以感慨系之。

颔联"壮志不因谈剑得，余生当为著书留"紧承首联，写二人早年均各怀壮志，并非因现在谈剑而生发；在政治上受到挫折之后，二人互相勉励，不要消磨壮志，应把晚年的时光用到著述上去。《左传·襄公二十四年》："太上有立德，其次有立功，其次有立言，虽久不废，此之谓不朽。"立言，指从事著述，创立学说，以求传之不朽。由此可见，作者与陆圻的晚年并不是完全消极，甘愿空渡时日。

颈联"天涯细雨黄花夕，野岸疏灯白露秋。"以景寓情，内蕴十分丰富。"天涯"二字，使人想起白居易《琵琶行》的名句："同是天涯沦落人，相逢何必曾相识！"细雨黄花夕，使人想起明天便是重阳节，不由又撩起思乡念亲之愁。这一句又暗点题中"九日前一夕"。"野岸"句写二人在曲江岸边面对疏灯夜话的情景。白露秋，点明时令。这二句是景语，也是情语。于字行之间，充溢着一种难言的天涯野岸的寥落之意。像作者和陆圻这样有壮志有才华的人，竟落寞到如此地步，这应该说是时代的悲哀。

夜再长总有尽头之时，一夜长话总也有分别之时。尾联"明发孤帆仍远别，南天凄绝旅鸿愁。"写作者明天又要与陆圻分别，乘坐孤舟到远方

去；而这一次分别，也可能就是二人今生的永诀。"黯然销魂者，唯别而已矣。"（南朝齐梁江淹《别赋》）

于是，这两位友人犹如在南天偶然相逢的"旅鸿"一样，都感到一种"凄绝"之"愁"。结末一个"愁"字，正是全诗的诗眼所在，也是全诗的基调。虽然全诗处处都在避免说愁，但却处处都避免不了。到最后，反倒不如说透了吧，于是便直言直说，大大地来了一个"愁"字！这就充分说明，作者与陆圻二人的愁情实在是难以按抑的。有情人读之，岂能不潸然泪下！（王元明　王雅晴）

# 正 岩

正岩，字豁堂，浙江仁和（今浙江杭州）人。主常熟三峰方丈。工诗善画，著有《同凡草》。明亡，他说："人非金石，立见消亡，不若逃形全真，自游方外。"遂祝发为僧。

## 【原文】

### 戏酬友人惠日铸茶

几日春游遍若耶[(1)]，入城布衲满烟霞。

正愁仙福难消受，又吃人间御贡茶[(2)]。

## 【毛泽东圈评等情况】

毛泽东读清沈德潜编选《清诗别裁集》卷三十二时圈阅了此诗。

[参考] 张贻玖：《毛泽东评点、圈阅的中国古典诗词》，中国工人出版社 1992 年版，第 266 页。

## 【注释】

（1）若耶，溪名，在浙江绍兴南，源出于若耶山，北流入镜湖，镜湖废后入东运河。溪旁旧有浣纱石古迹，相传为西施浣纱处，故又称浣沙溪。

（2）御贡茶，给朝廷进献的茶叶。

## 【赏析】

戏酬，戏答。惠日，僧人名，生平不详。铸茶，烹茶。这首七言绝句写诗人游若耶溪回来之后又受到友人惠日烹茶款待的愉快心情。

若耶溪在会稽（今浙江绍兴）南二十里若耶山下，"水至清，照众山侧影，窥之如画"（郦道元《水经注》），是一个风景优美的处所。其两岸山色亦甚佳。《世说新语·言语》："顾长康从会稽还，人问山川之美，顾云：'千岩竞秀，万壑争流，草木蒙笼其上，若云兴霞蔚。'"又："王子敬从山阴道上行，山川自相映发，使人应接不暇。若秋冬之际，尤难为怀。"从古人对若耶溪一带山川胜景的描写来看，若耶溪是一个旅游胜地。所以诗人一、二句写道："几日春游遍若耶，入城布衲满烟霞。"诗人到风景如画、云兴霞蔚的若耶溪一带游玩了好几天，遍赏了它的山光水色，心中十分惬意，以至于回到城中还余兴未尽，仿佛布制的百衲衣上还披着满身烟霞。徜徉于这样的美景之中，简直是神仙过的日子。所以三、四句诗人写道："正愁仙福难消受，又吃人间御贡茶。"意思是说，诗人正在为无法享受这神仙般的福分，入绍兴城后又受到好友惠日和尚的盛情款待，为我烹煮向朝廷进献的好茶，便更是锦上添花。末句以吃茶点醒题目，结束全篇，余味无穷。（毕桂发）

# 性　休

性休，明朝宗室，姓朱，字尺木，未详省县。幼补弟子员，善诗文，工草隶。值李自成农民起义，弃家云游。游汉口，遇不退禅师棒喝悟道，卓锡于永庆寺。性休，是为僧后的法号，著有《铜鞭语录》。

## 【原文】

### 渔父图

东西南北任遨游<sup>(1)</sup>，万里长江一叶舟<sup>(2)</sup>。

梦里不知身是客<sup>(3)</sup>，醒来大地忽新秋。

## 【毛泽东圈评等情况】

毛泽东读清沈德潜编选《清诗别裁集》卷三十二时圈阅了此诗。

[参考] 张贻玖：《毛泽东评点、圈阅的中国古典诗词》，中国工人出版社 1992 年版，第 264 页。

## 【注释】

（1）遨游，漫游，游历。《列子·力命》："请谒不及相，遨游不同行，固有年矣。"

（2）一叶舟，一只小船。一叶，一片叶子，比喻小船。唐司空图《自河西归山诗》之一："一水悠悠一叶危，往来长恨阻归期。"

（3）梦里不知身是客，南唐后主李煜《浪淘沙·帘外雨潺潺》："梦里不知身是客，一晌贪欢。"

# 【赏析】

这是一首题画诗。渔父，捕鱼的老人，渔翁。中国古典诗词中写渔父的作品很多，最早应算屈原的《渔父》。《渔父》采取的屈原与渔父问答的形式，突出屈原的形象。渔父，是作为具有道家思想的隐者来描写的。渔父知道屈原遭到流放及其原因后，说了一番随波逐流的话劝导屈原。当屈原不买账时，渔父"莞尔而笑"，"鼓枻而去"，并唱了这样一首歌："沧浪之水清兮，可以濯吾缨；沧浪之水浊兮，可以濯吾足。"这是说人的言行应因时而异，与客观现实相适应。这仍是讽劝屈原与世浮沉，隐退自全。所以渔父的形象实际上宣扬的是避世隐世、韬光含章、与世推移的道家思想。在以后的诗词中，渔父都是一位隐者的形象。最著名的像唐柳宗元的《江雪》塑造了一个"独钓寒江雪"的渔父，借歌颂隐居在山水之间的渔翁，来寄托自己清高而孤傲的情感，抒发自己在政治上失意的郁闷苦恼。

这首七言绝句亦不例外，诗人把渔父也写成一个隐者形象，他的活动范围也是长江一带。"东西南北任遨游，万里长江一叶舟。"一、二句叙事，写渔父的活动环境。渔父居无定所，在万里长江之上，他驾着一叶小舟，东西南北地到处漫游，表面上看起来十分自在，简直是神仙过的日子，但实际上他深藏着内心的隐痛。"梦里不知身是客，醒来大地忽新秋。"三、四句议论而兼抒情，原来他并不是不想有个安身的家，而是没有了家，才到处"遨游"，这"遨游"实乃是流浪的同义语。流寓各处，心中不快，便昏昏欲睡，睡梦之中一觉醒来已经是秋天了。这一觉睡了多长时间不得而知，其忧思烦恼可知。特别值得指出的是第三句"梦里不知身是客"，是用南唐后主李煜国破被囚后所填《浪淘沙·帘外雨潺潺》词原句，大有深意。李词是说自己作为南唐皇帝国破被俘至汴京软禁成了宋王朝的"客"，这客人实是"囚徒"的同义语，抒发了他沉痛的家园之思。而诗人作为明王朝宗室，明亡后也失去了主人的地位，成了清王朝的阶下囚，所以自己托迹渔父打发日子，一梦醒来到了秋天，也同样抒发了他的亡国之痛，这是不难索解的。（毕桂发　王汇娟）

# 德　元

德元，字讷园，江南长洲（今江苏苏州）人。著有《来鹤庵诗》。何时为僧，未详。

## 【原文】

### 玄墓看梅

#### 一

谢却兰桡信杖藜<sup>(1)</sup>，千峰盘磴入花畦<sup>(2)</sup>。
晴云度影迷三径<sup>(3)</sup>，暗水流香冷一溪。
僧寺多藏深树里，人家半在夕阳西。
登临更上朝元阁<sup>(4)</sup>，满壁苔痕没旧题。

#### 二

石墙茆屋老梅丛<sup>(5)</sup>，仄径危崖处处通<sup>(6)</sup>。
半岭人烟香雪里<sup>(7)</sup>，下方鸡犬白云中<sup>(8)</sup>。
溪边杨柳萌新绿，谷口樱桃缀小红。
还拟放舟明月夜<sup>(9)</sup>，虎山桥北太湖东<sup>(10)</sup>。

## 【毛泽东圈评等情况】

毛泽东读清沈德潜编选《清诗别裁集》卷三十二时圈阅了此诗二首。

[参考] 张贻玖：《毛泽东评点、圈阅的中国古典诗词》，中国工人出版社 1992 年版，第 264 页。

**【注释】**

（1）谢却，除去，舍弃。兰桡，小舟的美称。唐太宗《帝京篇》之六："飞盖去芳园，兰桡游翠渚。"兰，木兰，一种香木。信杖，亦作"信仗"，信认依靠。藜，藜杖，拐杖。藜是一种野生植物，茎坚韧，可为杖。

（2）盘磴，盘曲而上的石级。唐王建《元太守同游七泉寺》："盘磴回廊古塔深，紫芝红药入云寻。"磴，石台阶。

（3）三径，典出晋赵岐《三辅决录·逃名》："蒋诩归乡里，荆棘塞门，舍中有三径，不出，唯求仲、羊仲从之游。"后因"三径"指归隐者的家园。

（4）朝元阁，又名朝玄阁。道教徒朝拜老子叫"朝元"或"朝玄"。唐初，追号老子李耳为太上玄元皇帝，故名。

（5）茆屋，茅屋。茆，通"茅"。

（6）仄径，狭窄的小路。危崖，高峻的悬崖。

（7）人烟，住户的炊烟，亦泛指人家。三国魏曹植《送应氏》之一："中野何萧条，千里无人烟。"香雪，指梅花。清厉荃《事物异名录·花卉·梅》："《湖壖杂记》：湖墅有三胜地，西溪之梅名曰香雪。"

（8）下方，下界，人间。《南史·黄颖胄传》："长沙寺僧铸黄金为龙数千两埋土中，历相传付，称为下方黄铁，颖胄因取此龙，以充军实。"唐姚合《题山寺》："龙开上界近，泉落下方迟。"

（9）放舟，开船，行船。

（10）虎山桥，在邓尉山下，跨于两峡之间的溪流上。太湖，古称震泽、具区，又称五湖、笠泽，地跨江苏、浙江二省。湖中岛屿有48个，以洞庭东山、洞庭西山、马迹山、鼋头渚为最著。烟波浩渺，景色多姿，自古称胜景。

**【赏析】**

诗题《玄墓看梅》。玄墓，山名，在今江苏苏州西南，前临太湖，邓尉山乃其南岗，亦作袁墓山。相传东晋郁泰玄葬此，故名。山以遍植梅花著名。这两首七律是德元和尚去玄墓山赏梅后所作，诗中记述了其赏梅的经过，赞扬了玄墓梅花的景色宜人，抒发了其赏梅的愉快心情。

《玄墓看梅》共二首，写出诗人看梅的全过程；二首又分工：第一首写上山所见，第二首写下山所睹，条理十分清晰，结构完整。我们先看第一首。

"谢却兰桡信杖藜，千峰盘磴入花畦。"首联叙事，写诗人舍船拄杖登山始见梅花。玄墓山在今江苏苏州西南，前临太湖，诗人乘船来到山下，下了船便拄着拐杖上山，攀登盘旋而上的石级越过上千个山峰，才看到广植梅花的花圃，暗点"看梅"题目。

"晴云度影迷三径，暗水流香冷一溪。"颔联对仗，写登上玄墓山所见风光。"三径"句是用汉蒋诩致仕后在家辟三条小路接待客人的典故，用以指归隐者的家园。上句说晴朗的天空飘着彩云，云影不断变幻，使诗人认不出他熟知的弃官归隐友人的家园，这是仰视；下句是说在阳光照不到的溪水之中流淌着飘落的梅花花瓣，这是俯察。俯仰之间仍不离梅花。

"僧寺多藏深树里，人家半在夕阳西。"颈联仍用工整的对仗，写山上所见景色。如果上联侧重写自然景观，本联则侧重写人文景观，分工极细。名山必有名寺，佛寺建在翁郁的丛林之中，才有深山藏古寺的风韵；山上也有人家居住，这些人家大都住在"夕阳西"——即在山的西部一带。这句不仅写出了"人家"所住的方位，在夕阳西下的西山边，极寓诗情画意，而且顺便交代了诗人看梅的时间。以上所写重在"看梅"，诗人还没有登上极顶。

所以，诗人最后便写道："登临更上朝元阁，满壁苔痕没旧题。"尾联叙事，写诗人登上朝元阁所见。朝元阁是太上老君祠，供奉道家祖师爷李耳，建于玄墓山极顶处，所以需要"登临更上"才能到达；朝元阁本是玄墓山胜迹，是登临者必到之处，所谓"会当凌绝顶，一览众山小"（杜甫《望岳》），"欲穷千里目，更上一层楼"（王之涣《登鹳雀楼》），登上极顶领略无限风光，这是每一个登临者的心理，但诗人见到的朝元阁却是"满壁苔痕没旧题"，就是说满墙的历朝历代的名人题壁诗词都被苔藓掩盖了。这种道教寺院的颓败之象使诗人的兴致一挫，流露了诗人的不满之气。

我们再看第二首。"石墙茆屋老梅丛，仄径危崖处处通。"首联描写，写诗人在玄墓山顶所见。"石墙茆屋"写出山居人家特点，"老梅丛"写出玄墓山梅花历史悠久，首句再点题目；仄径危崖，即狭窄的小路、高耸的山崖，写出玄墓山的山势情状。处处通，是说山上小路四通八达，交通还算便利，这是承接上首登上极顶之后而来。

"半岭人烟香雪里，下方鸡犬白云中。"颔联对仗，写诗人所见风光。上句说，诗人所见玄墓山顶是平的，山顶的人家住在梅花丛中；下句说，下边的人家都在白云之中，写出山之高峻。移步换形，写出玄墓山顶梅花之美，风光之胜。

"溪边杨柳萌新绿，谷口樱桃缀小红。"颈联仍用对仗，描写山下所见景色。此联紧承上联而来，仍采用移步换形手法，写一路下山所见：溪边的柳树已经萌发新的绿色枝条，山谷口边的樱桃树上的樱桃已经快要红了。"溪边""谷口"，地自各异；"杨柳""樱桃"，树亦不同；又兼"新绿""小红"，色彩对比鲜明，山下风光亦写得很美，令人流连忘返。

所以，诗人最后写道："还拟放舟明月夜，虎山桥北太湖东。"尾联叙事，写诗人下山踏上归途。诗人本乘舟而来，还打算乘舟而去，在山上看梅时已经夕阳西下，下山时当然已经玉兔东升，故说"放舟明月夜"。"虎山桥北太湖东"，写出归去的方位。诗人在明月照耀下乘船而归，背后是巍峨的玄墓山，北边是著名的虎山桥，东边是波光粼粼，一碧万顷的太湖，人在画图之中，令人兴趣不尽。（毕桂发）

# 天 定

天定，字双溪，湖北武昌人。清诗僧。何时为僧，不详。

## 【原文】

### 涵师峨嵋游归因赠

峨嵋西去似登天，见说亲行到顶边[1]。

古木千年都化石[2]，衲衣六月总装棉[3]。

阴风昼洒岩端雪，急雨宵闻洞口泉。

袖得图归夸示我，芒鞋踏破意欣然[4]。

## 【毛泽东圈评等情况】

毛泽东读清沈德潜编选《清诗别裁集》卷三十二时圈阅了此诗。

[参考] 张贻玖：《毛泽东评点、圈阅的中国古典诗词》，
中国工人出版社 1992 年版，第 264 页。

## 【注释】

（1）顶边，指峨眉山主峰万佛顶，或指金顶。

（2）化石，指变化为石。元郑元祐《次韵刘宪副春日湖上有感》：
"鹤老离巢松化石，鸢孤照水竹穿沙。"

（3）阴历六月，正值夏季，僧衣却要装上棉花，因其时山顶气温一
般很低，如下起雪来温度更低。衲衣，僧衣。

（4）芒鞋，用芒茎外皮编织成的鞋，亦泛指草鞋。

## 【赏析】

诗题《涵师峨嵋游归因赠》。涵师，法号涵的和尚，师是对僧、道士、尼姑的尊称。此指僧人。峨眉（古亦作峨嵋），山名，在今四川峨眉山西南，因山势逶迤，有山峰相对如蛾眉，故名。其脉自岷山绵延而来，为大小金川与岷江的分水岭，至峨眉突起为大峨、中峨、小峨三峰，三山相连，名曰三峨。大峨山岩洞重复，龛谷幽阻，登山者由山脚而上，及山之半，更历四十八盘，山径如线者六十里，始达其巅。顶部为玄武岩覆盖，有峨眉宝光、舍身崖、洗象池等胜迹。洞以龙门、伏羲、女娲、鬼谷诸洞为最著，又有雷洞，时出雷雨。中峨山在县南，小峨山更在中峨之南。与浙江普陀山、安徽九华山、山西五台山并称为我国佛教四大名山。这首七言律诗是涵师和尚游峨眉山归来后，讲述游山情形后诗人赠给他的，诗中盛赞峨眉胜景，抒写涵师游山的愉快心情。

"峨眉西去似登天，见说亲行到顶边。"首联描写兼叙事，写涵师游峨眉归来。见说，听说。唐李白《送友人入蜀》："见说蚕丛路，崎岖不易行。"就是这种用法，二字总挽全篇，意谓诗中描写峨眉胜景皆是听涵师所说。涵师住何地何寺，不详。不过从天定系湖北武昌人，涵师大约是从武昌西去游峨眉山的，一路之上是越走地势越高，到蜀中再去攀登峨眉山，故说"峨眉西去似登天"，此句正常语序应为"西去峨眉似登天"。登天，即升天，比喻极其艰难。首句化用李白《蜀道难》"蜀道难，难于上青天"入诗，极为恰切地形容出攀登峨眉山的路途之艰险。次句是转述涵师的话，说他一直登上了峨眉山最高峰——金顶，饱览了峨眉风光，十分快意。

"古木千年都化石，衲衣六月总装棉。"颔联描写兼叙事，意在写峨眉山的高古和严寒。千年的古树都成了活化石，成了历史的见证，写峨眉山之历史悠久。山上和尚穿的僧衣总套着棉衣，意即六月盛夏山上和尚还穿着棉衣，其山上之高寒可知矣。

"阴风昼洒岩端雪，急雨宵闻洞口泉。"颈联描写，写山上风霜雨雪的变化。白天在阴冷之风的吹送下山峰上雪花飞舞，夜间洞外下着急雨，洞口泉水哗哗流淌。山顶气候变幻莫测，突出其神奇。

"袖得图归夸示我,芒鞋踏破意欣然。"尾联叙事兼抒情,写涵师游山归来极其高兴。涵师不仅游了山,而且还买得了峨眉山图卷,指指点点地向诗人讲述,脚上穿的草鞋都踏破了,但心里却十分高兴。诗人的赠诗将涵师所述峨眉胜景及其游山时愉快心情都生动写出,是对涵师此次峨眉山之游的肯定和高度评价,也是二人友谊的具体表现。(毕桂发)

# 龚自珍

龚自珍（1792—1841），字璱人，更名易简，字伯定；又更名巩祚，字璎人，号定庵，又号翔琴山民。浙江仁和（今浙江杭州）人。清代文学家、思想家。清宣宗道光进士，官礼部主事。政治上要求改革，维护国家主权。其诗多表现对现实的不满，追求理想，气势磅礴，色彩瑰丽，影响清末诗界革命派及南社诗人。散文奥博纵横，自成一家。有《定庵文集》。

## 【原文】

### 己亥杂诗

九州生气恃风雷 <sup>(1)</sup>，万马齐喑究可哀 <sup>(2)</sup>。
我劝天公重抖擞 <sup>(3)</sup>，不拘一格降人才。

## 【毛泽东圈评等情况】

……清人龚自珍诗云："九州生气恃风雷，万马齐喑究可哀。我劝天公重抖擞，不拘一格降人才。"大字报把"万马齐喑"的沉闷空气冲破了。……

[参考]《介绍一个合作社》，《红旗》杂志1958年第一期。

## 【注释】

（1）九州，中国古代分中国为九州，后以泛指天下，全中国。生气，活力，生命力。风雷，风和雷，比喻威猛的力量或急剧变化的形势。这里是借指引起社会变革的行动。

（2）万马齐喑（yīn），众马都沉寂无声。典出苏轼《三马图赞序》："时西域贡马，首高八尺，龙颅而凤膺，虎脊而豹章。出东华门，入天驷监，振鬣长鸣，万马皆喑。"后用以比喻人们都沉默，不敢发表意见。这里是借指清朝高压统治下扼杀人才所造成的沉闷局面。喑，哑。

（3）抖擞，奋举，振作精神。

**【赏析】**

诗题《己亥杂诗》。己亥，即清宣宗道光十九年（1839）。这年作者四十八岁，因不满于清朝官场的黑暗，辞官去京返杭。后因接眷属又往返一次。这一年往返京杭道中，共作七绝三百一十五首，统名《己亥杂诗》。

这首《己亥杂诗·九州生气恃风雷》是清代文学家龚自珍所撰《己亥杂诗》组诗中的第一百二十五首，是作者路过镇江时，在祭神庙会上应道士要求所写的一首祭神诗。作者就眼前赛神会的玉皇、风神、雷神，巧妙地联系到"天公""风雷"进行构思，表现了清王朝统治下死气沉沉的局面，诗人召唤巨大的社会变革风雷的到来，期待着生气勃勃的新局面的出现。

"九州生气恃风雷，万马齐喑究可哀。"一、二句是诗人借祭神的"青词"，表达变革现实的志向。这两句意思是说：中国要有生气，必须依靠疾风迅雷般的社会大变动，但现在到处死气沉沉，就像万马齐喑，实在令人悲愤。九州，古时中国分为九个州，后用九州代称整个中国。风雷，风和雷，作者自注，这首诗是"过镇江，见赛玉皇及风神、雷神"有感而作，这里指自然界的疾风迅雷，喻指冲破沉闷窒息的政治局面，激起社会大变动的暴烈行动。万马齐喑，典出苏轼《三马图赞序》："时西域贡马，首高八尺，龙颅而凤膺，虎脊而豹章。出东华门，入天驷监，振鬣长鸣，万马皆喑。"此处比喻在清王朝的高压统治下，扼杀人才，造成了"万马齐喑"的沉闷局面，希望出现一批勇于革新的人才，实现富有生气的改革，打破死气沉沉的局面。

"我劝天公重抖擞，不拘一格降人才。"三、四两句紧承上两句，意思是说：我劝天公重新振作起来，不拘资格辈分，把立志革新的人才降到人间来。作者认为"万马齐喑"的局面，是封建统治者"拘一祖之法，惮千夫之议"，对人们给以重重束缚、禁压的结果；但"一祖之法无不敝，千夫之

清

诗

3489

议无不靡"，他期望出现一批蔑视"一祖之法"的人才，冲破这个死气沉沉的局面。因为这是一首祭神诗，因此字面上仍是对天说话。抖擞，是振作精神的意思。不拘一格，不限一种规格，即打破常规的意思。"我劝天公"并不是乞求而是"劝"，有与玉皇大帝平起平坐的气概。"重抖擞"是对天公的现状并不满意。"不拘一格降人才"七个字，气势宏大，寓意深刻，简洁明快地抒发了作者急切希望人才蜂起，实现变革社会的思想感情。

这首诗是首祭神诗，从字面上看好像是写给上天的玉皇大帝看的，实际是写给人间的清朝皇帝看的。作者为了避免政治迫害，采取了双关手法吐露心迹，喊出了强有力的变革要求，又不授人以柄，收到了好的效果。

1958 年，毛泽东在《介绍一个合作社》一文中，引用了这首诗，旨在说明打破了沉闷的空气之后，广大群众"精神振奋，斗志昂扬，意气风发"，"共产主义精神在全国蓬勃发展"。

早在 1957 年 4 月 15 日晚上，毛泽东会见并宴请以伏罗希洛夫为首的苏联最高苏维埃代表团时，伏罗希洛夫问毛泽东："你们提出的'百花齐放，百家争鸣'的口号是什么意思？"毛泽东答道："万马齐喑究可哀么。"说明毛泽东对龚自珍的这首诗十分喜爱，常用来说明实际问题。（毕东民）

# 林则徐

林则徐（1785—1850），字少穆，福建侯官（今福建福州）人。清末政治家、诗人。清仁宗嘉庆进士，曾任江苏巡抚、湖广总督。1839年任钦差大臣赴广东查禁鸦片，虎门销烟。1840年任两广总督。鸦片战争失败受投降派诬害，被革职，充军新疆伊犁。后起用为陕西巡抚、云贵总督，因病辞职回籍。1850年被起用为钦差大臣赴广西，在潮州途中病死。能诗文，著有《林文忠公政书》《信及录》等。

## 【原文】

### 出嘉峪关感赋　之二

东西尉侯往来通，博望星槎笑凿空<sup>(1)</sup>。
塞下传笳歌敕勒<sup>(2)</sup>，楼头倚剑接崆峒<sup>(3)</sup>。
长城饮马寒宵月，古戍盘雕大漠风。
除是卢龙山海险<sup>(4)</sup>，东南谁比此关雄？

## 【毛泽东圈评等情况】

毛泽东曾手书过《出嘉峪关感赋》四首之二（东西尉侯往来通）。

[参考]中共中央文献研究室整理：《毛泽东手书选集·古诗词（下）》，北京出版社1996年版，第263页。

## 【注释】

（1）尉侯，古代守边的都尉与伺敌的斥候。汉扬雄《解嘲》："今大汉，左东海，右渠搜，前番禺，后椒涂，东南一卫，西北一侯。"亦用以借指边境。《北史·隋纪上》："七德既敷，九歌已洽，尉侯无警，退迩肃清。"博望，均指张骞。他曾以校尉随大将卫青击匈奴有功，而被封为博望侯。

（2）敕勒，敕勒歌，此处借指塞外的匈奴人。

（3）"楼头"句，言从嘉峪关城头到崆峒山一带部署着防御匈奴的军事力量。

（4）卢龙，卢龙塞，在今河北碣石山西北，地势险要，与渤海相望，旧有"九峥"之名。

## 【赏析】

林则徐是晚清最早抗击外国侵略者的代表人物。虎门销烟的氤氲，珠江口爱国将士的血痕，都为林则徐这一历史人物增添了厚重的历史内蕴。当道光皇帝在投降派的鼓噪声中，把林则徐谪戍伊犁的时候，林则徐则以"苟利国家生死以，岂因祸福避趋之"的诗句留别家人后，登程往遥远的西方进发了。《出嘉峪关感赋》就是他在被谪戍的路上写下的。

此组诗共四首，毛泽东手书的是第二首，为七言律诗。

"东西尉侯往来通，博望星槎笑凿空。"是说东西方往来的道路，是张骞经历一番险阻后开通的。西汉武帝时，张骞奉命出使西域，曾两次被匈奴所俘，终于开通了往西域各国的道路。张骞因熟悉匈奴情况，"以校尉从大将军（卫青）击匈奴，知水草处，军得以不乏，乃封骞为博望侯。"（《史记·大宛列传》）星槎，晋张华《博物志》上说，汉时有人乘槎（渡水用的筏）到天河（星汉），遇牵牛织女。后来南朝梁宗懔《荆楚岁时记》便附会为张骞。《史记·大宛列传》："于是西北国始通于汉矣，然张骞凿空。"

"塞下传筹歌敕勒，楼头倚剑接崆峒。"意为关塞外面传来匈奴人的筹声和歌声，从嘉峪关城头到崆峒山一带部署着防御匈奴的军事力量。倚剑，倚天长剑。宋玉《大言赋》："长剑耿耿倚天外。"这里借喻军事力量。"崆峒"，山名，在今甘肃平凉西，属六盘山。

"长城饮马寒宵月，古戍盘雕大漠风。"是说为了抵御匈奴的侵扰，无休止的兵役和徭役使人民不能安居乐业。在这里，戍边的古代将士除了面对的敌人之外，便是盘旋飞翔的大雕和沙漠风暴。长城饮马，东汉陈琳

《饮马长城窟行》诗曰:"饮马长城窟,水寒伤马骨。"诗的内容是写战争和徭役给人民带来的痛苦。盘雕,盘旋飞翔的大雕。

以上是诗人对于嘉峪关的历史的沉思。其中对于边关要塞和戍边将士们悲壮场面的描绘,讴歌了中华民族从不屈服于侵略者的英雄气概。

诗的尾联"除是卢龙山海险,东南谁比此关雄?"意为除去倚山面海的卢龙塞的险固之外,在祖国的东南还有哪个关隘能比上嘉峪关的雄伟险峻呢!

这首感赋诗,着重抒发对嘉峪关历史的沉思。诗的字句中虽未涉及现实,但它却具有深厚的现实社会的内涵。嘉峪关不正是我们这个伟大民族的象征吗?不正是我们中华民族从不屈服于外来侵略的历史见证吗?它经受了历史风浪的洗礼,还依然巍峨地屹立在万里长城的西端。诗人从它的身上得到了精神的鼓舞,他没有为鸦片战争的暂时失败及为个人的暂时不幸而颓丧、沉沦,而是以嘉峪关的雄伟气势去激励自己,去鼓舞同胞。这正是诗的内在意蕴。(任亮直)

# 黄道让

黄道让（1814—1868），湖南安福（今湖南临澧）人，清代诗人。清文宗咸丰十年（1860）庚申进士，官工部主事。书画精绝一世，著作等身有《雪竹楼诗稿》。

## 【原文】

### 重登岳麓

万壑风来雨乍晴[(1)]，登高一览最忪惺[(2)]。
西南云气开衡岳[(3)]，日夜江声下洞庭[(4)]。
我发实从近年白，此山犹是旧时青。
读书老友今何在？古木秋深爱晚亭[(5)]。

## 【毛泽东圈评等情况】

### 给周世钊的信
#### （一九六一年十二月二十六日）

世钊同志：

　　惠书收到，迟复为歉。很赞成你的意见。你努力奋斗吧。我甚好，无病，堪以告慰。"秋风万里芙蓉国，暮雨朝云薜荔村。""西南云气来衡岳，日夜江声下洞庭。"同志，你处在这样的环境中，岂不妙哉？

毛泽东

一九六一年十二月二十六日

[参考]中共中央文献研究室编：《毛泽东书信选集》，人民出版社1983年12月版，第588页。

1955年6月20日上午，毛泽东横渡湘江后，先上岳麓山去看看留着他年轻时期活动痕迹的爱晚亭、白鹤泉等地方，又徒步登上矗立在岳麓高峰的云麓宫，毛泽东还不肯就坐下来休息，巡视云麓宫壁间悬挂的诗词对联后，又走到宫外的望湘亭，凭着石栏，眺望美丽如画的橘洲、湘水，指点飞烟缭绕、红旗招展的长沙市区，眼前呈现一片繁荣兴旺的景象，觉得和过去迥然不同了。回头问："云麓宫壁间、柱上悬挂的'西南云气开衡岳，日夜江声下洞庭'的联语和'一雨悬江白，孤城隔岸青'的诗句如何不见了？"有人告诉他：岳麓山经日军战火的摧残，解放后才逐渐修复，但这些东西还来不及恢复原状。

[参考]周世钊：《难忘的一天》，《难忘的回忆——纪念毛泽东同志》，中国青年出版社1985年版，第222页。

## 【注释】

（1）壑（hè，旧读huò），坑谷，深沟。乍，突然，骤然。

（2）惺惺（sōng xīng），亦作惺忪，苏醒之态。明汤显祖《牡丹亭·闹殇》："不提防你后花园闲梦铳，不分明再不惺忪。"

（3）衡岳，即衡山，一名岣嵝山，在今湖南衡山西，隋文帝定为南岳，故又称衡岳。

（4）洞庭，即今湖南北部的洞庭湖。《庄子·天运》："帝张咸池之乐于洞庭之野。"即此。本只限于今洞庭湖东北隅，历代屡经变迁，湖面扩大，南北朝湖周五百余里，近代以来又日渐缩小。

（5）爱晚亭，在今湖南长沙湘江西岸岳麓山岳麓书院后的清风峡小山上，原名红叶亭，清乾隆五十七年（1792）重建时，取唐诗人杜牧《山行》诗中"停车坐爱枫林晚，霜叶红于二月花"诗意改称爱晚亭。今"爱晚亭"匾额为毛泽东20世纪50年代所书。

## 【赏析】

晚清代诗人黄道让是湖南临澧人，早年在岳麓书院求学，咸丰十年中进士，官至工部主事。所以，他多次登岳麓游览，并留下一些优秀诗篇，

《重登岳麓》就是其中最杰出的。这首七言律诗热情地赞颂了岳麓山巍峨峙立和湘江奔腾咆哮的壮丽景观，抒发了诗人热爱自然的怀抱。

这首记游诗，写的是诗人重登岳麓山所见之景。岳麓山，又名麓山，在今湖南长沙湘江西岸。南朝刘宋时《南岳记》云："南岳周围八百里，回雁为首，岳麓为足。"因其为南岳衡山之足，故名岳麓山。右顶峰上有云麓宫。道家称为"洞真虚福地"，清朝修的《岳麓志》载：旧有宫殿久废。清高宗乾隆年间（1736—1795）构殿五间，其后为三清殿，冶铁为瓦，立石为柱。清文宗咸丰二年（1852）毁于兵燹，清穆宗同治二年（1863）修复。宫右有望湘亭，亭下有拜岳石，又名飞来石，石方广丈余，因其可以瞻望衡岳而拜，故名拜岳石。门外古树杈上悬有钟，号飞来钟。诗人所写当是登上云麓宫望湘亭所见。

"万壑风来雨乍晴，登高一览最惺忪。"首联描写，写登上岳麓山所见及其感受。首句写诗人登上岳麓顶峰，俯视千山万壑，清风徐来，把云雨吹散，天气突然放晴，这种雨后初霁的景观是诗人登上岳麓峰顶俯视所见。次句"登高"，即"重登岳麓"之意，点醒题目。作者冒雨游山，雨过天晴，清风一吹，神清气爽，精神为之一振，故说"最惺忪"，这是诗人登上岳麓的最初感受。

"西南云气开衡岳，日夜江声下洞庭。"颔联继续写登山所见景观。上句说西南方的烟霭、轻雾来自南岳衡山。衡山在今湖南衡山西。山势雄伟，俯瞰湘江。有七十二峰，以祝融、天柱、芙蓉、紫盖、石廪五峰为著。古人将岳麓山列入南岳七十二峰之一。这是诗人远眺所见。诗人借"西南云气"来自"衡岳"，十分巧妙地道出了云麓宫的地理位置，同时，借助云麓宫有来自西南衡岳的云气，映衬出云麓宫耸然矗立的宏伟气势。通过那缭绕缥缈的云气，写出了云麓宫这个洞天福地的巍峨气魄和自然景观。云麓宫右有望湘亭，俯瞰湘江，故下句用"日夜江声下洞庭"，进一步描写了云麓宫上接云天，下临咆哮的湘水的特殊景观。这是诗人俯视所见。"云气""江声"，一形一声，"衡岳""洞庭"，俱为地名，俯仰之间，声形兼备，境界廓大，确是神来之笔。

"我发实从近年白，此山犹是旧时青。"颈联叙事，写自己年老发白而山青如旧。此联山我对举，今夕比照。上句写"我"的外貌变化：头发已从去年开始花白，进入老境，所谓人生易老，感喟已蕴其中；下句写"此山"，即岳麓山："犹是旧时青"。是说岳麓山仍然像诗人年轻时看到的那样郁郁葱葱，意谓青山不老。在这变与不变的述说中，寄寓着诗人的人生感叹。

"读书老友今何在？古木秋深爱晚亭。"尾联叙事而兼抒情，写诗人对老友的怀念和对岳麓山的挚爱。此联写了岳麓山两处胜景：岳麓书院和爱晚亭。岳麓书院在山上，为宋代四大书院之一。由"读书老友"云云可知，当是诗人年轻时求学之地。爱晚亭则在山下清风峡内，为游憩之所。诗人和他的同窗好友在此求学时当有很多轶闻趣事值得回味。如今诗人只身来游旧地，却不见当年老友，亦不知他们的去向，未免怅然若失，但结以"古木秋深爱晚亭"，是说深秋季节在森森古木拱卫下的爱晚亭仍是十分壮丽宜人，以景结情，含蕴不尽。

长沙是青年毛泽东的求学之地，岳麓山、湘江乃是他"携来百侣曾游"之所，作为诗人和书法家的毛泽东，不仅对那里的山水自然景观十分喜爱，对那里的人文景观也非常熟稔。所以在事隔数十年后，毛泽东在和老友周世钊的通信和周陪同游岳麓山时两次提到黄道让所撰云麓宫联："西南云气开衡岳，日夜江声下洞庭。"这是一副摘句联，摘自诗人的七律《重登岳麓》（见《雪竹楼诗稿》卷六）。上句原为"西南云气开衡岳"，成联时改为"西来云气开衡岳"。此联为清代著名书法家何绍基手书，所以弥足珍贵。全联言简意远，写得声色兼备，道尽了云麓宫的幽美景观，既贴眼前之景，诗意盎然，而又气度不凡，所以毛泽东发出"岂不妙哉"的赞叹。20世纪50年代毛泽东还应邀为爱晚亭题上了匾额，可见他对岳麓山的一往情深。黄道让的名联亦为陈毅元帅所推重。他在1956年11月作的《岳麓山顶眺望》诗中，干脆纳入诗中。其诗云："岳麓山头任我行，三湘眼底绝风神。西南云气来衡岳，日夜江声下洞庭。战争破坏归陈迹，建设峥嵘定太平。终到山河澄清日，主持华夏是人民。"（毕桂发）

# 俞樾

俞樾（1821—1907），字荫甫，号曲园，浙江德清人。清代诗人、学者。道光进士，官翰林院编修、河南学政。后主讲于杭州诂经精舍达三十一年。治经、子、小学，撰有《群经平议》《诸子平议》等。颇注重小说戏曲，强调其教化作用。又喜作笔记，搜罗甚富，包含着若干关于文学史、学术史的资料。也能诗词。所撰各书，总称《春在堂全集》，共二百五十卷。

## 【原文】

## 九溪十八涧

谷雨日<sup>(1)</sup>，陈竹川、沈兰舫两广文招作龙井、虎路之游<sup>(2)</sup>，遍历九溪十八涧及烟霞、水乐、石屋诸洞之胜，得诗五章。（节选）

## 其 三

九溪十八涧，山中最胜处。

昔久闻其名，今始穷其趣。

重重叠叠山，曲曲环环路。

东东丁丁泉，高高下下树。

搴帷看未足<sup>(3)</sup>，相约下舆步<sup>(4)</sup>。

愈进愈幽深<sup>(5)</sup>，一转一回顾。

每当溪折处，履石乃得渡<sup>(6)</sup>。

诗云深则砅<sup>(7)</sup>，此句为我赋<sup>(8)</sup>。

但取涤尘襟<sup>(9)</sup>，不嫌湿芒屦<sup>(10)</sup>。

俯听琴筑喧<sup>(11)</sup>，仰见屏障护。

九嶷有九溪[12]，兹更倍其数。

迤逦到理安[13]，精庐略可住[14]。

老僧俱伊蒲[15]，欣然为举箸[16]。

## 【毛泽东圈评等情况】

1963 年 4、5 月间，毛泽东来到杭州，召集部分政治局委员和各大区书记参加会议，讨论农村工作。

（当晚浙江省委组织了一场舞会）舞场设在杭州饭店小礼堂。

……

节目演完了，大家接着跳起来。

音乐停止了，毛主席拉着应水珠的手，到休息室休息。……

"你爷爷是干什么的？"毛泽东示意小应坐到他身边的沙发上，亲切地问。

"种地的，是个老贫农。"小应答道。

"你爸爸呢？"

"也是种地的。"

"我们家世世代代都是农民，旧社会时生活很苦，没房没田……"

……

沉默有时，毛泽东突然说："所以你们都不要忘记过去，忘了过去，就意味着背叛哪。只有不忘过去的苦，才能更加珍惜今天的生活。"他问过小应的姐姐、哥哥的情况后，又问："家住在什么地方？"

"九溪十八涧。"

"九溪十八涧，呵，好地方，好地方。"

"重重叠叠山，曲曲环环路，东东丁丁泉，高高下下树。"毛泽东吟诵起清末诗人俞曲园描绘九溪十八涧的诗句。

[参考] 李林达：《情满西湖》，中共中央文献出版社 1993 年版，第 178—181 页。

**【注释】**

（1）谷雨，二十四节气之一，在农历四月十九、二十或二十一日。谷雨前后，我国大部分地区降雨量比前增加，有利农作物生长。《逸周书·四月》："春三月中气：雨水、春分、谷雨。"

（2）广文，"广文馆"的简称。《新唐书·百官志三》："（祭酒、司业）掌儒学训导之政，总国子、太学、广文、四门、律、书、算凡七学。"天宝九年，国子监增开广文馆，设博士、助教等职，领国子学中修进士业者。

（3）搴（qiān）帷，撩起帷幕。搴，通"褰"，揭起，撩起。帷，指车帷。

（4）舆步，乘轿或步行。舆，指小车或肩舆（轿）。唐沈既济《任氏传》："任氏时经过，出入或车马舆步，不常所止。"

（5）幽深，深而幽静，或谓幽僻之处。

（6）履（lǚ）石，踩着石头。履，踩，踏。《易·坤》："履霜坚冰，阴始凝也。"

（7）诗云深则砅（lì），砅，本谓履石渡水。《说文·水部》："砅，履石渡水也。从水，从石。《诗》曰：'深则砅。'"今本《诗·邶风·匏有苦叶》作"深则厉"。砅为"厉"的本字。俞樾《春在堂随笔》卷六："余与陈沈两君皆下舆步行，履石渡水者数次，诗人所谓'深则砅'也。"

（8）赋，吟咏或创作诗歌。《左传·文公十三年》："郑伯与公宴于棐，子家赋《鸿雁》。"《汉书·艺文志》传曰："不歌而颂谓之赋，登高为赋可以为大夫。"

（9）尘襟，世俗的胸襟。唐黄滔《寄友人山居》："茫茫名利内，何以拂尘襟。"

（10）芒屦（jù），芒鞋。宋苏轼《梵天寺见僧守诠小诗次韵》："幽人行未已，草露湿芒屦。"芒，多年生草本植物，状如茅，茎籜可编草屦。屦，麻、葛制成的单底鞋。《诗经·魏风·葛屦》："纠纠葛屦。"

（11）琴筑，琴和筑。筑，古代弦乐器，形似筝，颈细而肩圆，有十三弦，弦下设柱。演奏时，左手按弦的一端，右手执竹尺击弦发音。

（12）九嶷，一作九嶷山，又名苍梧山，在今湖南宁远南。相传虞舜葬此。

（13）迤逦（yǐ lǐ），曲折连绵之状。南朝齐谢朓《治宅》："迢递南川阳，迤逦西山足。"亦指一路曲折行去。梁简文帝《从军行》："迤逦观鹅翼，参差睹雁行。"理安，佛寺名，在今浙江杭州西南九溪东北岸的理安山麓，旧曰法雨寺，宋理宗改题今名。

（14）精庐，佛寺，僧舍。《北齐书·杨愔传》："至碻磝戍，州内有愔家旧佛寺，入精庐礼拜。"

（15）伊蒲，即"伊蒲馔"，斋供，素食。《书言故事·释教》："斋供食曰伊蒲馔。"亦省作"伊蒲"。清龚自珍《与吴虹生书一》："伊蒲同菽水，清净奉慈亲。"

（16）举箸（zhù），拿起筷子，谓就餐。箸，"筯"的异体字，筷子。

## 【赏析】

这组记游诗大约写于诗人辞官归隐于杭州初期，其时诗人五十余岁，体力尚健，方可有陪客游遍九溪十八涧之举，若是耄耋之晚年，不仅无此豪兴，也为体力所不支。诗共五首，写他和友人陈竹川、沈兰舫从龙井到虎跑作终日游，第一首写诗人与友人乘肩舆游山，是序诗；第二首是写游龙井品茶；第四首写游烟霞、水乐、石屋诸洞；第五首写游虎跑，循苏堤而回，结束游览；其中第三首写游九溪十八涧，写得最精彩，毛泽东随口吟诵的"重重叠叠山"四句即在此首。全诗二十六句，前五节每节四句，末节六句，偶句押韵，一韵到底，游踪清晰，游兴甚浓，山光水色的描状，与诗人的勃勃兴致融合在一起，写得酣畅淋漓，堪称佳作。

九溪十八涧，在浙江杭州西烟霞岭西南，其支流为十八涧，发源处为杨梅岭。山径一道尚平坦，可自烟霞岭直达理安山。开篇四句为第一节，开门见山，赞扬九溪十八涧是杭州西部风景最优美的地方，诗人久想一游，今方如愿以偿，快意之情可想而知。但九溪十八涧，胜在何处？趣在何方？接下来四句诗人写道："重重叠叠山，曲曲环环路。东东丁丁泉，高高下下树。"这第二节抓住九溪十八涧的山、路、泉、树四种景物，又用双声叠韵来写，其景色之优美，趣味之无穷，真令人如行山阴道上，目不暇接矣，无怪乎毛泽东过目成诵。"搴帷看未足"四句为第三节，写诗人游兴更浓。这样奇异的景色只拨开车帘看是不能尽兴的，于是诗人和他的两位友人相约下车步行游览，愈往九溪十八涧里边走，景色便越是奇特，移步换形，转过一个弯，景色便自不同，诗人览观不足又回过去再看已赏观过的景色，比较对照，以见其游兴之高。"每当溪折处"四句为第四节，写每当溪折处诗人则履石得渡并引诗为证，以见其游兴之浓。"但取涤尘襟"四句为第五节，着重写游览的兴致。涤尘襟，涤除世俗的胸襟，写出诗人游山玩水是为了陶冶情怀，这正是目的所在，所以即使鞋子弄湿了也毫不为意，游兴一点也不减，你看，诗人侧耳倾听，东东丁丁的泉水声如鼓琴击筑，抬头远望，只见座座青山如屏障围护，这是何等美妙的境界啊，至此诗人的游兴达到高潮。末六句为第六节，写诗人到理安寺吃斋饭小憩。诗人游九溪十八涧，所以想到著名的九嶷山也有九条溪流，这里却有十八条小河，所以说"兹更倍其数"。一路曲曲折折行来，到了九溪东北岸的理安山麓的理安寺，佛舍整洁，可以休息，好客的老僧又供上素斋，又饥又渴的诗人便高兴地举起筷子吃了起来。欣然进餐也反衬出游览的快味。此诗至此戛然而止，首尾完足，不枝不蔓。

1963 年 4、5 月间，毛泽东在浙江省委为他组织的一次晚会上和歌唱演员应水珠攀谈时，当他听应水珠说家在"九溪十八涧"时，便高兴地赞扬说："九溪十八涧，呵，好地方，好地方。"接着又吟咏起清末诗人俞樾描绘九溪十八涧的诗句："重重叠叠山，曲曲环环路，东东丁丁泉，高高下下树。"毛泽东吟诵的正是俞诗中的精警之句。（毕桂发）

# 章炳麟

　　章炳麟（1869—1936），字枚叔，后改名绛，号太炎，浙江余杭（今浙江杭州）人。近代民主革命家、诗人、学者。少从著名学者俞樾学经史，1897 年任《时务报》撰述，因参加维新运动被通缉，流亡日本。1900 年剪辫发，立志革命。1903 年发表《驳康有为论革命书》和替邹容《革命家》作序，被捕入狱。1904 年与蔡元培取得联系，成立光复会。1906 年出狱后，为孙中山迎至日本，主编《民报》，与改良派展开论战。1911 年上海光复后回国，主编《大共和日报》，并任孙中山总统府枢密顾问。曾受张謇拉拢，参加统一党。1913 年宋教仁被刺后参加讨伐袁世凯，为袁所禁锢，至袁死后被释放。1917 年参加护法军政府，任秘书长，赴西南各省联络北伐军。1924 年脱离孙中山改组的国民党，在苏州设立章氏国学讲习会，以讲学为业。晚年因愤日本侵略中国，赞助抗日救亡运动。1936 年在苏州病故。他对文学、历史学、语言学都有所贡献。鼓吹革命的诗文，曾传诵一时，影响很大，但文字古奥费解，且表现出民族偏见。他作诗不多，多为五言，除收入《太炎文录》的以外，散见于当时的报刊。著述收入《章氏丛书》《章氏丛书续编》《章氏丛书三编》。

【原文】

## 狱中赠邹容

邹容吾小弟，被发下瀛洲[1]。
快剪刀除辫[2]，干牛肉作粮[3]。
英雄一入狱，天地亦悲秋[4]。
临命须掺手[5]，乾坤只两头[6]。

## 【毛泽东圈评等情况】

章太炎青年时代写的东西，是比较生动活泼的，充满民主革命精神，以反清为目的。

> [参考] 逄先知、金冲及主编：《毛泽东传》（1949—1976）（5），
> 中共中央文献出版社 2003 年版，第 798 页。

章太炎活了六十多岁，前半生革命正气凛然，尤以主笔《民报》时期所写的文章锋芒锐利，所向披靡，令人神往，不愧为革命政论家；后来虽一度涉足北洋官场，但心在治经、治史，以国学家称著。鲁迅先生纵观其一生，评价甚高，但对他文笔古奥，索解为难，颇有微词。他出版一本论文集，偏偏取名《訄书》，使人难读又难解。

> [参考] 吴冷西：《忆毛主席》，新华出版社 1995 年版，第 160—161 页。

章太炎所以坐班房，就是因为他写了一篇文章，叫《驳康有为书》。这篇文章值得一读，其中有两句："载湉小丑，不辨菽麦"，直接骂了皇帝。这个时候章太炎年纪还不大，大概三十几岁。

> [参考] 邵华审订，郑小军编：《毛泽东欣赏的古典散文》，
> 浙江古籍出版社 1994 年版，第 560 页。

毛泽东在他的中南海菊香书屋中收藏的邹容《革命军》一书扉页邹容肖像的旁边抄录了这首诗，并将其中"小弟""须掺手"误写为"小友""当掺手"。

> [参考] 邵华审订，郑小军编：《毛泽东欣赏的古典散文》，
> 浙江古籍出版社 1994 年版，第 576 页。

## 【注释】

（1）被发，不束发而披散头发。被，同披。《左传·成公十年》："晋侯梦大厉，被发及地，搏膺而踊。"瀛洲，亦作瀛州，传说中的仙山。《列子·汤问》："渤海之东，不知几亿万里……其中有五山焉，一曰岱舆，二曰员峤，三曰方壶，四曰瀛洲，五曰蓬莱……所居之人，皆仙圣之种。"此借指日本。

（2）除辫，剪掉辫子。

（3）糇（hóu），干粮。《诗经·大雅·公刘》："乃裹糇粮。"

（4）悲秋，对萧瑟秋景而悲伤。语出《楚辞·九辩》："悲哉！秋之为气也。萧瑟兮，草木摇落而变衰。"

（5）临命，人将死之时。《后汉书·王允传》："宏临命诟曰：'宋翼竖儒，不足议大计！'"掺（chān）手，手挽着手。掺，扶，牵挽。《老残游记续集遗稿》第二回："（老残）见德夫人早已下轿，手掺着那少年，朝东望着说话吧。"

（6）乾坤，称天地。《易·说卦》："乾为天……坤为地。"


【赏析】

这首诗作于清德宗光绪二十九年（1903），时作者因在《苏报》上发表《驳康有为论革命书》等文章，发生《苏报案》，被捕入狱三年，与邹容一起被关在上海租界西牢监狱中。邹容（1885—1905），四川巴县（今重庆巴南区）人，曾留学日本，后加入爱国学社，完成《革命军》一书，鼓吹推翻清王朝统治，建立"自由独立"的"中华共和国"，在当时起了极大的革命鼓动作用。他的行动使清朝统治者大为震恐，便勾结英帝国主义者，把邹、章二人逮捕入狱，邹容竟在狱中被折磨致死。章炳麟的这首诗，便是在狱中写赠邹容的，表现了革命家的友爱和英雄气概，语调乐观豪迈，颇能激励人心。

此诗是首五言律诗。"邹容吾小弟，被发下瀛洲。"首联先叙友谊。章炳麟比邹容大十五岁，因革命志气相投，情同手足，故亲热地以"小弟"相称。次句写邹容留学日本。邹容1902年到日本同文书院留学，寻求革命救国的道路，时年仅十八岁，尚未束发戴冠（古人二十岁始束发加冠），被发意在形容邹容非常年轻。瀛洲，本是古代神话中的东海仙山，这里指日本。"快剪刀除辫，干牛肉作糇。"颔联写邹容为革命东奔西走。汉族男子原是满留发，清初统治者曾下薙（通剃）发令，要汉族男子也留清人发式，即把头下部剃一圈，只留上部头发，扎成独辫，拖于脑后，当时强制推行此发式，所谓"留头不留发，留发不留头"，汉族男子如不剃发，就认为是反清，就有杀头之祸。辛亥革命前，剪辫即不留清人发式，被认为是一种革命的表现。所以，邹容用锋利的剪刀把发辫剪掉，是一种革命行动。又一说"除辫"指 1903 年春，邹容会同一些同志将留日陆军学生监督姚文甫的辫子剪掉，挂在留学生会馆示众。邹容以决绝的态度投身革命，奔走呼号，忙得饭也顾不上吃，只吃些干牛肉充饥。两句生动形象地刻画出邹容作为一个革命家的形象。"英雄一入狱，天地亦悲秋。"颈联写邹容被捕入狱。作者直书邹容为"英雄"，其实也包括诗人自己在内。邹容等资产阶级革命家从事的反清斗争是正义的，他们献身革命的精神是令人感佩的，惊天地而泣鬼神，所以说天地也为他的被捕入狱而悲伤不已。这是对邹容昂扬的革命精神的礼赞。"临命须掺手，乾坤只两头。"尾联抒写准备和邹容一起慷慨就义的豪情壮志。临命，指牺牲。掺手，手挽着手。这两句是说，万一被判死刑，我将和你手挽手肩并肩走上刑场，从容就义，因为天地之间只有我们两个好头颅吧！这是豪言壮语，表现了革命者视死如归、大义凛然的气概。

毛泽东很喜欢这首诗，所以把它抄写在他在中南海菊香书屋中所藏邹容《革命军》一书扉页邹容肖像旁，既是对烈士的悼念，也是对这首诗的肯定。

1958 年 3 月的成都会议上，毛泽东曾提到章太炎和邹容，已见于前面引录的几段话。在成都会议结束后，3 月 30 日毛泽东乘江峡轮从重庆出发，过了三峡后，他又和当时的《人民日报》总编辑吴冷西等人谈起了"苏报案"：

"苏报案"是由邹容写的《革命军》引起的。他写这本小册子时只有十八岁，署名"革命军马前卒邹容"。《革命军》一出，上海的《苏报》为之介绍宣传，章太炎为之作序，影响很大。于是，清政府大为恐慌，下令抓人并查封《苏报》。《苏报》是当时资产阶级革命派在上海的主要舆论机关，蔡元培、章太炎、邹容、章士钊、柳亚子等都在该报发表文章，抨击封建君主专制，鼓吹资产阶级民主共和国，并同康有为、梁启超等保皇派进行论战。

毛主席强调说，资产阶级革命派办报纸，都是不怕坐牢，不怕杀头的。

章太炎当警察拿着黑名单来抓人时挺身而出，说："别人都不在，要抓章太炎，我就是。"从容入狱。邹容本未被抓，待知道章太炎已被捕后，不忍老师（邹称章为老师，章比邹大十五岁）单独承担责任，毅然自行投案，终于病死狱中，年仅二十岁。《苏报》当时的主编章士钊倒没有被捕。

毛主席很称赞这些资产阶级革命家。他谈到，邹容是青年革命家，他的文章秉笔直书，热情洋溢，而且用的是浅近通俗的文言文，《革命军》就很好读，可惜英年早逝。……

接着毛泽东对章太炎进行了全面评价，特别赞赏他前期的革命斗志。鲁迅先生纵观章太炎一生，评价甚高。毛泽东对鲁迅的这位老师怀有敬意。在此谈话之前的成都会议期间，毛泽东专门编了一本《苏报案》分发给与会者，其中收了邹容《革命军》、章太炎《驳康有为论革命书》，附录张篁溪《苏报案实录》、鲁迅《关于太炎先生二三事》。毛泽东在一则读史笔记中也提到章太炎，誉之为"英雄巨眼"。（毕桂发）

清
诗

# 康有为

康有为（1858—1927），原名祖诒、字广厦，号长素，又号更生，广东南海人。人称"南海先生"。光绪二十一年（1895）进士，授户部主事。1888—1898 年间，曾七次上书光绪皇帝，要求变法。曾组织强学会、圣学会、保国会，办报纸，鼓吹改良主义理论。第二次上书时（1895），有赴京会试举子1300余人署名，此即"公车上书"。1898 年发动变法运动，参与"百日维新"，遭到慈禧太后镇压，逃亡国外。此后组织保皇会，1917年策动张勋复辟，均遭失败。著有《新学伪经考》《孔子改制考》《戊戌奏稿》《大同书》《康南海先生诗集》等。

## 【原文】

### 登龙亭留题

远观高寒俯汴州<sup>(1)</sup>，繁台铁塔与云浮<sup>(2)</sup>。
万家无树无宫阙<sup>(3)</sup>，但有黄河滚滚流<sup>(4)</sup>。

## 【毛泽东圈评等情况】

1952 年10 月30 日下午，毛主席在视察了兰封（今兰考）县许贡庄、东坝头和开封黄河柳园口后，一路乘汽车抵达河南开封。进了北门，毛主席参观了铁塔，……看完铁塔，毛主席又在有关同志的陪同下，来到潘杨湖畔，健步登上了龙亭。……

毛泽走到龙亭东侧，在一个石门前站住了。石门横额上刻有康有为的题诗，两边是他的题联。题诗是："远观高寒俯汴州，繁台铁塔与云浮。万家无树无宫阙，但有黄河滚滚流。"题联是："中天台观高寒，但见白日悠悠黄河滚滚；东京梦华销尽，徒叹城廓犹是人民已非。"该诗联是康有为 1923 年春游龙亭时所作，并亲笔书写的，诗联情景交融，字体雄浑遒劲。毛泽东饶有兴趣地看着，叮嘱秘书把康有为所题的诗联抄录下来。据当时开封负责陪同讲解的井鸿钧同志回忆，毛主席还赞扬康有为的字写得好，让抄下来好好学习。女记者侯波按动快门，特意为毛泽东照了像。毛主席风趣地说：“与康有为作伴。”

[参考] 刘心建、王东图主编：《龙亭春秋》，河南大学出版社

1997 年版，第 68—70 页。

## 【注释】

（1）汴州，北周宣帝改梁州置，治所在浚仪（今河南开封西北）。隋大业初废。隋炀帝大业十三年（617）复置。唐治浚仪、开封二县（今开封），天宝改置陈留郡。乾元初改汴州。五代梁开平元年（907）改为开封府。

（2）繁（pó）台，古台名，在今河南开封东南禹王台公园内。相传为春秋时师旷吹台，汉梁孝王增筑，后有繁姓居其侧，故名。《旧五代史·梁书·太祖纪四》：“甲午，以高明门外繁台和讲武台，是台西汉梁孝王之时，尝按歌阅乐于此，当时因名曰吹台。其后有繁氏居于其侧，里人乃以姓呼之，时代绵浸，虽官吏亦从俗焉。”明杨慎《丹铅总录·琐语》：“吹台即繁台，本师旷吹台，梁孝王增筑，班史称平台，唐称吹台，又因谢惠连尝为《雪赋》，又名雪台。”康氏此次游汴，地方官员曾于繁台设宴，康氏即席赋《古台感别留题》长达二十二句七言长诗，写诗人来开封后备受宠遇的荣耀心情，手迹刻石现存禹王台公园前殿内。康氏游吹台所见景观及感慨已见于诗内，赋龙亭诗不当又提及，况且繁台是一高地平台，并不高耸，和诗中“与云浮”不切，故此诗所指应为繁塔。繁塔在繁台西约100 米，五代周建七层砖塔，明成祖永乐年间周王铲王气拆掉上面四层，仅存三层，尚有数十米高。铁塔，在今开封东北隅铁塔公园内。原为木塔，为宋代著名工匠喻浩所造，后毁于雷击。宋仁宗皇祐年间，改建为八角十三层琉璃塔，高 54.6 米，为全国重点文物保护单位。因其用铁色琉璃塔建造，故称铁塔。

（3）宫阙（què），古代帝王所居宫门前有双阙，故称宫殿为宫阙。

（4）但有，只有。但，仅，只。滚滚，奔流之状。唐杜甫《登高》："无边落木萧萧下，不尽长江滚滚来。"

## 【赏析】

这首诗是康有为1923年春游东亭时所写。1898年戊戌变法失败后，康有为亡命日本。1917年他参加了张勋的复辟运动，旋失败。康有为自感回天乏术，遂心灰意冷，转而寄情于山光水色，到各地漫游，以寄托幽思。从1917年到1927年10年间，他游历过的城市有青岛、大连、旅顺、杭州、绍兴、曲阜、海门、定海、普陀、保定、洛阳、开封、西安、武昌、岳阳、长沙、南京、济南、北京等地，且在上海、杭州、青岛诸处置有别墅。他每到一地，均不甘寂寞，每记以诗文。表面看来，似乎是超脱政事，要归隐山林了，实际上他仍在密切注视着国内形势的发展变化，试图伺机再起。

1922年，第一次直奉战争中直系军阀曹锟、吴佩孚打败了奉系军阀张作霖。康有为看到直系军阀实力雄厚，操纵着国家大权，就想投靠曹、吴，借以重展个人的政治才干。1923年4月吴佩孚在洛阳举办五十寿辰大庆时，康有为亲临洛阳，并送上谀颂的泥金对联致贺。吴生日过后，康有为提出想到开封讲学，借以观光古迹。吴佩孚不仅满口答应，并且派其高级顾问郑焯陪见。1923年农历三月康有为来到开封（当时河南 省会），在郑焯的公馆下榻。在观览了相国寺、繁塔、铁塔后，于农历三月三十日偕顺德的梁用弧、金谿的郑焯、宜兴的朱应奎、三水的徐良等人登攀龙亭，并题写了诗与对联。

现在我们欣赏一下康有为这首"俯仰今古，感喟山河"的《登龙亭留题》。"远观高寒俯汴州"，首句总絜全诗，先写从远处看龙亭高耸中天，自然想起苏轼"高处不胜寒"（《水调歌头·明月几时有》）的名句，以突出龙亭地势之高。龙亭高耸云天，立于其上，自然可以俯视整个汴州。汴州即开封之古称。开封地处豫东平原，没有大山高冈，龙亭便是城内的制高点。站在这个最高处，开封城内外景色皆入眼底，但首先看到的是城南的繁台（塔）与城东隅的铁塔。这两座宋人修的塔高插入云，繁台春色和铁塔行云皆为古汴京八景之一。以"与云浮"状二塔的雄伟高耸，形象贴切。"万家无树无宫阙"，第三句是诗人视线移到市内所见，以"万家"形容市区人口稠密，旧时开封市内绿化不好，故说"无树"。无宫阙，开封作为七朝古都，距今不过千年，应有大量宫殿留存，但因明末黄河决口淹了开封，把市内建筑夷为平地，宫殿建筑荡然无存，这是写实，又是感喟"今古"。末句云"但有黄河滚滚流"，是诗人视线转向城北十八里外的黄河。开封附近的黄河为悬河，河底比开封城墙还高，所以晴好天气登上龙亭可以望见黄河。从古至今，不管人间如何变迁，黄河仍旧是滚滚东流而去。总之，这首诗先写龙亭的高耸与壮美，再写登临所见汴州景观，眼看东京繁华已尽，慨叹沧桑之变，抒发了作者内心丰富多彩的情感，不失为一首佳作。

毛泽东1952年10月30日游龙亭时，观看了康有为题在龙亭大殿东侧阙门横额上的这首诗，并让秘书抄录下来，说明他对这首诗很感兴趣。

（毕桂发）

# 秋　瑾

　　秋瑾（1875—1907），原名闺瑾，字璿卿，别署鉴湖女侠，留日时改名瑾，易字竞雄，浙江山阴（今浙江绍兴）人，清末诗人。1904年赴日本留学，积极参加留日学生的革命活动，次年由光复会加入同盟会。1906年为反对日本取缔留学生而归国，在上海发刊《中国女报》，提倡女权，联络革命。1907年回绍兴主持大通学堂，联络金华、兰溪会党，与徐锡麟分头准备皖、浙两省起义。当年七月刺杀巡抚恩铭，但起义失败，清政府发觉皖浙间的联系，派军队包围大通学堂，她被捕不屈，15日就义于绍兴轩亭口，为我国杰出的近代革命烈士。善诗歌，作品宣传资产阶级民主革命，体现了爱国精神，笔调雄健，感情奔放。亦能词，还有文和弹词。遗稿编入《秋瑾集》。

## 【原文】

### 秋风曲

秋风起兮百草黄[1]，秋风之性劲且刚[2]。

能使群花皆缩首[3]，助他秋菊傲秋霜[4]。

秋菊枝枝本黄种[5]，重楼叠瓣风云涌。

秋月如镜照江明，一派清波敢摇动？

昨夜风风雨雨秋[6]，秋霜秋露尽含愁。

青青有叶畏摇落[7]，胡鸟悲鸣绕树头[8]。

自是秋来最萧瑟[9]，汉塞唐关秋思发[10]。

塞外秋高马正肥[11]，将军怒索黄金甲[12]。

金甲披来战胡狗，胡奴百万回头走。

将军大笑呼汉儿，痛饮黄龙自由酒[13]。

**【毛泽东圈评等情况】**

# 七绝二首·纪念鲁迅八十寿辰

一九六一年

毛泽东

## 其 二

鉴湖越台名士多，忧忡为国痛断肠。

剑南歌接秋风吟，一例氤氲入诗囊。

[参考]中共中央文献研究室编：《毛泽东诗词集》，中央文献出版社
1996 年版，第 205—206 页。

## 【注释】

（1）兮（xī），古代诗词赋中的语助，相当于现代汉语中的"啊"。
《诗经·周南·葛覃》："葛之覃兮，施于中谷。"《离骚》："纷吾既有此
内美兮，又重之以修能。"

（2）劲且刚，风势猛烈肃杀。劲，猛烈。南朝宋谢灵运《岁暮》：
"明月照积雪，朔风劲且哀。"刚，肃杀。宋王安石《谢知州启》："秋气
正刚，风华浸远。"

（3）缩（suō）首，缩头。缩，收敛，收缩，喻花凋零。

（4）秋菊傲秋霜，菊花经秋霜愈艳。《风土记》："霜降之中，惟此
草茂盛。"宋苏轼《赠刘景文》："荷尽已无擎雨盖，菊残犹有傲霜枝。"

（5）秋菊，隐喻革命者。本黄种，菊花以黄为正，故云。这里语意
双关，实指革命者本是黄帝的子孙。

（6）风风雨雨，不断的刮风下雨。风雨，语出《诗经·郑风·风雨》：
"风雨如晦，鸡鸣不已。"后用"风雨如晦"比喻在恶劣的环境中而不改
变气节操守。

（7）摇落，凋残，零落。《楚辞·九辩》："悲哉，秋之为气也！萧
瑟兮，草木摇落而变衰。"

（8）胡鸟，隐喻清统治者及其军队。胡，为我国古代对北方和西方民族的称呼。清王朝为世居我国东北的女真人所建，故称胡。

（9）萧瑟，凋零，冷落，凄凉。

（10）汉塞（sài）唐关，汉代和唐代的边关，泛指边关。塞，边界险要之处。《史记·苏秦列传》："秦，四塞之国，被河带渭。"关，要塞，出入的要道。《荀子·富国》："轻田野之税，平关市之征。"秋思，秋天寂寞凄凉的思绪。唐沈佺期《长安古意》："落叶流风向玉台，夜寒秋思洞房开。"

（11）"塞外"句，秋高气爽，马匹肥壮。古常指西北外族活动的季节。语出唐岑参《走马川行奉送出师西征》："匈奴草黄马正肥，金山西见烟尘飞，汉家大将西出师。"秋高，秋季天高气爽。唐杜甫《茅屋为秋风所破歌》："八月秋高风怒号，卷我屋上三重茅。"

（12）黄金甲，金黄色的铠甲，亦指身披金黄色铠甲的人。唐王昌龄《从军行》："三面黄金甲，单于破胆还。"

（13）痛饮黄龙，黄龙，府名，金国的都城，故城在今吉林农安境内。《宋史·岳飞传》："金将军韩常欲以五万众内附，飞大喜，语其下曰：'直捣黄龙府，与诸君痛饮！'"意谓攻克敌京，置酒高会以祝捷。后泛指为打垮敌人而开怀畅饮，欢庆胜利。

## 【赏析】

这首写秋风的诗，一扫古典诗词中咏秋之作的暗淡色彩，成为诗人寄托豪情壮志、抒发爱国思想和革命精神的好题材。在这首诗中，诗人通过"劲且刚"的秋风，"傲秋霜"的秋菊，歌颂了在艰苦环境中斗争的革命志士。作为革命家的女诗人，认为这正是革命者卫国杀敌的好时机。她展开想象的翅膀，想到战胜敌人后，与大家一起痛饮美酒，欢庆胜利。

全诗可分为三节。前六句为第一节，通过"秋风""秋菊"，歌颂了在严酷环境中斗争的革命志士。"秋风起兮百草黄，秋风之性劲且刚。"首句脱胎于汉武帝的《秋风辞》"秋风起兮白云飞，草木摇落兮雁南归"和宋玉《九辩》"悲哉秋之为气也！萧瑟兮草木摇落而变衰"，而"草木摇落"的肃杀秋天正是由于"劲且刚"的秋风所致，可谓开宗明义，赞扬秋风的刚劲有力特性。接下二句作者写道："能使群花皆缩首，助他秋菊傲秋霜。"劲且刚的秋风威力巨大，它使百花凋零，一片肃杀，只有那不畏严寒的菊花经霜后愈显得艳丽。如果我们把秋风看作革命风暴，一方面它席卷了蜷首缩足的满清权贵——群花，同时也考验并锻炼了革命者——秋菊。诗人利用象征手法，赋予自然现象和不同生物以不同的气质，使人很自然地把自然现象和政治斗争联系起来，感到诗人鲜明的爱憎。下面深入一层，诗人再写秋菊本性："秋菊枝枝本黄种，重楼叠瓣风云涌。"本黄种，菊花以黄为正，故云。这里语意双关，实则是革命者本是炎黄子孙。重楼叠瓣，指菊花。菊花花冠为舌状，重重叠叠。风云涌，喻菊花盛开之状。这里也是语意双关，实则是写革命者意气风发，斗志昂扬。

"秋月如镜照江明"以下六句为第二节，诗人以象征和比喻手法写清王朝的反动统治已面临末日。"秋月如镜照江明，一派清波敢摇动？"读此二句，不能不想起唐代诗人张若虚《春江花月夜》中对花月春江绚烂景色的描写："春江潮水连海平，海上明月共潮生。滟滟随波千万里，何处春江无明月。……江天一色无纤尘，皎皎空中孤月轮。"不难看出，张若虚笔下的长江流域正是秋瑾笔下的祖国神圣土地的同义语。二句看似写景，秋月如镜，映照在明亮的江中，澄碧的江水谁敢掀起波澜？细细品味，不乏双关影射：上句正是我们锦绣山河的象征，下句是说谁敢来破坏？意谓决不容满清继续蹂躏践踏。"昨夜风风雨雨秋，秋霜秋露尽含愁。"昨夜，指过去。风风雨雨，指黑暗的时代。秋霜秋露，喻清统治者奴役下的各族人民。愁，愁苦。秋瑾原稿手迹，"愁"改为"仇"，据此可解释为悲愤。二句是说过去人民处在"风雨如磐"的黑暗之中，异常悲愤。"青青有叶畏摇落，胡鸟悲鸣绕树头。"青青有叶，即"有青青叶"，明写菊花青枝绿叶，隐喻清统治者。胡鸟，胡地的鸟，隐喻清王朝的反动军队。悲鸣绕树头，曹操《短歌行》："月明星稀，乌鹊南飞。绕树三匝，何枝可依？"诗人用曹诗后二句诗意，但意义又有不同。此为胡鸟哀鸣，悲叹末日，徘徊惊惶，无处容身之意。诗人进一步写出了清王朝已经风雨飘摇，朝不保夕，中国处于资产阶级革命的前夜了。

末八句为第三层，鼓励革命者奋起战斗，夺取资产阶级革命的胜利。"自是秋来最萧瑟"，自古以来秋风最萧瑟，但不一定都给人以肃杀冷落之感。宋代词人辛弃疾就有"八百里分麾下炙，五十弦翻塞外声，沙场秋点兵"（《破阵子·为陈同甫赋壮词以寄》）的名句。这出征前阅兵的豪壮场面，正是在秋高草黄马正肥之时，难怪会激发出人们杀敌立功的冲动。"汉塞唐关秋思发"，其写法与唐王昌龄"秦时明月汉时关"（《出塞二首》之一）用法相同，正如清代诗评家沈德潜所说："防边筑城，起于秦汉，明月属秦，关属汉，诗中互文。"（《说诗晬语》）在"明月"和"关"前增加了两个时间定语，这样就从千年以前、万里之外下笔，自然形成一种雄浑苍茫的独特意境。秋诗"汉塞唐关"亦应如是看。此句意谓联想到汉唐以来的边塞、关隘的这些古战场的鏖战，征战的欲望更加强烈。诗中"怒索黄金甲"的英雄是谁呢？这正是诗人想象中的反清斗士。你看。"金甲披来战胡狗，胡奴百万回头走。"在革命志士的英勇打击下，清王朝统治者及其御用军队，不堪一击，抱头鼠窜，如鸟兽散，腐败透顶的清王朝统治者摇摇欲坠，革命胜利的曙光正在前头。革命军队正以排山倒海之势，直捣敌人老巢，自然使人想起宋代民族英雄岳飞"直捣黄龙府，与诸君痛饮耳"的豪言壮语。"将军大笑呼汉儿，痛饮黄龙自由酒。"结句气势磅礴，在乐观、豪壮、庆祝胜利的气氛中收束全诗，洋溢着一种凯旋的豪情，增强了杀敌报国的信心。

此诗写于 1905 年诗人留学日本回国后，全诗充满了反清复汉的民族主义复仇情绪，虽然感情激越奔放，但不能说不是一种历史局限。（毕桂发）

# 佚　名

【原文】

## 一去二三里

一去二三里<sup>(1)</sup>，烟村四五家<sup>(2)</sup>。
楼台六七座<sup>(3)</sup>，八九十枝花。

**【毛泽东圈评等情况】**

毛泽东曾手书这首诗。

[参考]中共中央文献研究室编：《毛泽东手书选集·古诗词（下）》，
北京出版社 1996 年版，第 268 页。

**【注释】**

（1）去，从所在地到别处，往，到。南朝宋宗炳《明佛论》："今自
抚踵至顶以去陵虚，心往而勿已，则四方上下，皆无穷也。"

（2）烟村，指烟雾缭绕的村落。唐白居易《东南行一百韵》："水市
通阛阓，烟村混轴轳。"

（3）楼台，高大建筑物的泛称。《左传·哀公八年》："邾子又无道，
吴子使大宰子余讨之，囚诸楼台。"

**【赏析】**

旧时学童入私塾时，蒙师常书写"一去二三里"等数语，教学童描红
习大楷。查中共中央文献研究室编：《毛泽东年谱》："1906 年十三岁秋到
韶山井湾里私塾读书，塾师毛宇居。在这所私塾里，继续读四书五经，并

开始练习书法。"据此可知，这首诗是毛泽东十三岁在家乡读私塾时，塾师毛宇居写给他描红用的。毛泽东印象很深，晚年犹能记忆，追记书此诗以练习书法。

这首诗并非只是毛宇居一人写给学生的，而是旧时很多私塾的塾师普遍采用的。诗不知作于何人，起于何代，大概是口耳相传。这首诗之所以广为流传，大概有两个原因：一是符合初入学学童实际。初入私塾的学童识字不多，所以要用笔画简单的字来让他们练习大楷，这首诗共二十字，一、二、三、四、五、六、七、八、九、十等十个笔画最少的数字占了一半，易认易写，易于学童接受。二是采取顺口溜式的诗歌形式，押韵合辙，易读易记，而又富于诗意。你看，好像塾师在领着孩子们去旅游，走了二三里远，到了一个村庄，村庄中有六七座楼房，院落内外有八九十枝花朵，确实是一个诗意盎然的所在，极易引起学童的兴趣，应该说是一首不错的小诗。所以成了塾师们教学童练习大楷的"保留节目"，毛泽东的塾师也不例外。顺便说一下，现在这首小诗又选入了现行的小学语文课本，也说明了它的艺术生命力。（毕桂发）

## 【原文】

# 上大人，孔乙己

上大人<sup>(1)</sup>，孔乙己<sup>(2)</sup>，化三千，七十士，皆作人<sup>(3)</sup>，可知礼<sup>(4)</sup>。

## 【毛泽东圈评等情况】

毛泽东曾手书这首诗。

[参考]中共中央文献研究室编：《毛泽东手书选集·古诗词（下）》，
北京出版社1996年版，第273页。

## 【注释】

（1）上，在前，从前。大人，德行高尚的人。《易·乾》："夫大人者，与天地合其德。"

（2）孔乙己，指孔子。"化三千"三句，传说孔子有弟子三千人，身通六艺者七十二人，称"七十"是取其成数（见《史记·孔子世家》《孟子·公孙丑上》等）。

（3）作人，语出《诗经·大雅·棫朴》："周王寿考，遐不作人。"孔颖达疏："作人者，变旧造新之辞。"后因称任用和造就人才为"作人"。

（4）知礼，通晓礼教。《论语·八佾》："子入太庙，每事问，或曰：'孰谓鄹人之子知礼乎？'"又《述而》："陈司败问昭公知礼乎？孔子答曰：知礼。"

## 【赏析】

旧时学童初入学，蒙师多写"上大人"数语，要学生照此描红习字。按敦煌写本已有"上大人，孔乙己，化三千，七十二，女小生，八九子，牛羊万，日舍屯"数语。《续传灯录》卷二一记白云禅师告郭祥正（功甫）曰："上大人，丘乙己，化三千，七十士，尔小生，八九子，佳作仁，可知礼。"当为唐代民间学童读物的文字。后用以"上大人"比喻极简单浅近的文字。宋朱熹《答潘叔昌书》："天上无不识字的神仙，此论甚中一偏之弊，然亦恐只学得识字，却不曾学得上天，即不如且学上天耳。上得天了，却旋学上大人亦不妨也。"清钱大昭《迩言》卷五："今童子初就傅，往往写'上大人，孔乙己，化三千，七十二'云云，不过取其笔画少而便习耳。后读元方回诗云：'忽到古稀年七十，犹思上大化三千。'乃知由来已久。"

这首诗赞扬了孔子教育有方，为国家培养了大批有用人才，其中才干卓异的有七十二人，他们都知书达礼。儒家传说孔子有学生三千人。德才出众的有七十来人。《孟子·公孙丑上》作七十人，《史记·孔子世家》作七十二人，《仲尼弟子列传》作七十七人。称七十是取其整数。士谓智者、贤者，后泛指读书人，知识阶层。《仪礼·丧服》："父母何筭焉？都邑之士，则知尊祢矣。"贾公彦疏："士下对野人，上对大夫，则此士所谓在朝之士，并在城郭士民知义礼者，总谓之为士也。"礼是社会生活中由于风俗习惯而形成的行为准则、道德规范和各种礼节。《晏子春秋·谏上二》："凡人之所以贵于禽兽者，以有礼也。故《诗》曰：'人而无礼，胡不遄死？'礼，不可无也。"《论语·子罕》："博我以文，约我以礼。"《汉书·公孙弘传》："进退有度，尊卑有序，谓之礼。"所以，儒家所造就的是合乎封建礼教的知识分子，这是很清楚的。

毛泽东幼时曾入私塾读书，《四书》《五经》是其教材，当然也要习大字，塾师便写了"上大人"云云的话供其习字。他晚年犹能记忆这些诗句，便顺手写来以练习书法。（毕桂发）

## 【原文】

# 王子去求仙

王子去求仙<sup>(1)</sup>，丹成入九天<sup>(2)</sup>。
山中方七日<sup>(3)</sup>，世上几千年<sup>(4)</sup>。

## 【毛泽东圈评等情况】

毛泽东曾手书这首诗。

[参考] 中共中央文献研究室编：《毛泽东手书选集·古诗词（下）》，
北京出版社 1996 年版，第 274 页。

## 【注释】

（1）王子，指王子乔。王子乔求仙事见汉刘向《列仙传》。又《太平御览》卷六六五载，王子乔曾至钟山，获《九化十变经》，以隐遁日月，游行星辰，后以疾终。此诗或为附会其事而作。

（2）九天，指天的中央和八方；一说九为阳数，九天即指天。屈原《离骚》："指九天以为正兮，夫唯灵修之故也。"

（3）七日，即"七日来复"之意，泛指阴阳循环。现称一星期七天，即一个来复，星期日为"来复日"。

（4）世上，人世间。《战国策·秦策一》："人生世上，势位富贵，盖可忽乎哉？"

**【赏析】**

　　旧时学童入学时，蒙师往往写"王子去求仙"等数语，让学生描红习大字。查中央文献研究室编《毛泽东年谱》："1906 年十三岁秋到韶山井湾里私塾读书，塾师毛宇居。在这所私塾里，继续读四书五经，并开始练习书法。"这首诗当是毛宇居写给毛泽东让他描红的。毛泽东印象很深，以至于到晚年时犹能忆起它来练习书法。

　　这是一首五言绝句。"王子去求仙，丹成入九天。"一、二句用王子乔的典故。据旧题汉刘向《列仙传》卷上《王子乔》："王子乔者，周灵王太子晋也。好吹笙作凤凰鸣。游伊洛之间，道士浮丘公接以上嵩山。三十余年后，求之于山上，见桓良曰：'告我家，七月七日待我于缑氏山巅。'至时，果乘白鹤驻山头，望之不得到。举手谢时人，数日而去。"又《逸周书》卷九《太子晋解》曰："王子曰：'太师，何汝戏我乎？……且吾闻汝知人年之长短，告吾！'师旷对曰：'汝声清汗，汝色赤白，火色，不寿。'王子曰：'然。吾后三年将上宾于（天）帝所，汝慎无言，殃将及汝。'师旷归，未及三年，告死者至。"王子乔是传说中上古时代的仙人，据说即周灵王太子，名晋，姬姓，以直言废为庶人。后得道成仙，曾骑鹤吹笙于缑氏山，数日后升天而去。后立祠缑氏山下。诗文中因作为咏仙家的典故。首句用王子乔典实，但王子乔并未服食仙丹，次句"丹成入九天"，又综合了其他神话传说，后世不少传说，服食仙丹可以飞升成仙。丹是精炼的成药。清龚自珍《己亥杂诗》之四四："何敢自矜医国手，药石只贩古时丹。"清朱骏声《说文通训定声·乾部》："后世言药石之精亦曰丹。"又道家炼制的长生不老药亦称丹。晋葛洪《抱朴子·金丹》："九转之丹服之三日得仙。"这是说服食仙丹便可成仙，成仙便可升天。"山中方七日，世上几千年。"三、四句将仙界与人世间对比来写，仙界才七天，人世间已经过了几千年，极言时间差别之大。七日，即"七日来复"，指阳气自剥尽至复来共七天。《易·复》："反复其道，七日来复，天行也。"王弼注："阳气始剥尽至复来，时凡七日。"孔颖达疏："天之阳气绝灭之后，不过七日阳气复生，此乃天之自然之理，故曰天行。"二句中"山中""世上"，境界各殊，"七日""千年"时差甚远，对比之下，写出了仙凡不同，

增加了神仙境界的神异性，令人向往，极富浪漫主义精神。（毕桂发）

## 【原文】

# 三字经（节录）

人之初，性本善<sup>(1)</sup>。性相近，习相远<sup>(2)</sup>。
苟不教，性乃迁<sup>(3)</sup>。教之道，贵以专<sup>(4)</sup>。

三才者<sup>(5)</sup>，天、地、人。三光者<sup>(6)</sup>，日、月、星。
三纲者，君臣义<sup>(7)</sup>，父子亲，夫妇顺。

昔仲尼，师项橐<sup>(8)</sup>，古圣贤，尚勤学。
如囊萤<sup>(9)</sup>，如映雪<sup>(10)</sup>，家虽贫，学不辍。
如负薪<sup>(11)</sup>，如挂角<sup>(12)</sup>，身虽劳，犹苦学<sup>(13)</sup>。

## 【毛泽东圈评等情况】

毛泽东曾手书《三字经》中这几节诗。

[参考] 中共中央文献研究室编：《毛泽东手书选集·古诗词（下）》，
北京出版社 1996 年版，第 269—272 页。

## 【注释】

（1）人之初，人有生之初。性，本性，善，善良。认为人有生之初，其本性都是善良的。这是战国时孟子的学说，是一种先验的人性论（见《孟子·滕文公上》）。与之相反的是荀子的性恶说（见《荀子·性恶》）。

（2）性，性情。习，习染。《论语·阳货》：“子曰：‘性相近，习相远也。’”

（3）苟，苟且，假如。迁，变易，迁染，指性情为习俗所染。

（4）教之道，教育的方法。道，方法，途径。专，专心致志。

（5）三才，古指天才、地才、人才。才，也作“材”。《易·系辞下》：“有天道焉，有人道焉，有地道焉，兼三材而两之。”者，指事之词，指事、指物、指人均可。

（6）三光，即日光、月光、星光。《庄子·说剑》："上法圆天以顺三光，下法方地以顺四时，中和民意以安四乡。"

（7）三纲，指君臣、父子、夫妇之道。汉儒董仲舒提出，后经封建统治阶级加以系统化的一套封建伦理道德观念。《白虎通·三纲六纪》："三纲者，何谓也？谓君臣、父子、夫妇也。……故《含文嘉》曰：'君为臣纲，父为子纲，夫为妻纲。'"（见董仲舒《春秋繁露篡义》）纲，纲领。义，宜，公正、合理而应当做的。

（8）昔，从前。仲尼，孔子的字。项橐（tuó），春秋时人，相传项橐七岁时的有些言论能令孔子取为法戒（见《战国策》《史记》等书），有人认为即《列子》中问日出之人。

（9）囊萤，用囊盛萤。《晋书·车胤传》："（胤）博学多通，家贫不常得油，夏月则练囊盛数十萤火以照书，以夜继日焉。"旧时用为勤苦读书的典故。

（10）映雪，借雪的反光（读书）。《文选·任昉〈为萧扬州荐士表〉》："至乃集萤映雪，编蒲缉柳。"唐李善注引《孙氏世录》："孙康家贫，常映雪读书。"

（11）负薪，背柴。薪，柴。汉代朱买臣家贫，靠打柴为生，背柴行路，边走边诵书。后经人引荐，拜为中大夫（见《汉书·朱买臣传》）。

（12）挂角，唐人李密年少时骑牛行路，将《汉书》挂在牛角上，边走边读（见《新唐书·李密传》）。

（13）犹苦学，一作"犹苦卓"。犹，还。


## 【赏析】

《三字经》，一种旧时流行的蒙学课本，以三字一句的韵文形式写成，读起来很顺口，故称《三字经》。相传为南宋名儒王应麟所编。明黄佐《广州人物传》十、明末清初屈大均《广东新语》十一、清恽敬《大云山房杂记》二，都说为宋末区适编，清邵晋涵说为明黎贞编。此类说法皆出于传闻，并无实在的证据。近人发现南宋陈淳用三字句写成的《启蒙初诵》，起首为："天地性，人为贵，无不善。"以下还有"性相近，君臣义，父子亲，长幼序"等语，很像是《三字经》的先河。这说明《三字经》从雏形到更定，经过了很长的时间，明清以来续有增补、重订。今暂且将《三字经》附入清诗之后。

《三字经》与《千字文》并行，为旧时流行较广的启蒙课本，是蒙童首读之物。其内容大概从教诲蒙童努力读书始，接着讲授一些自然科学知识和历史知识，最后又以规劝蒙童发奋读书作结，结构完整，语言流畅，易诵易记，故流行久远。毛泽东所手书的四节文字大体分为三个意思："人之初"等八句为一节，从人的本性讲到接受教育的重要，这是开宗明义之语，笼括全书。这几句的意思是说人在有生之初，天性是善的。而在幼年时本性都是相近的，只是后来的习染不同差别就大了。人如果不接受教育，其性情便会迁流往下。而教育的方法，贵在专心致志。教育从人的本性出发，而作者的观点是性善论。性善论是战国大儒孟子的观点之一。它的根据是孔子"性相近，习相远也"（《论语·阳货》）的话。孔子认为人的本性是相近的，由于习惯和影响的不同相远了。孟轲发挥了孔子的人性论，提出了"性善论"。《孟子·告子上》："人性之善也，犹水之就下也。人无有不善，水无有不下。"又《滕文公上》："孟子道性善，言必称尧舜。"孟子认为人生之初其性是善良的，并在此基础上提出了"仁政"的政治路线，为封建统治阶级服务。这是一种先验的人性论。而与之相反，战国时期另一位儒学大师荀子则提出"性恶"论。《荀子·性恶》："人之性恶，其善者伪也。"荀子认为人性本来是恶的，必须以礼仪刑罚治之，才能使之改恶从善，与孟子的性善论相对立，也是一种先验的人性论。不管性善或性恶，都是一种抽象的人性论，都是不科学的。作者以性善论作为立论根据，强调人们后天习染的重要，自然提出接受教育的重要性和教育方法的科学性，顺理成章，颇有说服力。

"三才者"等八句为一节，是讲向蒙童教授自然科学和社会科学知识。三才，指天、地、人。《易·说卦》："是以立天之道曰阴与阳，立地之道曰柔与刚，立人之道曰仁与义。兼三才而两之，故《易》六画而成卦。"汉王符《潜夫论·本训》："是故天本诸阳，地本诸阴，人本中和。三才异务，相待而成。"旧时认为天覆乎上，地载乎下，人居中心，是对宇宙的基本认识。三光，指日、月、星。《庄子·说剑》："上法圆天以顺三光，下法方地以顺四时，中和民意以安四乡。"汉班固《白虎通·封公侯》："天有三光日月星，地有三形高下平。"晋葛洪《抱朴子·仁明》："三光垂象者乾也，厚载无穷者坤也。""三才""三光"是最基本的自然现象，学童耳闻目睹，极易理解，对他们进行这种自然科学知识的普及是应当的，也易于接受，那么，下面对其进行"三纲"的教育便是硬性灌输了。

"三纲"，是我国封建社会中谓君为臣纲、父为子纲、夫为妻纲的合称。语出汉班固《白虎通·三纲六纪》："三纲者，何谓也？谓君臣、父子、夫妇也。"《礼记·乐记》："然后圣人作，为父子君臣，以为纪纲"。唐孔颖达疏：《礼纬·含文嘉》云："三纲谓君为臣纲，父为子纲，夫为妻纲。"纲，纲领。义，宜。三纲是由汉大儒董仲舒提出，后经封建统治阶级加以系统化的一套封建教条。意思是说，臣要绝对服从君，子要绝对服从父，妻要绝对服从夫，以此协调封建社会的君臣大义及人伦关系，从而达到维护封建统治的目的。

"昔仲尼"等十二句为一节，列举孔子、车胤、孙康、朱买臣、李密等古圣贤人勤学有成的事迹，教育蒙童立志苦学，归结到劝学的目的，极富教育意义。

查中共中央文献研究室编《毛泽东年谱》："1902年九岁春从唐家圫外祖父家回韶山，入南岸私塾读书，启蒙教师邹春培。先读《三字经》，接着读《幼学琼林》《论语》《孟子》《中庸》《大学》。毛泽东记忆力强，能够口诵心解，很快领悟。"据此可知，《三字经》乃是毛泽东九岁时从邹春培在韶山南岸私塾所读，晚年犹能记忆犹新，背诵手书练习书法，可见他印象颇深。（毕桂发）

# 后 记

　　本书为集体努力完成，其间收集资料和整理体例，耗时耗力，注释赏析亦为多方执笔献智，后期由本人审读修改，并增补部分篇目。参与相关工作人员：毕桂发、毕英男、毕晓莹、毕国民、东民、刘磊、孙瑾、赵玉玲、张涛、张豫东、王汇娟、范登高、范冬冬、张瑞华、孙车华、陶有才、吴建勋、岳淑珍、彭广明、毛冰、郑延君、李景文、王元秋、张民德、韩顺友、杨宝玉、宋尔康、姬建敏、王建平、辛永芬、王建国、王建国、辛庆祥、姚俊成、赵维国、温振宇、曾广开、傅瑛、孙学士、韩爱平、葛本成、刘剑涛、严励、郭振生、郭天昊、张进德、张大新、王元明、王雅睛、王树林、彭国栋、徐全太、左怀建、任亮直、姚小哲、赵善修、韩家清、韩明英。

　　必须提及的是，在进行毛泽东同志相关研究的过程中，我荣幸地得到过著名诗人臧克家、魏传统，著名学者周振甫，著名毛泽东研究专家张贻玖，著名古典文学研究家、我的恩师高文教授、于安澜教授的热心指导，著名诗人雷抒雁的大力支持，这是永远不能忘记的！

　　在本书的编写过程中，我们认真研读了毛泽东的相关著作，也参阅了大量有关的研究专著、文章，恕不一一注明，在此一并致谢！

　　本书为多人撰稿完成，水平难免参差不齐；一人统稿，难免模式单一，这些缺点是可以预见的，敬希见谅！

毕桂发

2023 年冬

# 附 录

资料来源书目:

《毛泽东选集》(1—4 卷),人民出版社 1991 年版

《毛泽东选集》(5 卷),人民出版社 1977 年版

《毛泽东文集》(1—2 卷),人民出版社 1993 年版

《毛泽东文集》(3—6 卷),人民出版社 1996 年版

《毛泽东文集》(7—8 卷),人民出版社 1998 年版

《建国以来毛泽东文稿》(1—13 卷),中央文献出版社 1992 年版

《毛泽东早期文稿》,湖南出版社 1990 年版

《毛泽东诗词集》,中央文献出版社 1996 年版

《毛泽东书信选集》,人民出版社 1983 年版

《毛泽东军事文选》,军事科学出版社、中央文献出版社 1993 年版

《毛泽东外交文选》,中央文献出版社、世界知识出版社 1994 年版

《毛泽东新闻工作文选》,新华出版社 1983 年版

《毛泽东哲学批注录》,中央文献出版社 1988 年版

《毛泽东评点二十四史》,线装书局 1996 年版

《毛泽东评点诗词曲精选》,中国档案出版社 1998 年版

《毛泽东读文史古籍批语集》,中央文献出版社 1993 年版

《毛泽东手书选集》,北京出版社 1996 年版

《毛泽东手书古诗词选》,文物出版社、档案出版社 1984 年版

《诗词若干首》,刘开扬注释,四川人民出版社 1979 年版

《毛泽东传》,中央文献出版社 1996、2004 年版

《毛泽东年谱》,中央文献出版社 1993 年版

《毛泽东的读书生活》,龚育之等著,三联书店 1986 年版

《毛泽东评点、圈阅的中国古典诗词》，张贻玖著，中国工人出版社1992年版

《毛泽东读书笔记解析》，陈晋主编，广东人民出版社1996年版

《毛泽东读古书实录》，黄益镛著，上海人民出版社1994年版。

《毛诗正义》，唐孔颖达注。

《诗集传》，南宋朱熹撰。

《楚辞集注》，南宋朱熹撰。

《唐宋古音义》，明陈第撰。

《昭明文选》，南朝梁萧统编选。

《古诗源》，清沈德潜编选。

《注释唐诗三百首》，清蘅塘退士编。

《全唐诗》，清彭定求等编。

《唐诗别裁集》，清沈德潜编。

《宋诗别裁集》，清张景星、姚培谦、王永琪编。

《元诗别裁集》，清张景星、姚培谦、王永琪编。

《明诗别裁集》，清沈德潜、周准编。

《清诗别裁集》，清沈德潜编。

《近代诗钞》，近人陈衍辑。

《魏武帝集》，明张溥辑。

《陈思王集》，明张溥辑。

《陶渊明集》，清陶澍集注本。

《谢康乐集》，近人丁福保辑。

《初唐四杰集》，清项家达编。

《李太白诗集注》，清王琦编选。

《杜诗祥注》，清仇兆鳌注。

《昌黎先生集》，明徐时泰东雅堂刊本。

《李长吉歌集汇解》，清王琦编。

《白香山诗集》，清汪立名编。

《樊川诗集注》，清冯集梧辑。

《玉谿生诗笺注》，清冯浩注。

《甲乙集》，明毛晋刻本。

《罗昭谏集》，清张瓒辑刻。

《欧阳文忠集》，北宋欧阳修撰。

《临川集》，北宋王安石撰。

《东坡七集》，北宋苏轼撰。

《山谷集》，北宋黄庭坚撰。

《剑南诗稿》，南宋陆游撰。

《文山先生全集》，南宋文天祥撰。

《遗山先生集》，金元好问撰。

《雁门集》，元萨都剌撰。

《高太史大全集》，明高启撰。

《沧溟集》，明李攀龙撰。

《梅村家藏稿》，清吴伟业撰。

《渔洋山人精华录》，清王士祯撰。

《小仓山房集》，清袁枚撰。

《定盦全集》，清龚自珍撰。

《秋瑾集》，近人秋瑾撰。